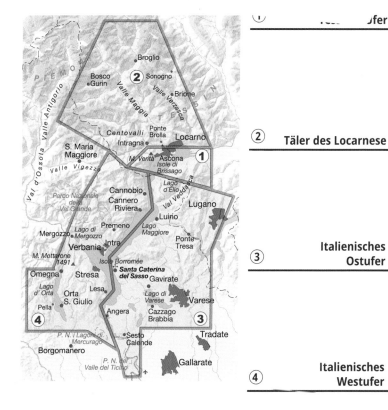

Nachlesen & Nachschlagen

Wandern am Lago Maggiore

Eberhard Fohrer und Marcus X. Schmid

Eberhard Fohrer: Als ich das erste Mal zum Lago Maggiore reiste, fand sich in Stresa kein Quartier mehr. Ich übernachtete mehr schlecht als recht in meinem Kombi und war früh wach. Die Sonne ging auf und das vielgerühmte Licht des Sees erstrahlte über der Wasserfläche. An der Promenade wuchsen Palmen und üppige Hortensienbüsche, davor ruhte die Isola Bella wie ein großes, begrüntes Schiff. Seitdem hat mich der See nicht mehr losgelassen. Wobei es nicht nur die Gegenwart ist, die reizt, sondern auch die Vergangenheit – von den Borromäern, die die Inseln in der Seemitte mit ihren Palästen und prunkvollen Gartenanlagen bebauten, bis zur Besetzung durch die Faschisten. So steht z. B. bis heute beim kleinen Lago di Mergozzo der Grenzstein der Partisanenrepublik Ossola aus dem Jahr 1944. Solche und andere Überraschungen kann man hier häufig erleben – auf der Isola Madre, wo die größte Kaschmirzypresse Europas steht. Dies sind nur einige Beispiele für die Vielfältigkeit des Lago Maggiore und bei jeder Reise kommen neue Entdeckungen dazu ...

Marcus X. Schmid: Wie fast jeder Schweizer war ich schon Dutzende Male am Lago Maggiore. Als ich Eberhards Texte über die italienische Seite des Sees las, hatte ich sofort Lust, das Buch um die schweizerische Seite zu ergänzen.

Was haben Sie entdeckt?

Haben Sie eine gemütliche Trattoria, eine schöne Wanderung oder ein nettes Hotel entdeckt? Wenn Sie Ergänzungen, Verbesserungen oder neue Tipps zum Buch haben, lassen Sie es uns bitte wissen!
Schreiben Sie an: Eberhard Fohrer, Marcus X. Schmid, Stichwort „Lago Maggiore"
c/o Michael Müller Verlag GmbH | Gerberei 19, D – 91054 Erlangen
eberhard.fohrer@michael-mueller-verlag.de, mxs@michael-mueller-verlag.de

Lago Maggiore

Eberhard Fohrer | Marcus X. Schmid

. komplett überarbeitete und aktualisierte Auflage 2020

Inhalt

Tessiner Ufer ■ 22

Locarno und Ascona sind die Touristenmagnete am Schweizer Ufer des Lago Maggiore. Weiter südlich schwimmen mitten im See die Brissago-Inseln mit ihrem einmaligen botanischen Garten. Für einen Ausflug in die Berge bietet sich das einstige Schmugglerdorf Indemini an.

Die Täler des Locarnese ■ 66

Das Hinterland von Locarno ist eine gute Alternative zum Seetourismus. Erfrischende Flussbecken laden zum Schwimmen und Plantschen ein, und ganz oben, im Onsernone, sprudelt warmes Thermalwasser in eine winzige Badekammer. Für Wanderer ist das Gebiet vorbildlich erschlossen.

Italienisches Ostufer ▪ 106

Das lombardische Ufer zeigt sich ruhig und natur-
belassen, Grand Hotels und den Glanz der Belle
Époque gibt es hier nicht. Gute Badeplätze findet man
dagegen reichlich, aber auch einige hochkarätige
Sehenswürdigkeiten.

Italienisches Westufer ■ 164

Schon seit Jahrhunderten spielt der Tourismus eine Hauptrolle. Jugendstilvillen und prachtvolle Paläste prägen Ufer und Hinterland, die Grand Hotels in Stresa sind die größten am See, die vorgelagerten Borromäischen Inseln wahre Besuchermagneten.

Mailand

Abstecher nach Mailand ■ 260

Die größte Stadt Norditaliens ist nur einen Katzensprung vom See entfernt, ein Ausflug mit der Bahn
lässt sich leicht machen. Der Dom ist der viertgrößte
der Welt, das mondäne Modeviertel eins der ange-
sagtesten, zum Ausgehen lockt das fröhliche Navigli-
Viertel mit seinen Kanälen.

Nachlesen & Nachschlagen ■ 280

Wandern am Lago Maggiore ■ 332

12 Wanderungen | Übersicht ab Seite 333
GPS-kartierte Touren sind mit dem Symbol ^GPS gekennzeichnet. Download der GPS-
Tracks inkl. Waypoints unter http://mmv.me/47270

Verzeichnisse

✎ nachhaltig, ökologisch, regional

meinTipp Die besondere Empfehlung unserer Autoren

Isola dei Pescatori

Orientiert

am Lago Maggiore

Der See im Profil

Der Lago Maggiore ist …

Unter „Lago Maggiore" kennt ihn die Welt, manche nennen ihn Langensee und in Italien hört man gelegentlich noch den alten lateinischen Namen „Verbano". Der Nordzipfel des Sees gehört zum Schweizer Kanton Tessin, der weitaus größere Teil zu den italienischen Regionen Lombardei und Piemont.

Eins der Erlebnisse am See, die man nicht vergisst: ein Besuch der Isola Bella bei Stresa mit ihrem mächtigen Barockpalast und den opulenten, von einem Einhorn gekrönten Gartenterrassen.

… ein Traumziel seit Jahrhunderten

Im Mittelalter waren es italienische Fürstenhäuser, die hier ihre Burgen und Palazzi bauten, später kamen Aristokraten und Literaten aus ganz Europa, vor allem aus dem nasskalten England, und im 20. Jh. erlagen deutsche Wirtschaftswunderkinder dem Charme des „Vorzimmers zum Süden", wie der Tessiner Schriftsteller Alberto Nessi die Seenlandschaft am Ausgang der Alpen nennt. Heute zieht es Touristen aus aller Welt in die klimatisch privilegierte Region mit ihrem vielerorts nostalgischen Ambiente vergangener Zeiten.

… eine Region voller Gegensätze

Oben ein mächtiger Alpenkranz, unten ein tiefblauer See, um den sich eine fast subtropische oder zumindest mediterrane Pflanzenwelt wohlfühlt: Palmen und Oleander, Kamelien und Hortensien, Libanonzedern und Rhododendren schmücken die Ufer des Lago Maggiore.

Prachtvolle Grand Hotels und üppige Jugendstilvillen vermitteln den einstigen Lebens- und Wohnstil der italienischen Aristokratie und des internationalen Geldadels. Dem adligen Kunstsinn und dem großbürgerlichen Gepränge steht eine alpenländisch-rustikale Tradition gegenüber, dem protzigen Palast das bescheidene Fischerhäuschen, dem Edelrestaurant mit seiner Sonnenterrasse das altersgraue Grotto im kühlen Felsen, der Schickimicki-Boutique der preiswerte Trödelladen. Am Lago Maggiore prallen Gegensätze aufeinander – die Einheimischen sehen es mit Gelassenheit.

… ein Eldorado des Wassersports

Von Juni bis in den Oktober hinein liegt die Wassertemperatur oft über 20 °C.

Freie Badestrände, manchmal Sand, meist Kies, und eintrittspflichtige Seebäder mit Infrastruktur finden sich rund um den Lago. Hin und wieder zeigt sich auch eine malerische Bucht mit Felsen – und mit etwas Glück eine Wiese mit schattenspendenden Bäumen.

Windsurfer und Kitesurfer finden meist gute Windverhältnisse vor, insbesondere an den Engstellen des Sees. Segelsportler, die nicht ihr eigenes Boot über die Alpen gezogen haben, finden an den größeren Seeorten einen Verleiher.

Eine Alternative zum Baden im See bieten die Täler des Locarnese, wo die Maggia und die Verzasca mit erfrischenden Badebecken einladen und sich Wagemutige an einigen Stellen von den Felsen ins Nass stürzen.

… ein Wanderparadies

In den Bergen um den See lässt sich vorzüglich wandern. Auf der Tessiner Seite findet man ein vorbildlich markiertes Wegenetz vor, auf der italienischen Seite ist die Beschilderung oft weniger deutlich. Der Schwierigkeitsgrad ist unterschiedlich, aber problemlos finden sich familientaugliche Möglichkeiten, die oft mit fantastischen Aussichten belohnt werden.

… eine kulinarische Einladung

Jede Region am Lago hat ihre kulinarischen Schwerpunkte, doch rund um den See wird man stets Fisch bekommen, allerdings meist aus Zuchtanlagen, denn der Beruf des Fischers ist nahezu ausgestorben.

In den Bergen sollte man die Käseplatte nicht verschmähen: ob Büscion, Tessiner Ziegenkäse, Taleggio (lombardischer Weichkäse) oder den mild-süßlichen Ossolano aus dem piemontesischen Val d'Ossola.

Im Tessin stehen in der Regel Risotto und Polenta auf der Karte, in den „Grot-

ti" wird der Wein dazu aus dem Boccalino, einem Steingutbecher mit Henkel und Schnabel, getrunken.

Die lombardische Küche legt Wert auf Fleischgerichte: Ossobuco, Kalbshaxe, Lamm, Spanferkel oder ein „Mailänder Kotelett" (Wiener Schnitzel).

Im Piemont wurde die alpenländisch-herzhafte Küche im Lauf der Zeit verfeinert: Schmorbraten in Barolo-Wein oder Entenbrust in Balsamessig, das sollte man sich nicht entgehen lassen. Noch raffinierter (und wesentlich teurer) wird es, wenn hauchdünne Trüffel-Scheibchen beigemischt sind.

… ein vielseitiges Urlaubsziel

Wasserspaß, Sonnenbaden und Kulturgenuss, aber auch jede Menge Sport und Wandertrails in den seenahen Bergen und Tälern, dazu Shopping und kulinarische Spezialitäten, legendäre Festivals wie AsconaJazz und das internationale Filmfestival von Locarno, Bootsregatten und farbenprächtige Umzüge mit Blumenwagen … Der Lago Maggiore ist eine der schönsten Kultur- und Naturlandschaften Europas.

Tradition und Moderne

Erlebnis Kultur

Das milde Klima des Lago Maggiore hat unzählige Schriftsteller inspiriert: Im 19. Jh. schwärmten Lord Byron, Stendhal und Balzac von der Gegend. Im 20. Jh. zählten Rainer Maria Rilke und James Joyce zu den Gästen, sogar der unstete Erich Maria Remarque fand am Tessiner Ufer des Sees ein ruhiges Domizil – und auf dem Monte Verità über Ascona erprobten Künstler und Wissenschaftler neue Lebensformen, während in Deutschland die Trompeten zum Ersten Weltkrieg bliesen.

Den besten Blick auf die berühmten Borromäischen Inseln? Den hat man von der „Sky Bar" im Hotel La Palma an der Hotelpromenade von Stresa.

Borromäische Inseln

Eine hochkarätige Attraktion am Lago Maggiore sind die drei Borromäischen Inseln in der westlichen Seemitte. Seit im 17. Jh. das aus Padua stammende Adelsgeschlecht der Borromäer die Isola Inferiore, heute Isola Bella genannt, zu einer barock überschwänglichen Palast- und Garteninsel auszubauen begann und auf der Isola Madre ein herrlicher botanischer Garten entstand, gehören die Isole Borromee zu den bedeutenden Sehenswürdigkeiten Italiens. Ein Großteil des europäischen Adels, darunter auch die britische Queen Victoria, logierte im märchenhaften Prunk der Grand Hotels im gegenüberliegenden Stresa, flanierte auf den großzügigen Promenaden und genoss bewundernd das einmalige Panorama der vorgelagerten Inseln, dessen Faszination man sich auch heute nicht entziehen kann. → S. 229 ff

Die Brüste der Wahrheit

Im Jahr 1900 wurde auf dem „Monte Verità" oberhalb von Ascona eine „vegetabile Cooperative" gegründet, die gesunde Lebensführung, Freikörperkultur, Pazifismus, Freiheit in jeder Richtung und Suche nach Wahrheit anstrebte. Rasch zog sie nicht nur eine fröhlich-libertäre Bohème an, sondern auch Künstler, Wissenschaftler und Politiker aus ganz Europa. Zu den illustren Zeitgenossen, die hier verkehrten, gehörten zahlreiche Schriftsteller, u. a. Gerhart Hauptmann und Hermann Hesse, Maler wie Hans Arp und Paul Klee, die Politiker Trotzki und Stresemann, aber auch der junge Konrad Adenauer, der Psychiater C. G. Jung und der belgische König Leopold. Mit der Ausstellung „Die Brüste der Wahrheit" auf dem Monte Verità beleuchtet der international renommierte Kurator Harald Szeemann (1933–2005) seit 1978 das Phänomen „Monte Verità" aus allen Perspektiven. → S. 45

Kunst im Kubus

In Locarno steht nah am See ein zur Straßenseite hin fensterloser, roter Kubus, verkleidet mit einem feinmaschigen Drahtnetz und rundum von einem Wassergraben umgeben. In diesem auffälligen Würfel machen seit 2014 Martine und Pierino Ghisla ihre private Sammlung der Öffentlichkeit zugänglich, die rund 200 Kunstwerke der Moderne umfasst: Unter anderem sind Miró, Magritte, Picasso und Vasarely vertreten. Ein Teil der permanenten Ausstellung ist der amerikanischen Graffiti-Art (Roy Lichtenstein, Keith Haring u. a.) vorbehalten. → S. 27

„Der Goldene Leopard geht an …"

Alljährlich in der ersten Augusthälfte stehen auf der Piazza Grande von Locarno 8000 Stühle vor einer 25 x 14 m großen Leinwand. Das „Locarno Film Festival" gehört neben jenen von Venedig und Cannes zu den großen Filmfestspielen Europas. Dem Sieger winkt der „Pardo d'Oro" (Goldener Leopard). → S. 25

Der Pfad der Kunst

Über dem Westufer des Sees erstreckt sich das verwinkelte Dorftrio Trarego-Cheglio-Viggiona, wo sich innerhalb der letzten Jahrzehnte eine Künstlergemeinschaft angesiedelt hat. Diese präsentiert ihre Werke jährlich an den Ostertagen auf dem „Sentiero d'ARTE". Der Rundweg von etwa einer Stunde führt zu liebevoll restaurierten Künstlerhäusern und idyllisch gelegenen Gärten, Plätzen und Villen. → S. 184

Grandhotels in Stresa

Die majestätischen Hotels der Belle Époque sind am besten in Stresa und Umgebung zu bewundern – eine vielerorts lang vergangene Hotelkultur ist hier noch lebendig. In der ersten Hälfte des 20. Jh. reisten viele der betuchten Gäste mit dem Simplon-Orient-Express von Paris nach Istanbul an. → S. 219

Highlights am Ostufer

Das östliche Seeufer ist im Gegensatz zum viel besuchten Westen ruhig geblieben. Hier gibt es keine Grandhotels, dafür eine der schönsten Villen an den norditalienischen Seen (→ S. 135), das bedeutendste Kloster in einer pittoresken Steilwand am See (→ S. 138) und den größten und ältesten Markt der Region (→ S. 120).

Der See hinter den Hügeln

Der nahe Lago d'Orta besitzt mit dem Bilderbuch-Örtchen Orta San Giulio und der gegenüberliegenden Klosterinsel ein nahezu unvergleichliches Bauensemble. → S. 249 ff

San Carlone, der Riesenkarl

Über Arona thront sie, die mächtige, 23 m hohe Kupferstatue des Kardinals Carlo Borromeo, des bedeutendsten Sohnes der Stadt. → S. 245

Die Pracht der Kamelien

Erlebnis Natur

„Insubrische" Flora – nach dem Keltenstamm, der einst an den Ufern des Lago Maggiore siedelte – nennen Botaniker die einzigartige Pflanzenwelt mit 1900 Blütenpflanzen zwischen Kastanie und Kaktus, Bergblume und Palme, die es auf so engem Raum in Europa sonst nicht gibt.

Blumen vom Lago Maggiore werden nach ganz Europa geliefert, z. B. von der Genossenschaft „Flor Coop Lago Maggiore" aus Nebbiuno im Südwesten des Lago.

Der Garten Europas

Verantwortlich für die einzigartig üppige Flora um den Lago Maggiore ist das ganzjährig milde Mikroklima. Seit dem 19. Jh. wurden deshalb zahlreiche farbenprächtige mediterrane, subtropische und sogar tropische Pflanzen eingeführt und in artenreichen botanischen Gärten kultiviert – „Garten Europas" wird der Lago Maggiore seitdem genannt.

Der Eingriff des Menschen hat die ursprüngliche Pflanzenwelt am See aber auch anderweitig nachhaltig verändert. So fielen zwei Drittel der ursprünglichen Waldflächen der wirtschaftlichen Kultivierung zum Opfer, stattdessen wurden Weinreben und Obstbäume, Getreide und Tabak angepflanzt.

Die Pflanzen der Villa Taranto

Der 16 ha große botanische Garten der Villa Taranto bei Verbania am Westufer wurde in den 1930er Jahren angelegt. Heute gehört er zu den meistbesuchten Zielen am See. Seine Pflanzenvielfalt ist legendär, denn ungefähr 20.000 Arten wurden hier kultiviert, davon über 500 Rhododendron- und 300 Dahlienarten. → S. 192

Kamelien in Locarno

Ganze 900 Arten der seit dem 19. Jh. beliebten Zierpflanze kann man im „Parco delle Camelie" in Locarno bewundern (→ S. 30). Ein weiterer Botanischer Garten liegt auf den Brissago-Inseln, ein wenig südlich von Locarno (→ S. 30).

In den Schluchten des Tessin

Eine reizvolle Alternative zum Baden im See bieten die Täler des Locarnese, wo die Maggia und die Verzasca mit erfrischenden Badebecken einladen. Wagemutige stürzen sich an einigen Stellen sogar von den Felsen ins Nass. → S. 72

Über sieben Seen blicken ...

Der Monte Mottarone ist der Hausberg von Stresa. Der Gipfel in 1491 m Höhe ist auf schöner, allerdings kostenpflichtiger Straße oder bequem mit Seilbahn/Sessellift zu erreichen. Bei klarer Sicht ist der Ausflug ein Muss. → S. 227

In den wilden Bergen

Monteviasco hat kaum mehr als zehn Einwohner und liegt abgeschieden im Hinterland des nördlichen Nordufers. Bis vor Kurzem konnte man es mit einer Seilbahn erreichen. Nun wurde sie stillgelegt und man muss 1400 Stufen erklimmen. Die wenigen Einwohner werden derzeit von Militär und Freiwilligen versorgt. → S. 115

Auf schmaler Straße zum Bergsee

Der Stausee Lago d'Elio liegt über dem italienischen Ostufer und ist ein populäres Wander- und Ausflugsziel. Es gibt ein Picknickgelände, man kann den See zu Fuß umrunden und sogar oben übernachten. → S. 113

Die Kaschmirzypresse im See

Auf der ruhigen Isola Madre in der Seemitte beeindruckt neben dem Borromäer-Palast vor allem der herrliche botanische Garten, in dem auch viele buntschillernde Vögel leben. 200 Jahre alt ist Europas größte Kaschmirzypresse, die ebenfalls auf der Insel steht. → S. 234

Die „letzte Wildnis Italiens"

So wird das Val Grande genannt, ein großes, unwegsames Berggebiet oberhalb von Verbania, das im letzten Krieg ein Rückzugsgebiet für Partisanen war und auch heute nur zu Fuß erforscht werden kann. → S. 198 ff

Lagoni di Mercurago

Der Naturpark mit zahlreichen Spazierwegen liegt am Südende des Lago. → S. 247

„Montorfano Bianco"

Weithin sichtbar zeigen sich die aufgerissenen Flanken des Mont'Orfano in der Seemitte, der seit Jahrhunderten zu den wichtigsten Granitabbaugebieten Italiens gehört. Auf Kanälen wurde das wertvolle Baumaterial, darunter der weiße Granit „Montorfano Bianco", bis nach Mailand verschifft. → S. 211

Sandstrände und Badebuchten

Sandige Strände sind an den oberitalienischen Seen eher rar – am Lago Maggiore gibt es sie bei Cannobio (→ S. 167), Feriolo (→ S. 207) und Cerro (→ S. 137). Die schönsten Buchten liegen am Ostufer bei Castelveccana (→ S. 128)

Wasser-, Land- und Luftsport

Baden und Aktiv-Urlaub

Müßiggang ist schön, aber manchmal verlangt der Körper mehr. Der Lago Maggiore ist ein vielseitiges Revier für den Aktiv-Urlaub. Man kann sich heute im Wasser austoben und morgen auf einer Gebirgswanderung ins Schwitzen kommen.

Wappnen Sie sich gegen Stechmücken, die sich in der Dämmerung und vor Sommergewittern am Wasser tummeln – einschlägige Mittel finden Sie in den Supermärkten, z. B. das hervorragende „Anti-Insect" der schweizerischen Migros oder das effektive „Anti Brumm", das man auch in Deutschland erhält.

Sportliche Vielfalt

Die Palette an sportlichen Möglichkeiten ist um den Lago Maggiore breit gefächert: vom Tauchen bis zum Paragliding, vom Klettern bis zum Schwingen des Golfschlägers, von der gemütlichen Fahrradtour bis zum kräftezehrenden Mountainbiking in den Bergen.

Im und auf dem Wasser

Baden: Vom Juni bis in den Oktober hinein liegt die Wassertemperatur im Lago Maggiore bei freundlichen 20 bis 23 °C. Obwohl Privatgrundstücke hier und dort den Einstieg ins Wasser erschweren, gibt es vielerorts hübsche Badeplätze.

Die meisten Strände bestehen aus Kies, Sandstrände liegen im italienischen Teil des Lago z. B. bei Cannobio und Fondotoce (Westufer), bei Germignaga und Cerro (Ostufer) sowie am südlichen Seeende um Dormelletto. Dahinter erstrecken sich oft Wiesen mit schattigen Bäumen, sodass man den sommerlichen Temperaturen nicht so extrem ausgeliefert ist wie etwa am Meer.

Auf der Tessiner Seite haben Locarno, Ascona und Brissago jeweils einen Lido mit guter Infrastruktur.

Eine erfrischende Alternative zum Schwimmen im See ist ein Bad im kühlen Fluss. Im Hinterland von Locarno bilden die Maggia und die Verzasca Badebecken und bei Cannobio am Westufer gibt es reizvolle Badestellen bei Traffiume. Doch Vorsicht beim Flussbad: Unterschätzen Sie nicht die Kraft des wilden Wassers. Es kommt immer wieder zu tödlichen Badeunfällen.

Tauchen: Bei Cannobio werden Tauchgänge in der Schlucht Orrido di Sant'Anna unternommen. Im Tessin sieht man ambitionierte Taucher in der Verzasca unterhalb von Lavertezzo, die Strömung dort ist allerdings gefährlich stark.

Windsurfen: Von Mai bis September sind die Windverhältnisse am Lago Maggiore ausgesprochen stabil, vor allem in der nördlichen Seehälfte. Dort bringt morgens die Tramontana frischen Wind aus den Bergen, und nachmittags bläst die Inverna von der Poebene zum See herauf. Surfbretter werden in zahlreichen Badeorten verliehen.

Segeln: In Verbania am Westufer hat der „Circolo Velico Canottieri Intra" (www.cvci.it) seinen Standort, in Cerro am Ostufer arbeitet die renommierte Segelschule „Centro Vela" (www.centro vela.it) und auch auf Tessiner Seite gibt es mehrere Segelschulen (z. B. www.asconautica.ch).

Kanufahren: Bei Kanuten ist vor allem die Verzasca beliebt, im oberen Teil relativ harmlos, im unteren nur für sehr geübte Fahrer empfohlen.

Über Berg und Tal

Wandern: Zahlreiche Wege durchziehen die seenahe Bergwelt. Auf der Schweizer Seite geben praktisch an jeder Gabelung gelbe Schilder Hinweise, auf der italienischen Seite ist die Markierung oft mangelhaft. Im Anhang dieses Buchs finden Sie einen kleinen Wanderführer (→ S. 333) mit zwölf detailliert beschriebenen Routen beiderseits des Sees.

Radfahren/Mountainbiking: Am See selbst herrscht leider viel motorisierter Verkehr, Radwege sind Mangelware. Anders im Hinterland, dort sind Mountainbike- und Radwege markiert, z. B. im Naturpark Lagoni di Mercurago bei Arona und am Lago di Varese mit einem Radweg um den gesamten See. Rasante Schussfahrten bietet der Monte Mottarone hinter Stresa. Auf der Tessiner Seite haben die Radler im unteren Teil des Maggiatals eine eigene Spur.

Klettern: Beliebt ist der steilwandige Granitberg Mont'Orfano am Westufer des Lago di Mergozzo. Ein gut ausgestatteter Klettergarten findet sich bei Maccagno am Ostufer.

Bungee-Jumping: Seit James Bond 1995 im Verzasca-Tal von der Staumauer des Lago di Vogorno gesprungen ist, hat er zahlreiche Nachahmer gefunden. Falls Sie der 220-m-Sturz reizt: Profis garantieren, dass sie ihn heil überstehen, sofern sie ein bestimmtes Gewicht nicht überschreiten und auch nicht herzkrank sind.

Golf: Rund um den See werden zahlreiche Greens unterhalten, in der Regel 18 Loch.

Hoch in den Lüften

Deltafliegen/Paragliding: Nicht so schnell wie ein Fallschirmsprung, dafür lässt sich die Landschaft in Ruhe aus der Perspektive des Adlers betrachten. Beliebte Startpunkte sind der Monte Lema an der Grenze zwischen der Lombardei und dem Tessin sowie der Monte Sasso del Ferro oberhalb von Laveno am Ostufer.

Familienurlaub

Lago Maggiore mit Kindern

Es gibt so einiges, was sich am Lago anstellen lässt – falls die Sprösslinge tatsächlich einmal vom Baden im See oder Swimmingpool genug haben und auch mit den neuen Freunden vom Nachbarbungalow nicht so recht spielen wollen.

Im kleinen Ort Belgirate sitzt eine große fette Kröte am Seeufer. Wer findet sie?

Freie Auswahl

In den meisten Badeorten am See kann man Tret- und Ruderboot fahren, Minigolf spielen oder Fahrräder ausleihen, auch Spielplätze sind relativ häufig anzutreffen – besonders schön ist der von Cannobio, und in Baveno schlängelt sich sogar ein steinernes Wasserungeheuer über den Platz am Seeufer. Aber das Allergrößte ist natürlich, mit einem echten Schiff auf den See hinauszufahren. Die Schiffe der „Navigazione sul Lago Maggiore" laufen mehrmals täglich die meisten Badeorte an. Aber vielleicht will Papi oder Mami ja sogar ein echtes Motorboot mieten, was auch ohne Führerschein vielerorts möglich ist.

Über den See …

Lago Maggiore Express: Eine Rundreise über den See und in die Berge – mit dem Schiff geht's von Locarno nach Stresa, dort mit dem italienischen Zug hinauf nach Domodossola und schließlich eine Panoramafahrt mit der berühmten „Centovalli-Bahn" zurück nach Locarno – oder dieselbe Fahrt gegen den Uhrzeigersinn. → S. 307

Brissago-Inseln: Eine kurze Schifffahrt, zum Beispiel von Ascona aus (15 Min.), der wunderschöne botanische Garten ist ein Highlight im oberen Seengebiet. → S. 53

Isola Bella und Isola Madre: Auf der prächtigen Palastinsel Isola Bella vor Stresa laufen weiße Pfaue frei herum und auf der Isola Madre gibt es eine große Marionettensammlung. → S. 230 & 234

… und auf die Berge

Monte Sasso del Ferro: Von Laveno am Ostufer geht es mit einer originellen „Kübelbahn" hinauf – und wenn man Glück hat, kann man oben Paraglider beim Start beobachten. Ein tolles Erlebnis und nicht nur für Kinder eine echte Gaudi. → S. 133

Monte Lema: Der 1614 m hohe Berg kann mit der Seilbahn besucht werden, bei klarer Sicht reicht der Blick bis Mailand. → S. 121

Monte Mottarone: Ein Ausflug zum Hausberg von Stresa – am besten mit Seilbahn und Sessellift – lohnt nicht nur wegen des berühmten „Sieben-Seen"-Blicks, sondern auch wegen der schönen Sommerrodelbahn im Gipfelbereich. → S. 227

Badespaß

Strand bei Cannobio … Wenige Kilometer südlich der Schweizer Grenze liegt am Westufer der vielleicht schönste Strand am Lago. Hinter dem Ort kann man aber auch wunderbar im Fluss Torrente Cannobino baden und mit dem Schlauchboot paddeln. → S. 167

… und bei Maccagno: Badeplattform im See bei Kids beliebt, ebenso das Plantschen in den kleinen „Wasserfällen" der Giona, die hier mündet. → S. 109

Flussbaden im Tessin: In den Tälern des Locarnese bilden die Flüsse wunderbare Badebecken – die Verzasca bei Lavertezzo, die Maggia bei Ponte Brolla und die Melezza bei Intragna. → S. 72, 76, 94

Tiere erleben

Tiergärten: Unsere vierbeinigen Freunde stehen im Mittelpunkt bei Fondotoce in der Seemitte, in der Villa Pallavicino von Stresa, in Magliaso am nahen Luganer See und bei Agrate Conturbia, südlich vom Lago Maggiore.

Falconeria von Locarno: ein einzigartiges Unternehmen am See und so erfolgreich, dass die Tribüne mit 650 Sitzplätzen immer schnell voll ist. Täglich zwei Mal zeigt das Team von vier professionellen Falknern und Falknerinnen eine hochkarätige Show. Falken und andere Raubvögel fliegen quer über die riesige Naturbühne, streifen beinahe die Köpfe der aufschreienden Zuschauer und landen sicher auf dem ausgestreck-

ten Arm des Empfängers. Zum Schluss dürfen Kleinkinder gratis auf dem Pony eine Ehrenrunde drehen. → S. 30

Museen für Kids

Schokoladenmuseum: Und was tun, wenn es Bindfäden regnet? Begeisterter Kommentar eines Sechsjährigen im Schokoladenmuseum von Caslano: „Gseet gruusig us, schmöckt aber guet!" → S. 123

Puppenmuseum: In der stolzen Burg von Angera am Südende des Lago sind historische Puppen die Stars – definitiv auch für Erwachsene einen Besuch wert. → S. 146

Museo Volandia: Wer mit dem Flieger anreist, kann am Mailänder Flughafen Malpensa Flugzeuge und Hubschrauber, aber auch Drohnen und Weltraumshuttles bestaunen. → S. 300

Und mehr

San Carlone: Bei Arona im Südwesten des Sees lockt ein echtes „Highlight" – die 23 m hohe Kupferstatue des Carlo Borromeo, in deren hohlem Innenraum Schwindelfreie bis zu den Augen hinaufklettern können. → S. 245

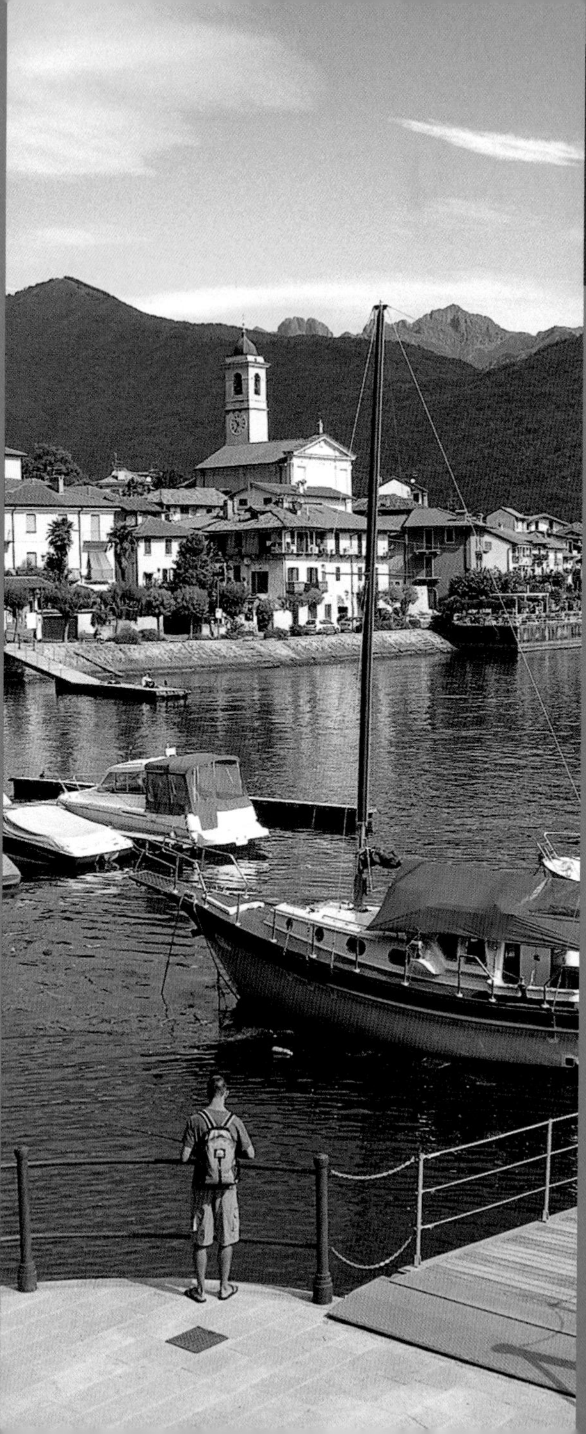

In Feriolo am Westufer

Unterwegs

am Lago Maggiore

Tessiner Ufer

Das schweizerische Ufer des Lago Maggiore mit den Städtchen Locarno und Ascona wird seit über hundert Jahren von Feriengästen aufgesucht. Das Klima ist mild, und wenn nördlich der Alpen noch geheizt wird, schlürft man auf der Piazza Grande von Locarno den morgendlichen Cappuccino bereits an der Sonne.

Etwas ruhiger geht es im Gambarogno zu, am Ostufer des Sees. Neben der Eisenbahnlinie und der Straße bleibt oft wenig Platz, die paar Dörfer sind eng an den See gebaut.

Seit der Gotthardstraßentunnel eröffnet wurde (1980), dauert die Autofahrt von Zürich nach Locarno zweieinhalb Stunden. Für Zürcher ein Wochenendausflug. Neben Deutschschweizern stellen Deutsche das Gros der Touristen – Locarno und Ascona sind praktisch zweisprachig geworden.

Was anschauen?

Der **Monte Verità** (→ S. 45) oberhalb von Ascona war Anfang des 20. Jahrhunderts ein Lebensmittelpunkt von Pazifisten, Utopisten, Weltverbesserern, Esoterikern und Vertretern einer radikal gesunden Ernährung. Tänzer, Maler, Musiker und Schriftsteller zog es zum berühmten Hügel: Hermann Hesse, der Anarchist Erich Mühsam, Friedrich Glauser und andere schrieben über ihre Erfahrungen. Adelige aus halb Europa tauchten auf, und sogar Politiker wie Konrad Adenauer wurden gesichtet. Die Ausstellung „Die Brüste der Wahrheit" in der Casa Anatta beleuchtet das Phänomen Monte Verità unter immer neuen Gesichtspunkten. Kurator der Ausstellung war der 2005 verstorbene Harald Szeemann, einer der Größten seines Fachs.

Was unternehmen?

In nur vier Minuten gelangt man von Porto Ronco mit dem Schiff auf die **Brissago-Inseln** (→ S. 53). Der dortige botanische Garten ist einzigartig – und er hat auch eine einzigartige Geschichte, die in einer Zeit spielt, in der man in Europa noch Inseln kaufen konnte.

Für einen Ausflug weg vom See in die Berge bietet sich das einstige Schmugglerdorf **Indemini** (→ S. 65) an, Wanderer starten auf der Passhöhe der Alpe di Neggia (→ S. 336).

Für Erwachsene wie auch für Kinder zeigt die Falconeria von **Locarno** (→ S. 30) eine spektakuläre Show. Falken und andere Raubvögel fliegen auf Befehl quer über die fußballfeldgroße Bühne und landen – haarscharf über die Zuschauer hinweg, die vor Schreck die Köpfe einziehen – sicher auf dem Arm des Empfängers.

Wo baden?

Fast jeder Ort am See lädt zum Baden ein. Der **Lido von Locarno** (→ S. 32) wartet mit einer riesigen Wellnessanlage auf. Billiger ist sein Pendant, der **Grande Lido von Ascona** (→ S. 41). In **Brissago** wiederum freuen sich Kinder: Eine 75 Meter lange Rutsche führt von der Straße bis fast ins Wasser (→ S. 57).

An der Ostseite, im Gambarogno wird vor allem in **San Nazzaro** (→ S. 63) gebadet, das mit Umkleidekabinen, Duschen und Toiletten eine hervorragende Infrastruktur bietet. Der Nachbarort **Gerra** (→ S. 64) punktet mit einer wunderbaren Strandkneipe.

Wo essen?

In **Ascona** serviert das „Ristorante Antico Borromeo" eine hervorragende italienische und Tessiner Küche zu gehobenen Preisen (→ S. 44). Im todschicke „Seven" von Starkoch Ivo Adam steht innovative Küche auf dem Programm. Ganz anders geht es im sehr populären „Grotto Baldoria" zu: Dort wird gegessen, was auf den Tisch kommt, zu bescheidenen Preisen.

In **Locarno** zeigt das „Negromante" (→ S. 36) mit seinem Innenhof nicht nur ein einzigartiges Interieur, auch die Küche kann sich sehen lassen: Filet vom Angus-Rind oder ein Pferdesteak auf dem heißen Stein serviert. Ganz in der Nähe schlägt „Il Guardiano del Farro" Gegenteiliges vor: vegetarische Genüsse.

Die besten Fischlokale findet man im Gambarogno. „Da Rodolfo" in **Vira**

(→ S. 62) ist weit über das Dorf hinaus bekannt für seine delikaten Zubereitungen und entsprechend teuer. Preiswerter ist das familiär geführt „Al Pescatore" in **Gerra** (→ S. 64) mit einer traumhaften Terrasse über dem Fischerhafen.

Wo shoppen?

Die Piazza Grande in **Locarno** (→ S. 24) ist nicht nur Flanier- sondern auch Shoppingmeile. Wer in den Boutiquen nicht fündig wird, verzieht sich in die Warenhäuser Manor oder Globus. Eine gute Adresse für Produkte der regionalen Landwirtschaft ist in **Ascona** der Verkaufsshop der Vinothek „Terreni alla Maggia" (→ S. 41). Der Betrieb selbst arbeitet im Maggiadelta und ist der einzige Schweizer Produzent von Reis.

Frischen Ziegenkäse findet man in jedem Spezialitätengeschäft. Wer ihn direkt vom Produzenten kaufen und auch die Ziegen sehen will, fährt von **Ronco sopra Ascona** in die Berge hoch zur Käserei Lorini (→ S. 51) .

Tessiner Ufer
2 km

Locarno und Umgebung

Wenn das Tessin die Sonnenstube der Schweiz ist, so ist die Piazza Grande von Locarno ihre beliebteste Sonnenterrasse: sehen und gesehen werden. Der riesige Platz ist das Herz des Städtchens, das nur 16.000 Einwohner zählt, im Sommer aber aus allen Nähten platzt.

Oberhalb der Piazza gerät man in die Gassen der Altstadt, wo sich Boutiquen und Restaurants reihen, noch weiter oben beginnen die teureren Wohnlagen mit Seeblick, und noch ein Stück oberhalb wacht die *Madonna del Sasso*, Locarnos berühmteste Kirche und Wahrzeichen der Stadt, über die Menschen am Nordzipfel des Sees.

Unterhalb der Piazza führt hinter dem Casino die palmenbestandene Seepromenade an einigen Luxushotels vorbei zum Jachthafen. Unweit dahinter lädt der Lido mit Freibad und Spielwiese zum Entspannen ein. Mit einem eleganten Flachbau wurde er 2013 um eine hypermoderne Wellness-Landschaft erweitert: Solebäder, Saunen und eine Kneippanlage.

Das relative große Einzugsfeld an Pendlern sowie seine Lage zwischen Berg und See stellen Locarno vor ein schier unlösbares Verkehrsproblem, zumal wenn noch die sommerlichen Touristen dazukommen. Zwar ist die Stadt untertunnelt, trotzdem kommt es zu Verkehrsverstopfungen, insbesondere auf der von Bellinzona zuführenden Straße und im Tunnel selbst, oft auch auf der Ausfallstraße in Richtung Maggiatal und Centovalli.

Sehenswertes

Piazza Grande: Richtig angekommen in Locarno ist man erst, wenn man über die Piazza Grande geschlendert ist und sich in eines der zahlreichen Straßencafés gesetzt hat. Der zentrale Platz im lombardischen Stil gehört zu den schönsten Plätzen Europas. Die Locarner sind stolz auf ihn und dies auch mit Recht, seit 2008 im Tessiner Parlament der längst fällige Beschluss fiel, die Piazza Grande in eine Fußgängerzone

Große Leinwand in Locarno

In der ersten Augusthälfte wird man in Locarno und Umgebung kein freies Zimmer mehr finden. Dann nämlich dreht sich alles um das „Locarno Film Festival", das mit Cannes, Venedig und Berlin zu den großen europäischen Filmfestivals zählt. Fernsehwagen bringen sich frühzeitig an der Piazza Grande in Stellung, nicht nur der eintreffenden Kinogrößen, sondern auch anderer Prominenz wegen. Die halbe Schweizer Regierung findet sich ein, Wirtschaftsmogule und ein gutes Tausend Journalisten, von denen viele mehr am Event interessiert sind als am einzelnen Kunstwerk. Das 1946 gegründete Festival – 2023 steht die 75. Ausgabe an – ist mittlerweile mehr als nur ein hochkarätiges Kunstereignis. Es ist auch ein Feld des Lobbying, nicht zuletzt für die Festivalorganisatoren selbst, die um höhere Subventionen kämpfen.

Für den Festivalbesucher aber steht der Film im Zentrum. In den wenigen Kinos der Stadt und anderen Sälen werden Spezialreihen, Filme außerhalb des Wettbewerbs und Retrospektiven gezeigt. Das Hauptprogramm aber findet auf der Piazza Grande statt, wo vor einer riesigen Leinwand (26 x 14 m) rund 8000 Stühle aufgestellt sind, nicht einfach so, sondern in einer strengen Choreografie von Gelb und Schwarz, sodass der Besucher beim Blick auf die leeren Stuhlreihen ein Leopardenmuster entdeckt. Die Raubkatze ist schließlich das Emblem des Festivals, und der Traum jedes Regisseurs ist es, den „Pardo d'Oro", den Goldenen Leoparden mit nach Hause zu nehmen. Programm unter www.locarnofestival.ch.

■ Etwas oberhalb der Piazza Grande wurde 2018 in einem umgebauten Schulhaus das *PalaCinema Locarno* eröffnet. Es soll den Ruf Locarnos als schweizerische Filmhauptstadt festigen: Festivalbüro, ein Kinosaal für 500, zwei weitere Säle für je 150 Zuschauer, Fachbibliothek und Filmarchiv – alles unter dem Dach des Leoparden.

umzuwandeln. Die Politiker hatten wohl eingesehen, dass das Parkproblem auch mit Parkplätzen auf dem berühmten Platz nicht zu lösen ist.

In der ersten Augusthälfte zeigt die Piazza zehn Tage lang ein ganz anderes Gesicht. Tausende von schwarzen und gelbe Plastikstühlen stehen auf dem Pflaster, die Cafés sind noch voller, die Parkprobleme noch größer – das international berühmte „Locarno Film Festival" geht über die Bühne (→ Kastentext).

Palazzo del Pretorio: An der Via della Pace, die beim Casino südlich wegführt, steht eine stattliche Gründerzeitvilla mit ein paar Palmen davor. Heute sind im Palast, der 1925 im Brennpunkt der Europapolitik stand (→ Kastentext „Als ganz Europa nach Locarno blickte"), die Polizei, das Gesundheits- und das Finanzamt der Stadt untergebracht. Einzig eine Tafel mit Foto erinnert an die hier ausgehandelten Verträge, die als *Locarnopakt* in die Geschichte eingingen – und der Name der Straße: Via della Pace. Wer mehr über den Locarnopakt erfahren will, muss sich ins Castello Visconteo begeben. Dort ist eine ebenso ausführliche wie interessante Dokumentation über die Konferenz zu sehen.

Castello Visconteo: Das einstige Schloss der Visconti, Herzöge von Mailand, beherbergt heute in erster Linie das wenig aufregende archäologische Museum der Stadt. Interessanter sind der „Saal des Pakts von Locarno", eine ausführliche Dokumentation (auf Italienisch) zum Locarnopakt, und der Spaziergang durch die historischen Gemäuer mit den mittelalterlichen Torbögen, aristokratischen Wappen, Freskenresten und Graffiti von Gefangenen.

Schon die Aufgangstreppe mit ihrem Anbetungsfresko versetzt den Besucher in andere Zeiten. Der darauf folgenden kleinen Loggia haben die Deutschschweizer Herrscher ihren Stempel aufgedrückt, von der Veranda der Landvögte („lanvocti") blickt man dann unversehens auf das Parkhaus des modernen Locarno. Ganz oben, im mittelalterlichen Turm, der noch bis ins 19. Jahrhundert als Gefängnis genutzt wurde. schwört grimmig ein ehemaliger Häftling in deutscher Sprache: „Rache".

Roy Lichtenstein in der Ghisla Art Collection

Locarno

Andere, viel ältere Graffiti sind im sogenannten „Alphabet von Lugano" geschrieben, das sich an der etruskischen Schrift orientiert, die entsprechende gesprochene Sprache „Leponzia" ist keltischen Ursprungs.

Im „Saal des Pakts von Locarno" sind nicht nur Tintenfass und Stempel für die historischen Unterschriften zu sehen, sondern auch die täglichen Bulletins der Konferenz, die vom 5. bis 16. Oktober 1925 dauerte: Am 11. Oktober begaben sich die Politiker auf eine Vergnügungsfahrt auf dem Lago, am 15. Oktober hatte der deutsche Außenminister Stresemann das letzte Wort, der Protokollant hält auf Französisch, der Sprache der Diplomaten, fest: „Les Allemands sont des gens terriblement difficultueux; ils veulent toujours avoir le dernier mot" (Die Deutschen sind fürchterlich kompliziert, sie wollen immer das letzte Wort haben).

▪ April–Okt. Di–So 10–12 und 14–17 Uhr. Eintritt 10 CHF.

Ghisla Art Collection: Der zur Straße hin fensterlose Kubus, mit einem feinmaschigen, roten Drahtnetz verkleidet und rundum von einem Wassergraben umgeben, ist ein Meisterwerk des Architekturbüros Moro & Moro. Dass es sich um ein umgebautes Dreifamilienhaus handelt, mag der Betrachter kaum glauben. In diesem auffälligen Würfel machen seit 2014 Martine und Pierino Ghisla ihre private Kunstsammlung der Öffentlichkeit zugänglich. Das Museum besitzt rund 200 Kunstwerke der Moderne: Unter anderem sind Miró, Magritte Picasso, Dubuffet, Appel und Vasarely vertreten. Ein Teil der permanenten Ausstellung ist gänzlich den Amerikanern, insbesondere der Pop- und Graffiti-Art (Roy Lichtenstein, Keith Haring, James Rosenquist u. a.) vorbehalten. Eine jährlich wechselnde Sonderausstellung ergänzt das Angebot. Das kunstsinnige Gründerpaar schließt mit seiner privaten Initiative eindeutig eine Lücke im Kulturangebot der Stadt.

▪ März–Dez. Mi–So 14–19 Uhr; Nov. bis Jan. Fr–So 13.30–18 Uhr. Eintritt 15 CHF.

Chiesa Sant'Antonio Abate: Die Hauptkirche der Stadt zeigt eine wuchtige Architektur und eine klassizistische Fassade, so recht überzeugen mag das nicht. Im Innern ist einzig die barocke Kreuzabnahme in der rechten Seitenkapelle vor dem Chor sehenswert, ein Werk des einheimischen Künstlers *Giuseppe Antonio Felice Orelli*, Mitglied einer lokalen Künstlerfamilie, die im Tessin hier und dort ihre Spuren hinterlassen hat.

Bis vor wenigen Jahren noch nisteten Fahlsegler im alten Gemäuer von Sant'Antonio Abate, rare Vögel, mit den Mauerseglern verwandt und Flugakrobaten wie diese. Doch heute sind die Nistlöcher vergittert, mit den Tauben hat man auch die Fahlsegler vertrieben.

Casa Rusca: Das alte Patrizierhaus an der Piazza vor der Kirche ist heute Sitz der städtischen Kunstsammlung. Allein mit dem Nachlass des Dadaisten Hans (Jean) Arp – neben eigenen Werken auch seine Privatsammlung, zu der u. a. Chagall, Picasso, Braque und Calder gehörten – könnte sich die Pinakothek sehen lassen. Doch will sie dies nicht und beschränkt sich auf wechselnde Sonderausstellungen.

Chiesa San Francesco: Die dreischiffige Franziskanerkirche, Zentrum der deutschsprachigen Katholiken des Locarnese, wurde im Wesentlichen von Mitgliedern der lokalen Künstlerfamilie Orelli ausgestattet.

Chiesa Nuova (Santa Maria Assunta): Das schöne Kirchlein steht versteckt an der Via Citadella und wird leicht übersehen. Die schmucke Fassade wird von einer großen Christophorus-Skulptur bewacht, in den Nischen stehen die Heiligen Rochus und Sebastian (unten), Viktor und Michael (oben). Im Kircheninneren überrascht vor allem die prächtige Stuckdecke. Links führt eine Tür (oft verschlossen) zum Innenhof der *Casa dei Canonici* (Domherrenhaus) mit doppelter Loggia und einem verträumten Garten – ein idealer Ort, um die Fischgerichte des Restaurants „Citadella", das hier einige Tische hingestellt hat, auszuprobieren. Ganz hin-

Als ganz Europa nach Locarno blickte

Großer Bahnhof in Locarno! Im Oktober 1925 kommen in der Stadt am See die Außenminister Deutschlands, Frankreichs, Belgiens, Großbritanniens, Italiens, Polens und der Tschechoslowakei zum Gipfeltreffen zusammen. Zwölf Tage lang brüten die Spitzenpolitiker über einem Vertragswerk, das Europa sicherer machen sollte. Wichtigstes Resultat: Deutschland, als Verlierer des Ersten Weltkriegs international isoliert, anerkennt die im Versailler Vertrag festgelegte Westgrenze und stimmt der Entmilitarisierung des Rheinlands zu. Im folgenden Jahr wird Deutschland in den Völkerbund aufgenommen, und die beiden Hauptarchitekten des „Locarnopakts", die Außenminister Gustav Stresemann (Deutschland) und Aristide Briand (Frankreich), erhalten den Friedensnobelpreis.

Gerade noch rechtzeitig zur Verabschiedung des Pakts tauchte Mussolini, damals gerade frischgebackener Diktator, in Locarno auf. Ein Schnellboot führte ihn bis Brissago, wo er in einen Alfa Romeo umstieg. Die Schweizer Regierung, die ihn vier Jahre zuvor mit einem Einreiseverbot belegt hatte, hieß ihn ausdrücklich willkommen.

Leonardo in Locarno

Wer vom Parkplatz her zur Burg der Mailänder Herzöge spaziert, kommt an einem Stück alten Bollwerks vorbei, auf dem ein kleines Schild prangt: „Leonardo da Vinci 1452–1519". Keine weitere Erklärung, der Spaziergänger stutzt, schüttelt verständnislos den Kopf und geht weiter. Wir sind der Sache nachgegangen.

Vor ein paar Jahren kam ein Geschichtsprofessor der Universität Mailand zu dem Schluss, dass es sich hier um den Rest eines Bollwerks handelt, das vom berühmten Leonardo für die Locarner Burg der Visconti entworfen wurde. Zahlreiche Leonardo-Experten gaben dem Professore recht, die Tatsache scheint heute wissenschaftlich gesichert. Schließlich wurden auch die Behörden von Locarno hellhörig: Man könnte das Stück Mauerwerk zur touristischen Attraktion aufwerten. Einziges Problem: Das Leonardo zugeschriebene Mauerstück, eingezwängt zwischen Häusern, ist in Privatbesitz. Kaufverhandlungen führten zu nichts, die Stadt zeigte sich knauserig, die Besitzer hatten wohl den Wert erkannt und trieben den Preis in die Höhe, schon war von Zwangsenteignung die Rede. Eine unheilige Allianz zwischen der rechtspopulistischen Lega dei Ticinesi und den Grünen sprach sich gegen den Kauf durch die Stadt aus. Schließlich kam es gut schweizerisch zu einer Volksabstimmung, die sich gegen die städtische Übernahme aussprach. Geblieben ist das kleine Schild.

ten im Garten schaut Ihnen dabei eine unscheinbare, verwitterte Christophorus-Figur zu.
Madonna del Sasso: Die berühmte gelbe Wallfahrtskirche (tägl. 6.30–18.30 Uhr) ist das Wahrzeichen Locarnos und befindet sich auf dem Gemeindegebiet von Orselina. Auf einem Felsen über der Stadt gelegen, bietet sie sich als Postkartenmotiv geradezu an, und ist man oben, freut man sich über das wunderbare Panorama.

Im Innenhof der Wallfahrtskirche Madonna del Sasso

Einer Legende und der Giebelinschrift an der Kirche zufolge hatte im Jahr 1480 ein Franziskanermönch aus Ivrea hier oben eine Muttergottes-Erscheinung und veranlasste darauf den Bau der ersten Kapellen. Bald setzten Wallfahrten ein, und bereits im 16. Jahrhundert war ein ganzer Klosterkomplex entstanden, der im 17. Jahrhundert noch einmal erweitert wurde.

Der Besucher betritt den „heiligen Berg" durch einen Innenhof mit mehreren Kapellen, in denen lebensgroße Skulpturengruppen zu sehen sind, eine dramatische „Beweinung Christi" (16. Jh.), das letzte Abendmahl, Christus erscheint den Jüngern, eine Pietà … Sie sind alle sehr ausdrucksvoll, man wünschte sich jedoch etwas mehr Informationen.

An der Klosterkirche ist die einmalige Lage aufregender als das barocke Innere und die unzähligen Votivtafeln.

Zugang **Zu Fuß:** Was ein rechter Pilger ist, der geht natürlich auf Schusters Rappen. Der Aufstieg führt von der Via Cappuccini aus die Via al Sasso hoch, dann rechts über die Ramognabrücke und ab hier auf der steilen, von Kreuzwegkapellen gesäumten Via Crucis hoch zur Madonna. Das letzte Stück ist schweißtreibend. Von der Via Cappuccini aus dauert der Pilgerweg ungefähr 45 Min.

Auto: Im oberen Teil der Stadt der Beschilderung „Orselina" folgen, die Straße führt im Zickzack hoch. Sobald man den Ramognabach überquert hat: Parkplatz suchen. Die Madonna del Sasso befindet sich knapp unterhalb der Straße.

Standseilbahn: Die Talstation befindet sich auf halbem Weg zwischen Largo Zorzi und Bahnhof, die Bergstation knapp oberhalb der Madonna del Sasso. Das Bähnchen fährt im 15-Min.-Takt hoch. Einfache Fahrt 4,80 CHF, Kind 2,20 CHF, hin/zurück 7,20 CHF, Kind 3,60 CHF.

Chiesa San Vittore: Wer gleich oberhalb des Bahnhofs rechts abzweigt, steht bald vor einer der schönsten romanischen Kirchen nicht nur des Tessins, sondern der ganzen Schweiz. Datiert wird die Chiesa San Vittore ins 11. Jahrhundert, später kam der Barockstuck

über dem Chor und den Seitenkapellen hinzu. Ein kleines Juwel ist die Krypta, bei deren Restaurierung die alten Fresken freigelegt wurden. Auch die schmucken Kapitelle sind noch gut erhalten.

Die Vorhalle rechts des Eingangs wurde erst im 18. Jahrundert angebaut, sie diente als Beinhaus.

Giardini Jean Arp: Eine unscheinbare, kleine Grünanlage an der Uferpromenade mit Skulpturen des Dada-Künstlers Hans (Jean) Arp, der seine letzten Lebensjahre in Paris und Locarno verbrachte, viele Sitzbänke – ideal fürs Picknick.

Parco delle Camelie: Knapp südlich des Lido und ebenfalls leicht zu übersehen ist der 2005 im Maggiadelta eröffnete Kamelienpark, ein Muss für Liebhaber botanischer Gärten. Das milde Klima am Lago bekommt der Kamelie besonders gut. Zur Blütezeit Ende März treffen Spezialisten aus aller Welt zu „Camelie Locarno" ein, einem fünftägigen Fest rund um Locarnos berühmteste Blume. Über 900 verschiedene Kamelienarten finden sich im rund 10.000 m² großen, baumbestandenen Park, der zu einem wunderschönen Spaziergang einlädt.

▪ März–Sept. tägl. 9–18 Uhr, Okt.–Febr. tägl. 9–16.45 Uhr (darauf verlassen sollte man sich aber nicht). Eintritt frei.

Falconeria: Der Steinadler hat eine Flügelspannweite von 2,20 m, der Wanderfalke fliegt eine Geschwindigkeit von bis zu 300 km/h. Zu besichtigen sind Adler, Falken, Eulen und Geier in den Volièren der Falconeria von Locarno. Doch hat die Falknerei weitaus mehr zu bieten als nur die gefiederte Abteilung eines zoologischen Gartens.

Täglich zweimal zeigt das Team von vier professionellen Falknern und Falknerinnen eine spektakuläre Show, die man nicht so schnell vergisst; dann ist die Tribüne vor dem ausgedehnten Park mit ihren 650 Plätzen meist bre-

Tessiner Ufer → Karte S. 24

Haltestelle Locarno

chend voll. Zuerst tritt ein Paar mit Hund auf und erläutert kurz auf Italienisch und Deutsch die Geschichte der Falknerei, die aus der asiatischen Steppenlandschaft über Persien nach Europa kam, wo sie im Mittelalter in Kaiser Friedrich II. einen begeisterten Verfechter fand. Der gebildete Herrscher über das deutsch-römische Reich und Jerusalem verfasste sogar eine Schrift, die zum Standardwerk avancierte: „De arte venandi cum avibus" (Von der Kunst, mit Vögeln zu jagen).

Noch während die Besucher den Worten des Falkners lauschen, startet von dessen Arm ein Raubvogel, schwingt sich in die Lüfte und entschwindet den Blicken der Zuschauer. Er macht wohl einen Besichtigungsflug über den nahen Lago. Noch ist er nicht zurück, da fliegt schon eine Eule über die Köpfe des Publikums. Die Show steigert sich zu äußerst präzisen Manövern. Untermalt von einer oft zum Crescendo sich steigernden Musik, startet ein Adler von der Hand der Falknerin am einen Ende des Parks, braust haarscharf über die Zuschauer, die vor Schreck den Kopf einziehen, und landet sicher auf dem Arm des Falkners am anderen Ende des Parks. Die 60-minütige Vorführung beruht auf einer äußerst präzisen Choreographie, die Raubvögel selbst scheinen daran Gefallen zu finden, ist es doch schöner, über den Park zu fliegen als in den Volièren zu sitzen. Auf die Frage, ob es nicht auch vorkomme, dass ein Vogel die Gelegenheit beim Schopf packe und das Weite suche, lacht der Falkner: Ja, das sei schon vorgekommen. Doch kämen die Ausreißer stets bald wieder zurück, Hotel Mama sei eben doch das beste. Auch das Pferd, das bei der Jagd mit Falken eine große Rolle spielt, hat zum Schluss seinen Auftritt, und die ganz Kleinen freuen sich auf eine Gratisrunde auf dem Pony nach der Aufführung.

■ Mitte März bis Okt. Di–So 10–17 Uhr, Flugvorführungen jeweils um 11 und 15 Uhr. Nov. bis Mitte März Mi–So 13–16 Uhr, Flugvorführungen um 14 Uhr. Eintritt 25 CHF, Kind 4–16 J. 18 CHF.

Ausflug nach Cardada/Cimetta

Bei schönem Wetter bietet sich ein Ausflug nach Cardada (1332 m) an, der sich übrigens hervorragend mit einem Besuch der Madonna del Sasso (siehe oben) verbinden lässt. Ebenso beeindruckend wie das Ziel ist der Weg dorthin: An der hypermodernen Luftseilbahn, die von der Madonna del Sasso zum Hausberg Locarnos hochfährt, war federführend der Tessiner Stararchitekt *Mario Botta* beteiligt. Er entwarf nicht nur die beiden Gebäude der Berg- und der Talstation, sondern auch die elegante Gondel, in der die Besucher in 5 Minuten hochschweben – viel Glas, sodass das wunderbare Panorama schon unterwegs genossen werden kann. Oben hat Landschaftsarchitekt *Paolo Bürgi* die „Passerelle" entworfen, eine äußerst luftige Aussichtsplattform mit überwältigendem Panorama!

Wer noch höher hinaus will, steigt unweit der Bergstation in den Sessellift und lässt sich auf die Cimetta (1671 m) hochtragen.

Luftseilbahn Orselina–Cardada Juni–Aug. tägl. 7.45–19.45 Uhr (30-Min.-Takt). Sept.–Mai Mo–Fr 9.15–18.15, Sa/So 8.15–18.15 Uhr (30-Min.-Takt). Einfache Fahrt 24 CHF (6–15 J. 12 CHF), hin/zurück 28 CHF (6–15 J. 14 CHF).

Wandern Zahlreiche Wanderwege im Gebiet von Cardada und Cimetta. Auskunft gibt das Informationsbüro in Locarno.

Paragliding Deutschsprachige Begleitflieger von „Fly & Smile" mit eidgenössischer Lizenz sorgen dafür, dass Sie heil in der Ebene landen. ☎ 091-6066266, www.parapendio.ch.

Basis-Infos

PLZ 6600

Information Lago Maggiore Tourist Office, beim Bahnhof, mit dem Nachbarort Ascona zusammengeschlossen, kompetent in allen Belangen und deutschsprachig. Mo–Fr 9–18, Sa 10–18, Juli/Aug. zusätzlich So 10–13/14.30–17 Uhr. Stazione FFS, ☎ 0848-091 091, www.ascona-locarno.com.

Hin & weg Bahn: Über 20 x tägl. nach Bellinzona, dort Anschluss an die Nord-Süd-Achse Basel/Zürich–Mailand. Mit der „Centovalli-Bahn" (Panoramafahrt auf Schmalspur) ungefähr stündlich durchs Centovalli hoch bis ins italienische Domodossola, dort Anschluss nach Bern.

Postauto: Am östlichen und westlichen Seeufer entlang jeweils bis an die Grenze sowie in alle Seitentäler (Maggia, Verzasca, Centovalli, Onsernone etc.). Abfahrt am Bahnhof. Mit FART-Bus Nr. 1 nach Ascona, mit Nr. 316 nach Ascona und weiter nach Brissago.

Schiff: Im Sommer pendeln mehrmals tägl. Linienschiffe zwischen den Orten des westlichen und östlichen Seeufers, auch die Brissago-Inseln werden angesteuert. Im Winter wird nur die Linie nach Magadino aufrechterhalten. Die Anlegestelle befindet sich im Zentrum (am Ende des Largo Zorzi).

Bergbahnen: Ganz in der Nähe des Bahnhofs liegt die Talstation der *Standseilbahn nach Orselina* mit der berühmten Kirche Madonna del Sasso. Dort muss man nur die Straße überqueren, und dann steht an der Talstation der *Luftseilbahn nach Cardada* (1332 m) (→ Umgebung von Locarno). Wer noch höher will, steigt hier um in den *Sessellift zur Cimetta* (1671 m). Billig sind die Bahnen allerdings nicht.

Parken Das Parkproblem ist groß, die Parkzeiten sind beschränkt, und die Parkuhren wollen gefüttert werden. Besser gleich in eines der vier Parkhäuser fahren (beim Casino, gegenüber vom Bahnhof, gegenüber der Chiesa San Vittore oder beim Castello Visconteo).

Ausflüge Private Anbieter bieten Rundfahrten auf dem See an, sind aber recht teuer. Billiger kreuzt man mit dem Liniendampfer. Ein besonderes Angebot von April bis Mitte Okt. ist der **Lago Maggiore Express:** mit dem Schiff bis ins italienische Stresa, dort ungefähr eine Stunde Aufenthalt, dann mit dem italienischen Zug hoch nach Domodossola und schließlich Panoramafahrt mit der „Centovalli-Bahn" zurück nach Locarno – oder dieselbe Fahrt im Gegenuhrzeigersinn. Kosten für diese Ganztagestour 38 CHF (Kind 19 CHF). Auskunft beim Informationsbüro und unter www.lagomaggiore express.com.

Baden Beide Badestrände von Locarno liegen im Delta der Maggia: der **Lido** mit großer Wellnessanlage, und etwas weiter südlich, beim Camping Delta, der **Lanca-Strand.**

Einkaufen   Läden mit großer Auswahl an **kulinarischen Tessiner Spezialitäten** findet man an der Piazza Grande, **Boutiquen** ebenfalls dort und in den angrenzenden Altstadtgassen.

Fahrradverleih   **Bike Sharing Locarno,** über ein Dutzend „Velospots" in der Stadt. Die blauen Räder mit Einkaufskorb auf der Lenkstange sind preisgünstig. Verkauf von Tageskarten für 10 CHF beim Informationsbüro und der Cancelleria comunale, Piazza Grande 18.

Bahnhof: wie in allen größeren Bahnhöfen der Schweiz gibt es auch in Locarno eine Rent-a-Bike-Station. Preiswert.

Belotti Sport: Mountain- und Citybikes. Via Citadella 22, ☎ 091-7516602.

Festivals   **Locarno Film Festival,** alljährlich in der ersten Augusthälfte (mehr über das international berühmte Festival (s. o., Kastentext „Große Leinwand in Locarno").

Moon & Stars, noch relativ junges, zehntägiges Rock- und Popfestival, jährlich Mitte Juli. Bei der 136 Ausgabe 2019 war Eros Ramazzotti zu Gast. Programm unter www.moonandstars locarno.ch.

Jazz Jam Sessions, jeweils Montag 20-23.30 Uhr treffen sich in der Snackbar „Incontro" im Palazzo dei Congressi bei Laura und Madda Jazzmusiker aus dem Tessin, der ganzen Schweiz sowie internationale Musiker, die gerade in der Region sind, zur Jam Session. Nicht-Musiker und Musiker sind eingeladen zuzuhören und mitzuspielen. Eintritt frei. Via Municipio 2, Muralto (hinter dem Bahnhof von Locarno).

Camelie Locarno, alljährlich Ende März Anfang April. Fünftägige Hommage an die Kamelie im Parco delle Camelie (→ Sehenswertes).

Golf   Ein Golfplatz fehlt an einem so mondänen Ort natürlich nicht. Sie finden einen 18-Loch-Platz, wenn Sie die Strandstraße einfach weiterfahren, direkt vor der Mündung der Maggia. ☎ 091-7523353, www.golflocarno.ch.

Märkte   **Wochenmarkt** jeweils Do 9–17 Uhr (außer Jan.) auf der Piazza Grande und dem Largo Zorzi. Gemüse aus dem Umland und frischer Fisch aus dem See.

Paragliding   Gestartet wird auf der Cimetta, zu der man erst mit der Standseilbahn, dann mit der Gondel, dann mit dem Sessellift hochfährt. Deutschsprachige Begleitflieger von „Fly & Smile" mit eidgenössischer Lizenz sorgen dafür, dass Sie heil in der Ebene landen. ☎ 091-6066266, www.parapendio.ch.

Wellness   **Termali Salini & Spa,** am Lido, Thermal-Solebad (35 Grad) mit Schwimmkanal und Außenbecken (See- und Bergpanorama), Dampfbad, Saunen und Massageangebot. Tägl. 9–21.30 Uhr. Badelandschaft 32 CHF, Bade- und Saunalandschaft 38 CHF. In der Saunalandschaft ist der Dienstag den Frauen vorbehalten.

Ⓘ Übernachten

→ Karte S. 34/35

*** La Rinascente **3**, nur einen Katzensprung von der Piazza Grande, trotzdem ruhig. Das 2012 eröffnete Boutique-Hotel residiert in einem mit architektonischem Fingerspitzengefühl umgebauten Gebäude aus dem 16. Jh. Die alte Bausubstanz sowie die Deckenmalereien wurden erhalten. Modern eingerichtete, sehr helle Zimmer mit wunderschönen Bädern. Mehrere Terrassen und Gourmet-Restaurant (So Ruhetag) – das Konzept überzeugt. DZ ab 180 CHF je nach Saison und Kategorie. Weihnachten bis Febr. geschlossen. Via al Tazzino 3, ☎ 091-751331, www.hotel-rinascente.ch.

*** Dell'Angelo **15**, Stadthotel in zentraler Lage mit langjähriger Tradition. Renovierte, freundliche, teils etwas altbackene Zimmer. Eine begrenzte Anzahl von Gratisparkplätzen steht zur Verfügung. DZ ab 180 CHF, auch 3- und 4-Bett-Zimmer. Piazza Grande, ☎ 091-7596 868, www.dellangelo.ch.

*** Du Lac **8**, Klassiker mit Hoteliertradition seit 1860, in bester Lage zwischen Altstadt und See. Komfortable, freundlich eingerichtete Zimmer. DZ ab 160 €. Via Ramogno 3, ☎ 091-7512 921, www.du-lac-locarno.ch.

** Rondinella **9**, nüchterner Betonbau, aber komfortable Zimmer mit Seeblick. Rezeption in der dritten Etage. Im Parterre serviert die „Birreria Rondalli" nicht nur Bier, sondern auch preiswerte Gerichte. DZ 140–190 CHF, auch 3- und 4-Bett-Zimmer. Jan./Febr. geschlossen. Via Dogana Nuova 4, ☎ 091-7516221, www. rondinella.ch.

** Citadella **10**, in erster Linie ein schönes und auch gutes Fischrestaurant in der Altstadt,

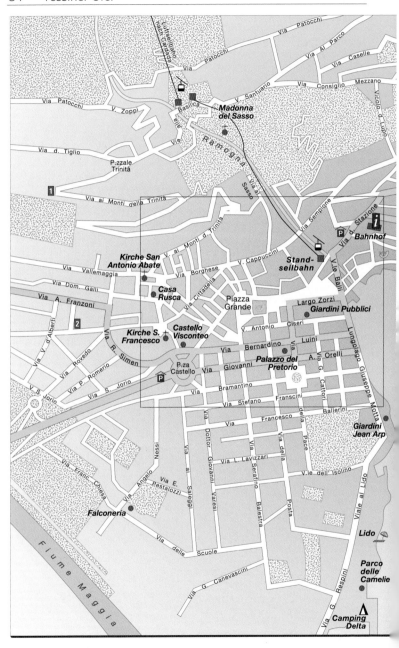

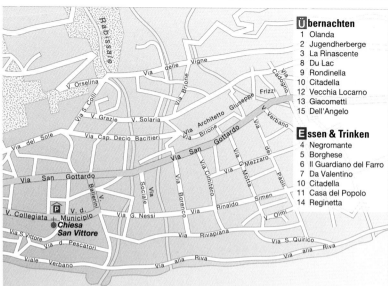

Übernachten
1 Olanda
2 Jugendherberge
3 La Rinascente
8 Du Lac
9 Rondinella
10 Citadella
12 Vecchia Locarno
13 Giacometti
15 Dell'Angelo

Essen & Trinken
4 Negromante
5 Borghese
6 Il Guardiano del Faro
7 Da Valentino
10 Citadella
11 Casa del Popolo
14 Reginetta

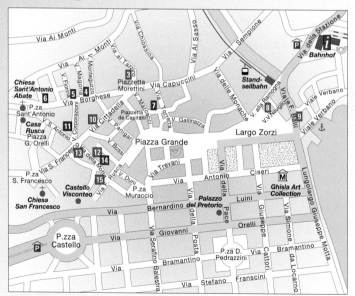

Locarno

200 m

vermietet aber auch zehn teils mit viel Plüsch eingerichtete Zimmer, teilweise Mansarden. DZ 120–170 CHF. Via Cittadella 18, ☎ 091-7515885, www.cittadella.ch.

Giacometti 🔢, familiäre Herberge mit sehr unterschiedlichen Zimmern, teils mit Dusche/WC auf Etage. Rezeption Mo–Sa 15–18 Uhr. Außerhalb dieser Zeiten nach telefonischer Vereinbarung. DZ 110–170 CHF. Via San Francesco 1, ☎ 091-7518782, www.hotel-giacometti.ch.

Vecchia Locarno 🔢, sehr unterschiedliche Zimmer, teils renoviert, meist mit Holzböden, einige mit Aussicht auf die Straße, das schönste und teuerste mit Loggia und Aussicht auf die Berge, die meisten mit kollektiver Du/WC auf Etage. Zimmer also besser erst anschauen. Mit vegetarischem Restaurant, DZ 110–150 CHF. Jan. geschlossen. Via Motta 10, ☎ 091-7516502, www.vecchia-locarno.ch.

Olanda 🔢, bescheidenes Haus, aber in schöner Hanglage über der Stadt. Wunderschönes, grün überdachtes Gärtchen mit Seeblick. DZ mit Du/WC 150–170 CHF, DZ mit Dusche, aber WC auf Etage 140–150 CHF, teils DZ mit Du/WC auf Etage 130–140 CHF. Nov.–Febr. geschlossen. Via ai Monti 139 A, ☎ 091-7514727, www.pensione-olanda.ch.

Jugendherberge Palagiovani 🔢, im westlichen Ortsteil, aber noch immer zentrumsnah. Mit Innenhof und Garten. Platz für 200 Gäste. Geschlafen wird in Doppelzimmern (oft mit Etagendusche), 4-Bett- und 6-Bettzimmern mit Du/WC. DZ mit Du/WC 138 CHF, mit Du/WC auf Etage 102 CHF, in Mehrbettzimmern 48–58 CHF pro Pers. Rezeption 15–22 Uhr. Via B. Varenna 18, ☎ 091-7561500, www.youthhotel.ch/de/hostels/locarno.

Camping ★★★★★ Delta, im Maggiadelta, direkt am See. Großes Gelände mit 300 Plätzen und hervorragender Infrastruktur, zu der auch ein Kajak- und Fahrradverleih gehört. Geöffnet März–Okt. Via Respini 27, ☎ 091-7516081, www.campingdelta.com.

Wohnmobile Kompletter Service beim Camping Delta (s. o.).

Essen & Trinken

→ Karte S. 34/35

Da Valentino 🔢, Mitglied der Gilde etablierter Schweizer Gastronomen; entsprechend liegen die Preise über dem Durchschnitt. Fisch und Fleisch raffiniert zubereitet und im dezenten Interieur oder auf der begrünten Terrasse nach hinten serviert. Dass die Pasta hausgemacht ist, versteht sich hier von selbst. So/Mo geschlossen. Via Torretta 7, ☎ 091-7520110.

Citadella 🔢, Spezialität sind Fischgerichte und Meeresfrüchte, aber auch Fleisch (gegrillt) und Pizza stehen auf der Karte. Auch Kinderteller. Serviert wird auch im hübschen Innenhof der Casa dei Canonici (Haus der Domherren) auf der anderen Straßenseite. Mo Ruhetag. Via Citadella 18, ☎ 091-7515885.

meinTipp **Negromante** 🔢, die Casa del Negromante, eines der ältesten Bauwerke der Stadt, wurde 2014 als Restaurant eingerichtet. Im wunderschönen Innenhof mit Arkadenumgang und Weinrebendach speist man vorzüglich und teuer: Das Filet vom Angusrind oder vom Pferd wird auf heißem Stein serviert, der Gast überwacht die Garzeit; die Country-Kartoffeln geben hervorragend dazu. Das Poulet lief Zeit seines Lebens frei auf den „Terreni alle Maggia" herum, einem alteingesessenen landwirtschaftlichen Betrieb in Ascona. Geöffnet ab 17 Uhr, Mo Ruhetag. Via Borghese 14, ☎ 091-7514044.

Reginetta 🔢, auf Meeresküche spezialisiert, Fleisch und Risotto werden nur „unter ferner liefen" angeboten. Mo Ruhetag. Via della Motta 8. ☎ 091-7523657.

Casa del Popolo 🔢, in der Altstadt, traditionelles und sehr populäres Lokal mit großer Terrasse. Bekannt vor allem für seinen Ossobuco, aber ebenso für hausgemachte Pasta und Pizza. Seit einigen Jahren unter türkischer Regie, aber die Küche ist tessinerisch-italienisch geblieben. Piazza delle Corporazioni, ☎ 091-7511208.

Borghese 🔢, ein ganz und gar unprätentiöses Lokal in sonst schicken Locarno. Hausmannskost, große Salatauswahl und ein netter, kleiner Innenhof. Via Borghese 20, ☎ 091-7510498.

🖐 Il Guardiano del Farro 🔢, vegetarisches Selbstbedienungsrestaurant mit leckerer Auswahl. Alles aus biologischem Anbau, also ist auch Biobrot eine Selbstverständlichkeit. Im Haus werden auch einige Zimmer (auch Mehrbettzimmer) vermietet, alle unterschiedlich groß und unterschiedlich gestaltet. Mo–Mi 9–15, Do–Sa 9–15/17–23 Uhr. Via Borghese 32, ☎ 091-7518641 und ☎ 078-8707677.

An der Seepromenade von Ascona

Ascona

Die Piazza Motta, die Seepromenade, fasst das Leben in Ascona konzentriert zusammen: sehen und gesehen werden, flanieren, Dolcefarniente und stets die großartige Kulisse des oberen Lago Maggiore im Blick.

Durch die Maggia getrennt, teilen sich Ascona und Locarno das Delta. Im Unterschied zum größeren Locarno, das noch ein komplexes Wirtschaftsleben kennt, ist Ascona praktisch vollständig auf den Tourismus ausgerichtet, vom Fischerdörfchen reden nur noch weltfremde Nostalgiker. Zu den frühen Touristen gehörten die Künstler und Weltverbesserer auf dem Monte Verità (siehe dort), der ganz große Boom setzte dann in der Nachkriegszeit ein. Das Wirtschaftswunder schwappte über die Alpen an die Ufer des Sees, der deutsche Mittelstand entdeckte Ascona als Urlaubsdestination, Neureiche bauten sich gleich ihr eigenes Feriendomizil – Ascona punktete sich zur Marke, in Rüsselsheim wurde der „Opel Ascona" aus der Taufe gehoben.

Heute wird in Ascona nicht mehr so viel gebaut; zum einen ist das Pflaster sündhaft teuer geworden, zum anderen ist für Neubauten ohnehin fast kein Platz mehr. Die Zuzügler aus den Boomjahren sind geblieben und gealtert, oft sind es schon deren Söhne und Töchter, die mit dem Cabrio vor den Toren Asconas auf Parkplatzsuche sind. Doch das das soll Sie nicht davon abhalten, sich in ein Café an der Seepromenade zu setzen, dem bunten Treiben, den ein- und ausfahrenden Schiffen zuzuschauen und das süße Nichtstun zu genießen.

Sehenswertes

Piazza Motta: Was den Locarnesen die Piazza Grande, ist den Asconesen ihre Piazza Motta. Im Unterschied zu Locarno sitzt man in Ascona direkt am See. Sonst aber gilt auch hier: sehen, gesehen werden, flanieren. Gaukler, Akkordeonspieler und andere Straßenmusikanten empfangen die Ausflügler der ankommenden Schiffe.

Der Name des Platzes ehrt *Giuseppe Motta*, einen stramm konservativen Politiker, der von 1912 bis 1940 in der Schweizer Regierung saß. Historiker streiten darüber, ob seine zweifellos vorhandenen Sympathien für Mussolini und Franco mit der eidgenössischen Neutralitätspolitik vereinbar waren. Die Asconesen kümmert dies nicht: Motta hat in ihrem „Collegio Papio" (siehe unten) die Schulbank gedrückt.

Casa Serodine: Das zweifellos schönste Bürgerhaus der Stadt steht gegenüber der Kirche und war einst Familiensitz der Asconeser Stuckateure Serodine, die ihr Vermögen in Rom machten und sich als reiche Rückwanderer ein bauliches Denkmal setzten. Die vielfotografierte barocke Fassade mit ihren allegorischen Stuckarbeiten über den Fenstern wird *Giovanni*

Casa Serodine: Familiensitz der Asconeser Stuckateure

Battista Serodine zugeschrieben. Möglicherweise hatte auch sein Vater und Lehrmeister, Hauseigentümer *Cristoforo Serodine*, seine künstlerische Hand mit ihm Spiel.

Chiesa Santi Pietro e Paolo: Die barocke, dreischiffige Pfarreikirche mit dem nicht zu übersehenden Campanile, gleich neben der Casa Serodine, zeigt einen vollständig mit Fresken ausgeschmückten Chor. Auch hier ist die Künstlerfamilie Serodine vertreten, diesmal mit Giovanni, der in Rom als Maler von Caravaggio die Chiaroscuro-Technik (Hell-Dunkel-Malerei) abschaute und es damit zu einiger Berühmtheit brachte. Die Altartafel, im oberen Teil die Krönung Mariä, im unteren die Präsentation des Schweißtuchs Veronikas, gehört zu seinen Spätwerken, die Fresken links und rechts des Eingangs („Die Söhne des Zebedäus", „Die Jünger in Emmaus") stammen aus seiner frühesten Zeit als Maler.

Collegio Papio: Die Anlage wurde der Chiesa Maria della Misericordia (15. Jh.) um 1600 beigegeben und besticht vor allem durch die doppelte Loggia im lombardischen Stil. Früher war das Kollegium von Ascona bekannt als Priesterschmiede, heute wird es als private katholische Mittelschule geführt. Schüler und Schülerinnen aus der Umgebung kämpfen sich hier durch bis zur Matura (Abitur); wer von weither kommt, hat die Möglichkeit, im Internat zu wohnen. Wundern Sie sich also nicht, wenn Sie den malerischen Innenhof nicht in aller Ruhe bewundern können.

Die *Chiesa Santa Maria della Misericordia* mit ihrer Kassettendecke wartet im Chor mit zahlreichen spätgotischen Fresken auf, deren Motive dem Alten und Neuen Testament entstammen.

Santuario della Madonna della Fontana: Eine Wallfahrtskirche, die fast keine mehr ist – außer für Picknicker. Am Fuß des Monte Verità findet man eine turmlose, etwas heruntergekommene Kirche, meist ist sie geschlossen. „Eine Renovierung der Kirche ist mittel- bis langfristig vorgesehen", lässt der Pfarrer von Ascona verlauten und will sich weiter nicht festlegen. Vor dem Gotteshaus steht eine Votivkapelle, ebenfalls turmlos, und in ihr der Brunnen, dessen Quellwasser der Legende zufolge einer stummen Schäferin wieder zur Sprache verhalf und damit am Ursprung des Wallfahrtsorts steht. Allein, der Brunnen spendet kein Wasser mehr, und die drei angeketteten Schöpflöffel wirken wie sinnentleerte Requisiten einer fernen Zeit.

Lebendiger geht es im Anbau der Kirche zu, der als Gruppenunterkunft dient, und noch lebendiger im „Grotto Madonna della Fontana", das vor allem an Wochenenden gern aufgesucht wird.

Museo Comunale d'Arte Moderna: Der Bestand des Museums verdankt sich zu einem großen Teil seiner Mitbegründerin, der russischen und später staatenlosen Malerin *Marianne von Werefkin* (1860–1938). Mit 20 Jahren war sie Privatschülerin von Ilja Repin, der damals mit seinen expressionistischen Werken der bekannteste Maler Russlands war. Bald machte sich Marianne von Werefkin als Malerin einen eigenen Namen. Später, mit einer stattlichen Rente des Zaren ausgerüstet, zog sie nach Deutschland, wo sie mit den wegweisenden Malern der Zeit zusammenkam: Klee und Kandinsky, Franz Marc, Matisse und vielen anderen mehr. Bei Ausbruch des Ersten Weltkriegs zog sie in die Schweiz um, ab 1918 wohnte sie – nach der Russischen Revolution 1917 ohne zaristische Rente und schließlich ziemlich mittellos – bis zu ihrem Tod in Ascona.

Nebst einigen wenigen Werken der städtischen Asconeser Sammlung (u. a. Paul Klee und Cuno Amiet), sind es vor allem die 29 farbenkräftigen Bilder Marianne von Werefkins in der zweiten Etage, die den Ruf des Museums

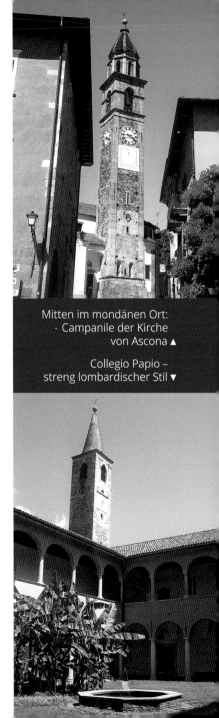

Mitten im mondänen Ort:
· Campanile der Kirche
von Ascona ▲

Collegio Papio –
streng lombardischer Stil ▼

begründen. Nebst einem Selbstporträt sind u. a. „Arbeiter auf dem Heimweg von der Fabrik", „Der Lumpensammler" und Polizeiposten von „Wilna" zusehen. Die geistige Verwandtschaft mit anderen Künstlern der von ihr mitbegründeten Neuen Künstlervereinigung München (N.K.V.M), die dann in den „Blauen Reiter" mündete, ist unverkennbar.

■ Di–Sa 10-12 und 14–17, So 10.30–12.30 Uhr. Eintritt 7 CHF.

Museo Epper: Das kleine Museum, das die Werke des heute in Vergessenheit geratenen Schweizer Expressionisten *Ignaz Epper* (1892–1969) und seiner holländischen Frau Mischa hütet, ist allenfalls für Spezialisten interessant. Die Eppers wohnten ab 1932 in Ascona und hatten im heutigen Museum ihr Atelier. Eine Stiftung kümmert sich um den Nachlass und nutzt die Räumlichkeiten für sommerliche Wechselausstellungen, die im künstlerischen Zusammenhang mit Epper stehen.

2019 wollte die Stiftung aus Geldmangel das Museum an das 5-Sterne-Hotel Eden Roc verkaufen, das Anwesen war bereits von drei Seiten umzingelt. Dagegen gab es Widerstand. Falls das Hotel das Museum tatsächlich schlucken sollte, ist noch unklar, ob dieses der Öffentlichkeit dann noch zugänglich sein wird, den Hotelgästen vorbehalten oder ganz geschlossen wird.

■ April–Juni und Sept./Okt. Di–Fr 10–12/15–18, Sa/So 15–18 Uhr; Juli/Aug. Di–Fr 10–12/20–22, Sa/So 20–22 Uhr. Eintritt frei.

Museo Castello San Materno: Das „Castello", einst Wohnsitz der legendären Charlotte Bara (→ Teatro San Materno) wurde 1987 von der Gemeinde gekauft und dient seit 2014 als Zweigstelle des Museo d'Arte Comunale Moderna. Der Museumsbestand verdankt sich dem Industriellen Kurt Alten (1925–1989), der nicht nur fahrbare Überladebrücken für Rampen entwickelte, sondern sich zusammen mit seiner Frau Barbara auch als Kunstsammler betätigte. Insgesamt 60 Werke meist deutscher Provenienz von Ende des 19. Jahrhunderts bis zum Ersten Weltkrieg sind ausgestellt: Impressio-

In vorderster Reihe am See

nismus (Max Liebermann, Fritz Over-beck, Otto Modersohn), die Worps-weder Schule, die Maler der „Brücke" (Max Pechstein, Ernst Kirchner, Emil Nolde u. a.) – klein und fein!

▪ Do–Sa 10–12/ und 14–17, So 14–16 Uhr. Eintritt 7 CHF.

Teatro San Materno: Das Haus fällt als Theater nicht auf – ganz einfach, weil man sich ein Theatergebäude anders vorstellt, obendrein steht es verkehrsumtost außerhalb des Zentrums. Der kubische Bau im Bauhaus-Stil verkörpert ein Stück Architekturgeschichte. Er stammt vom Architekten *Carl Weidemeyer* (1882–1976) und wurde 1928 eigens für die Tänzerin *Charlotte Bara* (1901–1986) errichtet. Deren Vater, ein deutscher Textilfabrikant, hatte zuvor das nahe *Castello San Materno* (heute Museum, siehe oben) gekauft und dort für sie einen Tanzsaal eingerichtet, der sich jedoch bald als zu klein erwies; darauf gab er den Bau eines neuen Theaters in Auftrag. Charlotte Bara, dem Ausdruckstanz in der Nachfolge von Isadora Duncan verpflichtet, feierte bis zu Beginn des Zweiten Weltkriegs Erfolge in ihrem Theater – und tanzte dann, vom Publikum zunehmend weniger beachtet, noch bis in die späten 1950er Jahre. 1978 verkaufte die „heilige Tänzerin" das Gebäude der Gemeinde Ascona, die wenig damit anzufangen wusste und es dem Verfall überließ. Dem endgültigen Stillstand folgte nach langen kommunalpolitischen Diskussionen eine sachkundige Renovierung des Gebäudes und 2009 seine Wiedereröffnung als Tanztheater (Programm unter www.teatrosanmaterno.ch).

Tessiner Ufer → Karte S. 24

Basis-Infos

PLZ 6612

Information **Lago Maggiore Tourist Office**, mit Locarno zusammengeschlossen und kompetent wie dieses. Deutschsprachigkeit ist selbstverständlich. Mitte März bis Okt. Mo–Fr 9–18, Sa 10–18, So 10–14 Uhr; Nov. bis Mitte März Mo–Fr 9.30–12/13.30–17, Sa 10–14 Uhr. Viale B. Papio 5, ☎ 0848-091091, www.ascona-locarno.com.

Hin & weg **Bahn**, der nächste Bahnhof befindet sich in Locarno.

Bus, mit FART Nr. 1 nach Locarno (Bahnhof), mit FART Nr. 316 ebenfalls nach Locarno und in die andere Richtung bis Brissago. Abfahrt bei der Post.

Schiff, im Sommer pendeln mehrmals täglich Linienschiffe zwischen den Orten des westlichen und des östlichen Seeufers, auch die Brissago-Inseln werden angesteuert, Die Ablegestelle befindet an der Piazza G. Motta (Seepromenade).

Parken Ein zentrumsnaher Parkplatz liegt an der Via Albarelle (südöstlich der Piazza Motta), ein Parkhaus an der Via Circonvallazione, ein weiteres an der Via della Buonamano (dort mit Parkscheibe 4 Stunden gratis), alles andere ist Zeitverschwendung.

Ausflüge Private Anbieter bieten Rundfahrten auf dem See an, sind aber recht teuer. Billiger kreuzt man mit dem Liniendampfer. Ein besonderes Angebot ist der **Lago Maggiore Express** (→ Locarno, Ausflüge), der auch in Ascona hält.

Baden Der **Grande Lido**, ganz im Süden des Deltas, ist wirklich groß. Eintrittspflichtig.

Einkaufen **Boutiquen** findet man im ganzen Altstadtbereich, die teuersten **Juwelen** und **Schweizer Luxusuhren** bei Doris Herschmann im blauen Haus (neben dem Rathaus) an der Piazza Motta. Ein gut sortiertes **Antiquariat** präsentiert die Libreria della Rondine in der Casa Serodine (hinter dem Rathaus). Bücher über die Gegend, über den berühmten Monte Verità und selbstverständlich auch Romane von Hermann Hesse. **Lokale Spezialitäten** bietet die Vinothek Terreni alla Maggia an der Via Muraccio 105 an: Weine aus Ascona, Reis, weißer und roter Polenta-Mais. Der Betrieb arbeitet im Maggia-Delta und ist der einzige Schweizer Reisproduzent.

Festivals **JazzAscona**, alljährlich Ende Juni/ Anfang Juli. Der ganze Ort vibriert: Konzerte in Hotels, auf Plätzen und natürlich an der Seepromenade. Informationen unter www.jazzascona.ch.

Settimane musicali, von Sept. bis Mitte Okt. Seit 1946 treffen sich jährlich Koryphäen der klassischen Musik zu den „musikalischen Wochen" in Ascona. Hauptspielstätten sind das Collegio Papo und das Teatro San Materno, aber auch die Kirche San Francesco in Locarno. Programm unter www.settimane-musicali.ch.

Artisti di Strada, jährlich rund um die Pfingsttage. Über 100 Straßenkünstler aus aller Herren Länder treten in den Gassen Asconas auf. Eintrittsfrei, Programm unter www.artistidi strada.ch.

3 Ore di Ascona, eine der größten Segelregatten auf dem Lago Maggiore, meist an einem Samstag im Juni. Jeder kann teilnehmen, das Startgeld ist bescheiden. Gemessen wird nicht die Zeit, sondern die Distanz. Exakt drei Stunden lang wird auf dem See in einem Dreieck gesegelt, sodass der Zuschauer rasch den Überblick verliert, wer vorne ist oder evtl. eine Runde zurückliegt. Profis nehmen das fröhliche Event als Trainingsmöglichkeit wahr.

Galerie Die **Casa d'Arte d'Ascona (CAA)** kümmert sich um die lokale Kunstszene. Das reicht aber für das Ausstellungsprogramm nicht aus, und so werden auch Künstler ausgestellt, die keinen Bezug zu Ascona haben – eine begrüßenswerte Initiative. Via Borgo 47a.

AcquestArte zeigt ein anspruchsvolles Programm: internationale Maler, Bildhauer und Fotografen. Via Collegio 7 (in der Nähe des Antico Ristorante Borromeo).

Golf Ganz im Süden des Deltas unterhält der **Golf Club Patriziale Ascona** eine 18-Loch-Anlage. Via Lido 81, ☎ 091-7851177, www.golf ascona.ch.

Markt Wochenmarkt, April bis Okt. Di 9–17 Uhr auf der Piazza Motta.

Segeln Asconautica, unweit hinter dem Parkplatz an der Via Albarelle. Sowohl Kurse als auch Bootsverleih. ☎ 091-7915185, www. asconautica.ch.

Übernachten

Mit über 50 Herbergen hat Ascona wohl die höchste Hoteldichte pro Einwohner am Lago Maggiore. Eine Spitzenposition nimmt der Ort auch mit seinen hohen Zimmerpreisen ein. Camper haben das Nachsehen, die nächsten Plätze finden sich in Losone und Locarno.

**** Castello Seeschloss 🏨, am östlichen Ende der Seepromenade. Das Schlösschen ist ein Klassiker der unter dem Label „Romantik" vereinigten Nobelherbergen. Geräumige, stilvolle, sehr komfortable Zimmer, die teuersten und schönsten im Schlossturm mit Seeblick, das oberste ist nur über eine Wendeltreppe (40 Stufen!) zu erreichen. Nach hinten großer Garten mit Swimmingpool. Hoteleigener Parkplatz. DZ ab CHF steil aufwärts. Geöffnet März–Okt. Piazza G. Motta, ☎ 091-7910161, www. castello-seeschloss.ch.

*** Art Hotel Riposo 🏨, fast an der Seepromenade. Zeitgenössische Kunst als Dekor, Rot und Orange herrschen vor, im Innenhof plätschert ein Brunnen. Der Clou des Hotels ist eindeutig die Dachterrasse mit beheiztem Schwimmbad und Aussicht über die Dächer Asconas, bequeme Liegen erhöhen das Wohlbefinden. Komfortable DZ ab 200 CHF, Frühstückbuffet inklusive. Das Restaurant zeigt eine bemalte Decke und geht in einen Innenhof über, separat davon eine Bar mit intimer Atmo-

sphäre. Am Samstagabend kommt im Art Hotel oft die Kunst zu ihrem Recht: Live-Konzerte, meist Jazz. Ein weiteres Plus des zwar teuren, aber elegant eingerichteten Hauses ist der Fahrradverleih für Gäste (gratis). Geöffnet März–Okt. Scalinata della Ruga 4, ☎ 091-7913 164, www.hotelriposo.ch.

Seven 🏨, die vom Spitzenkoch (mittlerweile Manager) Ivo Adam lancierte Seven Group hat sich 2017 am besten Platz Asconas gleich zwei Hotels (die früheren „Al Porto" und „Schiff Batello") einverleibt. Entstanden sind daraus das „Seven Boutique Hotel", das „Ristorante Asia" und die „Bar Batello". Mehrere Gebäude, nach hinten ein Garten und Innenhof. Alles picobello. DZ inkl. Frühstück je nach Saison und Kategorie ab 120 CHF. Fahrradvermietung an Gäste. Piazza G. Motta 21, ☎ 091-7807777, www.seven.ch.

*** New Elvezia 🏨, an der Seepromenade. Ein Klassiker aus den Frühzeiten des Tourismus und seit über 100 Jahren von derselben Familie geführt. Freundlichkeit wird hier großgeschrieben. Die 2016 sanierten Zimmer sind mit dem nötigen Komfort ausgestattet (z. B. Minibar). DZ 120–190 CHF, inkl. Frühstück, die teureren mit Balkon und Seeblick. Ganzjährig geöffnet. Piazza G. Motta 15, ☎ 091-7911514, www.hotel-newelvezia.ch.

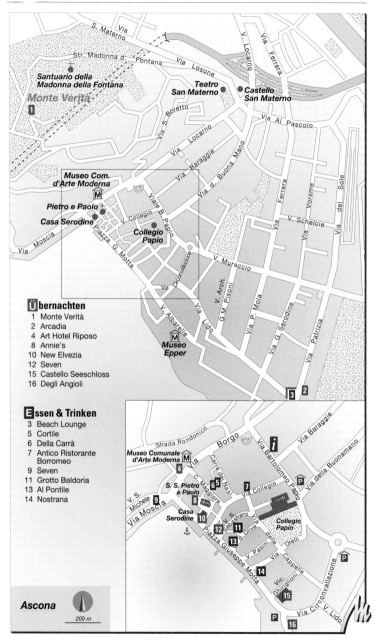

Tessiner Ufer → Karte S. 24

Ü̈bernachten
1 Monte Verità
2 Arcadia
4 Art Hotel Riposo
8 Annie's
10 New Elvezia
12 Seven
15 Castello Seeschloss
16 Degli Angioli

Essen & Trinken
3 Beach Lounge
5 Cortile
6 Della Carrà
7 Antico Ristorante
   Borromeo
9 Seven
11 Grotto Baldoria
13 Al Pontile
14 Nostrana

Ascona

200 m

*** **Monte Verità** 🔳, renoviertes Hotel im Bauhaus-Stil auf dem Monte Verità, in dem gelegentlich auch Kongresse stattfinden. Die Zimmer sind geräumig und sehr komfortabel eingerichtet, die Bäder genügend groß und elegant. Mit Restaurant und großer Terrasse. Der Betrieb macht natürlich Reklame mit der Geschichte der Utopien, die im frühen 20. Jh. auf dem Monte Verità ausgebrütet wurden, hat sonst aber wenig mit diesen gemein. Ruhe hingegen ist auch heute noch garantiert. Gelegentlich werden auf dem Monte Verità auch Zimmer in anderen Häusern vermietet. DZ ab 200 CHF. Geöffnet März–Okt. Via Collina 84, ✆ 091-7854040, www.monteverita.org.

** **Arcadia** 🔳, in ruhiger Lage, eine knappe Viertelstunde zu Fuß ins Zentrum. Sehr freundlicher Empfang. Gepflegte Zimmer und ein schönes Restaurant im arkadengesäumten Innenhof. DZ 130–200 CHF. Hoteleigene Parkplätze (gratis). Geöffnet April bis Mitte Okt. Via Patrizia 47, ✆ 091-7911015, www.arcadia.li.

Degli Angioli 🔳, fast an der Seepromenade. In erster Linie ein Restaurant, der Wirt vermietet aber auch sieben gepflegte Zimmer, eher rustikal, teils mit Balkon. DZ 160–260 CHF inkl. Frühstück. März geschlossen. Via Albarelle 3, ✆ 091-7912518, www.angioli.ch.

B & B **Annie's** 🔳, die günstige Variante in ruhiger Lage im Ortskern. Drei renovierte Zimmer in der 2. Etage, Du/WC auf Etage. DZ inkl. Frühstücksbuffet auf der Veranda 70–110 CHF. Piazzetta San Pietro 3, ✆ 091-7914282 und 079-7596743, www.annies-ascona.ch.

Essen & Trinken/Nachtleben → Karte S. 43

Antico Ristorante Borromeo 🔳, hausgemachte Pasta und hervorragende italienische und Tessiner Küche im stilgerechten Interieur eines herrschaftlichen Altstadthauses oder auf der gepflegten Gartenterrasse nach hinten. Gehobene Preise, dezente Atmosphäre. Mo Ruhetag. Via Collegio 16, ✆ 091-7919281.

Al Pontile 🔳, professionell gemanagtes Feinschmeckerrestaurant in bester Lage an der Seepromenade, im selben Besitz wie die Hotels „Al Faro" und „Piazza au Lac". Von der Gänseleber bis zum Châteaubriand werden keine Wünsche offengelassen. Piazza G. Motta 31, ✆ 091-7914604.

Seven 🔳, Ivo Adam ist in Ascona wohl der rührigste Gastronomie-Unternehmer, der Name bürgt sowohl für Tradition wie auch für Innovation. Von seinen Lokalen ist das 2007 gegründete Seven immer noch die Vorzeigeadresse: schickes Design, hervorragende Küche, stolze Preise. Außerhalb der Saison Mo/Di geschlossen. Via Moscia 2, ✆ 091-7807788.

Della Carrà 🔳, drinnen sitzt man angenehm, noch angenehmer im schönen Innenhof. Serviert werden hausgemachte Pasta und Fleischgerichte, aber auch marktfrische Fische aus dem Lago. Die Scampi hingegen kommen aus Südafrika. So geschlossen, ebenso den ganzen Januar. Via Carrà dei Nasi 10, ✆ 091-7914452.

Nostrana 🔳, Tessiner Küche an der Seepromenade. Pasta und Polenta, Risotto und Holzofen-Pizze. Letztere sind etwas teurer als anderswo, aber nach Auskunft der Einheimischen die besten weit und breit. Das kann stimmen, das Lokal ist stets gut besucht. Piazza G. Motta, ✆ 091-7915158.

Mein Tipp **Grotto Baldoria** 🔳, der Garten mitten im alten Dorfkern mit seinen Holztischen und Holzbänken ist die unprätentiöse, preiswerte Alternative zu Asconas schicken Lokalen. Keine Karte, keine Qual der Wahl. Erst kommt die Salami mit Holzbrett und Messer auf den Tisch, dann wird gegessen, was der Koch an diesem Tag gezaubert hat, mit der Käseplatte geht's weiter oder mit Kuchen, zum Abschluss Kaffee und Grappa, wahlweise auch Amaro oder Limoncello. Das Lokal ist stets gut besucht. Via S. Ombone, ✆ 091-7913298.

Cortile 🔳, Pizzeria mit überdachtem Hof, am unteren Eingang des „Della Carrà" (s. o.). Populär und unprätentiös, notfalls sorgen Heizpilze dafür, dass der Gast nicht friert. Die rotweißen Tischtücher wirken eher schweizerisch-bieder. Beliebt für seine über der Holzkohle gebackenen Pizze, großes Salatangebot. Galleria della Carrà, ✆ 079-2452433.

Beach Lounge 🔳, direkt am Lido, vom See nur durch einen Grünzaun getrennt. In erster Linie die Adresse für den Aperitif oder Drink, der Barmixer kommt mit seiner Arbeit kaum nach. Auf der riesigen Terrasse werden aber auch vorzügliche Gerichte serviert, die Preise sind gehoben. Wenn es im Zentrum von Ascona ruhig wird, geht's hier oft erst richtig los. Harte Disco-Klänge bis 1 Uhr, Sa bis 2 Uhr früh. Im Winter Mo geschlossen. Via Lido 82, ✆ 091-7914060.

Viel Licht, viel Luft – das Russenhaus

Monte Verità

Der berühmte Berg von Ascona ist eher ein Hügel, der zu einem Spaziergang einlädt. Eine gehörige Portion Fantasie nimmt man am besten gleich mit, denn von der Goldenen Zeit des Monte Verità ist heute nur noch wenig auszumachen. Doch sei der Spaziergang empfohlen, der am besten mit dem Besuch der wirklich spektakulären Ausstellung in der Casa Anatta beginnt.

Der Monte Verità, 1900–1920 ein Zentrum für neue Lebensentwürfe (→ Kastentext „Auf der Suche nach einer besseren Welt") wurde 1926 vom Privatbankier Eduard von Heydt aufgekauft, der hier nicht nur seine umfangreiche Kunstsammlung unterbrachte, sondern mit einem großen Hotel im Bauhaus-Stil auch die touristische Moderne auf dem Monte Verità einläutete. Als der Bankier 1964 starb, fiel das Gelände testamentarisch an den Kanton Tessin. Heute unterhält die Eidgenössische Technische Hochschule (ETH) Zürich das Seminar- und Kongresszentrum „Stefano Franscini" auf dem Berg.

Bei der Orientierung auf dem Gelände hilft eine Tafel unterhalb des Kongresshotels, auf der die diversen Bauten verzeichnet sind, im weiteren Verlauf unterstützen immerhin ein paar Wegweiser den Spaziergänger.

Casa Anatta: Das Holzhaus mit dem Flachdach, nach dem Kongresshotel das größte Gebäude auf dem Gelände, gehört zu den ältesten auf dem Monte, seine Bewohner waren Henri Oedenkoven und Ida Hofmann, die Gründer der Kolonie. Seit 2017 ist hier die vielgelobte, von *Harald Szeemann* 1978 erarbeitete Ausstellung „Die Brüste der Wahrheit" wieder zu sehen, nachdem sie zwischenzeitlich auf Europareise (Berlin, Zürich, Wien, München) war. Der berühmte Kurator starb 2005, der Wiederaufbau richtete sich streng nach seinen Intentionen. Neu sind einzig die vier Räume, in denen mit Videodokumentationen Szeemanns Arbeitsweise erläutert wird. Sie bilden eine ideale Einführung in die Ausstellung, die heute im Zentrum des des Monte Verità steht.

Szeemann nähert sich den Utopisten der Freiluftkolonie aus verschiedenen Perspektiven: die Betonung der Gemeinschaft des Tanzes (Charlotte Bara, Rudolf von Laban), anarchistische Ideen (Erich Mühsam, Pjotr Kropotkin), literarische Inspirationen (Hermann Hesse), die Rolle von Natur und Nudismus, Aspekte der gesunden Ernährung, Meditation (im Foto einer grasgrünen Gottesanbeterin blitzt der Schalk im Kurator auf), Spiritualismus und Eso-

terik. Szeemann zieht Querverbindungen zur berühmten „Enzyklopädie im Wald" des Text-Künstlers Armand Schulthess aus dem nahen Onsernone sowie zur legendären Baronesse de Saint-Léger, der zeitweiligen Besitzerin der Brissago-Inseln, die mit dem „Paradiso su Terra" den Reigen abschließt.

Man muss sich Zeit nehmen für diese materialsatte Dokumentation und Interpretation, umfassender und geistreicher wurde das Phänomen Monte Verità noch nie vorgestellt. „Die Brüste der Wahrheit" ist oder sind Ausstellungskunst vom Besten.

▪ April–Okt. Mi–Sa 14–18 Uhr, So 10–13 und 14–18 Uhr. Eintritt 12 €.

Casa dei Russi (Russenhaus): Ein kleiner, luftiger Holz-Glas-Bau im dichten Wäldchen, der seinen Namen wohl den zahlreichen russischen Besuchern verdankt. Es ist das am besten erhaltene Exemplar der so genannten Licht-Luft-Bauten, architektonischer Ausdruck des Lebensgefühls in der einstigen Bohème-Kolonie auf dem „Berg der Wahrheit".

Teehaus: Die einstige „Casa Loreley" mutierte zu einem japanischen Teehaus mit Labor und Dokumentation über die Teeblätterverarbeitung. Man kann das als Hommage an die Gründer des Monte Verità und deren Gesundheitsphilosophie interpretieren. Die Teilnahme an der wöchentlichen, eineinhalbstündigen „Teezeremonie" mit fachlicher Einführung in die japanische Teekultur ernüchtert dann mit happigen Eintrittspreisen. Gratis hingegen ist der Besuch des *Teegartens* mit seinem japanischen Pavillon, gleich neben dem Teehaus.

Casa Selma: Das „Haus der Vegetarier" ist eine kleine Holzhütte mit zweieinhalb Räumen und Waschbecken demonstriert, wie bescheiden die ersten Siedler auf dem „Berg der Wahrheit" lebten. Eine Mini-Diashow dokumentiert die vergangenen Zeiten.

▪ April–Okt. tägl. 9–19 Uhr. Eintritt frei.

Japanischer Teegarten

Auf der Suche nach einer besseren Welt

So wurde ich zu den Rohköstlern gesteckt und mir eine „Lufthütte" als Behausung zugewiesen. Von früh bis spät kaute ich nun Äpfel, Pflaumen, Bananen, Feigen, Wal-, Erd- und Kokosnüsse – es war schauderhaft, und ich fühlte meine Kräfte schwinden. [...] Da ging ich ins Dorf hinunter, setzte mich in eine solide Osteria, ließ mir ein Beefsteak geben, trank einen halben Liter Wein dazu und rauchte danach eine große, dicke Zigarre. Nie hat mir eine Mahlzeit so geschmeckt, nie mich eine so gekräftigt und dem Leben gewonnen.

So bilanzierte der deutsche Publizist und Anarchist *Erich Mühsam* seinen Aufenthalt auf dem „Berg der Wahrheit", den er 1904 aufsuchte. Bei den Gründern der legendären Lebensgemeinschaft auf dem Asconeser Berg wurde gesunde Ernährung tatsächlich großgeschrieben. *Henri Oedenkoven*, Spross eines Großindustriellen aus Antwerpen, und *Ida Hofmann*, eine Münchener Pianistin, erwarben 1900 den Monte Monescia von Ascona, tauften ihn kurzentschlossen in „Monte Verità" um und gründeten mit einer Handvoll Gleich- oder Ähnlichgesinnter eine „vegetabile Cooperative". Das reformerische Projekt wurde schnell bekannt, und bald trafen Künstler und Intellektuelle oder einfach Individualisten, die ihre bürgerliche Existenz gegen eine libertäre Bohème eintauschen wollten, in Ascona ein, um mit Zurück-zur-Natur und anderen neuen Lebensformen zu experimentieren. Freikörperkultur und Ausdruckstanz standen hoch im Kurs, manche plädierten für sexuelle Freiheit, andere versanken in spirituellem Gedankengut, und gesundes Wohnen praktizierte man am besten in sogenannten Licht-Luft-Hütten. Weltverbesserer aller Schattierungen fanden sich auf dem Monte Verità ein. Die Idee von einem radikal anderen Leben war umso attraktiver, als Europa auf einen Krieg zusteuerte. Während man in Berlin die Kriegstrompete blies, lauschte die Bohème von Ascona den Klängen der Friedensschalmei.

Die Liste illustrer Zeitgenossen, die den Monte Verità für einen kürzeren oder längeren Aufenthalt aufsuchten, ist lang. Schriftsteller wie Gerhart Hauptmann, Klabund, Else Lasker-Schüler, Friedrich Glauser und allen voran Hermann Hesse, der das Leben auf dem Berg direkt in seine Erzählung „Demian" einfließen ließ, waren Gäste, auch Maler wie Hans Arp, Sophie Täuber, Paul Klee und Marianne von Werefkin sowie Ausdruckstänzerinnen wie Isidora Duncan und Mary Wigman. Zu den Politikern zählten Lenin, Trotzki, Stresemann, Chamberlain und Konrad Adenauer, zu den Blaublütigen der belgische König Leopold. Der Psychoanalytiker C. G. Jung besuchte den Berg, der Soziologe Max Weber, der Philosoph Ernst Bloch ... alle im Zeitraum von 20 Jahren.

Das so viel Aufsehen erregende Projekt ging nach dem Ersten Weltkrieg zu Ende. Bereits 1917 – der oben zitierte Erich Mühsam hätte sich gefreut – wurde wieder Fleisch gegessen. Mit der wirtschaftlichen Rentabilität der Naturheilanstalt stand es nicht zum Besten, und schließlich verließ das Gründerpaar 1920 den Berg, um in Brasilien eine neue vegetarische Kolonie zu gründen.

Piscina: Im Schwimmbad, einst Juwel des Heydt'schen Hotelkomplexes, finden heute kulturelle Veranstaltungen statt – eine wunderbare Open-air-Bühne.

Elisarion „Chiaro nel Mondo dei Beati": Seinen Namen verdankt der Bau *Elisàr von Kupffer*, einem deutschstämmigen Esten, dessen Wirken in die Zeit der ersten Siedler auf dem Monte Verità fiel. Er begründete den Klarismus, eine spirituelle Bewegung, die sich mit der Weltanschauung seines Zeitgenossen Rudolf Steiner vergleichen lässt. Daneben betätigte sich „Elisarion", wie sich der umtriebige Mann nannte, auch als Dichter und Maler. In den 1920er Jahren zog er ins nahe Minusio, wo er für sein Rundgemälde „Chiaro nel Mondo dei Beati" (Licht in der Welt der Seligen) ein eigenes Sanktuarium bauen ließ.

Der ruinöse Pavillon auf dem Monte Verità stammt aus dem Jahr 1987 und wurde eigens für eine Ausstellung von Elisarions Rundgemälde konzipiert. Ausstellungsmacher *Harald Szeemann* wollte damit die ideologische Verwandtschaft der utopistischen Kolonie mit dem Ideengut der Klaristen unterstreichen. Nach Jahren der Restaurierung soll das Elisarion 2020 wiedereröffnet werden.

Torre dell'Utopia: Wer der Beschilderung zum „Turm der Utopie" folgt, findet am Ende des Wegs einen kleinen, aus grobem Stein gemauerten Rundturm, gekrönt von einem trafoähnlichen Häuschen mit Antenne. Bei der granitenen Wendeltreppe fehlen die untersten Stufen – kein Zutritt zu den utopischen Gefilden.

Losone

Das Dorf im Schatten Asconas wirkt auf den ersten Blick etwas zersiedelt: Losone ist gewachsen, und mittlerweile zählt man hier mehr Einwohner als im berühmten Nachbarort. Ein Dorfzentrum ist nicht auszumachen, weil Losone gleich drei Ortskerne besitzt.

Die drei Ortsteile **San Lorenzo, San Rocco** und **San Giorgio** (dieser mit einem kompakten Ortskern), jede mit eigener Pfarrkirche, sind längst zusammengewachsen.

Nicht zuletzt auch dazu beigetragen hat die touristische Entwicklung. Losone selbst ist zwar keine Destination des Fremdenverkehrs, aber der Quadratmeter ist hier billiger als in Ascona, man ist schnell in Locarno, im Hinterland lockt das Centovalli, und am Ortsrand findet man ein paar einladende Grotti.

Sehenswertes

Chiesa San Giorgio: Die Kirche des Ortsteils San Giorgio liegt am talseitigen Rand von Losone und zeigt eine rot-weiße Fassade. Im Inneren fällt erst der kühle Granitboden auf. Hinter dem Chor stößt man dann auf einen tiefer liegenden Chor mit noch gut erhaltenen Fresken. Es sind Relikte einer Vorgängerkirche, deren Fundamente man links des Altars unter den Glasplatten entdecken kann. Doch spiegelt das Glas dermaßen, dass man – wie der berühmte Narziss von Caravaggio – erst einmal sich selber sieht.

Chiesa San Rocco: Die kleine Kirche im Ortsteil San Rocco stammt aus dem 16. Jahrhundert, der dreibogige Portikus kam im 17. Jahrhundert dazu. Sie ist Rochus, dem Schutzheiligen gegen die Pest und andere Seuchen, gewidmet. Rochus soll in den Pestjahren 1576–1578 seine Hand über Losone gehalten haben. Heute gilt die Pest – wenigstens in Europa – als ausgestorben, und die Chiesa San Rocco wird für Gottesdienste nicht mehr genutzt.

Chiesa San Lorenzo: Die Kirche des Ortsteils San Lorenzo wurde mehrmals erweitert und im 18. Jahrhundert barock umgestaltet. Aus dieser Zeit datiert auch der auffällige Kreuzweg des Kirchenvorplatzes. Bei dessen Konzeption wurde das bereits bestehende Beinhaus kurzerhand als Station 3 in die Passionsgeschichte integriert.

Praktische Infos

PLZ 6616

Hin & weg   **Bus**, problemlos mit FART-Bus Nr. 7 nach Locarno, stündlich mit FART Nr. 314 ebenfalls nach Locarno und in die andere Richtung nach Ronco sopra Ascona. Abfahrt bei der Post (gegenüber der Kirche San Lorenzo).

Übernachten   **San Giorgio**, im Ortsteil San Giorgio. Bekannt ist das Haus vor allem für sein Restaurant (s. u.), verfügt aber auch über mehrere Zimmer. Ganzjährig geöffnet. Renovierte DZ mit Du/WC 150 CHF. Vicolo Bruglio 3, ✆ 091-7914800, www. san-giorgio-losone.ch.

Camping   ★★★★**Melezza**, auf halbem Weg nach Intragna, hinter der Industriezone „Zandone". Von Locarno aus mit FART-Bus Nr. 7 erreichbar (Endstation Zandone). Ruhige Lage an der Melezza, die hier einige Flussbecken bildet. Ausreichend Schattenplätze oder man mietet sich einen der leicht futuristisch anmutenden halbrunden Mini-Bungalows aus Holz. Über 200 Stellplätze, Swimmingpool, Snackbar und gepflegte sanitäre Anlagen. Geöffnet April–Okt. Via Arbigo 88, ✆ 091-7916563, www.camping-melezza.com.

Riposo, einfaches, kleines Wiesengelände mit wenigen Schattenplätzen gegenüber den Kasernen am Ortsrand Richtung Intragna. Von Locarno aus mit FART-Bus Nr. 7 erreichbar (Haltestelle Caserma). 50 Stellplätze. Nur für Zelte, nicht für Wohnmobile. Sanitäre Anlagen okay, einladende Osteria mit Terrasse. Geöffnet April–Okt. Via Arbigo 19, ✆ 091-7921204, www.campingriposo.ch.

Essen & Trinken   **Dell'Enoteca**, im Zentrum des Ortsteils San Giorgio. Das von Deutschschweizern bzw. Deutschen geführte Feinschmeckerlokal wird regelmäßig von Gault Millau ausgezeichnet. Hervorragend und teuer. So/Mo geschlossen. Contrada Maggiore 24, ✆ 091-7917817.

🍶**Grottino Ticinese**, bei der Kirche San Lorenzo. Das 2009 von Sandra und Claudio Zanoli, einem ebenso sympathischen wie dynamischen Paar, übernommene Grotto hat sich schnell zum Renner entwickelt. Wurst und Käse stammen selbstverständlich aus der Region, das Brot dazu kommt aus dem Maggiatal, die Nachspeisen sind hausgemacht. Ob Steinpilzrisotto oder Polenta mit Linsen und Luganeghe – das Grotto ist eine großartige Aufwertung der Tessiner Küche. Die Speisekarte ist im Tessiner Dialekt (mit deutscher Übersetzung) geschrieben. Mi geschlossen. Via S. Materno 10, ✆ 091-7913230.

San Giorgio, im gleichnamigen Hotel (s. o.). Wunderschönes Tessiner Haus mit großer, überdachter Terrasse, die an eine kleine Markthalle denken lässt. Regionale Küche zu vernünftigen Preisen. Gegrilltes vom Speckstein. Mo Ruhetag. Vicolo Bruglio 3, ✆ 091-7911525.

Grotto Raffael, am Rand des Ortsteils San Giorgio. Schattige Terrasse mit ein paar Steintischen sowie Holztische und -bänke, wo sich die Einheimischen treffen. Die in den Felsen gebaute Grotto-Küche präsentiert Grotto-Klassiker wie Risotto ai funghi und Polenta. Mit Kinderspielplatz. Mo Ruhetag. Vicolo Canaa, ✆ 091-7911529.

Coyote Pub, in San Rocco. Das frühere „Pub 93" hat 2019 die Einrichtung aufgepeppt (modern style, geblieben ist der Kicker) und seinen Namen geändert. Aber weiterhin gilt: Die große Terrasse ist der ideale Platz, nicht nur für den ersten Kaffe (Mo–Fr ab 6 Uhr früh) oder für die schnelle Verköstigung mit Panini und Salat untertags, sondern vor allem für den abendlichen Apéro. Riesiges Cocktail-Angebot. Geöffnet bis 1 Uhr nachts (Fr/Sa bis 2 Uhr), stets gut besucht. Via Municipio 2A.

La Fabbrica, in San Rocco, an der Durchgangsstraße Richtung Locarno. Die „Fabrik", eine ehemalige Möbelfabrik, beherbergt vieles: Musikschule, Tanzakademie, Bäckerei, Architektenstudio, Schreinerei, Kunstforum und eine Osteria. Letztere ist eher eine Birreria, wo man neben einer Palette englischer Biere auch Erdinger und Schneider Weizen bekommt. Im Sommer ist wenig los, auf Touristen ist man nicht eingestellt, da geht das Team lieber selber in die Ferien, mit Locarno und Ascone kann man ohnehin nicht konkurrieren. Anders sieht es von September bis Mai aus. Dann finden im großen Raum oft Konzerte statt, und Losones Jugend strömt herbei. Geöffnet Di–Sa, ab 17 Uhr. Via Locarno 43, ✆ 076-2494456.

Tessiner Ufer → Karte S. 24

Ronco sopra Ascona

Der Blick vom Garten hinter der Kirche auf den See hinunter ist einmalig, die Brissago-Inseln sind zum Greifen nah. Das Dörfchen, rund 150 m über dem Lago Maggiore gelegen, hat sich zu einer Topadresse gemausert.

Der Tourismus hat den Dorfcharakter etwas verändert. Im historischen Ortszentrum mit seinen engen Gassen haben sich manche Deutsche und Deutschschweizer eine Zweitwohnung eingerichtet. Und wer sich eine Ferienwohnung in Ronco leisten kann, leistet sich auch ein Auto, um dahin zu kommen. Folge: chronische Parkplatznot.

Sehenswertes

Chiesa San Martino: Die Dorfkirche zeigt ein Altarbild des Kirchenpatrons von Antonio Ciseri, dessen Geburtshaus gleich gegenüber der Kirche steht (siehe unten). Die Fresken hinter dem Taufbecken wiederum stammen von *Richard Seewald* (1889–1976). Der deutsche Maler und Illustrator verließ angesichts der zunehmend repressiven deutschen Kulturpolitik seine Heimat, kam 1931 nach Ronco und kehrte erst in den 1950er Jahren nach Deutschland zurück.

Casa Ciseri: Der im Haus geborene *Antonio Ciseri* (1821–1891) wanderte schon in jungen Jahren mit seinen Eltern nach Florenz aus und brachte es dort zu Erfolg – so sehr, dass er, konfrontiert mit den hohen eidgenössischen Steuerforderungen, die italienische Staatsbürgerschaft beantragte. Heute gehen Gutverdienende eher den umgekehrten Weg und flüchten sich unter die Schweizer Steuerhoheit.

Der kleine Palazzo mit Innenhof ist heute Sitz einer Kulturvereinigung, die gelegentlich Ausstellungen zeigt. Sollte

Im Zentrum von Ronco: das Geburtshaus von Antonio Ciseri

er geöffnet sein (Mo–Fr 10–12 Uhr), lohnt der Besuch auch wegen der beiden Räume direkt hinter dem Eingang, die Kassettendecken dort wurden von zwei Brüdern Ciseris bemalt.

Sehenswertes in der Umgebung

Fontana Martina: Der Weiler, 2 km südwestlich von Ronco (Abzweig von der Straße nach Porto Ronco, am unteren Dorfausgang) machte in den 1920er Jahren kurzfristig Geschichte, als Fritz Jordi, ein Berner Buchdrucker, die damalige Ruinensiedlung für 18.000 Franken aufkaufte. Jordi machte sich mit Freunden daran, Fontana Martina wieder bewohnbar zu machen. Eine Zeitlang bestand hier im Ansatz eine Künstlerkolonie, der Maler und Grafiker *Heinrich Vogeler* engagierte sich ebenso wie der für seine Linolschnitte berühmte *Clément Moreau*, beide wie Jordi dem kommunistischen Gedankengut verpflichtet. 1932 wurde die Zeitschrift „Fontana Martina" herausgegeben, die im folgenden Jahr jedoch schon eingestellt wurde. Heute präsentiert sich der Weiler als schmuckes Borgo, bewohnt von eher betuchten Leuten – der Berner Buchdrucker würde darüber staunen, was aus seiner Initiative geworden ist.

Porto Ronco: Für die meisten Touristen ist Porto Ronco kaum mehr als ein kleiner Hafen für die kürzeste Schiffsverbindung zu den *Brissago-Inseln*.

Unterhalb der Kirche von Ronco sopra Ascona führt von der Umgehungsstraße eine schier endlose Treppe, vorbei an Villen und Gärten, hinunter zum See. Hier liegt in traumhafter Lage die *Casa Monte Tabor*, die der vor den Nazis geflohene *Erich Maria Remarque* bis zu seinem Tode 1970 bewohnte. Der mit seinem Roman „Im Westen nichts Neues" weltberühmt und reich gewordene Schriftsteller hat den Ruf Roncos als „Künstlerdorf" endgültig gefestigt. Seit dem Tod der Witwe Remarques 1990, der in erster Ehe mit Charlie Chaplin verheirateten Schauspielerin *Paulette Godard*, wechselte die Villa mehrmals den Besitzer. Derzeit ist sie für 6,25 Millionen Franken zum Verkauf ausgeschrieben. So viel konnte die Gemeinde, die das Vorkaufsrecht hatte, nicht aufbringen und schon gar nicht der Verein, der sich zum Ziel setzte, die Villa zu einem lebendigen Kulturhaus und Begegnungszentrum zu machen. Ein neuer Besitzer könnte die Villa einfach abreißen, wird befürchtet.

Monti di Ronco: Die Siedlungen in den Bergen über Ronco – erreichbar über die Straße nach Arcegno, dann im Ortsteil Gruppaldo scharf links abzweigen – werden ganz einfach als „Monti di Ronco" (Berge von Ronco) zusammengefasst. Bei sportlichen Mountainbikern ist die Gegend beliebt, Wanderer finden nach einem ziemlich mühsamen Aufstieg oben zahlreiche Möglichkeiten. Als Ganztagswanderung bietet sich eine Höhentour zum Bergdorf Rasa an, von dort führt eine Seilbahn auf die andere Talseite hinunter zum Bahnhof von Verdasio im Centovalli.

Praktische Infos

Hin & weg **Bus**, mehrmals tägl. mit FART-Bus Nr. 314 über Arcegno und Losone nach Locarno sowie mit dem Lokalbus Nr. 8 nach Porto Ronco und weiter nach Brissago.

🐐 Ziegenkäserei **Lorini**, in den Monti di Calzo. Giocondo Lorini besuchte 1967 den allerersten Schweizer Ziegenkäsekurs und übernahm 1971 den elterlichen Bergbetrieb, der heute rund 80 Ziegen zählt. Seit seinem Tod 2017 führt Alessandra Lorini den Betrieb, von einem Arbeiter unterstützt, weiter. Die Lage ist paradiesisch (Blick auf den See), und der Käse, der vor Ort in verschiedenen Reifestadien verkauft wird, sucht seinesgleichen. Anfahrt: Von Gruppaldo 3,7 km die Bergstraße hoch, dann findet man rechts im Wald einen größeren Parkplatz; von dort sind es noch 5 Min. zu Fuß, ein Ziegenkopf weist den Weg. An einem Rehgehege vorbei gelangt man zur Ziegenkäserei am Ende des Weilers Calzo.

Übernachten ***** Ronco**, beim zentralen Parkplatz. Sehr schöne Bleibe in einem früheren

Tessiner Ufer → Karte S. 24

Chillen in bester Lage

Kloster aus dem 18. Jh. Das Haus wird mit den Geschwistern Guido und Nadia Casparais in der vierten Generation von derselben Familie geführt. Die schönsten Zimmer haben einen Balkon mit Seeblick. Sonst begnügt man sich mit dem Blick auf den Lago beim Abendessen im Panoramarestaurant. In der Vor- und Nachsaison ist die Küche allerdings nur Do–Sa geöffnet. Swimmingpool. DZ ab 200 CHF je nach Saison und Zimmerlage, inkl. Frühstücksbuffet. Geöffnet März–Okt. Piazza della Madonna 1, 6622 Ronco s/Ascona, ℘ 091-7915265, www. hotel-ronco.ch.

Elisabetta, über dem Dorf an der Straße nach Arcegno gelegen, nach dem Friedhof an der rechten Straßenseite. Relativ einfache Zimmer, aber in schöner Lage. Terrassenrestaurant und Garten mit Swimmingpool und Seeblick. DZ ab 160 CHF, inkl. Frühstück. In der Regel wird ein Mindestaufenthalt von 2 Tagen verlangt. Geöffnet März–Nov. Via Livurcio 50, 6622 Ronco s/Ascona, ℘ 091-7919396, www.pensione-elisabetta.com.

Essen & Trinken Del Centro, an der Durchfahrtsstraße, oberhalb des zentralen Parkplatzes. Sehr populär, angenehmer, schattiger Garten (ohne Seeblick). Durchschnittsqualität zu Durchschnittspreisen, auch Pasta und Pizza. Via Livurcio 4, ℘ 091-7857568.

Grotto Lauro, außerhalb, im Nachbarort Arcegno, dort praktisch im Ortszentrum. Grö-

ßeres Grotto mit schönem Garten, in dem es recht lebendig zugeht. Ado Siegel ist Koch, Maler und exprimentierfreudig: Tessiner und italienische Küche. Mo Ruhetag, im Winter auch Di. Via Ceu 3, 6618 Arcegno, ℘ 091-7914296.

Grotto La Risata, ebenfalls im Nachbarort Arcegno, am Ortsausgang Richtung Losone. Klein, aber in traumhaft schattiger Lage am Zusammenfluss zweier Bäche. Polenta, Risotto oder frische Forellen. Außerhalb der Saison Mo geschlossen. 6618 Arcegno, ℘ 079-6853666.

meinTipp **Crodolo Palm & Beach,** am Seeufer zwischen Porto Ronco und Brissago mit Blick auf die Brissago-Inseln. Hübsch gelegene Lounge mit kleiner Badewiese, Chaiselongues und Kinderspielplatz. Das Baden ist zwar offiziell verboten – angeblich wegen des nahen Elektrizitätswerks –, doch wird das Verbot nicht weiter beachtet. Drinks und kleine Speisekarte, manchmal abends Live-Musik (Jazz, Rock). Ein wunderbares Plätzchen! Geöffnet Mai bis Mitte Sept.. Via Cantonale 61, 6613 Porto Ronco, ℘ 091-7918405.

Grotto da Peo, hoch oben in den Bergen, seit 2014 von Peos Tochter Elisabetta geführt. Gegessen wird an Holztischen im gemütlichen Gewölbe oder im Garten mit Blick auf den See, das Maggiadelta und die Brissago-Inseln. Die hausgemachten Ravioli und Gnocchi schmecken ebenso wie die deftigen Fleischgerichte, die mit Kräutern aus dem eigenen Garten gewürzt sind. Geöffnet März –Okt., Do Ruhetag. Anfahrt: Auf fast 1000 m Höhe, von Gruppaldo 4,7 km die Bergstraße hochfahren, beim Schild „Da Peo" die Treppe hochgehen. Falls die paar Parkplätze an der Straße besetzt sind, 200 m weiterfahren: In der Kurve hinter dem „Grotto La Ginestra" gibt es mehrere Parkplätze. Monti di Ronco, ✆ 091-7917000.

Isole di Brissago

Vom Standpunkt des Botanikers aus gesehen sind die Brissago-Inseln vermutlich ein botanischer Park wie andere auch. Das Besondere ist ihre Lage. Obendrein hat der Garten eine besondere Geschichte, deren steinernes Überbleibsel der neoklassizistische Palazzo mit seinem Bootshaus ist.

Die Brissago-Inseln setzen sich aus zwei Inseln zusammen: *San Pancrazio*, die Hauptinsel mit dem botanischen Garten, wo das Schiff anlegt, und *Sant' Apollinare*, eine kleine, unzugängliche Insel, auf der die Natur sich selbst überlassen bleibt.

Die rund 1700 vertretenen Pflanzenarten des botanischen Gartens sind geografisch gruppiert, der Spaziergang ist ein Streifzug durch Kontinente und Länder, Wegweiser helfen bei der Orientierung, und ein Begleitblatt verrät die Blütezeiten einiger Pflanzen: in Australien die Kängurublume (Juni), in Kalifornien der Flanellstrauch (August), in Südafrika der goldene Zuckerbusch (Oktober). Und irgendwann kommt man beim „römischen Bad" vorbei, wo die Heilpflanzen versammelt sind und man einen Blick bis Ascona hat. Nicht zu übersehen ist der neoklassizistische Palazzo, zu Zeiten seines Erbauers eine eher frivole Örtlichkeit (→ Kastentext „Als man Inseln noch kaufen konnte"), heute Café und Kongresszentrum.

▪ **Überfahrt:** Mehrmals tägl. 9–18 Uhr von Ascona, Porto Ronco und Brissago aus. Am kürzesten (1 km, 4 Min.) ist die Fahrt von Porto Roncohin/zurück 10 CHF, 6–16 J. 5 CHF. Geöffnet von der ersten Schiffsankunft bis zur letzten Schiffsabfahrt. Eintritt 8 CHF, 6–16 J. 2,50 CHF.

Botanischer Garten im See

Als man Inseln noch kaufen konnte

Die Geschichte des Botanischen Gartens Brissago führt in eine Zeit zurück, in der man noch Inseln kaufen konnte, ohne ans Ende der Welt fahren zu müssen. Im Jahr 1885 erwarb *Antoinette de Saint-Léger*, eine begnadete Pianistin und zeitweise Liszt-Schülerin, die beiden verwilderten Inseln San Pancrazio und Sant'Apollinare und benannte sie sich selbst zu Ehren in „Isole Saint Léger" um. Die Dame unsicherer väterlicherer Abkunft (Gerüchte sprechen von einer unehelichen Tochter des russischen Zaren Alexander II., der sich mit 13 beglaubigten Nachkommen zumindest als zeugungsfähig auswies) hatte sich zuvor in dritter Ehe den Adelstitel einer Baronin erheiratet. Der Gemahl, ein irischer Offizier namens Richard Fleming, durfte sich nicht nur Baron von Saint-Léger nennen, er war nebenbei auch steinreich und verstand einiges von der Pflanzenwelt. So konnte sich Antoinette ihre Träume vom Paradies auf Erden erfüllen. Viel guter Mist als Dünger und Samen aus aller Welt wurden auf die Insel geschafft: Der Grundstein für den heutigen botanischen Garten war gelegt.

Über zehn Jahre lang ging alles gut, man hielt ausgiebig Hof, illustre und weniger illustre Lebemänner aller Couleur stellten sich ein, die schöne Baronin zeigte sich von ihrer besten Seite, doch leider auch mit einem fatalen Hang zu finanziellen Spekulationen. Ob aufgrund ihrer Fehlinvestitionen in die transkaukasische Eisenbahn oder wegen ihrer erotischen Eskapaden, ist heute nicht mehr auszumachen. Jedenfalls verließ der reiche Fleming 1897 das Paradies und ließ Baronin Antoinette auf der Insel sitzen. Die machte erst einmal weiter mit dem fröhlichen Leben, empfing mit Vorliebe Künstler – der Maler Segantini schaute vorbei, James Joyce und auch Rilke – und spekulierte daneben munter weiter. Doch 1927

Brissago

Schon fast Italien. Die letzte Gemeinde vor der Grenze zeigt einen malerischen Ortskern um die mittelalterliche Pfarreikirche Santi Pietro e Paolo. In den Gärten blühen Zitronen und Orangen, am Berghang ziehen sich die Villen hoch.

Zur Grenze hin häufen sich die Tankstellen, das Benzin ist in Italien wesentlich teurer als in der Schweiz. An der Durchgangsstraße herrscht viel Verkehr, und nicht selten kommt es zum abendlichen Pendlerstau. Über 2000 „Frontalieri", wie die in der Schweiz arbeitenden und in Italien wohnenden Personen genannt werden, befinden sich dann auf dem Heimweg.

Davon merkt wenig, wer auf der Promenade südlich des Ortskerns spaziert. Irgendwann stößt man dort auf den ruhigen „Dialogo": Ein Mühlrad lässt eine metallene Kugel gemächlich hin- und herrollen. Die mobile Brunnenskulptur ist ein Werk des Malers und Bildhauers *Benno Schulthess*, der in der Deutschschweiz und in Brissago wohnt. Weiter südlich endet der Spaziergang dann etwas abrupt vor den Toren der ehemaligen *Fabbrica Tabacchi Brissago*, heute das *Centro Dannemann* (→ Sehenswertes) und dem Tabakimpe-

war ausgezockt, und Antoinette musste die Inseln verkaufen. Sie zog nach Ascona und schließlich nach Intragna, wo sie 1948 im begnadeten Alter von 92 Jahren als Sozialhilfeempfängerin in einem Altersheim starb.

Der Käufer und neue Besitzer der Isole di Brissago, *Max Emden,* hatte seine Millionen mit Warenhäusern gemacht, war am Berliner KaDeWe beteiligt, an Karstadt und anderen mehr. Emden war an der Parkanlage interessiert, er baute sie sogar wesentlich aus. Ansonsten sind von ihm zwei Vorlieben bekannt, eine für Kunst und eine für schöne Mädchen. Wenn man der Malerin *Marianne von Werefkin* Glauben schenken darf, so kaufte er zwar viel Kunst auf, aber ohne etwas davon zu verstehen. Und was die schönen Mädchen betrifft, so vergnügte der Millionär sich angeblich damit, ihnen zuzusehen, wenn sie nackt in seinen Swimmingpool sprangen, um nach Goldstücken zu suchen, die er zuvor hineingeworfen hatte. Schließlich aber geriet auch der frivole Lebemann, der auf der Insel den noch heute stehenden neoklassizistischen Palazzo errichten ließ, in Not. Er war jüdischer Herkunft, sein Vermögen in Deutschland wurde beschlagnahmt. Schon hatte er begonnen, seine noch rechtzeitig in die Schweiz geschafften oder vor Ort erworbenen Kunstwerke zu verkaufen, als er 1940 plötzlich starb.

Der Erbe, Emdens einziger Sohn, hatte sich vor den Nazis nach Chile abgesetzt und zeigte keinerlei Interesse an den Inseln. Schließlich verkaufte er sie 1949 an eine Interessengemeinschaft aus Kanton, Anliegergemeinden und Heimatschutzorganisationen, die 1950 den botanischen Garten der Öffentlichkeit zugänglich machte und heute mit einem geschickten Marketing dafür sorgt, dass die Besucher nicht ausbleiben.

rium *Burger Söhne* einverleibt. Hier wird die „Brissago", die berühmte krumme Virginia-Zigarre, hergestellt.

Sehenswertes

Museo Ruggero Leoncavallo: Im *Palazzo Branca-Baccalà,* mit seiner Barockfassade das schönste Gebäude des Orts, sind drei Säle für *Ruggero Leoncavallo* (1857–1919) reserviert. Der in Neapel geborene Opernkomponist und Librettist ließ sich 1903 oberhalb der Kirche Madonna di Ponte eine Villa bauen (heute abgerissen) und wurde schon im Folgejahr Ehrenbürger von Brissago. 1916 verließ er den Ort wieder und starb 1919 in Montecatini Terme (Toscana). Erst 1989 entsprach man seinem

Wunsch und überführte seine sterblichen Reste nach Brissago (→ Chiesa Madonna di Ponte).

Das Museum ist eher etwas für Spezialisten, ein Saal ist der Rekonstruktion seines Arbeitsraums, restaurierter Flügel inklusive, gewidmet.

■ Mitte März bis Okt. Mi-Sa 10–12 und 16–18 Uhr. Eintritt 5 CHF.

Chiesa Santi Pietro e Paolo: Die Pfarreikirche von Brissago stammt aus dem 16. Jahrhundert und zeigt im Inneren außer einem schmucken holzgeschnitzten Orgelprospekt wenig Aufregendes. Besser als die Kirche selbst hat uns der schmale Vorplatz mit seinen vier eindrucksvollen Zypressen gefallen: Blick

Brissago und seine Inseln

auf den See und einen kleinen Fischerhafen. Die Stele auf dem Platz wurde 1903 zum 100-jährigen Jubiläum des Tessins als vollwertiger Kanton der Eidgenossenschaft errichtet, eine zusätzliche Tafel aus dem Jahr 2003 verdoppelt das Jubiläum.

Gleich neben der Kirche steht das *Cinema Arlecchino,* ein Bau aus den 1950er Jahren und damit modern in der unmittelbaren Umgebung. Ein „Verein der Harlekin-Freunde" setzt sich dafür ein, dass das früher von der Kirche betriebene Kino mit seinen 130 Sitzplätzen renoviert und als Kulturzentrum eröffnet wird.

Chiesa Madonna di Ponte: Die Kirche mit ihrem freistehenden Campanile, zwischen dem Schwimmbad und einer Garage eingeklemmt, stammt wie die Hauptkirche aus dem 16. Jahrhundert und wurde vom selben einheimischen Architekten geplant. Die Einflüsse der Renaissance schlagen hier eindeutig stärker durch, insbesondere im auffälligen achteckigen Kuppelbau über dem Chor mit seinen Säulen und dem aufgesetzten sechseckigen Türmchen; das Innere der Kirche birgt nichts Interessantes.

Unter dem kleinen Portikus gegenüber dem Eingang hat – gegen den See hin mit Ketten geschützt – der Opernkomponist *Ruggero Leoncavallo* mitsamt Gattin Berthe seine letzte Ruhe gefunden (→ Museo Ruggero Leoncavallo). Die prunkvolle Villa Myriam, die er etwas oberhalb der Kirche bauen ließ, wurde 1978 abgerissen.

Centro Dannemann: Die *Fabbrica Tabacchi Brissago,* Geburtsort der berühmten krummen Zigarre (→ Kastentext „Schlank und krumm"), wurde 1999 von der Dannemann-Gruppe übernommen, die ihrerseits dem Schweizer Tabakkonzern Burger Söhne gehört. Heute präsentiert sich die Fabrik, vor dem Ersten Weltkrieg mit 700 Angestellten größte Arbeitgeberin im Kanton, als „Dannemann Center" in Anlehnung an ein ebensolches in Bahia/Brasilien. Zwar werden die berühmten Zigarren weiterhin hergestellt, allerdings geht dies maschinell zu, der Personalbestand ist seit langem reduziert, rund 60 Angestellte – größtenteils italienische Grenzgänger – arbeiten hier noch.

Auswärtige begnügen sich mit einem Besuch im Dannemann-Shop (Mo–Fr 10–17 Uhr). Führungen sind nur gruppenweise möglich, dann wird Ihnen eine Arbeiterin demonstrieren, wie die Krumme einst von Hand gerollt wurde. In der Hauptsache aber ist das Centro Dannemann heute eine Örtlichkeit mit Sälen, die für Gala-Abende, Hochzeiten und andere private Anlässe vermietet werden. Gelegentlich finden im „Dannemann-Grotto", das mit seinen 210 m² Fläche mit einem Tessiner Grotto recht wenig gemein hat, Veranstaltungen statt, die man hier „Events" nennt. Auskunft bei der Touristinformation.

Praktische Infos

PLZ 6614

Information **Lago Maggiore Tourist Office,** an der Durchgangsstraße. Viel Material über die Umgebung und freundliche Auskünfte. Mitte März bis Mai und Okt. Mo–Fr 9–12/14–18 Uhr, Juni und Sept. Mo–Fr 9–12/14–18, Sa 9–12 Uhr; Juli/Aug. Mo–Sa 9–12/14–17 Uhr; Nov. bis Mitte März Di–Do 13.30–17, Fr 9–12 Uhr. Via Leoncavallo 25, ✆ 0848-091091, www.ascona-locarno.com.

Hin & weg **Bus,** mehrmals tägl. mit FART Nr. 316 nach Ascona und Locarno sowie mit dem Lokalbus Nr. 8 über Porto Ronco nach Ronco s/Ascona. Ebenfalls mehrmals täglich fährt eine italienische Buslinie über die Grenze und an der Küste entlang bis Pallanza bei Verbania.

Schiff, ein Dutzend Schiffe fahren nach Ascona und weiter nach Locarno, einige mit Zwischenhalt auf den Brissago-Inseln und wenige mit Abstechern ans andere Seeufer.

Baden Der **Lido di Brissago** liegt hinter dem Centro Dannemann am südlichen Ortsausgang. Gleich beim Eingang führt eine 75 m lange Rutsche für Kinder fast bis in den See. Strandbar und Liegewiese. Eintritt 4 CHF, Liegestuhl und Sonnenschirm kosten extra.

Galerie **Galleria Amici dell'Arte,** an der Durchgangsstraße, die Vitrine der lokalen Künstlerszene. Di–Fr 16–18.30, Sa 10–11.30 Uhr. Via Leoncavallo 15.

Übernachten ***** Rivabella au Lac,** an der Hauptstraße, aber davon sollte man sich nicht abschrecken lassen. Hinter dem Hotel gelangt man zwischen Palmen hindurch zu einem wunderschönen Garten und dahinter zum hoteleigenen Kiesstrand, der allerdings sehr schmal ist. DZ 157–205 CHF, inkl. Frühstück. Geöffnet März–Okt. Via Leoncavallo 43, ✆ 091-7931137, www.rivabellaaulac.ch.

Tessiner Ufer → Karte S. 24

Schlank und krumm – die Brissago

Kenner loben ihren würzigen Geschmack, Snobs rümpfen die Nase, sie finden die schlanke Krumme zu wenig aristokratisch, und Passivraucher schimpfen über ihren besonders beißenden Rauch. Seit 1847 wird in der Fabbrica Tabacchi Brissago der krumme Stängel hergestellt, dessen besonderer Geschmack sich der „Concia" verdankt, der Beize, die das Deckblatt mit der Tabakeinlage verbindet. Das Rezept der Concia wird in Brissago so streng gehütet wie im amerikanischen Atlanta die berühmte Formel der originalen Coca Cola. Eine weitere Besonderheit der Brissago ist der Strohhalm, der in ihr steckt. Zieht man ihn heraus, so hat die dunkle Zigarre einen idealen Rauchkanal. Schließlich aber dient der Strohhalm auch dazu, die Zigarre in Brand zu setzen – eine Zeremonie, die jeder Brissago-Raucher kennt und deren Beschreibung der Schweizer Autor Friedrich Glauser schon 1936 in seinem Kriminalroman „Wachtmeister Studer" beschrieb: „Umständlich setzte Studer den Strohhalm in Brand, den er aus der Brissago gezogen hatte, hielt die Flamme unter das Ende derselben, wartete bis der Rauch oben herausquoll und steckte sie dann in den Mund."

Lido von Brissago

🏷 ****** Villa Caesar,** fast am See, von der Landseite her ein Betonkomplex, erst von der Seeseite her sieht man die großzügigen Balkons. Gedeckter Speisesalon, Swimmingpool von Tischen und Liegestühlen gesäumt, Sauna und Fitnessraum. Das Hotel wurde für seine Nachhaltigkeitsleistung mit vier von fünf möglichen Steinböcken ausgezeichnet. (Das Steinbock-Label bewertet Umweltfreundlichkeit, Verwendung regionaler Produkte, Schaffung von Lehrstellen usw.) Nur Suiten, diese von unterschiedlicher Größe, teils mit See-, teils mit Gartenblick, in denen jeweils bis zu 4 Pers. übernachten können. DZ 180–480 CHF je nach Saison und Suitenkategorie. Geöffnet Mitte März bis Okt. Via Gabbietta 3, ☎ 091-7932766, www.brissago.sunstar.ch.

Essen & Trinken   Graziella, beim kleinen Fischerhafen neben der Schiffsanlegestelle. Das alteingesessene Restaurant steht seit 2016 unter neuer Leitung. Auf den Tisch kommt eine regionale Küche. Risotto findet man stets auf der Karte, ebenso Eglifilets, Forellen nur gelegentlich. Di geschlossen. Via Lungolago 10, ☎ 079-5163588.

Canvetto Ticinese, im südlichen Ortsteil, auf der Höhe des Centro Dannemann, etwas oberhalb der Durchgangsstraße, ausgeschildert. Gute Tessiner Küche zu gehobenen Preisen auf einer sehr schönen Terrasse mit kleinem Garten darunter, wo Pingpong gespielt werden kann. Mo Ruhetag. Via Ovega 23, ☎ 091-7932996.

Was haben Sie entdeckt?

Haben Sie ein gemütliches Grotto entdeckt, eine freundliche Unterkunft oder den besten aller Badestrände? Wenn Sie Ergänzungen, Verbesserungen oder Tipps zum Buch haben, lassen Sie es uns bitte wissen!

Schreiben Sie an: Marcus X. Schmid, Stichwort „Lago Maggiore"

c/o Michael Müller Verlag GmbH | Gerberei 19, D – 91054 Erlangen

mxs@michael-mueller-verlag.de

Gambarogno

Die Riviera del Gambarogno, wie der rund 10 km lange Schweizer Teil des Ostufers des Lago Maggiore genannt wird, ist weit weniger bekannt als das westliche Ufer mit den Tourismusmagneten Locarno und Ascona, und auch das Hinterland wird weniger besucht als die Täler des Locarnese.

Wie vielerorts im Tessin fusionierten auch im Gambarogno die Gemeinden, um sich mehr politisches Gewicht zu verschaffen. Seit 2010 sind sämtliche Orte am See sowie das Bergdorf Indemini Teil der Gemeinde Gambarogno.

Viel Platz bleibt den Dörfern am See nicht. Die Berge fallen meist schroff ab, parallel zur Uferstraße führt eine Eisenbahnlinie über Luino (Italien) bis zum südlichen Ende des Sees und weiter ins östliche Piemont hinein. Derzeit rollen täglich 60 Güterzüge, meistens nachts, durchs Gambarogno, über ein Dutzend Personenzüge kommen hinzu. Die Regierung in Bern möchte die Kapazitäten erweitern und die Rangiergleise am Bahnhof von Magadino-Vira ausbauen, damit auch 700 Meter lange Züge durchfahren können. „Es ist doch absurd, die alte einspurige Strecke mit nur wenigen Modifikationen zu einer Hauptachse des Korridors Rotterdam-Genua machen zu wollen", protestiert der Bürgermeister von Gambarogno und favorisiert einen Tunnel von Cadenazzo in der Magadino-Ebene bis Luino. Ein solches Projekt wurde bereits in den 1990er-Jahren verworfen und scheint auch heute chancenlos. Die Bewohner des Gambarogno haben das Nachsehen.

Im Gegensatz zum Westufer hält das Gambarogno jede Menge öffentlicher Zugänge zum See frei. Man findet also ausreichend Badegelegenheiten, meist kleine Kiesstrände. Zudem bieten sich Ausflüge ins Hinterland an – ein

Blick von der Bolle di Magadino auf den See

Tessiner Ufer → Karte S. 24

Abendessen auf einer der sonnigen Terrassen über den Dörfern *Vira* und *San Nazzaro* oder eine Wanderung zum Bergdorf *Indemini*.

Information   Gambarogno Tourist Office, an der Seestraße in Vira. Juni und Sept./Okt. Mo–Fr 9–12 und 14–18, Sa 9–12 Uhr; Juli/Aug. Mo–Fr 9–12 und 14–18, Sa/So 9–12 und 15–17 Uhr. Via Cantonale 29, ☎ 0848-091091, www.ascona-locarno.com.

Hin & weg   Bahn, die Riviera del Gambarogno liegt an der Linie Bellinzona–Luino, Züge im Zweistundentakt mit Halt in allen Dörfern am Seeufer.

Schiff, von März bis Okt. regelmäßig Fahrten von einem Hafen zum nächsten an der Riviera del Gambarogno entlang sowie von Magadino und San Nazzaro nach Locarno, von Gerra und San Nazzaro nach Ascona.

Piano di Magadino

Die Magadino-Ebene, die sich von Bellinzona bis zur Ticino-Mündung entlangzieht, ist für den Reisenden wenig interessant. Gemüseanbau, Supermärkte, Warendepots und Industrie machen sich das Gelände streitig, und auch der von Privatflugzeugen angesteuerte Flughafen von Locarno findet noch Platz. Einzig das Naturschutzgebiet der Ticino-Mündung, die **Bolle di Magadino,** rechtfertigen einen Halt. „Bolle" ist der italienische Ausdruck für Blasen, und solche produzieren das Sumpfgas (Methan) im Delta. Das Ökosystem ist ein Refugium für Flora und Fauna. Viele Vögel rasten hier noch einmal, um sich zu stärken, bevor sie den Flug über die Alpen nach Norden in Angriff nehmen.

Spaziergänge, auch Fahrradtouren (Motorräder sind verboten) sind nur auf den markierten Wegen gestattet.

Insgesamt gibt es fünf Zugänge, einen zu den nördlichen Bolle (von Tenero aus), vier zu den südlichen Bolle. Wir empfehlen den Weg, der südlich des Ticino verläuft: Das Auto an der Brücke der Kantonsstraße stehen lassen und sich zu einem rund 40-minütigen Spaziergang bis zur Mündung aufmachen. Der Weg teilt sich später, ein Stück weit hat man die Wahl, im Wald zu spazieren oder in der Sonne am begradigten Ticino entlang. Er endet bei einem kleinen Aussichtsturm im Sumpfland.

Unterwegs informieren Schautafeln über die Naturgeschichte des Deltas und über alles, was hier kreucht, fleucht und wächst. Festes Schuhwerk ist empfohlen, auch bei Sonnenschein kann der Boden, vor allem im hinteren Teil, nass sein – und auch ein Insektenschutzmittel ist angebracht.

Magadino

Das erste Dorf am Ufer, am Rand des Piano di Magadino gelegen, ist eher ein Durchgangs- als ein Aufenthaltsort. Die Berge fallen hier steil ab. Bis ins 19. Jahrhundert war Magadino für den Warenverkehr eine wichtige Hafenstation. Mit der Eröffnung der Eisenbahnlinie aber war es damit zu Ende, und der heutige Besucher gewinnt den Eindruck, Magadino hätte diesen Nieder-

gang bis heute nicht verdaut. Als Ferienorte haben ihm Vira, San Nazzaro und Gerra längst den Rang abgelaufen. Immerhin: Mit dem *Lido* verfügt der Ort über eines der schönsten Freibäder an der Riviera.

Die nicht zu übersehende *Chiesa San Carlo* (19. Jh.) zeigt einen Chor, der vom deutschen Maler und Illustrator *Richard Seewald* (1889–1976) mit

Trompe-l'œil in Magadino

Fresken geschmückt wurde. Mitte Juli steht sie im Zentrum der viel beachteten *Internationalen Orgelfestspiele*. Zwei Wochen lang geben jeweils dienstags und freitags international bekannte Organisten ein Konzert.

Übernachten **Favini,** 20 unterschiedlich große Zimmer und ein Restaurant mit Terrasse, das Fisch wie auch Pizza serviert. DZ mit Du/WC 100–140 CHF. Ganzjährig geöffnet. Via Cantonale, 6573 Magadino, ✆ 091-7804200, www.hotelfavini.ch.

Vira

Der erste richtige Ferienort an der Riviera del Gambarogno schließt sich praktisch nahtlos an Magadino an und ist das schönste Dorf am Tessiner Ostufer des Lago Maggiore. Das Leben spielt sich an der Durchgangsstraße ab. Oberhalb stehen stattliche Ferienhäuser, unterhalb liegt der kleine Ortskern mit Kirche und Bootsanlegestelle. Beim Gang durch die verwinkelten Gassen fallen zahlreiche Malereien an den

Hausfassaden auf. Es sind Resultate einer Kunstaktion aus dem Jahr 1970. Über die künstlerische Qualität mag man streiten, das Unternehmen fand offensichtlich Anklang, und so wurde die Aktion 2010 wiederholt.

Von Vira führt ein kurvenreiches Sträßchen hoch zur *Alpe di Neggia*, die ein idealer Ausgangspunkt für mehrere Wanderungen ist (→ Wanderung 1).

🏃 Wanderung 1: Von der Alpe di Neggia nach Indemini
→ S. 336
Durch den Wald ins abgelegenste Dorf des Gambarogno

▲ Vira steinern

▼ Vira grün

Übernachten ***** Bellavista**, an der Straße nach Indemini, 700 m vom Abzweig. Die Nummer eins an der Gambarogno-Riviera wird vom schweizerischen Automobilclub (TCS) geführt Wunderbarer Garten mit Blick auf den See hinunter, für Freizeitbetätigung sorgen ein großer Swimmingpool und ein Pingpongtisch, die verlorenen Bälle kullern den Abhang hinunter. Die Zimmer sind geräumig und komfortabel ausgestattet, alle mit Balkon oder Terrasse, die teureren mit Seeblick. DZ inkl. Frühstücksbuffet ab 200 CHF. Geöffnet Mitte März bis Nov. Strada d'indeman 18, 6574 Vira Gambarogno, ☎ 091-7951115, www.hotelbellavista.ch.

La Riva, am Ufer, in Richtung südwestliches Ortsende, direkt vor dem Camping Bellavista. Wird vor allem als Restaurant (s. u.) geschätzt. Speiseterrasse nach hinten und gleich darunter ein wunderschönes Gärtchen zum See mit Tischen, Stühlen und Liegestühlen. Nur fünf Zimmer. DZ inkl. Frühstück 120–150 CHF, die billigeren mit Du/WC auf Etage. Im Januar geschlossen. Via Cantonale 86, 6574 Vira Gambarogno, ☎ 091-7951141, www.ristorantelariva.ch.

Sargenti, im Ortszentrum, gleich nach dem Abzweig nach Indemini. Unten ist die Straßenbar mit Billard und Kicker, oben sind fünf renovierte Zimmer mit Du/WC. DZ 105–150 CHF. Ganzjährig geöffnet. Via Cantonale, 39, 6574 Vira Gambarogno, ☎ 091-7952062, www.hotel sargenti.ch.

Camping **Bellavista,** in Richtung südwestlicher Ortsrand. Der einzige Campingplatz an der Riviera del Gambarogno und mit 24 Stellplätzen der kleinste im ganzen Tessin. Wenig Schatten, dafür direkt am See. Sehr bescheiden, aber sehr freundliche Pächter. Geöffnet Mitte April bis Mitte Okt. Via Cantonale, 6574 Vira Gambarogno, ☎ 091-7951477, www. campingbellavista.ch.

Essen & Trinken **Da Rodolfo,** im Ortszentrum. Gourmetrestaurant in einem ehemaligen Klostergebäude. Letzteres vermutet zumindest Waldis Ratti, der schnauzbärtige Wirt, der für seine delikaten Fischgerichte weit über die Dorfgrenze hinaus bekannt ist. Keine große Karte, aber stets hervorragende Zubereitung. Spezialität des Hauses: Fritto Misto del Lago. Die Preise liegen verdienterweise über dem Durchschnitt. Hervorragendes Weinangebot. Geschlossen März–Okt. am Sonntagabend sowie Mo ganztags, Nov.–Febr. nur Sonntagabend geschl. Via Cantonale, ☎ 091-7951582.

La Riva, am südwestlichen Ortsende vor dem Camping Bellavista. Spezialität sind Fische aus dem Lago. Man isst hier sehr preiswert, was von den Campern nebenan geschätzt wird. Schöne Speiseterrasse nach hinten. Via Cantonale, ℘ 091-7951141.

La Fosanella, außerhalb, im Ortsteil Fosano (Straße nach Indemini, ca. 3 km vom Abzweig in Vira). Sehr schöne Terrasse mit Blick auf das See-Ende mit dem Maggiadelta am anderen Ufer. Die Küche genießt einen guten Ruf, auf der Karte stehen u. a. Fische aus dem See, Lammfilet, Kutteln auf Tessiner Art sowie die Spezialität des Hauses: Piccata mit Steinpilzrisotto. Gutes Angebot an Tessiner Weinen. Die Preise liegen insgesamt leicht über dem Durchschnitt. Mi und Sa geschlossen, ℘ 091-7951616.

Parco Botanico del Gambarogno

Einen botanischen Garten zu gründen hatte der Baumschulfachmann *Otto Eisenhut* nicht im Sinn, als er 1955 ein an einer Schlucht gelegenes Gelände zwischen Vairano und Piazzogna erwarb. Er wollte ganz einfach einen Gärtnereibetrieb führen. Seine erste Geschäftsidee bestand darin, amerikanische Kiefern zu pflanzen und sie als Weihnachtsbäume auf den Markt zu bringen. Er versuchte neue Kreuzungen und erst später – nach Kontakten mit ausländischen Fachleuten der Kamelien- und Magnolienzucht – begann er sein Feld auszuweiten. Zahlreiche Pflanzenarten fanden mit den Jahren im Gambarogno einen neuen Boden, und 1989 wurde das Gelände für das Publikum geöffnet. Heute besitzt der „Parco Botanico del Gambarogno" die weltweit größte Magnoliensammlung, daneben nehmen auch die rund 600 Arten und Varietäten der Kamelie einen bevorzugten Platz ein. Azaleen, Zitrusfrüchte, Larix-Kiefern und viele weitere Arten begegnen dem Besucher beim Spaziergang durch das grüne Labyrinth. Unter Kennern ist der Garten ein Begriff und für Botaniker ein Muss. Parallel zum botanischen Garten wird im Gartenbauunternehmen „Vivaio Eisenhut" weiterhin produktiv gearbeitet, gepropft und verkauft, rund 70 % der Produktion gehen in den Export, vor allem nach Deutschland, aber auch nach England. Otto Eisenhut hat die Direktion inzwischen an seinen Sohn abgegeben, der hier mit fünf Angestellten arbeitet, aber der Gründer schaut noch häufig vorbei, um nachzusehen, was aus seinem Lebenswerk geworden ist.

Ideale Besuchszeit ist März und April, wenn die Kamelien und Magnolien blühen, aber auch in den anderen Monaten sei der Besuch empfohlen.

■ Anfahrt: Von San Nazzaro über Vairano nach Piazzogna, dort beim Ortsschild links der Beschilderung folgen. Geöffnet Frühling bis Herbst Mo–Sa 7.30–19 Uhr, So 8.30–19 Uhr; Winter Mo–Sa 10–17 Uhr. Eintritt 5 CHF.

San Nazzaro

Der Ferienort, der sich den Berghang hochzieht, ist bei Badeurlaubern geschätzt: öffentliches Strandbad mit Sprungbrett, Liegewiese, Umkleidekabinen und Toilette – alles gratis. Man findet die freundliche Einrichtung

Tessiner Ufer → Karte S. 24

auf Höhe des Ortszentrums, in der Nähe der Anlegestelle der Lago-Maggiore-Kreuzer.

Essen & Trinken **Alla Taverna,** im oberen Ortsteil, von der Straße weg ausgeschildert. Kleines Grotto mit großer Terrasse und ausgezeichneter Küche. Gute Pasta, Fritto Misto del Lago, Polenta mit Wildschweinsalami oder für den dickeren Geldbeutel ein Degustationsmenü. Di Ruhetag (außer Mitte Juli bis Mitte Aug.). ✆ 091-7800012.

Vairano, bei der Kirche von Vairano, in den Hügeln über San Nazzaro. Ob Kaninchen mit Polenta, Frotto misto di pesce oder eine Minestrone ticinese (Gemüsesuppe) – die Osteria, Nachfolgerin des „Miralago", hat sich in kürzester Zeit einen ausgezeichneten Ruf erobert. Das Panorama auf der Terrasse ist einzigartig und ein weiterer Grund, hierher zu kommen: Blick über den See nach Locarno, Ascona und das Maggiadelta, aber auch auf die Verzasca-Staumauer. Via Bellavista 1, ✆ 091-7941604.

Gerra

Der letzte nennenswerte Uferort vor der Grenze liegt an einem kleinen Bachdelta. Im Ortsteil *Riva*, rechts der Mündung, so sagt der Volksmund, genießt man die Sonnenstrahlen am Morgen, in *Scimiana*, links der Mündung, die Sonnenstrahlen am Abend. In Letzterem lässt sich noch ein kleiner Ortskern ausmachen. Klein ist auch der öffentliche Kiesstrand (mit einem beliebten Strandlokal) links und rechts der Mündung des Dorfbachs. Groß in Gerra ist einzig der Anteil an Zweitwohnungsbauten.

Übernachten/Essen **Dirinella,** direkt vor der italienischen Grenze. Das Haus wurde 2013 komplett renoviert und bekam einen kräftigen roten Anstrich. Restaurant mit fünf sehr schönen, modern eingerichteten Gästezimmern mit Bad, nach hinten ein Gärtchen, zur Straße zwei Terrassen und auf der anderen Straßenseite eine kurze Treppe zum Kiesstrand, wo ein paar Boote dümpeln, aber dahinter ist der See frei. DZ 140 CHF, Frühstück (nach Wunsch groß oder klein) extra. Ganzjährig geöffnet. So/Mo geschlossen. Via Cantonale 13, Dirinella, 6577 Ranzo, ✆ 079-2075112, www.dirinella.ch.

/meinTipp **Al Pescatore,** im Zentrum, unterhalb der Durchgangsstraße. Unauffälliges, sym-

Gerra

pathisches und familiär geführtes Fischrestaurant mit einer kleinen, traumhaften Terrasse, von der man auf den See und den kleinen Fischerhafen von Gerra blickt. Wenn dort nicht genug Fisch ankommt, was häufig der Fall ist, so kauft der Wirt auf dem Markt ein. Mo Ruhetag, Di abends geschl. ℘ 091-7942123.

Indemini

Von Vira aus führt eine kurvenreiche Straße hoch zur Passhöhe Alpe di Neggia und von da wieder hinunter nach Indemini. Das Bergdorf des Gambarogno liegt auf 979 m Höhe und ist die oberste Gemeinde der sonst italienischen Valle Veddasca. Die Straße wurde erst im Ersten Weltkrieg gebaut (auf der italienischen Seite sogar erst 1964), bis dahin war Indemini nur über Fußwege erreichbar, entweder vom italienischen oder vom schweizerischen Ufer des Lago Maggiore aus. Die abgeschiedene Lage an der Grenze machte das Dorf jahrzehntelang zum idealen Schmugglernest.

Heute ist das wohl eher harte als romantische Schmugglerleben passé, viele Menschen sind ausgewandert. Die Einwohnerzahl ist auf ein halbes Hundert geschrumpft, und sie läge noch niedriger, wenn nicht einige Deutschschweizer, vor allem Kunsthandwerker, sich hier niedergelassen hätten. Zur Hälfte ist Indemini heute deutschsprachig.

Das terrassenförmig an den Hang gebaute Dorf mit seinen engen Gassen und Treppen zeigt ein äußerst einheitliches Ortsbild. Das respektieren auch die neuen Bewohner, die sich mit Umsicht an die Restaurierung alter Steinhäuser machen und so dazu beitragen, dass das Ortsbild erhalten bleibt. Dass das Dorf auf neues Blut und Besucher angewiesen ist, weiß man auch in Indemini. Aber mehr als anderswo setzt man auf die Entwicklung eines sanften Tourismus.

Gerra – ein Liegeplatz ist Gold wert

Hin & weg **Postauto:** 4 x tägl. nach Vira und weiter bis Magadino.

Übernachten/Essen **Indeminese,** am oberen Ortsausgang. Das Haus war einmal ein Kuhstall mit Heuschober, aber das sieht man dem Ristorante nicht mehr an. Fausto Domenighetti, der Wirt, stammt aus dem Dorf und ist sozusagen ein kommunales Faktotum. Bis zur großen Gemeindefusion war er gleichzeitig Bürgermeister, Posthalter, Postautochauffeur – und eben Wirt. Dass er sich nebenbei auch noch um die kommunale Gruppenunterkunft, das „Ostello La Genziane", kümmert, wundert da nicht mehr. Im „Indeminese" steht er seiner Frau Orietta zur Seite, und zusammen sorgen die beiden für eine preiswerte Tessiner Küche – und da Italien gleich um die Ecke liegt, ist man auch für italienische Rezepte offen. Obendrein helfen die Wirtsleute auch bei der Zimmersuche. Nov.–März geschlossen. 6571 Indemini, ℘ 091-7951222.

Die Täler des Locarnese

Das Hinterland von Locarno wurde relativ spät entdeckt. Bis in die 1960er Jahre beschränkte sich der Tourismus weitgehend auf das meist freundlich warme Seeufer. Die Täler der Maggia, des Centovalli und der Verzasca wurden eher selten aufgesucht.

Das hat sich geändert. Auf den schmalen Bergstraßen sieht man im Sommer Cabrio-Piloten und Motorradfahrer bis in die höchstgelegenen Dörfer fahren.

Abseits der Straßen tut sich für Wanderer eine andere Welt auf: duftende Wälder, Bäche mit klarem Wasser und ein Panorama mit oft majestätischen Berggipfeln.

Was anschauen?

In **Bosco Gurin** (→ S. 82), dem höchstgelegenen Ort des Tessins, wird Deutsch gesprochen, und dies in einem Dialekt, den auch Deutschschweizer kaum verstehen. Die Menschen dort sind Nachkommen der im 13. Jahrhundert eingewanderten Walser. Im „Walserhaus", dem ältesten ethnographischen Museum der Schweiz, erfahren Sie alles über diese deutschsprachige Minderheit, ihre Geschichte und ihre Sprache, das „Ggurijnartitsch".

Das Dorf **Brontallo** (→ S. 86) über dem Val Lavizzara wurde dank eines engagierten Vereins vor dem Verfall gerettet: Trockenmauern wurden repariert, Weinberge neu bepflanzt, alte Steinhäuser renoviert – ein Vorzeigedorf, das obendrein mit einer netten Osteria lockt.

Was unternehmen?

Für Wanderer ist das Locarnese vorbildlich erschlossen. Eine beliebte, wenig anstrengende Wanderung (ca. 3 Std.) führt von Spruga auf die **Alpe Saléi** (→ S. 342); von dort gondelt man in die Valle Vergeletto hinunter. Wer sich abkühlen will, macht unterwegs einen Abstecher zum Laghetto die Saléi und schwimmt dort im eiskalten Wasser.

In einem viertelstündigen Spaziergang gelangt man von **Bignasco** (→ S. 81) zu Felsenkellern, in denen einst Lebensmittelvorräte gelagert wurden oder die als Ställe dienten. Beeindruckend ist die „Lüera" (Wolfsfalle), ein fast 100 m² großes Gefängnis, aus dem neugierige Wölfe, sobald sie durch die Luke gegangen waren, nicht mehr entweichen konnten – Klappe zu.

Wo baden?

Erfrischender als jedes Seebad ist das Baden im Fluss. Besonders beliebt ist die Maggia bei **Ponte Brolla** (→ S. 76), Mutige springen dort von hohen Felsen ins Nass, aber auch weiter oben finden sich ausreichend Badebecken.

Auch die Verzasca hat eine erstklassige Badestelle: Bei **Lavertezzo** (→ S. 72) bildet sie grün schillernde, glasklare Becken; zudem hat die Natur wunderbare Felsbänke geschliffen, die zum Sonnenbad einladen.

Eine Alternative ist das öffentliche Schwimmbad von **Bignasco** (→ S. 81). Schwimmend blickt man auf einen spektakulären Wasserfall.

Auch ein heißes Bad kann man nehmen. In den Ruinen des **Thermalbads von Craveggia** (→ S. 102) versteckt, findet man ein Becken, das von einer Quelle mit 28 Grad warmem Wasser gespeist wird. Ziemlich dunkel, mehr als vier Personen haben nicht Platz.

Wo essen?

Im Winter ist das Val Bavona unbewohnt. Im Sommer speist man vorzüglich im Weiler **Foroglio** im „La Froda" (→ S. 85). Froda heißt Wasserfall, und auf der Terrasse hat man ihn direkt vor Augen. Wir empfehlen Luganighe (Tessiner Würste), die hier nach alter Familientradition zubereitet werden.

Ebenfalls den Namen „Froda" trägt das beste Lokal im ganzen Verzascatal in **Gerra Verzasca** (→ S. 73). Es bietet hervorragende Slowfood-Küche, der Koch ist ein Meister im kreativen Umgang mit frischem Ziegenkäse. Slowfood braucht Zeit, das Warten lohnt sich.

Im „Ristorante Centovalli" in **Ponte Brolla** (→ S. 76) steht der Risotto-König des Tessins am Kochtopf. Alles andere kann man auch anderswo essen.

Wo shoppen?

Shoppen in den Bergen? Das geht, vorausgesetzt, man versteht unter Shoppen nicht den Besuch einer Mode-Boutique. Und warum nicht Tessiner Spezialitäten als Souvenir mit nach Hause bringen, z. B. einen guten Bergkäse, einen Wein oder eine Flasche Grappa aus der Valle Maggia? Das „Val Magia" in **Cevio** (→ S. 81) ist dafür eine gute Adresse.

In **Berzona** (→ S. 100) im Onsernone-Tal hat „Pagliarte" das alte Rathaus in Beschlag genommen. Vier Frauen lassen dort das alte Handwerk der Strohverarbeitung wieder aufleben. Die Produkte – Hüte, Untersetzer, Taschen und mehr – werden vor Ort verkauft.

Biertrinker, die genug von Heineken, Feldschlösschen und Konsorten haben, finden in **Vergeletto** (→ S. 105) eine Alternative. Die Produktpalette der Mikro-Brauerei „Bironsa" umfasst sechs verschiedene Sorten. Ob „Bionda" oder „Ambra", ob „Al Miele" oder ein Weizenbier – das Tessiner Bier schmeckt ausgezeichnet. Prost!

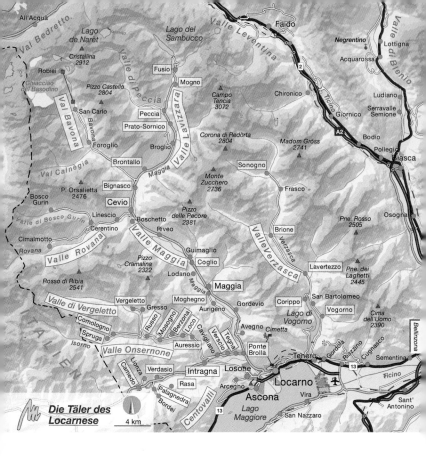

Die Täler des Locarnese

4 km

Valle Verzasca

Das Verzascatal, das sich vom nördlichen Ende des Lago Maggiore rund 25 km nach Norden hinaufzieht, ist eine weitgehend unzugängliche Gegend. Die Verzasca hat sich tief ins Gebirge gegraben, das beiderseits steil abfällt.

Die wenigen Dörfer in dieser wilden Landschaft liegen mit Ausnahme von *Mergoscia* und *Corippo* alle am Fluss. Die Landwirtschaft befindet sich auf dem Rückzug, seit Jahren wird eine Fusion diskutiert, die das ganze Tal administrativ zu einer einzigen Gemeinde zusammenfassen soll. Zumindest in der Tourismuswerbung macht man ge-

meinsame Sache, der Fremdenverkehr ist schließlich eine wichtige Einnahmequelle. Zweitwohnungsbesitzer kurbeln die Wirtschaft nicht unbedingt an, aber ein renoviertes Rustico trägt zur Erhaltung des Dorfbilds mehr bei als ein verfallenes.

Die meisten Besucher der Valle Verzasca – und es werden jährlich mehr –

beschränken sich auf einen Tagesausflug. Sie fahren vom Seeort *Tenero* hoch bis ins Bergdorf **Sonogno,** wo die Talstraße endet. Einmal hinauf und wieder hinunter – Folge: Verkehrskollaps auf der Talstraße. Zumindest an Wochenenden empfiehlt es sich, mit dem gelben Postauto das Tal hochzufahren.

Wanderer finden im Verzascatal viele Möglichkeiten. Beliebt ist der **Sentierone Valle Verzasca,** eine leichte, aber lange Talwanderung, die von Tenero bis Sonogno führt. Die unterste Strecke kann man sich sparen und mit dem Postauto bis zum Staudamm des Lago di Vogorno fahren und dort starten. In der Regel wird der „Sentierone" auf zwei Tagesetappen mit Übernachtung in Lavertezzo aufgeteilt. Man kann die Wanderung aber auch an zahlreichen Orten abbrechen, eine Postautohaltestelle ist stets in der Nähe. Erfahrene Berggänger schwärmen von der **Via Alta della Verzasca,** einer mehrtägigen Hochgebirgstour.

Verzasca Parkingcard

Das Parkproblem in der Valle Verzasca ist groß und bis in jüngste Zeit sah man nicht selten geparkte Autos am Rand der ohnehin schon engen Straße. Strafzettel nutzten offenbar wenig, und so schufen die Behörden nicht nur neue Parkplätze, sondern auch gleich die „Verzasca Parkingcard". Sie kostet pro Tag 10 CHF (Woche 30 CHF) und berechtigt auf 33 speziellen Plätzen (Kennzeichen: grünes „P") entlang der Talstraße von Vogorno bis Sonogno (leider nicht an den schönen Badestellen von Lavertezzo) zu beliebig langem Parken. Einige der grünen Parkplätze sind mit Automaten ausgerüstet, an denen die Verzasca Parkingcard gekauft werden kann. Oder man besorgt sie sich bereits vor der Fahrt ins Tal im Tourismus-Büro von Tenero (s. u.).

Wohnmobilisten zahlen für das Angebot 24 CHF und dürfen zudem eine Nacht auf dem Parkplatz in Sonogno oder in Brione verbringen.

Information Info Desk Tenero e Valle Verzasca, in Tenero (gegenüber dem Camping Lago Maggiore). Kompetentes Büro, das auch Wanderkarten bereithält. Mai und Okt. Mo–Fr 9–12 und 13.30–18, Sa 9–12 Uhr. Juni–Sept zudem Sa 13.30–17, So 10–13.30 und 14.30–17 Uhr. Nov.–April Mo–Fr 9–12 und 14–17 Uhr. Via Brere 3a, ℡ 091-7597744, www.ascona-locarno.com.

Info Shop Diga Verzasca, saisonal geöffnete Zweigstelle bei der Staumauer im Verzascatal. April–Sept. tägl. 9.30–17 Uhr. Nicht so gut bestückt wie die Hauptstelle, aber ausreichend. Für vergessliche Wanderer ist auch ein kleiner Lebensmittelladen eingerichtet. ℡ 091-7309250.

Hin & weg Postauto: 6 × tägl. von Locarno über Tenero und Gordola das Tal hoch bis Sonogno, mit unzähligen Haltestellen im Tal.

Bungee Jumping Seit Pierce Brosnan bzw. sein Stuntman als James Bond in „GoldenEye"

Kaltes Wasser und heiße
Felsbänke bei Lavertezzo

1995 von der Staumauer des Lago di Vogorno gesprungen ist, hat er zahllose Nachahmer gefunden. Falls Sie der 220-m-Fall reizt: **Trekking Team** mit Sitz in Tegna (Centovalli) ist der zertifizierte Profi. ☎ 091-7807800 und ☎ 079-6007007, www.trekking.ch.

Canyoning Für Schluchtenwanderer ist das Verzascatal ein Paradies. **Indepth Outthere Adventures** mit Sitz in Gordola bei Tenero bietet professionelle Führungen an, die Ausrüstung wird zur Verfügung gestellt. ☎ 078-6149877, www.indepthoutthere.com.

Fahrradverleih **Eratsport,** in Tenero, vor dem Camping Campofelice (s. u.) beim gleichnamigen Hotel. Mountainbikes und Elektroräder. Via alle Brere, 20, ☎ 091-7451384.

Rent a bike, in Tenero, bei der ExpressBar am Bahnhof. Mountainbikes, Tourenräder und E-Bikes. ☎ 091-7309662.

Rent a Bike Verzasca, 300 m unterhalb von Brione, beim Restaurant Ai Piee. ☎ 079-226 4286 und ☎ 091-7461544.

Spot.Travel, in Sonogno, am Ortseingang, vor allem E-Mountainbikes. ☎ 079-3791469.

Camping Mit fünf 5-Sterne-Plätzen und einem 3-Sterne-Platz am See ist Tenero ein Paradies für Camper. Alle Plätze sind hervorragend ausgerüstet und in der Regel von Seetouristen, oft auch von Gruppen und Schulklassen besucht. **Gratis-Shuttle** von den Campingplätzen nach Locarno: von Juni bis Aug. Mo–Sa mehrmals tägl. eine Gratisverbindung erst per Bus vom Lido Mappo zum Lido von Tenero und von dort weiter per Schiff nach Locarno!

***** Campofelice,** direkt an der Verzascamündung. Top-Platz, der keine Wünsche offen lässt. Als einziger Camping in der Schweiz schaffte Campofelice den Sprung in die ADAC-Liste der 115 besten Plätze Europa. Großes Sportangebot, Wellnessbereich mit Poollandschaft. Seit 2019 komplett neue Sanitäranlagen. Über 700 Stellplätze. Geöffnet April–Okt. Via Brere 7, 6598 Tenero, ☎ 091-7451417, www.campofelice.ch.

***** Lido Mappo,** Luxusplatz am See. Rund 450 Stellplätze. Geöffnet April bis Mitte Okt. Via Mappo, 6598 Tenero, ☎ 091-7451437, www.lidomappo.ch.

***** Lago Maggiore,** großer Platz am See, in unmittelbarer Nähe des öffentlichen Strands. Der bescheidenste der Plätze von Tenero, aber immer noch luxuriös. 380 exakt eingeteilte Stellplätze. Geöffnet April–Okt. Via Lido 2, 6598 Tenero, ☎ 091-7451848, www.clm.ch.

*** Rivabella,** am See, beim Centro Sportivo. Nicht ganz so luxuriös wie der nahe Camping Miralago und kleiner. 70 Stellplätze. Ganzjährig geöffnet. Via Naviglio 11, 6598 Tenero, ☎ 091-7452213, www.camping-rivabella.ch.

Vogorno

Auf der Fahrt ins Verzascatal hoch gelangt man erst an die riesige Staumauer des **Lago di Vogorno,** ein Werk des Tessiner Bauingenieurs *Giovanni Lombardi* (1924–2017), der später am Gotthard den Straßentunnel wie auch den Basistunnel für die Eisenbahn plante. Am oberen Ende des Sees liegt Vogorno, das bei der Verzasca-Stauung 1965 im unteren Ortsteil überflutet wurde. Einige Häuser mussten weiter oben neu errichtet werden. Doch davon sieht man dem Ort, der zahlreiche dezent renovierte Häuser zeigt, heute nichts mehr an.

Im Weiler **San Bartolomeo,** knapp 1 km weiter oben an der Talstraße, lohnt die *Chiesa San Bartolomeo* einen Besuch. Das Kircheninnere zeigt barocken Stuck mit Palmen- und Blumenmotiven und als besondere Sehenswürdigkeit ein Fresko aus dem 14. Jahrhundert mit zehn Heiligen, die so starr dastehen, wie man es sonst nur aus der byzantinischen Malerei kennt.

Übernachten **** Pizzo Vogorno,** unterhalb des Ortszugangs. Sehr komfortable, schön eingerichtete Zimmer. Die Wirtin ist eine im Tessin aufgewachsene Deutsche, die mit ihrem Tessiner Mann den Familienbetrieb in dritter Generation führt. Restaurant angeschlossen. DZ 100–150 CHF, auch Mehrbettzimmer. Geöffnet März–Nov. 6632 Vogorno, ☎ 091-7451256, www.pizzovogorno.ch.

Bergdorf Corippo

Corippo

Ein Sträßchen zweigt unten im Tal ab zu diesem idyllisch mitten im Grünen gelegenen Dörfchen über der Verzasca. Es ist ratsam, das Automobil beim Parkplatz am Fluss abzustellen und 20 Min. zu Fuß hochzugehen, oben sind die Plätze äußerst rar, und das Sträßchen ist zu schmal, um am Rand zu parken.

Kein einziges neues Gebäude, nur meist über 300 Jahre alte Steinhäuser, das ganze Dorf steht unter Denkmalschutz. Terrassenförmig zieht es sich nach unten, im Zentrum die meist geschlossene Dorfkirche. Der kurze Dorfspaziergang auf den Treppengassen endet in der Regel im einzigen Lokal von Corippo, in der „Osteria Corippo". Dort sitzt man ausgezeichnet.

Die Einwohner von Corippo haben locker auf einem Gruppenfoto Platz: Mit 12 Einwohnern ist das Dorf die kleinste politisch selbstständige Gemeinde der Schweiz und mit einem Durchschnittsalter von 75 Jahren auch die älteste. Nach einem dritten Anlauf wurde die Fusion sämtlicher Gemein-den des Verzascatals beschlossen, sie soll 2020 vollzogen werden. Corippo ist dann den Ruf der einwohnerärmsten und ältesten Gemeinde der Schweiz los.

Mehr Häuser als Einwohner, da ist das Projekt der „Fondazione Corippo" einleuchtend. Rund zehn über das Dorf verstreute Zimmer sollen sanft renoviert und in einem „Albergo diffuso" zusammengefasst werden, als Rezeption ist die Osteria vorgesehen. Das Projekt wurde 2017 von GastroSuisse mit dem „Hotel Innovation Award" ausgezeichnet.

Essen & Trinken **Al Bivio**, unten am Fluss, beim Abzweig nach Corippo. Großer, schattiger Garten, in dem Tessiner Platten und hervorragende Salami serviert werden. Geöffnet März–Nov. Mi Ruhetag. ✆ 091-7461616.

MeinTipp **Corippo,** am Ende der Straße. Die kleine Osteria ist wunderschöner Ort: Man sitzt drinnen oder auf der geschützten Terrasse hinter dem Haus oder oben auf der kleinen Dachterrasse. Warme Küche oder kalte Platten und guter Hauswein – stets mit großer Freundlichkeit serviert. Im Winter geschlossen, in der Nebensaison auch am Di. ✆ 091-7451871.

Badelandschaft bei Lavertezzo

Lavertezzo

In Lavertezzo ist mehr los als anderswo im Verzascatal. Wanderer unterbrechen hier abends ihre zweitägige Wanderung auf dem „Sentierone Valle Verzasca", um am Morgen die zweite Etappe in Angriff zu nehmen, andere starten von hier aus in die noch wenig begangenen Nebentäler *Val Carecchio* und *Val Pincascia*. Das Gros der Besucher kommt aber aus einem ganz anderen Grund: Knapp oberhalb des Orts, wo der „Ponte dei Salti", eine elegante zweibogige Brücke aus dem 17. Jahrhundert die Verzasca überspannt, bieten sich fantastische Badegelegenheiten. Das Gestein verleiht dem Wasser ein schillerndes Grün, und lange, teils abgeschliffene Felsbänke laden zum Sonnenbad ein. Einige Becken befinden sich unterhalb der Brücke, die beliebtesten oberhalb, beim Weiler *Aquino*. Auf dem Weg nach Brione lädt die Verzasca noch an weiteren Stellen zum Bad ein. Doch Vorsicht: Die Strömung kann tückisch sein, immer wieder kommt es bei Lavertezzo zu tödlichen Unfällen.

Unterhalb von Lavertezzo kommen auch Taucher auf ihre Kosten: Das Flussbecken ist rund sieben Meter tief!

Übernachten/Essen **Vittoria,** roter Bau am unteren Ende der Brücke im Dorfzentrum. DZ mit Du/WC 120–140 CHF, inkl. Frühstücksbuffet. Restaurant angeschlossen. Geöffnet März–Okt. Via Cantonale, 6633 Lavertezzo, ℘ 091-7461581, www.osteriavittoria.ch.

Della Posta, am oberen Ende der Brücke im Dorfzentrum. Bei Einheimischen und Touristen beliebtes Lokal mit preiswertem Mittagstisch. Spezialität ist Fisch auf Speckstein. 6633 Lavertezzo, ℘ 091-7461667.

Brione Verzasca

Das auf einem Talboden gelegene Dorf ist weniger eng gebaut als andere Verzascadörfer, in jüngster Zeit sind am Ortsrand einige Ferienhäuser dazugekommen. Einen Besuch lohnt die *Chiesa della Beata Vergine Assunta* mit einem

großen Vorplatz und einem Christophorus-Fresko neben dem Eingang. Im Inneren sind teils noch gut erhaltene Fresken aus dem 14. Jahrhundert zu sehen, in denen Kunsthistoriker den Einfluss von Giotto ausmachen.

Eine Überraschung im Verzascatal, wo man in den Dörfern sonst nur kleine Steinhäuser zu sehen bekommt, ist das Castello mit seinen vier Ecktürmen unweit der Kirche. Das Herrschaftshaus stammt aus dem 17. Jahrhundert und war die Residenz der mit Holz- und Weinhandel reich gewordenen Locarner Familie Marcacci. Heute ist das Castello in Privatbesitz – kein Zutritt.

Übernachten/Essen **Ai Piee,** etwa 300 m unterhalb von Brione (Haltestelle des Postautos). Großes Lokal mit noch größerer Terrasse. Serviert werden Tessiner Gerichte, Pizza und hervorragende Eisspezialitäten. Die Verzasca, gleich neben dem Parkplatz, führt gerade noch genug Wasser für ein Erfrischungsbad. Das Haus verfügt über sieben DZ mit Bad, teils mit Balkon für 120–140 CHF inkl. Frühstück. Restaurant im Winter nur Do–So geöffnet. Im Nov. geschlossen. Via Cantonale, 6634 Brione Verzasca, ☎ 091-7461544, www.piee.ch.

🍃**Froda,** im Nachbarort Gerra Verzasca, mit ruhigem Garten nach hinten. Das Lokal ist vor allem wegen seiner hervorragenden Slowfood-Küche bekannt. Biofleisch ist selbstverständlich, aber was der Koch alles aus frischem Ziegenkäse zaubert, ist erstaunlich. Die Wartezeiten hat man post festum gerne in Kauf genommen. Mi Ruhetag. Das Haus verfügt über 10 Gästezimmer. DZ mit Du/WC 110 CHF, DZ mit Du/WC auf der Etage 100 CHF. Jan./Febr. geschlossen. 6635 Gerra Verzasca, ☎ 091-7461452.

Sonogno

Der oberste Ort des Verzascatals ist ein vielbesuchtes Dorf. Die Straße endet an einem großen Parkplatz (rund um die Uhr gebührenpflichtig), die Weiterfahrt ist nur den Einheimischen gestattet. Von hier aus führt ein kurzer Fußweg nach Sonogno, das in einem zur Verzasca hin offenen Talkessel liegt, der Blick auf die umliegenden Berge ist beeindruckend.

Im Ortskern mit seinen Rustici wurde umfassend, aber dezent renoviert – alte Steinhäuser sind teilweise verglast, damit etwas mehr Licht einfällt. Der Dorfplatz ist im kreisrunden Design neu gepflastert, auch die Hauptgasse mit ihren zwei, drei Boutiquen hat einen Kopfsteinbelag bekommen. Einzig der neue Mini-Betonbau des Museums will nicht recht hierher passen. Das Schönste hier oben, wenn man kein Häuschen sein eigen nennt, ist aber ganz einfach die frische Bergluft.

Wandern: Der „Sentierone Val Verzasca" führt talabwärts bis an den Lago Maggiore, eine leichte Wanderung, die man der Länge wegen aber am besten in zwei Tagesetappen einteilt. Kürzer, aber anstrengender ist die Wanderung ins Redortal und über den Redortapass hinunter ins Maggiatal, das man bei Prato-Sornico erreicht (ca. 4 Stunden).

Die Täler des Locarnese ➜ Karte S. 68

Sonogno und seine Museen

🦐 **Einkaufen Pro Verzasca (Casa della Lana),** im Ortszentrum. Verkauf von Produkten aus Schafwolle, nicht in China hergestellt, sondern von Tessiner Frauen und entsprechend teuer. Aber die Wolle ist handgesponnen, die Farben sind aus natürlichen Produkten gewonnen, und die Qualität stimmt.

Übernachten Alpino, in erster Linie ein Restaurant. DZ mit Du/WC 110 CHF, mit Du/WC auf Etage 90 CHF, ab der dritten Nacht Preisnachlass. Ganzjährig geöffnet. Er Piazza 8, 6637 Sonogno, ☎ 091-7461163, www.ristorante alpino.ch.

🦐 **Campagna,** am unteren Ortsrand von Frasco, ca. 2,5 km unterhalb von Sonogno. Der nach ökologischen Kriterien errichtete, langgestreckte, Flachbau aus Holz und Glas entsprach dem Wunsch der Gemeinde, bei einer möglichen Lawinenkatastrophe, wie sie sich in Frasco 1951 ereignete, gewappnet zu sein und den geschädigten Familien eine Unterkunft bieten zu können. Die Bezeichnung „Familienhotel" taugt aber auch für ruhigere Zeiten. Auf der Terrasse können die Eltern bei einem Drink sitzen, während die Kinder eine große Spielwiese zur Verfügung haben, die bis zu einem Teich reicht. Von den 12 Zimmern sind 10 als Familienzimmer mit vier Betten konzipiert, die anderen beiden als Doppelzimmer. Alle Räume sind in freundlich-hellem Kiefernholz gehalten. Die Küche arbeitet weitgehend mit regionalen Produkten. Auch die Forellen, die an der Rückseite des Hauses im Aquarium schwimmen, kommen auf den Tisch. DZ 120–160 CHF, Familienzimmer 150–190 CHF. Ganzjährig geöffnet. Via Campagne, 6636 Frasco, ☎ 091-7461146, www.albergo campagna.ch.

Essen & Trinken Redorta, im Dorfzentrum. Offiziell nennt sich das Lokal „Grotto Redorta", aber mit einem Tessiner Grotto hat es nichts gemein, es sei denn die Speisekarte. Diese sieht sich ganz gut an, die Preise sind durchschnittlich, obwohl sich das Lokal ziemlich schick präsentiert. Etwas versetzt auf der anderen Straßenseite unterhält das Haus eine eigene Enoteca. ☎ 091-7461334.

Alpino, im gleichnamigen Hotel (s. o.), seit 1890 im selben Familienbesitz. Regionale Küche. Wunderschöne, große Terrasse, die gerne von Ausflüglern aufgesucht wird. Er Piazza 8, ☎ 091-7461163.

Die Maggia ist schiffbar, zumindest mit dem Schlauchboot

Valle Maggia

Im engeren Sinne gilt als Valle Maggia nur der Talverlauf zwischen Ponte Brolla und Bignasco, der obere Teil des Maggiatals wird als Val Lavizzara bezeichnet.

Im breiteren, unteren Talverlauf spielt die Landwirtschaft noch eine gewisse Rolle, auch Wein wird angebaut. In den untersten Dörfern macht sich die Nähe zu Locarno bemerkbar, man verzeichnet hier eine wachsende Bevölkerungsdichte und steht abends oft im Stau des Berufsverkehrs.

Information Centro Punto Valle, großer Neubau an der Talstraße, noch vor Avegno bei einer eni-Tankstelle. Material über das Tal und die Nebentäler, kompetentes und freundliches Personal. Mai–Mitte Okt. Mo–Fr 9–12 und 14–18, Sa 9–12 Uhr, Juli/Aug. zudem Sa 14–17 und So 9–12 Uhr. Via Vallemaggia 10, 6670 Avegno, ✆ 0848-091091, www.ascona-locarno.com.

Hin & weg Postauto: Der gelbe Bus fährt stündlich von Locarno das Tal hoch bis Bignasco, jeder zweite weiter das Val Lavizzara hoch.

Festival Vallemaggia Magic Blues, das kleinste Bluesfestival der Schweiz zieht sich von Mitte Juli bis in den August hinein. Spielorte sind meist öffentliche Plätze in Avegno, Moghe-gno, Maggia, Bignasco und Brontallo. Programm unter www.magicblues.ch.

Camping Die beiden einzigen Campingplätze des Maggiatals liegen nur 2 km voneinander entfernt:

**** Piccolo Paradiso, knapp unterhalb von Avegno, direkt an der Maggia. Gut ausgestatteter Platz mit Laden, Restaurant, das auch hervorragende Pizza backt, und Swimmingpool für Kinder. Schöner natürlich ist das Bad in der Maggia daneben. 320 Stellplätze, in der Hochsaison brechend voll (reservieren!). Die besten Plätze direkt am Fluss sind an Dauercamper vergeben. Geöffnet April–Okt. 6670 Avegno, ✆ 091-7961581, www.piccoloparadiso.ch.

**** TCS-Camping Gordevio-Vallemaggia, bei Gordevio, direkt an der Maggia. Mit Einkaufsladen, solarbeheiztem Swimmingpool und Restaurant (abends und Sonntagmittag auch Pizza) verfügt der Platz, der vom Schweizerischen Automobilclub geführt wird, über eine hervorragende Infrastruktur. 230 Stellplätze, ausreichend Schatten. Über die Böschung gelangt man zur Maggia, die hier nicht ganz so einladend ist wie im „Piccolo Paradiso" von Avegno, aber ebenfalls gute Bademöglichkeiten bietet. In der Hochsaison proppenvoll, Reservierung ist dann angesagt. Geöffnet Mitte April bis Mitte Okt. 6672 Gordevio, ℡ 091-7351444, www.tcs-camping.ch/gordevio.

Wohnmobile Kompletter Service im TCS-Camping (s. o.).

Ponte Brolla

Politisch gehören die paar Häuser am Eingang des Tals zu Tegna (→ Centovalli), geografisch aber zum Maggiatal. Beliebt ist der Ort vor allem wegen seiner Badebecken in der Maggia, die sich zwischen riesigen, glatt geschliffenen Felsen befinden und zum Tauchen und Springen einladen. Ungefährlich ist das allerdings nicht. Im Frühjahr, wenn nach der Schneeschmelze das Wasser wilder rauscht, ist die Strömung gefährlich stark. Trotz warnender Schilder kommt es immer wieder zu Todesfällen. Bei Gourmets ist Ponte Brolla vor allem für das beste Risotto-Restaurant weit und breit bekannt.

Hin & weg   Bahn: Mit der Centovalli-Bahn tägl. rund 20 x nach Locarno.

Postauto: Stündlich nach Locarno sowie das Maggiatal aufwärts.

Mit dem Fahrrad: Seit 2016 haben Radler zu ihrem Schutz einen eigenen Weg oder zumindest eine abgetrennte Spur von Locarno über Losone und Ponte Brolla bis Avegno. Von hier bis Bignasco verläuft nur noch streckenweise eine Fahrradspur, teils muss man sich die Straße mit (manchmal verwegenen) Autofahrern teilen.

Cliff Diving Ponte Brolla ist ein Mekka der Klippenspringer. Alljährlich in der zweiten Julihälfte findet die „European Championship in Cliff Diving" statt, bei der max. 25 Teilnehmer vier Sprünge aus 13, 15 und 20 m Höhe zeigen. Bei 20 Metern dauert der Sprung rund 3½ Sekunden, bis der Körper mit 75 km/h in die Maggia schießt.

Übernachten   * 3 Terre,** roter Bau direkt an der Bahnhofsgarage. Komfortable, modern eingerichtete Zimmer mit Haartrockner und Safe. Restaurant. DZ inkl. Frühstück je nach Saison 185–215 CHF. Ganzjährig geöffnet. Via Vecchia Stazione 2, 6652 Ponte Brolla, ℡ 091-7432222, www.3terre.ch.

Centovalli, in erster Linie für sein Risotto bekannt. Aber der Palazzo vermietet auch 12 Zimmer. DZ 152–202 CHF, die billigeren mit Du/WC auf Etage, die teuersten mit Du/WC und Terrasse. Adresse unten.

Essen & Trinken   Da Enzo, Feinschmeckerrestaurant im oberen Teil der Siedlung. Riesiger, palmenbestandener Garten und Grotto darüber. Die Preise sind beachtlich hoch. Mi ganztags, Do mittags geschlossen. ℡ 091-7961392.

*mein*Tipp **Centovalli,** unumstrittener Risotto-König des Tessins. Etwas anderes als Risotto wird hier kaum gegessen. Spezialität ist der Risotto Centovalli (mit Gorgonzola), dessen Rezept die Geschwister, die heute das Restaurant leiten, von ihrem Vater geerbt haben. Gegessen wird im kleinen Palazzo oder unter dem Rebendach der Terrasse. Mo/Di sowie Jan./Febr. geschlossen. ℡ 091-7961444.

America, am Parkplatz von „Da Enzo" vorbei bis zur Maggia weitergehen, und man findet dieses bescheidene Grotto, das zu den ältesten des Kantons gehört. Der Name erinnert daran, dass die Tessiner Auswanderer vor ihrer Abreise ins Land der unbegrenzten Möglichkeiten sich hier noch einmal zu einem gemeinsamen Essen trafen. So erzählt man jedenfalls. Passenderweise nennt sich der Brissago rauchende Besitzer Michel gern „Mitch". An den Steintischen über der Maggia werden Polenta, frische Forellen und kleine Gerichte serviert. Über dem Grotto sieht man noch die uralten Lagerräume im Felsen. Die Lage ist romantisch, vom Straßenlärm hört man nichts – die Maggia rauscht lauter. Geöffnet April–Okt., Mo Ruhetag, außerhalb der Saison auch Di. ℡ 091-7962370.

🚶 **Wanderung 2: Von Ponte Brolla nach Gordevio** → S. 338
An den Abhängen über der Maggia – zum Schluss ein schöner Auenwald

Moghegno

Das Dörfchen, abseits der Straße am anderen Maggia-Ufer, zeigt ein intaktes Ortsbild. Viele der alten Steinhäuser im Ortskern wurden sorgfältig renoviert, oft von Deutschschweizern, die wohl die Hälfte der rund 400 Einwohner stellen. Der Spaziergänger findet im Dorf noch zwei *Torbe* aus dem 15. Jahrhundert, Getreidespeicher, wie man sie sonst eher in höheren Regionen findet. Es handelt sich dabei um Holzkonstruktionen, die entweder auf Holzlatten *(con mensola)* oder – wie hier – auf steinernen „Pilzen" *(con funghi)* ruhen. Eines der beiden Exemplare wurde restauriert und steht seither besonders fotogen da.

Ein weiteres Relikt aus vergangenen Zeiten findet sich im östlichen Ortsteil: eine *Grà*. So werden die Kastaniendörrhäuser genannt, die im Maggiatal noch bis vor 50 Jahren genutzt wurden. Heute sorgt eine lokale Vereinigung dafür, dass die Tradition fortlebt. Jährlich gegen Ende Oktober wird die obere Etage der Grà mit Kastanien gefüllt, in der unteren wird gefeuert. Nach drei bis vier Wochen werden dann die gedörrten Kastanien, die nur noch ein Viertel ihres ursprünglichen Gewichts haben, herausgeholt – ein lokales Volksfest.

Vom nördlichen Ortsteil führt seit 2018 eine neue Fußgängerbrücke – kein Schwanken mehr – direkt in den Hauptort Maggia.

Übernachten **Baracca Backpacker,** im Nachbarort Aurigeno, gleich oberhalb der Kirche. Der barackenähnliche Bau ersetzt quasi

Herausgeputztes Moghegno

die mangelnde Jugendherberge. Sympathisch und sauber, aber sehr klein. Ein DZ, ein Zimmer mit vier Betten und ein Zimmer mit sieben Betten. Du/WC auf dem Flur. Eingerichtete Küche (die Kräuter dürfen gratis im Garten geschnitten werden). Nach hinten hübsche Veranda und kleiner Garten. Kleiner Fahrradverleih. DZ 82 CHF, in den Mehrbettzimmern 34 CHF/Pers. Decken und Handtücher kosten extra. Geöffnet April bis Mitte Okt. Via Al Runch Cavalign 1, 6677 Aurigeno, ☎ 079-2071554, www.baracca-backpacker.ch.

Essen & Trinken **Al Botegon,** im Ortszentrum, mit säulengestütztem Vorbau, auf dem auch noch ein paar Tische Platz haben. Moghegnos einziges Lokal wird von einem Luganesen geführt, der abends mündlich vorträgt, was er zubereitet hat. Mi Ruhetag. ☎ 091-7533035.

Maggia

Nach einer größeren Gemeindefusion, talaufwärts bis Someo, talabwärts bis Aurigeno, ist Maggia der zentrale Ort des unteren Tals geworden. Das hat für den Touristen den Vorteil, dass er eine Bank und drei Supermärkte findet. Zwar ist das Ortszentrum mit seinem kleinen kopfsteingepflasterten Platz und einem hübschen Brunnen eine sehr idyllische Örtlichkeit, aber ein paar Schritte weiter ist es schon aus damit. Wohnhäuser neueren Datums machen sich breit, das Dorf fasert in die nahen Weinberge aus.

Knapp südlich des Orts liegt an der Durchgangsstraße die **Kirche Santa Maria delle Grazie** mit Fresken aus dem 16. Jahrhundert, die ältesten in der linken Seitenkapelle. Auch der Chor ist mit Fresken ausgeschmückt, u. a. mit einer Schutzmantel-Madonna für die Stifterfamilie. Beachtenswert ist auch die Kassettendecke aus Holz und mehr noch die Sammlung von 24 Votivbildern, alle vom selben Künstler im 19. Jahrhundert gefertigt: Ein Mädchen wird per Seil an einer Felswand entlang hochgezogen, die Gämse daneben hat kein Problem, sie ist trittsicher. Die Madonna steht bei Schiffbruch und Schlangenbiss helfend zur Stelle, bei einem Sturz vom Baum, bei Steinschlag und anderen bösen Überraschungen.

■ März bis Mitte Okt. Mi–Fr und am 1. Sa im Monat 15–17 Uhr.

✎ Kunsthandwerk **Artis**, an der Talstraße neben dem Migro-Supermarkt. Erzeugnisse aus zahlreichen Ateliers der Valle Maggia und den anderen Tälern des Locarnese. Materialien sind vor allem Stein, Holz und Textilien.

Übernachten Poncini, im Ortszentrum. Die Locanda bietet 4 Zimmer mit Du/WC. DZ ab 110 CHF. Piazza dal Pòz. 6673 Maggia, ☎ 091-7531541, www.locandaponcini.com.

MeinTipp **Casa Martinelli**, am oberen Ortsausgang, an der alten Kantonsstraße, direkt unterhalb der Kirche. Das Bürgerhaus aus dem 17. Jh. hat eine bewegte Geschichte; u. a. diente es schon als kommunales Schulhaus und als Altersheim. Beim Umbau wurde der vorhandenen Bausubstanz Respekt gezollt. Das Granitdach wurde nicht angetastet, die alte Laube hält noch, im Frühstücksraum wurde ein Fresko restauriert, die Wand war vermutlich die Außenmauer der ehemaligen Hauskapelle. Zum Alten kommt das Neue: Der bekannte Tessiner Architekt Luigi Snozzi hat der Casa einen zu einer Seite hin offenen modernen Betonanbau hinzugefügt, eine ebenso gewagte wie überzeugende Kombination. Im alten Bau werden 2 EZ vermietet, sämtliche DZ sind im Neubau untergebracht, alle mit Bodenheizung und funktional eingerichtet. Schickes, modernes Bad, die ebenerdigen Zimmer mit Schiebetür zur privaten Terrasse, die im 1. Stock mit Stehbalkon. Im Keller des Stammhauses ist eine Cantina eingerichtet, in der sich die Gäste selbst bedienen können: Salami vom Schwein, Wildschwein oder Hirsch, Käse, Marmelade, Wein und mehr – alles mit Preisschildern versehen, man gibt später einfach das Körbchen ab. Zu erwähnen sind noch der hauseigene Parkplatz, das traumhafte Vorgärtchen – und dass Monika Gmür, Besitzerin und Seele der Casa, die schönste Badestelle von Maggia kennt: ganz in der Nähe. DZ 168–268 CHF, je nach Saison und Aufenthaltdauer. Al Stradòn 96, 6673 Maggia, ☎ 091-7609051, www.casamartinelli.ch.

Essen & Trinken Poncini, mehr als für ihre Zimmer ist die Locanda als Restaurant bekannt, sowohl bei Einheimischen wie bei Touristen. Regionale und italienische Küche und ein beachtliches Weinangebot. Mi Ruhetag. Piazza dal Pòz, ☎ 091-7531541.

Quadrifoglio, an der Talstraße im Centro commerciale. Nicht besonders schön, aber sehr beliebt. Am besten sitzt man auf der Terrasse hinter dem Haus, dort kriegt man vom Straßenlärm nichts mit. Günstiger Mittagstisch, abends Pizza, Salate, Crêpes. So Ruhetag. Via Cantonake, ☎ 091-7532187.

Chorfresko in der Kirche
Santa Maria delle Grazie

Coglio

Das Dörfchen, von Maggia aus 3 km talaufwärts gelegen, beherbergt als Schmuckstück im Ortszentrum ein unter Denkmalschutz gestelltes barockes Beinhaus mit Kapelle aus dem 18. Jahrhundert, direkt gegenüber der Kirche. Den Eingang bewachen zwei Sensenmänner, Grabplatten am Boden zeigen Reliefs von Knochen, Schädeln und Skeletten. Das Innere der Kapelle ist mit Fresken ausgeschmückt.

🖊 Übernachten   **Cristallina,** zum „Eco Hotel" umgebautes Haus. Solarmodule auf dem Dach spenden die nötige Energie, das Wasser kommt aus eigener Quelle. Wer mit dem Elektroauto anreist, findet eine Steckdose. Dass die Küche (Fleisch, Pizza, vegetarisch und vegan) biologisch ausgerichtet ist und auf regionaler Produktion basiert, versteht sich von selbst (Mi Ruhetag, im Winter auch Do). Die Zimmer sind freundlich, hell und modern eingerichtet, die schönsten mit Balkon, die billigsten mit Etagendusche. Auch Familienzimmer sind zu haben. Hinter dem Haus kontrastiert ein lauschiges Gärtchen mit dem streng-geometrischen Bau. Ein E-Bike-Verleih ergänzt das Angebot. DZ 97–210 CHF, die billigsten mit Du/WC auf Etage. Ganzjährig geöffnet. 6678 Coglio, ☎ 091-7531141, www.hotel-cristallina.ch.

Cevio

Auch wenn Maggia eine zentrale Funktion im unteren Tal einnimmt, der historische Hauptort der gesamten Valle Maggia bleibt Cevio. Die langgestreckte Piazza im Ortszentrum mit dem *Landvogtsgebäude* legt Zeugnis davon ab. Zahlreiche eidgenössische Herrscher, die von hier aus die Untertanengebiete Mainthal (so der deutsche Name für die Valle Maggia) und Lavizzara regierten, haben auf der Fassade ihre Wappen hinterlassen; heute teilen sich die Polizei und das Konkursamt die Räume des Palazzo. Gleich daneben steht die *Casa Franzoni* mit ihrem beeindruckenden Portal, Wohnsitz der mächtigsten Familie im ganzen Tal, die über zwei Jahrhunderte hinweg (eidgenossentreue) Statthalter, hohe Militärs, Schatzmeister und Gemeindevorsteher stellten. In einem weiteren Palazzo der Franzoni am oberen Ortsausgang ist heute das *regionale Museum* (siehe unten) untergebracht. Unweit davon steht die barocke *Chiesa San Giovanni Battista*, eine der ältesten Kirchen im Tal, mit einem großen Kirchplatz davor und einem Beinhaus aus dem 18. Jahrhundert mit einem Fresko des Sensenmanns.

Sehenswertes

Sentiero ai Grotti: Im oberen Ortsteil beginnt beim Museum ein kurzer Weg zu gewaltigen Felsblöcken, in denen mehrere Felsenkeller versteckt liegen, die teilweise restauriert wurden. Nicht spektakulär, aber ein netter Spaziergang.

Museo di Valmaggia: Das regionale Museum deckt alle ethnografischen Aspekte des Tals ab, denn im Erdgeschoss werden Wasserkraftnutzung, Flößerei und Gneisabbau im Val Lavizzara thematisiert. An der Kerkertür des Sitzes der Landvögte und an einem gewaltigen Stein mit einer Kette für Gefangene vorbei gelangt man in ein wahrhaft museales Grotto, eine alte Vorratskammer unter einem riesigen Felsblock. Die erste Etage erzählt von der Emigration; in der zweiten Hälfte des 19. Jahrhunderts suchte rund ein Viertel der männlichen Talbevölkerung sein Glück in Übersee, vornehmlich in den Goldgruben Kaliforniens und

Die Täler des Locarnese → Karte S. 68

Australiens, die Landwirtschaft wurde den zurückgebliebenen Frauen überlassen. Diese betätigten sich nebenbei auch als Heilerinnen, wie eine kleine Abteilung über Volksmedizin dokumentiert. Das oberste Geschoss ist der Kastanienverarbeitung, der Transhumanz (Weidewirtschaft mit wechselnden Weideplätzen), der Jagd und der Specksteinverarbeitung (Öfen, Waschbecken) gewidmet. Der letzte professionelle Specksteindreher der Valle Maggia starb 1933.

Zum mit großer Sorgfalt geführten Museum gehört auch die ein paar Schritte entfernt liegende *Casa Respini-Moretti*. Hier wird ausführlich die Ausgrabung einer römischen Nekropole in Moghegno dokumentiert, die 1994 beim Bau eines Privathauses entdeckt wurde. Die restlichen Räume sind für Sonderausstellungen reserviert.

■ April–Okt. Di–So 13.30–17 Uhr. Eintritt 6 CHF.

Rovana: Der Ortsteil im Südwesten von Cevio (Straße nach Bosco Gurin), kaum 1 km vom Zentrum entfernt, besitzt eine großartige Barockkirche

(17. Jh.). Die Decke ist komplett mit Malereien und viel Stuck ausgestattet: Heiligenbilder, Zierrat und Putten zuhauf – genau so, wie man sich eine Barockkirche vorstellt.

Wer von der Kirche über die uralte Steinbrücke geht, trifft rechts auf eine äußerst schmucke Häuserreihe. Am Ausgang der Rovana-Schlucht reihen sich in anmutiger Regelmäßigkeit schiefergedeckte Häuschen, ehemalige Grotti, jedes mit der Rückwand am Felsen und jedes mit seinem eigenen Gärtchen zur Straße – hübsche Feriendomizile.

Boschetto: Rund 2 km südlich von Cevio, über Rovana erreichbar, findet man diesen verträumten Weiler aus Tessiner Steinhäusern. In seinem oberen Teil ist Boschetto weitgehend verfallen, im unteren Teil wird kräftig restauriert. Unterhalb der Kirche sind romantische Feriendomizile mit Pergola entstanden. Die neuen Dorfbewohner kümmerten sich um eine Auffrischung des Wegstocks am Ortseingang. Spätestens dort sollte man das Auto stehen lassen und durchs abgasfreie Dorf spazieren!

Herrschaftliches Cevio

Praktische Infos

🔖 Einkaufen **Val Magìa,** an der zentralen Piazza. Im freundlichen Interieur werden diverse Alpenkäse (auch bio) verkauft, Weine, Grappa, Limoncello – alles aus regionaler Produktion.

Übernachten/Essen **Della Posta,** an der Piazza im Ortszentrum. In erster Linie Restaurant (mit Garten nach hinten), das mit regionalen Spezialitäten aufwartet. Mo Ruhetag. Das Haus verfügt aber auch über 6 Zimmer, Du/WC jeweils auf der Etage. DZ inkl. Frühstück 120 CHF. Geöffnet März–Okt. Piazza 13, 6675 Cevio, ✆ 091-7541896, www.dellaposta-cevio.ch.

Basodino, an der Piazza im Zentrum und die größte Herberge am Ort. 10 Zimmer, Du/WC jeweils auf der Etage. Das Restaurant serviert preiswerte, einfache Mittagsmenüs. Große Terrasse. Mi geschlossen, DZ inkl. Frühstück 100–115 CHF. Geöffnet März–Dez. Via Pretorio 1, 6675 Cevio, ✆ 091-7541101, elena.fiori@bluewin.ch.

Castello, ein paar Meter von der Piazza entfernt (Ausfahrtstraße nach Maggia), sympathische, beliebte Osteria mit preiswerten Mittagsmenüs, guten Käse- und Wurstplatten sowie Risotto (Di Ruhetag). Einladende Terrasse zur Straße. Im Haus 3 Zimmer, alle mit Du/WC auf der Etage. DZ inkl. Frühstück ab 100 CHF. Geöffnet April–Dez. Via Strada Vecchia 10, 6675 Cevio, ✆ 091-7541165, castello cevio@bluewin.ch.

meinTipp **Grotto Franci,** im nördlichen Ortsteil, hinter dem Museum, in absolut ruhiger Lage. Ein Bilderbuch-Grotto: eine Felsenhöhle, davor ein gewaltiger Kastanienbaum, der Schatten spendet, granitene Tische. Gegrillt wird über dem offenen Holzfeuer, so dass man je nach Windrichtung etwas Rauch abbekommen kann. Preiswertes Mittagsmenü. Manchmal gibt's kalte Melonensuppe mit Ziegenkäse, stets eine Polenta mit Gorgonzola und knackige Salate. Wer unschlüssig ist, schaut, was auf dem Grill liegt. Mo und bei schlechtem Wetter geschlossen. Via ai Grotti 17, ✆ 079-8905625.

Bignasco

Der Ort an der Mündung der Bavona in die Maggia wird von den Touristen meist wenig beachtet. Zu Unrecht, denn der kurze Spaziergang im alten Dorfteil unterhalb des Zusammenflusses am östlichen Maggia-Ufer zeigt einen schmucken Dorfkern aus dem 16. Jahrhundert mit drei fast identischen Brunnen. Und schließlich trifft man hier auch auf eine *Torba,* einen auf „Pilzen" stehenden Getreidespeicher, der wie seine Pendants in Moghegno (siehe dort) restauriert wurde.

Eine Besonderheit ist die *Lüèra* (Wolfsfalle) über den unterkellerten Felsen am gegenüberliegenden Ufer der Maggia: ein fast 100 m² großes Gefängnis, dessen Wände zur Bergseite hin Felsen sind, zur Talseite hin wurde eine sieben Meter hohe Mauer errichtet. Einzig eine Luke bleibt frei, durch die früher die geköderten Wölfe eindrangen und einen Mechanismus auslösten,

der ihnen die Rückkehr versperrte. Die „Lüèra" ist auf dem hier angelegten viertelstündigen Spaziergang aber nur eine von mehreren Stationen. Im Felsen waren Ställe, Vorratskeller und ein Dörrhaus für Kastanien untergebracht, davor sieht man gemauerte Terrassen, wo einst auf kleinster Fläche – vor gefräßigen Ziegen geschützt – etwas Ackerbau betrieben wurde. Der Spaziergang beginnt gegenüber der Maggiabrücke.

Baden **Schwimmbad,** im Ortsteil östlich der Maggia, südlich des alten Dorfkerns. Das einzige öffentliche Schwimmbad im Maggiatal ist aufregend schön und obendrein beheizt. Große Liegewiese mit Blick auf einen spektakulären Wasserfall.

Einkaufen **Punto Verde,** außerhalb des Orts, an der Straße nach Cevio, bunt und auffallend. Wein, Käse, Honig, handwerkliche Produkte aus Holz und Stein. Alles garantiert im Tal hergestellt und teils zu stolzen Preisen verkauft.

Die Täler des Locarnese → Karte S. 68

*mein*Tipp **Übernachten Ca' Stella,** wunderschönes Gästehaus im alten Ortskern. Unterschiedlich große Zimmer, aber alle sehr nett eingerichtet, einige mit Cheminée (Kamin), einige mit eigenem Bad, das teuerste mit Balkon. Geräumiger, gemütlicher Aufenthaltsraum mit Matratzen, Diwan und Bibliothek. Gegen ein kleines Entgelt kann die Küche mitbenutzt werden. In der Mansarde ist ein Schlafsaal eingerichtet bzw. liegen einfach mehrere Matratzen im gemütlichen Raum. Zum ökologischen Konzept gehört eine mit Holz gefeuerte Zentralheizung: Dass auch gleich biologisches Holzofenbrot gebacken wird, verwundert da nicht. Kinderfreundlichkeit wird großgeschrieben. DZ 95–105 CHF, einige mit Bad, andere mit Du/WC auf der Etage, Frühstück extra. Bei nur einer Übernachtung Zuschlag von 15 CHF/ Pers. (für Kinder 5 CHF). Geöffnet März–Nov. Via alla Motta 2, 6676 Bignasco, ☎ 091- 7543434, www.ca-stella.ch.

Valle Rovana

Die Rovana, die sich südlich von Cevio in die Maggia ergießt, bildet in ihrem unteren Teil eine unzugängliche Schlucht, über der sich in zehn verwegenen Haarnadelkurven die Straße nach oben schlängelt.

Beim Ort **Collinasca** spaltet sich das Tal ins obere Rovanatal und in die Valle di Bosco Gurin. Um in Letztere zu kommen, muss man allerdings erst noch gut 3 km weiterfahren. Dann gabelt sich die Straße: Links erreicht man über das weitgehend entvölkerte *Campo* den Weiler **Cimalmotto,** wo sich mehrere Wanderwege treffen, rechts geht es steil hoch durch Lärchenwälder nach **Bosco Gurin,** dem touristischen Hauptziel dieser abgeschiedenen Gegend. Dem Besucherandrang wird das Dorf mit einem riesigen Parkplatz gerecht. Dort muss man das Auto abstellen, denn Bosco Gurin kennt nur Fußgänger.

Bosco Gurin

Mit 1503 m ist das mitten in Alpweiden gelegene Bosco Gurin der höchstgelegene Ort im ganzen Tessin. Landesweit bekannt ist Bosco Gurin aber dafür, dass es das einzige deutschsprachige Dorf im Tessin ist. Das kann man allerdings nur noch bedingt gelten lassen, heute verdrängt das Italienische zusehends das Deutsche. Die Schule ist mittlerweile geschlossen, die wenigen Kinder gehen unten in Cevio zur Schule, wo auf Italienisch unterrichtet wird. Aber es gibt ihn noch, den alten deutschen Dialekt: Rund 30 Personen im Dorf, also rund die Hälfte der ständigen Bevölkerung, so schätzt die Dame im Walserhaus, würden das *Gurinerdeutsch* noch sprechen, sie selber nennen es „Ggurijnartitsch", und wenn sie es sprechen, so versteht selbst der Deutschschweizer nicht alles.

Ggurijnartitsch

Seit einiger Zeit kümmert sich auch die Dialektforschung um den vom Aussterben bedrohten Guriner Dialekt. Das Phonogrammarchiv der Universität Zürich ist dabei, frühere Aufnahmen zu digitalisieren, das Museum seinerseits hat ein Wörterbuch der Substantive herausgegeben. Nachstehendes Beispiel stammt aus einem Text, der im Museum gleichsam als „Hörbuch" vorgespielt wird. Wir überlassen die Übersetzungsarbeit dem interessierten Leser:

„Wänn mar nüw grad d'Chriedschiiböimdschi im Se choman, dä send's net di heeju Böimdschi, waa mu müass drubarüffstraba fer an Ramma z'choman. An descha waggsan aba chlyni Lottar-Chriedschi – däna hew-war net facht gga."

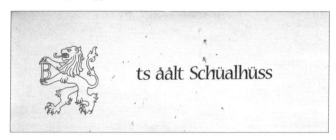

ts åålt Schüalhüss

Die Täler des Locarnese ↓ Karte S. 68

Die Dorfgeschichte von Bosco Gurin beginnt irgendwann im 13. Jahrhundert, als Walser aus dem nordwestlich des Orts hinter den Bergen liegenden Val Formazza (Piemont) auf Einladung der Locarneser Herrschaft – man benötigte Söldner – hier die Alpweiden pachteten und sich niederließen. Die Walsersiedlung blieb bis Anfang des 20. Jahrhunderts weitgehend isoliert, Kontakte pflegte man über Jahrhunderte lieber mit den Walserkolonien im Formazzatal, mit denen man die Sprache teilte, als mit den Ticinesi. Im Dorf trifft man noch auf die typischen Walserhäuser: Vierkant- und Rundhölzer nach dem „Strickmuster" übereinandergelegt, der Boden ist auf Hölzern mit Steinplatten („Pilze") darauf abgestützt.

Der Spaziergang durch das Dorf führt hoch zur barockisierten Kirche und zum Friedhof, der – ganz im Gegensatz zu Tessiner Friedhöfen – nur schlichte, uniforme Holzkreuze zeigt, quer durchs Dorf hinunter zu einem länglichen Gebäude am anderen Ufer des Bachs. Es handelt sich um eine von einem Erdwall geschützte Reihe aneinandergebauter Ställe, jeder mit separatem Eingang, aus dem Jahr 1925. Ihre Vorgänger standen einzeln im Freien und wurden bei einem Lawinenniedergang zerstört.

Museum: Das 1938 gegründete Museum („Walserhaus") ist das älteste ethnographische Museum des Tessins. Das zweistöckige kleine Wohnhaus wurde von den Erben eines nach Australien ausgewanderten Guriners dem Museum geschenkt. In den meist niedrigen Räumen haben die Exponate kaum Platz, auf den ersten Blick fühlt sich der Besucher etwas überfordert, aber dann entdeckt er bald, mit welcher Sorgfalt hier die Erinnerung gepflegt wird. Das lange Zeit isolierte Dorf hat seine eigene Geschichte, seine eigenen Bräuche, seinen eigenen Aberglauben. In der Küche wird der „Måtzufåmm" (Hungertöter) erklärt, eine kräftige Suppe mit Kartoffeln, Gemüse und Zichorie. In der Stube daneben stehen wie in vielen regionalen und lokalen Museen eine harmlose Garnhaspel und ein Spinnrad, aber gleich daneben ist eine schmale Luke zu sehen, ein „Seelnbålgga" (Seelenfenster). Die Sterbenden wurden hierher gelegt, damit die Seele unproblematisch himmelwärts fliegen konnte. Nach dem Begräbnis wurde die Luke geschlossen, um sie daran zu hindern, als Hausgeist zurückzukehren. Im Schlafzimmer finden wir nicht nur ein Bett, sondern auch die „Beschreibung der geistlichen Hausmagd, welche das Leiden Christi in all ihrer häuslichen Verrichtung betrachtete". In die Abteilung Aberglauben gehören der Lawinenteufel, der „Bunintscha" (Kinderfresser) und die „Weltu" (harmloses, kleinwüchsiges Volk mit verkehrt angewachsenen Fü-

ßen). Einen eigenen Raum hat der Guriner Grafiker *Hans Thomamichel* (1899–1984) bekommen. Er schuf den jedem Schweizer bekannten Knorrli, Symbolfigur des deutschen Würzen- und Fertigsuppenkonzerns Knorr (heute zum Unilever-Imperium gehörend).

Die meisten Beschriftungen sind dreisprachig, nicht nur auf Deutsch und Italienisch, sondern selbstbewusst auch auf Gurinerdeutsch. Die Guriner sind zu Recht stolz auf ihr Museum, und die Damen an der Kasse vermitteln den Eindruck, dass es auch „ihr" Museum ist; sie sind freundlich und antworten gerne auf Fragen.

■ Ostern bis Okt. Di–Sa 10–11.30 und 13.30–17, So 13.30–17 Uhr. Eintritt 5 CHF.

Hin & weg Postauto: Mo–Fr tägl. 6 x, Sa 5 x, So 4 x nach Cevio.

Übernachten * Walser,** großer Bau am Ortseingang. Komfortable Zimmer mit Du/WC und Minibar. Nur mit HP, 2 Pers. 120–228 CHF. Ganzjährig geöffnet. 6685 Bosco Gurin, ☎ 091-7590202, www.hotel-boscogurin.ch.

Val Bavona

Das Seitental der Bavona, das bei Bignasco abzweigt, zählt rund ein Dutzend Weiler, ehemalige Maiensäße der Bauern von Bignasco und Cavergno. Auch heute ist das Tal nur im Sommer bewohnt – von Urlaubern, die hier ein Rustico besitzen.

Die Talstraße wurde erst 1957 eröffnet, sie war mit dem Bau der Maggia-Kraftwerke nötig geworden, ebenso eine erste Seilbahn ins Robiei-Gebiet, wo die Bavona ihre Quelle hat. Trotz der beträchtlichen Stromproduktion oben in den Bergen ist im Bavonatal einzig *San Carlo*, der oberste Weiler, ans öffentliche Stromnetz angeschlossen, und das soll so bleiben.

Zahlreiche Häuser wurden mit Sorgfalt restauriert, wobei hier anders als sonst im Tessin strenge Regeln zu beachten sind. Das gesamte Tal wurde 1983 ins Schweizerische Bundesinven-

tar der Landschaften und Naturdenkmäler von nationaler Bedeutung aufgenommen. Eine Stiftung wacht über Landschaftspflege und Einhaltung der Baukriterien. Mit Erfolg, für viele ist das Bavonatal mit seinen Wildwassern und Wäldern, mit seinen Wasserfällen und gigantischen Felsbrocken, die überall umherliegen, das schönste Tal der Schweiz überhaupt. Badegelegenheiten findet man vor allem im unteren Teil des Tals. Alpinwanderer schwärmen vom noch wilderen *Val Calnègia*, einem Seitental der Bavona, das beim Weiler *Foroglio* abzweigt – keine Stra-

Wildes Val Bavona

ße im Tal, nur der uralte Weg der Transhumanz. Bekannter ist das Wandergebiet um die Stauseen, die man von San Carlo mit der Seilbahn erreicht. Hier oben sind kleinere Rundwanderungen möglich, mehr Kondition verlangt der „Sentiero Cristallina", der in zwei Tagen über die Cristallina-Hütte hinunter ins Bedrettotal nach Airolo führt.

Hin & weg **Postauto:** tägl. 4 x von Bignasco nach San Carlo zur Talstation der Luftseilbahn.

Luftseilbahn San Carlo – Robiei: Mitte Juni–Sept. tägl. 10 x. In den großen Kabinen haben 96 Menschen Platz. Einfache Fahrt 19 CHF (6–16 J. 9 CHF), hin/zurück 24 CHF (6–16 J. 12 CHF).

meinTipp Essen & Trinken **La Froda,** im Weiler Foroglio. Ein hervorragendes Restaurant in spektakulärer Lage. „Froda" heißt „Wasserfall", und auf der Terrasse hat man das Naturspektakel unmittelbar vor Augen. Zu den Spezialitäten der Küche gehören neben einer ausgezeichneten Polenta vor allem Luganighe (Tessiner Würste), deren Zubereitung nach einer alten Familientradition erfolgt. April–Okt. tägl. geöffnet. ☎ 091-7541181.

Val Lavizzara

Das Val Lavizzara, wie das Tal der oberen Maggia genannt wird, unterscheidet sich stark vom Maggiatal zwischen Ponte Brolla und Cevio. Die Straße steigt relativ schnell an. In Fusio, dem höchsten Ort, befindet man sich auf 1281 m.

Insgesamt ist das Val Lavizzara touristisch weit weniger entwickelt als das untere Maggiatal. Der Fluss bildet noch keine großen Badebecken, doch zu einem Erfrischungsbad reicht es allemal – z. B. unterhalb des Orts Broglio.

Seinen Namen hat das Tal von den „Laveggi", Kochtöpfen aus Speckstein. Der Beruf des Specksteindrehers ist längst ausgestorben, die Produkte kann man noch im Museum von Cevio sehen. Heute sind die Maggia-Kraftwerke in den Bergen oben die größten Arbeitgeber, aber sie vermögen die Abwanderung nicht aufzuhalten. Die sechs Gemeinden des Tals haben sich 2004 zur Gemeinde *Lavizzara* zusammengeschlossen, die sich in jüngster Zeit als Destination für Wanderer zu profilieren versucht. Die Chancen dafür stehen nicht schlecht: kristallklare Bäche, bewaldete Abhänge und über der Waldgrenze Bergseen und traumhafte Panoramen.

■ **Hin & weg** **Postauto:** Tägl. rund ein halbes Dutzend Fahrten (So nur 4 x) von Bignasco nach Peccia und meist weiter bis nach Fusio hoch.

Brontallo

Der kleine Ort, ein paar Haarnadelkurven über der Durchgangsstraße gelegen, hat eine erstaunliche Verwandlung erfahren. Das ist dem 1997 gegründeten Verein „Pro Brontallo" (250 Mitglieder, 37.000 Unterstützer) zu verdanken, der sich mit Erfolg dem Verfall des Dorfes entgegenstellte. Die alten terrassierten Weinberge wurden gerodet, Weinstöcke erneuert, Trockenmauern ausgebessert, baufällige Häuser renoviert, auch der alte Waschbrunnen am Dorfeingang wurde nicht vergessen.

Im Dorfladen werden lokaler Ziegenkäse, Weine und Grappa verkauft, eine kleine Osteria gehört auch zur neuen Infrastruktur. Es kommt eindeutig wieder Leben ins Dorf. Und „Pro Brontallo" hat noch weitere Ideen …

Information **Pro Brontallo** unterhält im Dorf ein Info-Büro (Juli–Okt. Mo–Fr 10–12 und 13.30–16 Uhr), in dem es über seine Aktivitäten und Projekte informiert. ☏ 091-7542417, www.brontallo.com.

Essen **Nuova Osteria Brontallo,** nette Osteria mit zwei Terrassen, auf denen Tessiner Küche – Minestrone, Risotto, Luganighetta, Pizzoccheri – serviert wird. ☏ 091-7541025.

Brontallo – Restauration eines Dorfes

Prato-Sornico

Seit sich im 15. Jahrhundert das Val Lavizzara vom unteren Maggiatal trennte, ist Prato-Sornico der Hauptort des Tals; früher herrschten hier die Vögte, heute, in demokratischeren Zeiten, ist der Doppelort Sitz der Verwaltung der fusionierten Talgemeinde Lavizzara.

Im oberen Ortsteil, in Sornico, sticht an der Straße das *Justizgebäude* ins Auge, Wohnsitz der Vögte von Cevio, die regelmäßig hierherkamen, um Recht zu sprechen; im Erdgeschoss waren zwei Gefängniszellen untergebracht. An der Fassade prangen die Wappen der 13 eidgenössischen Orte, denen das Maggiatal als gemeinsames Herrschaftsgebiet unterstellt war. Die *Chiesa San Martino* dahinter zeigt viel Stuck im Chor und den beiden Seitenkapellen, der stark mit der nüchternen Holzdecke kontrastiert. Die Fresken sind arg lädiert. Das gilt auch für jene an der Fassade, von denen der Kirchenpatron noch am besten erhalten ist: Mit einem Schwerthieb teilt er seinen Mantel, der Arme daneben wird die eine Hälfte bekommen.

Im unteren Ortsteil, in Prato, ist der kleine Dorfplatz vor der Kirche mit seinen Herrschaftshäusern schöner als die Kirche selbst. Die *Casa Berna* mit ihrem hübschen schmiedeeisernen Balkon beherbergt heute die Bibliothek. Die Familie der Berna ist heute ausgestorben, dagegen ist ein anderes altes Geschlecht des Dorfes noch recht aktiv: Die Familie Mignami hat ihr Haus frisch verputzt und mit ihrem Wappen verziert, einem Handshaking. Ansonsten ist die schönste Stelle von Prato die

Die Bildhauerschule von Peccia lässt grüßen

kleine Terrasse des Ristorante al Ponte, direkt über der Maggia.

Tipp: Kontrollieren Sie Ihren Benzinstand, die Tankstelle bei der Brücke in Prato ist die letzte talaufwärts.

Übernachten **Lavizzara**, am oberen Ortsausgang von Sornico. Restaurant (Di Ruhetag) mit fünf Zimmern, vier davon mit Balkon zur Straße. DZ mit Du/WC 130 CHF inkl. Frühstück. Im Januar geschlossen. 6694 Prato-Sornico, ☎ 091-7551498, www.garnilavizzara.ch.

Mein Tipp Essen **Al Ponte**, im Ortsteil Prato, an der Brücke. Der Speisesaal ist eine richtige „Beiz", im Sommer kann man auf der kleinen Terrasse direkt über dem Fluss essen. Chefin Laura bereitet Forellen aus dem Fluss zu: kalt (mariniert) oder warm (auf Müllerinnenart). Als Käse kommt selbstverständlich einheimische Produktion auf den Tisch. Mo Ruhetag. ☎ 091-7551118.

Peccia

Am Ortseingang soll 2020 das *Centro Internazionale di Scultura* eröffnet werden. Neben der zentralen Halle für

Ausstellungen ragen fünf futuristisch-schräge Kuben aus der Wiese – Ateliers für künftige Stipendiaten, die in der ebenfalls neuen **Casa degli Artisti** im Dorf logieren dürfen.

Bekannt für die Bildhauerei ist Peccia seit 1984, als hier die *Scuola di Scultura di Peccia* gegründet wurde. Heute ist die Schule aktiver denn je: Von April bis Oktober werden zahlreiche Kurse angeboten, die sich an Professionelle wie an Amateure richten. Das Rohmaterial für die Kunst kommt aus den Marmorbrüchen von Ghiéiba, einem Weiler ganz hinten in der *Valle di Peccia*, einem Seitental zur Maggia, das sonst nur bei einigen Wanderern bekannt ist. Die Bildhauerschule findet man gleich hinter der Maggia-

brücke, am Eingang ins Pecciatal. Interessenten können sich vorab informieren: www.marmo.ch.

Wer nicht wegen der Bildhauerei hier ist, hält vielleicht kurz, um die Dorfkirche zu besichtigen. Ein wunderschöner, vergoldeter Barockaltar schmückt sie, im Chor und in der Seitenkapelle zeigt sie viel Stuck – allerdings verdiente alles eine bessere Ausleuchtung.

meinTipp Essen **Grotto Pozasc**, ein paar Schritte Richtung Piano, dann führt links ein Sträßchen hinunter zum Bach. Die Lage am Wasser ist fantastisch, das Wirtspaar hat sich der regionalen Küche verschrieben – gut und preiswert. Mo Ruhetag. ☎ 091-7551604.

Mogno

Die Straße steigt stark an, bis man nach einigen Nadelkurven im obersten Teil des Tals Mogno erreicht. Der kleine Ort war praktisch ausgestorben, als in der zweiten Hälfte des 20. Jahrhunderts

Botta-Architektur in Mogno

die ersten Rustici renoviert und einige Ferienhäuschen gebaut wurden. Die sonnige Lage auf einem grünen Plateau über dem Maggia bot sich geradezu an. Das ging so lange gut, bis 1986 eine Lawine niederging und nebst der Dorfkirche ein Dutzend Häuser zerstörte. Die Spuren der Katastrophe sind längst verschwunden und mit ihnen die Kirche.

An Stelle der früheren Kirche steht seit 1997 ein neues Gotteshaus, das die Hauptaktraktion des gesamten Val Lavizzara ist, die *Chiesa di San Giovanni Battista*, ein Werk des Tessiner Stararchitekten *Mario Botta*. Der gestreifte Bau mit Gneis aus dem Maggia- und Marmor aus dem Pecciatal, ein elliptischer Zylinder mit schräg geschnittenem Dach, ist eine verwegene Architektur. An die ehemalige Kirche erinnern einzig zwei Glocken. Botta hat sie geschickt in die Komposition integriert: kein Campanile, sondern nur eine kurze Außentreppe am Hauptbau, die zu ihnen hochführt. Der architektonische Wurf Bottas findet im Inneren der Kirche seinen Höhepunkt. Der schwarzweiß gestreifte Kirchenraum wird hinter dem Altar von einem schwarz-weiß karierten Chor durchbrochen, und über dem Chorbogen hängt einsam der Gekreuzigte, der wegen der Eisenverstrebungen im Glasdach, die ihre eigene Struktur an die Wand werfen, in stets wechselndem Licht erscheint.

Fusio

Das kompakte Bergnest auf 1281 m Höhe zählt kaum mehr als 50 Seelen und wird gern als Basis für Gebirgswanderungen gewählt. Im oberen Teil des Orts begegnet man noch einigen auf Granitsockeln ruhenden Holzhäusern, sonst aber ist Stein das vorherrschende Baumaterial. Einige renovierte Rustici zeigen Glasflächen, die geschickt in die alte Substanz integriert wurden – das Werk des Architekten *Giovan Luigi Dazio*, der sich 15 Jahre lang als Bürgermeister um die Lebensqualität in seinem Geburtsort Fusio kümmerte und heute in Minusio bei Locarno ein Architekturbüro unterhält.

Von Fusio führt die Straße hoch zum *Lago del Sambuco* und zum *Lago de Narèt*, dem die Maggia entspringt – beide sind Stauseen der Maggia-Kraftwerke. Letzterer ist Ausgangspunkt für mehrere Wanderungen im Cristallina-Gebiet. Seit die Straße asphaltiert ist, fahren viele Sonntagsausflügler zum Picknick hierher. In der Regel finden Sie auch einen Stand, der Ziegenkäse anbietet.

Übernachten/Essen **Pineta,** auf einem Felssporn gegenüber dem Ort. Das herrschaftliche Anwesen war einst die Sommerresidenz eines in Mexiko reich gewordenen Auswanderers. Die Lage mit der großen Terrazza, von der aus man auf Fusio blickt, ist fantastisch. Vielleicht macht das junge Paar, das 2019 das Haus übernommen hat, mehr daraus als der Vorgänger. Als erstes wurde die unmittelbare Umgebung aufgehübscht, die Wiese mit dem kleinen Springbrunnen ist ein guter Anfang. DZ mit Du/WC 140 CHF, mit Du/WC auf Etage 125 CHF. Mit Restaurant. Geöffnet April–Okt. 6696 Fusio, ☏ 076-2112966.

Ganz oben in der
Valle Maggia: Fusio

mein Tipp **Fusio,** roter Bau am Dorfeingang an der Brücke. Das historische Hotel aus dem Jahr 1880 stand schon über 40 Jahre leer, als Architekt Giovan Luigi Dazio (siehe oben) eine sanfte Renovierung in Angriff nahm. Das Resultat ist überzeugend, das 2017 neu eröffnete Hotel, von einem überaus freundlichen Gastgeberpaar geführt, verfügt über 12 DZ mit Du/WC, die Hälfte im Nebenbau, alle sehr geschmackvoll eingerichtet. Gepflegte Liegewiese mit direktem Zugang zur hier noch schmalen Maggia. DZ inkl. Frühstück 160–250 CHF. Geöffnet Mitte April bis Okt. 6696 Fusio, ☏ 091-6000900, http://hotelfusio.ch.

Antica Osteria Dazio, im Dorfzentrum. Ein äußerst elegantes Interieur führt über in eine Panoramaterrasse. Italienische und Tessiner Küche mit Wurst- und Käsespezialitäten aus dem Maggiatal. Preislich etwas über dem Durchschnitt. Im Haus werden auch einige Zimmer vermietet. ☏ 091-7551162.

Bei Camedo, ganz oben im Centovalli

Centovalli

Die Melezza hat sich tief in den Berg gefressen und mit ihren Zuflüssen die „Hundert Täler" geschaffen. Zählt man auch noch das geringste Bächlein mit, das sich in die Melezza ergießt, sind es sogar mehr als hundert. Doch der Reisende nimmt in erster Linie das beeindruckende Haupttal wahr.

Im engeren Sinn versteht man unter dem *Centovalli* nur die Gegend des oberen Melezza-Verlaufs von der italienischen Grenze bis zum Hauptort Intragna. Dort schlossen sich aufgrund einer Volksabstimmung in den betroffenen Gemeinden 2009 die 1120 Einwohner von Borgnone, Palagnedra und Intragna zur Gemeinde „Centovalli" zusammen. Infrastrukturelle Probleme verlangten nach einer gemeinsamen Lösung, und nicht zuletzt unterstützte der Kanton Tessin die Fusion mit einer Anschubfinanzierung von 6 Millionen Franken.

Im weiteren Sinne zählt man zum Centovalli auch das *Pedemonte*, den unteren Melezza-Verlauf in der Talebene zwischen Intragna und Ponte Brolla, in dessen Nähe sich die Melezza in die Maggia ergießt.

Ein Vergnügen besonderer Art ist eine Fahrt durch das Haupttal mit der *Centovallina*. Das Schmalspurbähnchen – Schienenabstand 1 m – fährt seit 1923 von Locarno das Centovalli hoch und über die Grenze weiter ins italienische Domodossola. Der aufregendste Streckenabschnitt liegt zwischen Intragna und dem Grenzort Camedo, hier fährt das Bähnchen hoch über der Melezza durch Tunnels und über Viadukte und lässt die Herzen der Reisenden höher schlagen.

Schmalspurbahn Die „Centovallina" fährt rund 20 x pro Tag das Centovalli hoch von Locarno bis Camedo und weiter nach Domodossola (Italien).

Camping Die einzigen Campingplätze der ganzen Gegend liegen im untersten Gebiet der Melezza, bei Losone (siehe dort).

Tegna

Der erste Ort des *Pedemonte*, wie der untere Teil des Centovalli genannt wird, fällt vor allem durch den freistehenden Campanile direkt an der Bahnlinie auf. Auf dem Friedhof erinnert ein schlichtes Urnengrab an die berühmte amerikanische Schriftstellerin *Patricia Highsmith* (1921–1995), die von 1988 bis zu ihrem Tod zurückgezogen mit ihren Katzen in einem nach ihren Wünschen gebauten Haus in Tegna wohnte. Das regionale Museum in Intragna hat ihr in seiner Dauerausstellung einen Platz eingeräumt. Der schönste Fleck von Tegna ist die kleine Piazza in der Ortsmitte, allerdings rauscht viel Verkehr vorbei.

Kirche von Tegna

Übernachten * Barbaté,** beim Bahnhof. Schickes „Charme-Hotel" mit geräumigen Zimmern. Im Erdgeschoss jedes Zimmer mit Terrasse, an die sich ein gepflegter Garten anschließt, der die nahe Bahnlinie vergessen lässt. DZ inkl. Frühstücksbuffet ab 177 CHF. Geöffnet Mitte März bis Dez. Via Campagna 6, 6652 Tegna, ℡ 091-7961430, www.garni barbate.ch.

*** Al Fiume, am unteren Ortsrand, jenseits der Bahnlinie. Sehr freundlicher Empfang in einem angenehmen Haus mit ansprechendem Garten, Kinderspielplatz und Tischtennis. Alle Zimmer verfügen über Kühlschrank und Kaffeemaschine, die im Erdgeschoss über eine kleine, private Terrasse, auf der man das aus dem rei-

chen Buffet zusammengetragene Frühstück genießen kann. Vom Hotel aus führt ein kurzer Pfad hinunter zur Maggia mit einer wunderbaren Badestelle, Sandufer und schattigem Wald. DZ inkl. Frühstücksbuffet 140–270 CHF. Ganzjährig geöffnet. Rii di Nüs 27, 6652 Tegna, ℡ 091-7962284, www.alfiume.ch

B & B Boato, im unteren Ortsteil, 2019 eröffnet. 8 freundlich eingerichtete Zimmer (auch Familienmansarde) über einem Bistrot, das mit Fischspezialitäten aufwartet. Schöne Frühstücksterrasse. DZ ab 140 CHF. Geschlossen im Jan. ℡ 091-2356467, www.boato-bistrot-bed.ch.

Verscio

Das Dorf verdankt seinen Ruf einem Clown. Seit über einem halben Jahrhundert hatte der international berühmte Dimitri auf der Bühne gestanden, als er 2016 mit 81 Jahren starb – am Abend zuvor noch gab er zusammen mit Tochter und Enkel in der Show „DimiTRIgenerations" seinen letzten Auftritt. Der Clown mit den knallroten Socken und dem unver-

wechselbar breiten Lachen verdankte seinen Erfolg einer einzigartigen Mischung aus Mimik, Akrobatik, hintersinnigem Beobachten des Alltags, Musik und Poesie. Welche Arbeit dahinter steckte, konnten die begeisterten Zuschauer allenfalls ahnen.

Mit der Eröffnung 1971 des Teatro Dimitri, eines eigenen Kleintheaters in Verscio, der 1975 die Gründung der

Scuola Teatro Dimitri folgte, brachte der Clown Leben ins Dorf. Im Jahr 2000 wurde das Museo Comico eröffnet, das Konzept stammt vom Schweizer Ausstellungsmacher *Harald Szeemann* (1933–2005). 2005 verlieh die Gemeinde Verscio ihrem berühmten Clown die Ehrenbürgerschaft, und 2006 mündete die Dimitri-Schule in die *Accademia Teatro Dimitri*, eine staatlich anerkannte Fachhochschule mit Ausbildung zum Bachelor und Master of Arts in Theatre. Dimitri selbst nannte sie lieber „Komödiantenschule".

2010 eröffnete Dimitri zu seinem 75. Geburtstag den *Parco del Clown*, einen Narrenpark als Skulpturenpark. Dank einer großzügigen Mäzenin konnte auch gleich das Herrschaftshaus zum Park erworben werden, Dimitri träumte von einem Forschungszentrum rund um den Humor und das Lachen, das er hier einrichten wollte. Derzeit wird die *Casa del Clown*, wie das Gebäude nun heißt, für eine Ausstellung („Il Mondo del Clown") genutzt.

Selbstverständlich gibt es noch anderes zu sehen in Verscio, z. B. die *Chiesa San Fedele*, ein wuchtiger Bau mit unregelmäßigem Grundriss. Im Inneren ist sie barock ausgestattet, es sind aber noch zahlreiche frühere Fresken erhalten, die teilweise bis ins 15. Jahrhundert datiert werden.

Die Signatur des Clowns

Hier und dort im Dorf trifft man noch auf ansehnliche Herrschaftshäuser, und problemlos findet man ein Lokal zum Essen – schließlich müssen sich auch Dimitris Schüler und Besucher verköstigen.

Wildkräuterwanderung Erica Bänziger, diplomierte Ernährungsberaterin und Autorin zahlreicher Bücher rund um die Küche und ihre Zutaten, führt rund um ihren Wohnort Verscio Streifzüge zu essbaren Wildpflanzen und -kräutern durch. Ein Wildpflanzensnack mit Käse und Wein schließt die ca. 4 Std. dauernde Exkursion kulinarisch ab. Mitte März bis Mitte Juli jeweils Di 10–14 Uhr, im Hochsommer auch ab 9 Uhr oder 16.30–20.30 Uhr, mindestens 3 Pers. Kosten inkl. Snack und Wein 60 CHF. Anmeldung unter ☎ 079-3541230 (auch SMS) oder erica@biogans.ch.

Übernachten In Verscio selbst gibt es keine Übernachtungsmöglichkeit. Entweder man begibt sich nach Tegna (s. o.) oder Cavigliano, in Letzterem folgende Möglichkeiten:

Da Peppino, unterhalb der Durchgangsstraße in ruhiger Lage. 9 gut ausgestatte Zimmer, alle mit Du/WC, zwei davon mit Balkon. Ein Restaurant ist angeschlossen (So Ruhetag). DZ 135–145 CHF. Jan./Febr. geschlossen. Via Stazione. 6654 Cavigliano, ☎ 091-7961173, www.da peppino.ch.

Bellavista, in Cavigliano, am Abzweig in die Valle Onsernone. 7 bescheidene Zimmer, mehr zählt hier das Restaurant. DZ mit Du/WC 130 CHF, mit Du/WC auf der Etage 110–130 CHF, inkl. Frühstück. Ganzjährig geöffnet. Via Cantonale 51, 6654 Cavigliano, ☎ 091-7961134, loreleoni59@hotmail.it.

Essen & Trinken Grotto Pedemonte, am oberen Ortsende, knapp über der Talstraße. Größeres Grotto mit Pergola und auch sonst angenehmer Atmosphäre. Gegessen wird klassische Tessiner Küche: Polenta mit Pilzen, Kaninchen, saisonales Gemüse. Geöffnet März–Nov., außerhalb der Saison Mi Ruhetag. Stradón, ☎ 091-7962083.

mein Tipp Croce Federale, alteingesessene Osteria im Ortskern, unterhalb der Durchgangsstraße. Paolo serviert Tessiner Hausmannskost zu zivilen Preisen. Sehr einladendes Gärtchen nach hinten. Mo Ruhetag. ☎ 091-7961271.

Das Reich des Clowns

Wer durch Verscio schlendert, trifft allenthalben auf Schilder mit dem Namen Dimitri, die Institutionen der „Stiftung Dimitri" sind alle im Ortszentrum zu finden. Die Bestandteile des Clown-Unternehmens im Einzelnen:

Teatro Dimitri: Das Kleintheater mit 200 Plätzen und einer Kellerbühne mit 80 Plätzen wird von Mitte März bis Oktober bespielt – Kleinkunst und Clownerien vom Feinsten. Daneben haben Studenten der *Accademia Teatro Dimitri* hier die Möglichkeit, das Lampenfieber zu überwinden und erste Erfahrungen mit einem Publikum zu machen (Programm unter www.teatrodimitri.ch/events, auch auf Deutsch).

Accademia Teatro Dimitri: Fachhochschule für Bewegungstheater, die über mehrere Häusern in Verscio verteilt ist. Unterrichtet wird in den Hauptfächern Akrobatik, Jonglage, Bewegungstheater, Tanz, Rhythmus und Stimme. Die Ausbildung zum Bachelor dauert drei Jahre, für weiterführende Masterkurse ist nur eine begrenzte Anzahl von Schülern zugelassen (weitere Informationen unter www.accademiadimitri.ch).

Museo Comico: erreichbar vom Innenhof des Theaters aus. Gezeigt werden u. a. Fotodokumente (aus der Tournee mit dem Schweizer Nationalzirkus Knie, Dimitri legt sich unter einen Elefanten), Aufführungsplakate, Musikinstrumente, mit denen Dimitri auftrat, sowie Kurzfilme über große Clowns. Geöffnet ist das Museum an Tagen, an denen das Theater bespielt wird (März–Oktober), dann 17–24 Uhr. Der Eintritt ist in der Theaterkarte inbegriffen, ohne Theaterkarte 5 CHF.

Parco del Clown: größerer Park einer Villa in unmittelbarer Nähe des Theaters mit Skulpturen mehrerer Künstler, teils auch von Dimitri selbst. Wird noch weiter ausgebaut. Eintritt frei.

Casa del Clown: das Herrschaftshaus zum Park. Das Konzept der Casa ist noch in Diskussion. Derzeit wird dort die Ausstellung „Il Mondo del Clown" gezeigt, die international bekannte Clowns vorstellt. Geöffnet ist die Casa an Tagen, an denen das Theater bespielt wird (März bis Oktober), dann von 17–20.30 Uhr. Eintritt frei.

Intragna

Wer von Cavigliano kommend hoch oben Intragna erblickt, der ahnt es: Hier ist es zu Ende mit der lieblichen Talsohle, jetzt wird die Landschaft wilder. Tatsächlich lassen Eisenbahn- wie Autofahrer die Melezza weit unten in ihrer Schlucht zurück und fahren auf einer Bergstraße am Hang in Richtung Italien.

Bei der Anfahrt von unten hat man gleich zwei Superlative vor Augen: In 70 Metern Höhe überspannt der Eisenbahnviadukt den Isorno, der aus dem Onsernone kommt und sich unterhalb von Intragna in die Melezza ergießt, und oben thront über dem Dorf ein auffällig großer Campanile. Er gehört zur Chiesa San Gottardo und ist mit 65 m der höchste im ganzen Tessin. Das Bergdorf selbst ist so kompakt gebaut, dass es schon fast städtisch wirkt. Einige Herrschaftshäuser am unteren Dorfeingang verstärken diesen Eindruck.

Die Bergwelt im oberen Centovalli lädt zu Wanderungen ein. Der Aufstieg von der Straße ist allerdings stets steil, sodass mancher die vorhandenen Seilbahnen zu schätzen weiß.

Sehenswertes

Museo Regionale Centovalli e Pedemonte: Die Räume der Casa Maggetti (17. Jh.) und ihrer Nebengebäude sind so labyrinthisch verschachtelt, dass der Besuch des darin untergebrachten Museums verwirrend sein könnte. Das Museum meistert das Problem mit einer einfachen Lösung: Der sprichwörtliche rote Faden ist hier konkret, und wer stets dem roten Faden folgt, der sich auch über einen Innenhof spannt, begibt sich auf einen höchst beeindruckenden Museumsparcours.

Nusspresse, Weinkeller und Backofen stehen fast in jedem ländlichen ethnografischen Museum, so auch hier. Interessanter sind die regionalen Besonderheiten. Zu ihnen zählt die Kaminfegerei. Die „Spazzacamitt", wie sie der lokale Dialekt nennt, waren oft Kinder, die mit acht Jahren schlank genug waren, um in die engen Kamine zu steigen. Der Besucher schaut von oben durch das Glas in den Kamin hinein und schaudert. Ein weiteres Metier im Centovalli war die Herstellung von Stoffschuhen *(peduli)* aus recycelten Kleidern, die Sohlen wurden aus alten Autoreifen gestanzt und die Produkte bis in die Deutschschweiz exportiert. Die im Museum ausgestellte Singer-Nähmaschine wurde von Freiwilligen wieder funktionstüchtig gemacht.

Ebenfalls regionalen Bezug haben die ausgestellten Fotografen: *Angelo Monotti* (1835–1915) eröffnete 1874 im Nachbarort Cavigliano sein Fotostudio, und der berühmte *Frank Horvat* (geb. 1928), Modefotograf und Mitglied der legendären Agentur Magnum, wohnte zeitweise just in der Casa Maggetti, in der Sie sich befinden. Schließlich bekommt auch die amerikanische Schriftstellerin *Patricia Highsmith* (1921–1995), die im nahen Tegna ihre letzten Lebensjahre verbrachte, ihren Platz im Museum, u. a. ist die elektrische Olympia-Schreibmaschine zu sehen, mit der sie ihre letzten Bestseller schrieb.

Eine Abteilung ist dem Tessiner Dialekt gewidmet. Der thematisch geordneten terminologischen Auflistung werden oft die bezeichneten Gegenstände beigegeben – eine Kooperation des Museums mit dem Zentrum für Dialektforschung und Ethnografie des Kantons Tessin. Hinterher sei der Aufstieg im *Campanile* empfohlen – nur 166 Stufen – mit einer wunderbaren Aussicht!

▪ Ostern bis Okt. Di–So 14–18 Uhr. Eintritt 5 CHF, Campanile 3 CHF, Museum & Campanile 7 CHF.

Praktische Infos

Hin & weg Gondelbahn Intragna – Costa: Von der Bergstation Costa aus sind mehrere Wanderungen möglich, die Gondel erspart den mühsamen Aufstieg (Höhendifferenz rund 300 m). März bis Mitte Nov. 9–12.40/14.30–18.10 Uhr im 20-Min.-Takt. Am 1. Mittwoch im Monat geschlossen. Einfache Fahrt 8 CHF, hin/zurück 12 CHF.

Bungee Jumping Für den halsbrecherischen Sprung vom 70 m hohen Eisenbahnviadukt ist das **Trekking Outdoor Team** mit Sitz in Tegna zuständig. ℘ 091-7807800, www.trekking.ch.

Mein Tipp Übernachten **Intra-Studio,** das Haus im Ortskern, direkt an das Museum gebaut und früher Teil des „Albergo Antico", hat seit 2016 neue Besitzer, die erst einmal tatkräftig renovierten und nun drei preiswerte Studios (für 2 Pers., mit kleiner Küche und Balkon) vermieten. Zum Anwesen gehören eine kleine Terrasse nach hinten und ein weitläufiger Garten mit Swimmingpool. Ein Mini-Amphitheater, das vom rührigen Paar gelegentlich für kulturelle Angebote genutzt wird, ergänzt den paradiesischen Ort. Eine hervorragende Adresse, auch für den längeren Aufenthalt. Studio/2 Pers. 120 CHF. Geöffnet März–Okt. Nucleo, 6665 Intragna, ℘ 091-7961077, www.intra-studio.ch.

Mein Tipp Essen & Trinken **Stazione** **(Agnese & Adriana)**, direkt gegenüber dem Bahnhof. Über das „Stazione" wurde schon so viel Tinte vergossen, dass es längst nicht mehr als Geheimtipp gelten kann. Die Familie Broggini führt das Restaurant mit seinem eleganten Speisesaal nach hinten und ein paar Tischen zur Bahnlinie seit über 40 Jahren. Den Chefkochlöffel hat Agnese ihrer Schwiegertochter Adriana übergeben und beschränkt sich auf den Service und gute Ratschläge. Cicci, Agneses Mann, ist eher für die sorgfältige Auswahl Tessiner Weine zuständig. Zu den Spezialitäten der Küche gehört die „Guancia di Vitello" (Kalbsbacke). Berühmt ist auch die Polenta des Hauses, jahrelang Ciccis Spezialität. Er bereitete sie im großen Kupferkessel zu, seine Zutaten: Wasser, Polenta, Salz – mehr nicht. Mitte März–Okt. tägl. geöffnet. Piazza Fart, ℘ 091-7961212.

Mein Tipp **Grotto du Rii**, am Ortsausgang Richtung Camedo. Ein wunderschöner Ort mit Betischung über einer kleinen Schlucht und Sonnenterrasse. Spezialität sind Luganighetta (grobe Tessiner Schweinsbratwurst), Kaninchenschenkel und fangfrische Forellen. Der freundliche Wirt ist nicht der Koch, er beschränkt sich darauf, neue Gerichte, die auf die Karte kommen, zu testen. Via Cantonale, ℘ 091-7961861.

Grotto Maggini, im unteren Ortsteil versteckt, hinter der Talstation der Gondelbahn. Seit 2016 von einem überaus freundlichen Paar geführt, das dem früher vernachlässigten Grotto neuen Schwung verleiht. Preiswerte Tessiner Küche und als Extra hausgerösteten Kaffee (Holzröstung!). Gelegentlich arbeitet der Meister tagsüber an der alten Maschine und lässt sich dabei zusehen. Die Produkte werden verkauft: „Gourmet" (100 % Arabica, Brasilien) und „Podulino" (Mischung aus Arabica und Robusta, Äthiopien). Mo/Di geschlossen. ℘ 091-7963685.

Grotto Brunoni, außerhalb, im Nachbarort Golino, am Ortsausgang Richtung Losone. Klassisches Grotto mit Steintischen. Polentaspezialitäten und Kaninchen aus dem Ofen, stets mit großer Freundlichkeit serviert. Trotz gelegentlichen Straßenlärms sitzt man hier gut. Do Ruhetag. Via Cantonale, Golino. ℘ 091-7961120.

Die Täler des Locarnese → Karte S. 68

Verdasio

Das an einem sonnigen, leicht abschüssigen Plateau gelegene Bergdorf zeigt noch ein paar Patrizierhäuser, auch die Ruine eines Torbogens zum „Palazzo" zeugt noch von besseren Zeiten. Heute zählt die Siedlung kaum mehr als zwei Dutzend Einwohner. Wenn Fremde nach Verdasio kommen, sind es meist Wanderer, die auf dem Weg zum *Monte di Comino* sind, von dem aus sich weitere Wandermöglichkeiten ergeben, unter anderem nach Costa über Intragna (→ Wanderung 3). Wer sich den Aufstieg über Verdasio (ca. 2 Std.) sparen will, nimmt vom Bahnhof aus direkt die Gondelbahn zum Monte di Comino.

Hin & weg **Bahn:** Bahnhof von Verdasio unten im Tal, zu Fuß eine gute halbe Stunde ins Dorf hoch.
Gondelbahnen: Verdasio Stazione – Monte di Comino, Talstation direkt an der Centovalli-Straße, gegenüber dem Bahnhof. April/Mai 9–12.30 und 14–17 Uhr, Juni–Okt. 9–18 Uhr im 30-Min.-Takt. Einfache Fahrt 12 CHF, hin/zurück 18 CHF. Die Gondel überwindet rund 600 Höhenmeter.

🚶 **Wanderung 3: Vom Monte di Comino nach Costa** → S. 340
Familientaugliche Höhenwanderung durch Wälder zu Alpen

Rasa

Das Auto muss man unten in Verdasio Stazione stehen lassen, oder man nimmt gleich das „Centovallina"-Bähnchen dorthin. Von der Bahnstation führt eine Gondelbahn in schwindelerregender Höhe über die Schlucht der Melezza hoch nach Rasa. Der Ort ohne Autos erfreut sich vor allem bei Wanderern zunehmender Beliebtheit. Er kann Ausgangspunkt einer Höhenwanderung (Tageswanderung) bis Ronco sopra Ascona sein, aber auch in der näheren Umgebung gibt es zahlreiche Möglichkeiten.

Wer nur einen Dorfbesuch vorhat, wird nicht enttäuscht sein. Rasa zeigt ein schmuckes, intaktes Ortsbild, überragt vom Campanile der barocken Pfarrkirche. Bei Durst oder Hunger schafft das „Grotto Ghiridone" (geöffnet März–Okt.) Abhilfe – drinnen oder draußen auf der Terrasse.

Gondelbahn: Verdasio Stazione – Rasa, Talstation direkt beim Bahnhof. März bis Mitte Nov. 9–13 und 14.20–18 Uhr im 20-Min.-Takt, am 1. Dienstag im Monat geschlossen. Einfache Fahrt 8 CHF, hin/zurück 12 CHF. Rasa ist ebenfalls Ausgangspunkt für Wanderungen und obendrein absolut autofrei.

Palagnedra

Steile Serpentinen führen vom Stausee Lago di Palagnedra hoch nach Palagnedra, das auf einem größeren Plateau liegt und wie Rasa bei Wanderern beliebt ist. Die alten Säumerwege wurden noch bis Mitte des 20. Jahrhunderts von Schmugglern benutzt. Das Dorf selbst zeigt ein paar stattliche Häuser aus dem 18. Jahrhundert, teils mit Dekor. Sie wurden der Einheimischen gebaut, die arm auswanderten und reich zurückkehrten. Einige machten im 17. und 18. Jahrhundert in Florenz am Hof der Medici ihr Glück; später waren die Emigranten von Palagnedra in der Toscana als Köche geschätzt.

Auch die etwas abseits des Ortskerns stehende *Chiesa di San Michele* scheint vom Reichtum etwas mitbekommen zu haben, sie wurde im 18. Jahrhundert kräftig umgebaut. Der frühere Chor wurde zur Sakristei, sodass die Fresken aus dem 15. Jahrhundert heute rechts des Chors zu sehen sind. Sie stammen von Antonio da Tradate, einem Künstler aus der Lombardei, und zählen zu seinen Meisterwerken.

Von Palagnedra erreicht man über eine sehr schmale Straße **Bordei**, erst in die Schlucht hinunter, dann auf der anderen Seite wieder hinauf (knapp 3 km). Die steinernen Häuser und die Kirche (mit einer hübschen Mini-Orgel an der rechten Wand!) wurden in jüngster Zeit restauriert, sodass man einen schmucken Weiler zu Gesicht bekommt. Wan-

Kirche San Michele in Palagnedra

derer erreichen von hier aus in einer Stunde das Dörfchen *Rasa* (siehe oben), von dort führt eine Gondelbahn ins Tal hinunter, zum Bahnhof von Verdasio.

Hin & weg **Bahn:** ca. 20 x pro Tag fährt die „Centovallina" von Locarno oder talaufwärts nach Domodossola (Italien) und hält am Bahnhof von Palagnedra. Der befindet sich allerdings weit unten im Tal, der Weg zu Fuß ins Dorf hoch ist mühsam.

Übernachten/Essen **Palagnedra Ostello**, im Ortszentrum, in kommunaler Regie. Gruppenunterkunft mit voll ausgestatteter Küche für Wanderer. Insgesamt 36 Betten, die sich auf zwei DZ, zwei 4-Bettzimmer, ein Zimmer mit 8 und eines mit 16 Betten aufteilen. Pro Pers. 28 CHF, ab 5 Pers. und bei längerem Aufenthalt Preisnachlass. Reinigungskosten können hinzukommen.

Ganzjährig geöffnet. 6657 Palagnedra, ✆ 079-9649570 www.palagnedra.ch.

Bordei, im gleichnamigen Weiler (das Auto am Parkplatz knapp unterhalb abstellen). Die Osteria mit ihrer von Weinreben umrankten Gartenterrasse war jahrelang ein kulinarischer Geheimtipp. Dann ging die kochende Signora in Ruhestand und das Lokal blieb geschlossen. Neue Pächter kamen 2015, hielten aber nicht lange durch, erneuter Wechsel 2019. Serviert wird klassische Tessiner Küche: Kaninchen, Risotto und Polenta (Bio), aber auch Lammbraten. Überdies werden 8 renovierte und modern möblierte Zimmer (Du/WC auf Etage) vermietet. DZ inkl. Frühstück 160 CHF, ab der 3. Nacht 140 CHF. Geöffnet Ostern bis Mitte Okt., Di Ruhetag (außer im Aug.). Bei schlechtem Wetter empfehlen wir, erst anzurufen. 6657 Bordei, Palagnedra, ✆ 091-7808005, www.bordei.ch.

Camedo

Der Grenzort zu Italien ist steil an den Hang gebaut. Bis 2009 war Camedo Teil der höhergelegenen Gemeinde Borgnone, doch die Lage an der Straße hat den Ort größer gemacht als die Muttergemeinde. Seit der Gemeindefusion 2009 gehören sie ohnehin beide zur neuen Gemeinde Centovalli. Camedo kann Ausgangspunkt für eine Wanderung auf dem alten Saumpfad nach Intragna

sein (ca. 4½ Std.), oder man beschränkt sich auf den Aufstieg das Dorf hoch zur Kirche und genießt die Aussicht ins Tal.

Die weiter oben am Hang klebenden Dörfer *Borgnone*, *Costa* und *Lionza* lohnen den Besuch kaum. Die Sonnenlage favorisiert den Zweitwohnungsbau, und wer hier kein Häuschen sein Eigen nennt, kommt bald wieder herunter.

Valle Onsernone

Die vom Isorno gefurchte Valle Onsernone, oft auch Val Onsernone oder einfach Onsernone genannt, ist das größte Seitental der Melezza und befand sich lange Zeit in einem Dornröschenschlaf.

Das hat sich mittlerweile geändert. Zum einen haben Wanderer die waldreiche Region entdeckt, zum anderen fahren immer mehr Tagesausflügler die enge Straße hoch bis nach **Spruga;** der dortige Parkplatz ist an Wochenenden stets voll.

Noch mehr als im Centovalli kämpft man im Onsernone mit der Abwanderung, und wie dort haben sich auch hier die Gemeinden zusammengeschlossen, um die gemeinsamen Probleme besser zu bewältigen. Seit 2016 sind sämtliche Ortschaften des Onser-none- und des Vergeletto-Tals zur Gemeinde „Onsernone" fusioniert. In den letzten Jahren verzeichnet man in den unteren Dörfern einen leichten Bevölkerungszuwachs, von dort aus ist Locarno noch relativ schnell zu erreichen.

Schriftsteller wie Max Frisch, Alfred Andersch und Golo Mann fanden in Berzona ein ruhiges, freiwilliges Refugium. Weniger bekannt ist, dass im Zweiten Weltkrieg weiter oben im Onsernone, in der „Barca" von Comologno, die couragierte Aline Valangin Künstlern und Partisanen zu einem Refugium verhalf.

Randregionen wie das Onsernone haben einen schweren Stand in der Schweiz. Einige kurzsichtige Politiker in Bern sehen darin einfach Bergbewohner, die am Subventionstropf hängen und sich dabei ein schönes Leben machen. Weitsichtigere Politiker überlegten, diese Regionen zu einem *Nationalpark* zu machen, in dem die Natur geschützt ist und die Menschen womöglich Arbeit finden. Ein entsprechendes Projekt scheiterte jedoch bei einer Volksabstimmung 2018, wofür insbesondere die Jagdlobby verantwortlich gemacht wurde.

Information Info-Point Valle Onsernone, in Auressio, direkt an der Straße, für das ganze Tal zuständig. Nebenbei werden hier auch regionale Produkte, u. a. Bio-Weine verkauft. Mi–Fr 8.30–13 und 14.30–18, Sa/So 9–13 und 14.30–17 Uhr. 6661 Auressio, ☏ 091-7971000, www.onsernone.ch.

Hin & weg Postauto: Der gelbe Bus fährt tägl. ein halbes Dutzend Mal von Locarno die Valle Onsernone hoch bis Comologno-Spruga.

Tanken Tipp: Tanken Sie, bevor es zu spät ist, im Onsernone finden Sie keine Tankstelle.

Valle Onsernone: Wasserspiele am Wegrand

Auressio

Der unterste Ort der Valle Onsernone klebt hoch am Hang über der Isorno-Schlucht. Viel gibt es im Dorf nicht zu sehen, das schönste Haus ist die *Villa Edera* unten an der Straße, gebaut im 19. Jahrhundert von einem Einheimischen, der sein Vermögen in der Emigration erwirtschaftete. Heute ist das Gebäude im Besitz der Gemeinde. Solange diese noch nicht über die Zukunft der Villa Edera entschieden hat, findet man hier eine Unterkunft.

Übernachten Villa Edera, gegenüber dem Info-Point. Die schöne Villa mit gut eingerichteter Küche für Selbstversorger wird in erster Linie von Gruppen aufgesucht, aber oft haben auch Einzelreisende eine Chance. Neben einem Schlafsaal (30 CHF/Pers.) stehen auch EZ und DZ zur Verfügung. DZ mit Du/WC auf der Etage 160 CHF. Die Rezeption übernimmt gelegentlich der Info-Point an der Straße, besser man erkundigt sich dort vorab telefonisch. Ganzjährig geöffnet. 6661 Auressio, ✆ 091-7971000.

Loco

Der einwohnerreichste Ort der Valle Onsernone zieht sich größtenteils an der engen Straße entlang und zeigt noch einige herrschaftliche Häuser im Zentrum, teils mit Loggien. Für einen Imbiss sorgt das beliebte, etwas ältliche, aber freundliche „Caffè della Posta".

Direkt an der Durchgangsstraße befindet sich das **Museo Onsernonese,** das sich zum Ziel setzt, das frühere Leben im Tal nicht in Vergessenheit geraten zu lassen. Der bäuerliche Arbeitsalltag, die im Onsernone einst verbreitete Strohflechterei und die Emigration werden dokumentiert. Mit dem Maler *Agostino Meletta* (1800–1875) und dem Bildhauer *Ermenegildo Peverada* (1866–1900) sind auch die lokalen Künstler vertreten; von Letzterem stammt die Wilhelm-Tell-Statue über dem Dorfbrunnen.

▪ April–Juni Mi/Do und Sa/So 14–17 Uhr; Juli–Okt. Mi–So 14–17 Uhr. Eintritt 5 CHF.

Canyoning Die Isorno-Schlucht bei Loco ist bei Schluchtenwanderern beliebt, aber nicht ungefährlich. **Indepth Outthere Adventures** mit Sitz in Gordola bei Locarno bietet professionelle Führungen an, die Ausrüstung wird zur Verfügung gestellt. ✆ 078-6149877, www.indepthoutthere.com.

Übernachten Casa Schira, in Dorfmitte; rot gestrichenes Herrschaftshaus aus dem 18. Jh., das die Gemeinde als Gruppenunterkunft anbietet. Zwei Schlafsäle für jeweils 13 Pers., aber auch zwei Zimmer mit 2–4 Betten, Du/WC auf der Etage. Zudem steht den Gästen eine große Küche zur Verfügung. Reservierung empfohlen. DZ 160 CHF, Übernachtung im Schlafsaal 25 CHF/Pers. Ganzjährig geöffnet. 6661 Loco, Die Rezeption übernimmt gelegentlich der Info-Point in Auressio, besser man erkundigt sich dort vorab telefonisch. Ganzjährig geöffnet. 6661 Loco, ✆ 091-7971000.

Essen Posta, in Dorfmitte. Eine kräftige Minestrone oder einfach eine kalte Platte. Thomas Lucas, der Wirt, ist Belgier und lebt hier seit 1998. Früher bot er noch selbstgebrautes Bier an, heute stehen andere Biere im Regal, auch belgische. ✆ 091-7971895.

Berzona

„Die landschaftliche Lage ist völlig einzigartig, Süden und Gebirge in einem. Das Bergnest heißt Berzona, es besteht aus 20 Häusern, die Holländern, Deut-schen, Schweizern, Engländern und einer baltischen Baronin gehören, auch ein paar Einheimische gibt es noch, ...", schrieb der deutsche Schriftsteller Alfred

Andersch (1914–1980) im Sommer 1957 an seine Mutter, nachdem er sich in Berzona ein Rustico gekauft hatte. Sein Schweizer Kollege Max Frisch (1911–1991) kam ein paar Jahre später, notierte „82 Einwohner, die Italienisch sprechen" und meinte damit die ganze Bevölkerung des Dörfchens. In einem zumindest hat Frisch richtig hingeschaut: „kein Ristorante, nicht einmal eine Bar". Das stimmt noch heute. Nicht direkt an der Talstraße gelegen, hat Berzona sein schönes Ortsbild ohne Restaurant und Bar bewahren können, dazu gehört auch das alte, granitgedeckte Waschhaus knapp vor der Kirche.

Zum Dank dafür, dass Frisch das Bergdorf zu seinem Refugium gewählt hatte, verlieh ihm Berzona die Ehrenbürgerschaft und brachte nach seinem Tod an der Friedhofsmauer eine Erinnerungstafel an. Begraben allerdings liegt er hier nicht. Er zog es vor, seine Asche vom Talwind des Onsernone zerstreuen zu lassen. Dagegen ruhen im kleinen Friedhof Alfred Andersch und seine Frau im Schatten eines Thujabaums. Golo

Mann, der ebenfalls zeitweise in Berzona wohnte, starb 1994 in Leverkusen. Geblieben ist der Ruf eines „Dichterdorfs".

Hin & weg **Postauto:** Die Haltestelle befindet sich ein paar hundert Meter unterhalb des Orts an der Talstraße.

Einkaufen Im ehemaligen Rathaus hat sich **Pagliarte** eingerichtet, ein Verein von derzeit vier aktiven Frauen, die das alte Handwerk der Strohverarbeitung wieder aufleben lassen. Die Produktion findet, ganz der Tradition folgend, zu Hause statt. Natürlich kommen die Produkte – Hüte, Gürtel, Untersetzer, Taschen und mehr – im zeitgenössischen Design daher, schließlich will man sie auch verkaufen: unten beim Info-Point in Auressio, gelegentlich an Ständen der Wochenmärkte oder während der raren Öffnungszeiten im Verkaufsladen von Berzona: April/Mai und Sept./Okt. Di 9.30–12 Uhr; Juni–Aug. Di 9.30–12 und Fr 14.30–17 Uhr.

Wandern In Max Frischs düsterem Spätwerk „Der Mensch erscheint im Holozän" unternimmt der zunehmend demente Protagonist Geiser eine Wanderung, von der er allerdings wieder umkehrt. Berzona ehrt seinen Ehrenbürger mit dem „Sentiero del Signor Geiser". Er führt über den Colmo-Berg zum Garina-Pass und – wenn Sie nicht wie Herr Geiser umkehren – hinunter nach Aurigeno im Maggiatal.

Mosogno

Viel gibt es nicht zu sehen im ruhigen Dorf mit seinen rund 50 Einwohnern. Wer aber den halbstündigen Fußweg hinunter zum Isorno auf sich nimmt, findet dort ein wunderbares Naturbecken vor und nimmt ein ausgiebiges Bad.

meinTipp Übernachten   **B & B Beate Planta,** im ehemaligen Pfarrhaus, direkt über der Kirche, eine wunderbare Adresse. Die seit 30 Jahren hier ansässige deutsche Gastgeberin hat drei Zimmer liebevoll und farbenfroh eingerichtet, das alte Parkett wurde belassen,

aber jeweils getönt, grün oder bordeauxrot. Du/WC im Flur muss man allerdings in Kauf nehmen. Von den Zimmern Zugang zum gemeinsamen langen Balkon, der zwar schmal ist, aber Tische haben Platz. Der Clou sind die auf drei Terrassen angelegten Gärten, wo man frühstückt oder abends auch das selbst zubereitete Essen zu sich nehmen kann. Eine große, gut eingerichtete Küche steht zur Verfügung. DZ inkl. Frühstück 130 CHF. Ganzjährig geöffnet. Casa Parocchiale, 6611 Mosogno, ☎ 079-6778240, www.bnb-mosogno.ch.

Russo

Die Dorfkirche zeigt an der Fassade ein Christophorus-Fresko aus dem 15. Jahrhundert, allerdings ziemlich verwittert,

und auch an den stattlichen Herrschaftshäusern an der Straße nagt der Zahn der Zeit. Damit kontrastiert der moderne Bau des „Centro Sociale Onsernonese" mit Café und überdachter Boccia-Bahn; das Altersheim ist der größte Arbeitgeber des Tals.

Essen & Trinken **Della Posta,** unter den Arkaden im Ortszentrum. Hier trifft sich das halbe Dorf. Sehr preiswerte Tessiner Hausmannskost, u. a. hausgemachte Pasta. ☏ 091-7971197.

mein Tipp **Amici,** am oberen Ortsausgang, direkt neben dem Centro Sociale Onsernonese. Erst sieht man nur die wenig einladenden Plastikstühle der Osteria, doch hinter dem Haus sitzt man auf Bänken an Granittischen und genießt die ruhige Lage. Tessiner Küche, also auf jeden Fall auch Pasta, Polenta und Risotto, dazu mittags stets ein preiswertes Menu. Die freundliche Wirtin schmeißt den Betrieb ganz alleine. ☏ 091-7972020.

Comologno

Mit seinen instandgehaltenen Herrschaftshäusern aus dem 18. Jahrhundert ist Comologno eindeutig der schönste Ort der Valle Onsernone. Das berühmteste Gebäude ist der stolze Palazzo della Barca im obersten Teil des Dorfs mit seinem aufgesetzten Türmchen (Privatbesitz). Wie andere Gebäude im Dorf geht er auf die Familie Remonda zurück, die mit Handel in Frankreich ein Vermögen erwirtschaftete. In den 1930er Jahren erwarb Wla-

Dorfkirche von Russo

dimir Rosenbaum, ein politisch engagierter Schweizer Rechtsanwalt jüdisch-russischer Herkunft, den Palazzo della Barca und überließ ihn seiner

Tessiner Patrizier

Das „Patriziato" ist eine Tessiner Besonderheit. Mit den feudalistischen Patrizierhäusern, die einst die Politik der Städte bestimmten und über das untertänige Umland herrschten, hat es nur eines gemein: Entweder man gehört dazu oder man gehört nicht dazu, beitreten kann man nicht. Im Patriziato eines Tessiner Dorfs sind die eingesessenen Familien vertreten, das Patriziato kümmert sich in erster Linie um das Gemeindeland, gelegentlich auch um Immobilien im Gemeindebesitz. Sein autonomer Status innerhalb der gesetzlichen Grenzen ist in der Verfassung des Kantons Tessin im Artikel 22 verankert.

Frau, der Schriftstellerin und Psychoanalytikerin Aline Valangin, die hier im Zweiten Weltkrieg zahlreichen Emigranten Unterschlupf bot, unter vielen anderen auch Ignazio Silone, Elias Canetti und Kurt Tucholsky.

Die Erhaltung des schönen Ortsbilds von Comologno verdankt die Gemeinde ihrem äußerst engagierten Patriziat, das u. a. 1996 den Palazzo Gamboni aufkaufte, restaurierte und als Hotel eröffnete. Auch die freundliche Osteria „Al Palazign" in der Nähe ist Eigentum des lokalen Patriziats.

Die Malereien und Fresken, die man hier und dort an den Häusern sieht, gehen auf eine Initiative des „Vereins der Freunde Comolognos" zurück, der in den 1970ern Künstler einlud, so das Dorf zu verschönern. Über das Resultat der Kunstaktion mag man streiten, schön genug ist das Dorf auch ohne diese Zutaten.

Übernachten **Palazzo Gamboni,** das Herrschaftshaus aus dem 18. Jh., in ruhiger Lage etwas oberhalb der Straße, wurde vom Patriziat von Comologno umsichtig renoviert und 2001 als Hotel eröffnet. Die originale Küche wurde belassen, ebenso die Malereien. Zwei Zimmer gibt es im historischen Teil des Gebäudes mit dem noch erhaltenen, restaurierten Mobiliar, drei Zimmer im neuen Teil, diese modern eingerichtet. Benutzung von Sauna und Whirlpool für Gäste der historischen Zimmer im Preis inbegriffen. Voranmeldung dringend empfohlen. DZ im neuen Teil 180 CHF, historisches DZ 220 CHF. Wenn niemand da ist, erkundigt man sich am besten in der nahen Osteria Al Palazign. Geöffnet Ostern bis Okt. 6663 Comologno, ☎ 091-7806009, www.palazzo gamboni.ch.

MeinTipp **Essen & Trinken** **Al Palazign,** oberhalb der Straße, neben dem Palazzo della Barca. Preiswerte, schöne und beliebte Osteria mit ein paar Granittischen im Freien, die wie der Palazzo Gamboni dem rührigen Patriziat von Comologno gehört. Serviert werden regionale Spezialitäten, auf frische Zutaten wird Wert gelegt, das Gemüse kommt aus biologischem Anbau. In der Hochsaison ist abends Anmeldung zu empfehlen. ☎ 091-7972068.

Spruga

Der kleine Weiler an der Grenze zu Italien ist ein beliebter Ausgangspunkt für Wanderungen oder auch nur für einen Spaziergang zur Ruine des ehemaligen Thermalbads von Craveggia (siehe unten). Der Dorfparkplatz ist groß, aber nicht groß genug. An sommerlichen Wochenenden wird entlang der engen Straße bis weit hinunter geparkt; besser ist es dann, mit dem Postauto anzureisen.

Bagni di Craveggia: Am Ortsende von Spruga führt ein Asphaltsträßchen gemütlich talabwärts zur Landesgrenze. Eine Schranke verhindert, dass Unbefugte mit dem Auto hinunterfahren. Der Spaziergang hinunter zum Isorno dauert rund eine halbe Stunde.

Am anderen Ufer des Isorno, der hier die Grenze bildet, steht auf italienischem Boden die Ruine eines einstigen Thermalbads. Sie gehört zum Gemeindegebiet von Craveggia, obwohl der italienische Ort fünf Fußstunden entfernt hinter einer Bergkette liegt. In der ersten Hälfte des 19. Jahrhunderts stand hier am Isorno ein stolzes, vierstöckiges Kurhotel. 1881 fiel es einem Brand zum Opfer und wurde wieder aufgebaut. Gekurt wurde noch bis 1951, dann ging eine Lawine nieder und zerstörte die Anlage. Dem heutigen Besucher zeigen sich, hat er einmal den höchstens knietiefen Fluss durchwatet, zwei neuzeitliche Steinwannen, sogar Handbürsten sind da – allein das Wasser fehlt, und die Hähne sind demontiert. Im Fastdunkel findet man hinter einem meist offenen Türgitter ein Thermalbecken von 4 x 2 Metern, das die Quelle mit zehn Litern 28 Grad warmem Wasser pro Minute speist. Mehr als vier

Krieg an der Grenze

Herbst 1944: Der bereits abgesetzte Mussolini herrscht noch von Hitlers Gnaden über seine Operettenrepublik von Salò. Nahe an der Schweizer Grenze, im Val d'Ossola, haben inzwischen Partisanen bereits eine „freie Republik" ausgerufen. Die ist *Albert Kesselring,* dem Kommandanten der deutschen Truppen in Italien, ein Dorn im Auge. Deutsche Nazis und italienische Faschisten machen der *Repubblica d'Ossola* den Garaus. Die in die Enge getriebenen Partisanen suchen den Weg über die Berge in die Schweiz, deren Grenze sie bei den Bagni von Craveggia erreichen. Aber so einfach kommt man in die Schweiz nicht hinein. In

Gedenktafel in Spruga

Bern verhält man sich mehr als zögerlich in Sachen Asylgewährung, als an der Grenze zur Valle Onsernone von den Deutschen gejagte, entkräftete Partisanen Einlass begehren. Einer von ihnen hat sich bereits auf Schweizer Boden gerettet, als er von italienischen Faschisten erschossen wird. Immerhin weiß man auch von einem Schweizer Offizier, der couragiert genug war, den Anordnungen aus Bern zu trotzen, und der so Dutzende von Menschenleben rettete.

Aline Valangin, die im Palazzo della Barca von Comologno zahlreichen deutschen Antifaschisten Unterschlupf bot, verfasste vor diesem politischen Hintergrund ihren Roman „Dorf an der Grenze", in dem sie Schmuggler, Partisanen, Zöllner, Schweizer Soldaten, verängstigte Dorfbewohner und eine couragierte Frau auftreten lässt. Geschrieben bereits 1946, erschienen erst 1982.

Personen haben in dem Becken kaum Platz, und man muss sich arg bücken, um hineinzukriechen. Die Alternative ist ein erfrischendes Bad im Isorno – im Sommer ist man bestimmt nicht alleine.

Im Jahr 2007 geriet die Gegend in die Schlagzeilen. Eine Piemonteser Firma wollte auf italienischem Boden den Isorno anzapfen und ein Kleinkraft-

werk errichten, was die Landschaft der Valle Onsernone entscheidend verändert hätte. Die Schweizer Regierung intervenierte, und selbst dem Bürgermeister von Craveggia war der Erhalt der Natur wichtiger als der versprochene Geldsegen aus dem Stromprojekt. Das italienische Umweltministerium stoppte 2013 das Projekt eines

Bagni di Craveggia: baden im Grenzfluss vor der Ruine des Kurbads

Kleinkraftwerks, und schließlich erhielt die Gemeinde Craveggia EU-Gelder. Damit wurde die Bäderruine abgesichert und die beiden Wannen finanziert. Die Mittel reichten noch für einen Picknickplatz – leider aber nicht mehr, um das Grenzwächterhäuschen zur Herberge für Wanderer umzurüsten, die sich über ein warmes Bad freuen dürften.

Essen & Trinken Onsernonese, am Dorfplatz. Der Treffpunkt der Wanderer ist eine einladende Bar mit blumengeschmückter Terrasse. Kalte Tessiner Spezialitäten, manchmal auch ein warmes Gericht – leider ziemlich teuer. Zumindest bei unserem Besuch 2019 waren die Peise auf einer Schiefertafel angeschlagen. Sollte das nicht der Fall sein, tun Sie gut daran, sich vorher zu erkundigen. Sie ersparen sich möglicherweise einen Schock. ☎ 091-7971783.

🥾 **Wanderung 4: Von Spruga auf die Alpe Saléi**   → S. 342
Mit einem Abstecher zu einem idyllischen Bergsee

Valle di Vergeletto

Das vom Ribo, einem Zufluss des Isorno geschaffene Nebental, das bei Russo abzweigt, ist weit weniger bekannt als die Valle Onsernone und noch abgeschiedener als diese.

Am Berghang oben liegt das nicht weiter interessante 30-Seelen-Dorf *Gresso*, die einzige Gemeinde unten im Tal ist *Vergeletto*, das gerade mal doppelt so viele Einwohner zählt. Irgendwann im 19. Jahrhundert hat sich Gresso selbstständig gemacht; heute sind beide – zusammen überlebt es sich besser – Teile der Großgemeinde „Onsernone".

Die Valle di Vergeletto ist in erster Linie ein Paradies für Wanderer. Die Zukunft einer nachhaltigen Entwicklung hätte im *Parco Nazionale del Locarnese* liegen können, dessen Realisierung in einer Abstimmung von der Mehrheit der betroffenen Gemeinden (auch vom Onsernone) 2018 abgelehnt wurde.

Hin & weg **Postauto:** Tägl. ein halbes Dutzend Fahrten von Russo (an der Postautolinie Locarno – Valle Onsernone) die Valle di Vergeletto hoch bis Zott (Talstation der Gondelbahn).

Gondelbahn: Zott – Alpe Saléi, Mitte Mai bis Okt. Mo–Sa 8.30–12 und 14–18, So 8.30–18.30 Uhr. Einfache Fahrt 15 CHF (Kind 12 CHF), hin/zurück 20 CHF (Kind 16 CHF). Kinder unter 6 J. gratis.

Wandern In Zott fährt eine Gondelbahn (siehe oben) hoch auf die Alpe Saléi, von dort führt ein schöner Höhenwanderweg zur Alpe Arena, unterwegs bietet sich ein Abstecher zum Laghetto dei Saléi an, einem wunderschönen Bergsee. Im Norden locken gleich mehrere Gipfel; eine besonders beliebte Tour, die man mit Vorteil in zwei Etappen unternimmt, führt zum Lago d'Alzasca und weiter zur Capanne d'Alzasca (Berghütte, Übernachtung reservieren) und hinunter ins Maggiatal, das man bei Someo erreicht.

Ganz oben in der Valle di Vergeletto

Vergeletto

Das über dem Ribo gelegene Bergdorf zeigt ein intaktes Ortsbild, aber viel Platz ist hier nicht, der gepflegte Friedhof ragt wie ein Balkon über die Schlucht. Erst oberhalb des Orts öffnet sich das Tal. Wiesen zeigen sich, und der Ripo bildet zahlreiche kleine Becken, in denen sich ein Erfrischungsbad nehmen lässt. Die Straße endet auf fast 1200 m Höhe beim Gasthof „Fondovalle" (2019 geschlossen, hoffentlich nur vorübergehend), ein wunderbares Plätzchen am Ende der Welt – und direkt am Fluss ein größeres Badebecken.

Bierbrauerei Im unteren Ortsteil betreibt Urs Planta in der „Casa Stefano Vergeletto" eine Mikro-Brauerei. Die Produkte der Marke **Bironsa,** abgefüllt in Flaschen (0,33 Liter) mit Bügelverschluss, finden den Weg in einige Gaststätten des Tals, aber auch Durchreisende decken sich ein. Der Ausstoß ist gering, die Produktpalette vielfältig. Von den sechs verschiedenen Bieren haben wir „Bionda" (hell) und „Weizen" probiert und zweifeln nicht daran, dass die anderen vier Bironsa-Sorten ebenso gut schmecken.

Italienisches Ostufer

Eine im Gegensatz zum opulenten Westen mit seinem Belle-Époque-Charakter wenig bebaute, großteils ruhige und naturbelassene Uferlandschaft mit vielen kleinen und größeren Stränden. Grandhotels und prächtige Parks wie in Stresa am Gegenufer wird man hier vergebens suchen, der große Tourismus findet nicht statt.

Die „Sunset Ristobar" in der Bucht von Caldé birgt einen unerschöpflichen Reichtum an Weinen – von außen sieht man das aber nicht. Wirt Luca und sein Team beraten Sie gerne.

Bis auf die Städtchen Luino und Laveno Mombello gibt es am Ostufer nur kleine Orte ohne spezielle Sehenswürdigkeiten. **Maccagno** kurz nach der Schweizer Grenze ist sowohl beim einheimischen als auch beim deutschsprachigen Publikum als Badeort beliebt, einladende Bademöglichkeiten findet man aber auch um **Castelveccana** weiter südlich. Reizvolle Ausflugsziele (auch für Wanderer) sind hinter Maccagno der **Lago d'Elio** in den Bergen, das grüne **Val Veddasca,** das sich bis zur Schweizer Grenze zieht, und das abgeschiedene Bergdorf **Monteviasco,** das derzeit nur zu Fuß zu erreichen ist. **Luino** ist zu Recht stolz auf seinen berühmten Mittwochsmarkt, einen der größten in Oberitalien, ein interessanter Abstecher von dort ist die Seilbahn auf den Aussichtsberg **Monte Lema.** In **Laveno Mombello** kann man zur Spitze des Monte Sasso del Ferro hinaufgondeln und wieder hinunterlaufen, die prächtige, etwas landeinwärts liegende **Villa di Porta Bozzolo** besuchen oder bei den erfrischenden Wasserfällen von **Cittiglio** baden. Weiter südlich kommt man zu der pittoresk am Seeufer gelegenen Einsiedelei **Santa Caterina del Sasso** und zu den kleinen Badeorten **Cerro** und **Reno.** Das Städtchen **Angera** im Süden des Sees wird überragt von einer stolzen Burg mit berühmtem Puppenmuseum. Schöne Badestellen gibt es dort zwischen Ranco und Angera sowie im Örtchen Lisanza.

Was anschauen?

Santa Caterina del Sasso: Das mittelalterliche Kloster ist pittoresk in eine Steilwand am Wasser gebaut und gehört zu den Topsehenswürdigkeiten am See. → **S. 138**

Villa di Porta Bozzolo: Die imposante Villa bei Cittiglio gibt einen hervorragenden Einblick in das frühere Leben des Adels. → S. 135

Burg von Angera: Stolz thront die Borromäer-Burg am südlichen Seeausgang; mit der gegenüber liegenden Burg von Angera bewachte sie einst die Mündung um den Fluss Ticino, der hier nach Süden abfließt. → S. 146

Was unternehmen?

Markt von Luino: Für die meisten Urlauber ein Muss – der Mittwochsmarkt von Luino ist der größte und älteste am Lago. Schiffsfahrten werden auch vom Westufer aus angeboten. → S. 120

Bucht von Caldé: Die ruhige Uferzone mit ihren alten Kalkbrennöfen ist ein uriger Ort fernab vom Massentourismus. Ein Spaziergang lohnt sich → S. 128

Cascata della Froda: Ein Wasserfall mitten im Wald – im Hochsommer eine wohltuende Erfrischung nach der kleinen Wanderung dorthin. → S. 349

Monte Sasso del Ferro: Die urige Kübelbahn von Laveno Mombello auf die Bergspitze dahinter bringt Spaß für Jung und Alt. → S. 133

Lago d'Elio: Der Stausee oberhalb von Maccagno ist ein beliebtes Ausflugsziel, auf enger Serpentinenstraße oder zu Fuß. → S. 113

Monte Lema: Von dem über 1600 m hohen Aussichtsberg nahe der Schweizer Grenze kann man Lago Maggiore und Luganer See überblicken. → S. 121

Wo baden?

Maccagno: Die Strandzone im Nordosten gehört zu den größten und populärsten am Ostufer, vor allem die Jugend badet hier gerne. → S. 109

Cinque Arcate: Die malerische Bucht mit schattigen Bäumen liegt versteckt

unterhalb der Uferstraße. Wer davon nichts weiß, fährt vorbei. → S. 129

Strände von Cerro und Reno di Leggiuno: Südlich von Laveno Mombello liegen diese zwei langen Strände nur wenige Kilometer voneinander entfernt – hier finden Urlauber und Einheimische gleichermaßen beste Badegelegenheiten, in Cerro sogar mit Sand. → S. 137

Strand von Angera: Der hübsche Strand im Süden bietet einen herrlichen Blick aufs nahe Angera, das nur einen Steinwurf weit entfernt zu liegen scheint. → S. 143

Wo essen?

Bestlage am See hat das populäre Restaurant **Montesole** zwischen Luino und Laveno Mombello (→ S. 128), einen stilechten bayerischen Biergarten gibt es in Ispra (→ S. 142), Michelin-besternt kann man speisen im Restaurant **La Tavola** vom Hotel Il Porticciolo und im **Il Sole di Ranco** (→ S. 132 und 142), urig im Künstlerdorf Arcumeggia (→ S. 136).

Maccagno und Umgebung

Der beliebte Badeort liegt an einem Landvorsprung unter turmhohen Felsen. Der kräftige Fiume Giona mündet hier in den See und teilt die Gemeinde in den alten Ortsteil Maccagno Inferiore (südlich) und das neuere Maccagno Superiore (nördlich). Viele deutschsprachige Gäste bevölkern die zahlreichen Ferienwohnungen und die beiden großen Campingplätze.

Um die Mündung des Giona erstreckt sich der **Parco Giona**, eine der größten Badezonen am Lago mit Kiesstrand, weitläufiger Liegewiese, hohen, schattigen Bäumen und der beliebten „Giona Beach Bar". Im Sommer wird es hier oft sehr voll, die Jugend trifft sich an der Skaterbahn, beim Tennis und beim Beach-Volley.

Sehenswertes

Civico Museo Parisi Valle: Gleich in der Nachbarschaft der Badezone ist avantgardistisch kühn dieses „Brückenmuseum" direkt über den Fluss gebaut, gleich unterhalb davon plantschen die Badegäste im seichten Wasser. Der moderne Komplex will ein kulturelles Gegengewicht zum Badebetrieb sein und zeigt in Wechselausstellungen Teile der umfangreichen Kunstsammlung des einheimischen Gründers Giuseppe Vittorio Parisi. Hin und wieder finden auch Sonderausstellungen statt.

▪ Juni bis Mitte Sept. Do–So 10–12, 15–19 Uhr, sonst Fr 15–19 u. Sa/So 10–12, 15–19 Uhr, Zeiten können je nach Ausstellung variieren. Eintritt frei. ☎ 0332-561202, www.museoparisivalle.it.

Maccagno Inferiore: Südlich vom Fluss führt ein Uferweg zum Hafenbecken von Maccagno Inferiore, unterwegs gibt es einen Bootsverleih und einige stimmungsvolle Badestellen.

Der alte Hafen wird von der so genannten **Torre imperiale** überragt, die allerdings mittlerweile fast im dichten Grün verschwindet – Kaiser Otto der Große soll hier bei seinem zweiten Italienfeldzug 962 in Seenot geraten sein und wurde von den Fischern freundlich aufgenommen. Daraufhin verlieh er dem Ort das Münzrecht und eine unabhängige Gerichtsbarkeit – das Ereignis wird alljährlich Anfang August als „Losbarco dell'Imperatore" groß gefeiert.

Der Ortsteil um den Hafen wird bis heute **„La Zecca"** („Die Münze") genannt und hinter dem Hotel Torre Imperiale an der Piazza steht noch die **Antica Zecca**, das Gebäude der einstigen Münzprägestelle aus dem 17. Jh. An der Hotelfassade entdeckt man außerdem eine Steinplatte, auf der die Höhe der Flut von 1868 markiert ist. Hinter der Piazza beginnen die mit Torbogen überwölbten Gässchen des historischen Ortskerns.

Ein wenig südlich vom Hafen thront die Wallfahrtskirche **La Madonna della Punta** pittoresk auf einem Felsen über dem See – ein Weg führt rundum und die Jugend hat hier eine Badeplattform, von der man ausgezeichnet ins Wasser springen kann.

Baden und Sport

Wer nicht an der überfüllten Uferzone im Fluss Giona baden will, findet etwas nördlich von Maccagno Superiore den Lido von **Ronco delle Monache** mit einem Parkplatz an der SP 69, wo man zu

Italienisches Ostufer → Karte S. 108

Nachsaison am Strand von Maccagno

schattigen Badeplätzen auf Klippen hinuntersteigen kann. Hier steht auch ein kleines Kirchlein mit dem Fresko der „Madonna in trono" aus dem 15. Jh. (ausgeschildert).

Kletterer können an der alten Uferstraße in den Felsen nördlich von Maccagno den spektakulären Klettergarten **Cinzanino** testen, aber auch die dortige Bar mit wunderbarer Aussicht (→ Klettern und Essen & Trinken), vom Jachthafen **La Gabella** führen Eisentreppen hinauf.

Praktische Infos

PLZ 21061

Information Pro Loco. An der Durchgangsstraße beschildert. Viel Material steht zur Verfügung, u. a. Infos zu Wanderungen. Di–Sa 9.30–12.30, 16–19, Mitte Juni bis Mitte Sept. auch So 9.30–12.30 Uhr. Via Garibaldi 1, ✆ 0332-562009, www.prolocomaccagno.it.

Hin & weg Bahn. Der Bahnhof liegt in Maccagno Superiore an der Durchgangsstraße.

Bus. Im Norden des Sees bis Luino bedient die Gesellschaft **Autilinee Varesine** die Busrouten, gehört aber zur **CTPI** (www.ctpi.it), → S. 306. Bus Nr. 2 fährt nach Zenna (Schweizer Grenze) und Luino, Busstopps liegen an der Durchgangsstraße in Maccagno Superiore (beim Bhf.) und Maccagno Inferiore sowie beim Hafen von Maccagno Inferiore.

Schiff. Anlegestelle beim alten Hafen von Maccagno Inferiore. Mehrmals tägl. Verbindungen nach Luino, Cannobio, Cannero Riviera u. a.

Einkaufen Wochenmarkt am Freitagvormittag.

Klettern Palestra di Roccia „In Cinzanino" 1 Gut ausgestatteter Klettergarten in einer Steilwand über dem See, Routen verschiedener Schwierigkeitsgrade, auch eine künstliche Wand ist vorhanden. Ausrüstung muss man mitbringen. Infos bei der Bar „Il Cinzanino" und beim Club Alpino Italiano in Luino, Via Luini 16 (nur Do 21–22.30 Uhr), ✆ 0332-511101, www.cailuino.it.

Übernachten ✱✱✱ Paradiso 4 An der Zufahrt zum Camping Lido, einfache Pension mit Liegewiese und kleinem Pool im Garten, 5 Min. zum See. Einrichtung etwas in die Jahre gekommen, nachts hört man die Züge der nahen Bahnlinie. DZ/F ca. 80–120 €, Parkplatz incl. Via Giuseppe Verdi 5, ✆ 0332-560128, www.albergoparadisomaccagno.it.

Golfo Gabella Lake Resort 5 Moderne Apartmentanlage direkt an der Uferstraße in Maccagno Superiore. Geräumige Apartments, schöne offene Terrasse mit Pool und Seeblick. Viale Lungolago G. Girardi 6, ✆ 0332-561243, www.golfogabella.it.

Casa Sabina 11 Gehört zum benachbarten Campingplatz Lagocamp, ca. 100 m vom Wasser entfernt, acht Apts. für bis zu 4 Pers., jeweils mit Kamin und Sat-TV, seit 2015 neue

Küchen, dazu ein Garten. Via Corsini 3, ☎ 0332-560203, www.lagocamp.com.

Camping **★★★ Lagocamp** ⑩ Beliebter Platz südlich vom Fluss Giona direkt am Seeufer unter hohen Laubbäumen. Vermietet werden auch Ferienwohnungen und Mobil Homes. Saubere Sanitäranlagen, Minimarkt, Bar mit Terrasse und SUP-Verleih. Ende März bis Anf. Nov. Via Corsini 3, ☎ 0332-560203, www. lagocamp.com.

★★ Camping Lido ⑧ Auch dieser kleine Platz nördlich vom Fluss liegt direkt am See, ebenfalls Vermietung von Mobil Homes, Sanitäranlagen ausbaufähig. Anf. April bis Anf. Okt. Via Pietraperzia 13, ☎ 0332-560250, www.holiday camp.it/de/campingplatz-lido.

Essen & Trinken **Acquadulza** ⑥ Schick gestyltes Restaurant und Lounge Bar an der Uferstraße in Maccagno Superiore, Seafood und Sushi zu höheren Preisen, abends Treffpunkt mit Cocktails. Lungolago Girardi 4, ☎ 0332-561506.

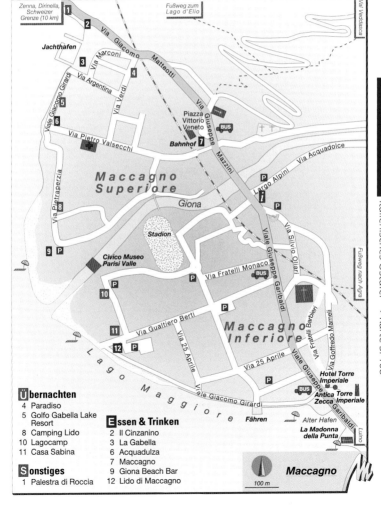

Italienisches Ostufer → Karte S. 108

In der Panoramabar "Il Cinzanino"

Lido di Maccagno 🔢 Neben dem Zeltplatz Lago Camp, schön gelegenes Restaurant mit Seeblick, gute Qualität, auch Pizza. Via Gualtiero Berti 33, 📞 0332-560498.

La Gabella 🔢 Direkt am See, Gartenlokal mit holzbefeuertem Pizzaofen in der Nachbarschaft vom gleichnamigen Jachthafen in Maccagno Superiore. Tägl. abends, So auch mittags. Via Guglielmo Marconi, 📞 0332-561435.

Giona Beach Bar 🔢 Mitten in der Badezone Parco Giona. Pizza und Snacks. 📞 0332-560418.

Maccagno 🔢 An der Durchgangsstraße, Albergo mit beliebtem Ristorante, freundlich und familiär geführt. Di-Mittag geschl. Piazza Vittorio Veneto 1–3, 📞 0332-1560062.

meinTipp **Il Cinzanino** 🔢 An der alten Uferstraße nördlich vom Ort, Snackbar mit bestem Sonnenuntergangsblick über den See, Sonne von morgens bis abends, nett und locker geführt vom Schweizer Bernardo. Tägl. 14–23 Uhr. 📞 0332-560709.

Zenna

Etwa 8 km nördlich von Maccagno liegt dieser kleine Ort unmittelbar vor dem Grenzübergang zur Schweiz. Er besitzt eine hübsche Strandzone mit Parkplatz, die sich bis zum Grenzfluss Dirinella zieht (Zufahrt beim Restaurant „Bella Vita").

Bekannt ist Zenna für seine vier dicht nebeneinanderliegenden Brücken – die heutige Straßenbrücke, die alte Straße daneben (wird als Parkplatz genutzt), landeinwärts davon eine kleine mittelalterliche Steinbrücke und schließlich die Bahnbrücke auf der Strecke von Bellinzona nach Luino.

Ein wenig südlich von Zenna liegt unterhalb der Uferstraße eine schöne Liegewiese mit Badebereich, der Wind- und Kitesurfschule „La Darsena" und

dem Restaurant „Grotto Mazzardit" (→ Essen & Trinken) – ein netter Platz für einen Zwischenstopp.

Pino sulla sponda orientale del Lago Maggiore: Oberhalb von Zenna erstreckt sich auf dem markanten Felsvorsprung **Sasso di Pino,** der wie ein Schiffsbug über dem Lago Maggiore thront, das verwinkelte und fast autofreie Dorf mit dem längsten Namen in Italien. Ein wenig südlich davon liegt der Nachbarort **Tronzano.** Schön ist der Blick von hier oben auf den See, auf Locarno, Ascona und Brissago mit den davor liegenden Inseln sowie auf die umliegenden Berge. Ansonsten gibt es nicht viel zu sehen – und die Anfahrt ist auf den handtuchschmalen Sträßchen alles andere als ein Vergnügen. Für Wanderer führt von Pino eine alte Mulattiera zum Stausee Lago d'Elio hinauf.

PLZ 21061

Übernachten Die **Residence al Lago** liegt mit Garten direkt am See, Buchung über Reiseportale.

Weitere **Ferienhäuser** in Dirinella, Zenna, Pino und Tronzano findet man z. B. unter www.lago-reisen.de.

Essen & Trinken **Bella Vita.** Terrassenrestaurant/Pizzeria neben der Zufahrt zum Strandparkplatz – große Terrasse, herrlicher Seeblick, Kinderspielplatz gleich unterhalb. 11.30–23 Uhr, Di geschl. (außer Juli/Aug.). Corso Europa 17, ℡ 0332-566190.

Grotto Mazzardit. Südlich von Zenna bei der Surfschule La Darsena unterhalb der Straße, schöne Lage am See, Terrasse und Kinderspielplatz, gute Küche mit frischen Produkten (auch fangfrischer Fisch), dazu eine große Weinkarte. Mo geschl. (außer Juli/Aug.) ℡ 0332-566493.

Wind-/Kitesurfen **La Darsena.** Die Wind- und Kitesurfschule südlich von Zenna wird vom ehemaligen italienischen Surfmeister Tiziano Ariolo geführt, die Ecke ist sehr windbeständig. Corso Europa 5, Pino Lago Maggiore, ℡ 339-2962927, www.ladarsenawindsurf.com.

Lago d'Elio

Der malerisch anzusehende Stausee in 930 m Höhe ist von Maccagno auf einer 9 km langen, äußerst schmalen, steilen und kurvenreichen Straße mit herrlichen Seepanoramen zu erreichen. Vorsichtige Fahrweise ist hier überall angebracht, dabei stets auf Gegenverkehr achten.

Der Lago d'Elio besitzt sowohl an der Süd- wie an der Nordseite eine Staumauer und fungiert als Pumpspeicheranlage: Mit preiswertem Nachtstrom wird vom Lago Maggiore Wasser heraufgepumpt, das tagsüber wieder hinunterflutet und die Turbinen des Stromkraftwerks Ronco Valgrande antreibt.

Am südlichen Seeende liegt ein beliebter Picknickplatz mit Seeblick, Tischen und Bänken sowie großen, etwas desolaten Grillvorrichtungen, wo sich

an Wochenenden oft dutzende von Ausflüglern aus den umliegenden Dörfern treffen. Die Zufahrtsstraße führt von dort noch weiter bis zum rustikalen Albergo/Ristorante „Diana" am Nordende des Sees. Im Sommer werden die trockengelegten Uferzonen als Liegewiesen genutzt.

Auf einem Fußweg kann man den See bequem umrunden. Wanderfreunde lassen sich auch sicher nicht den Aufstieg von Maccagno aus entgehen (→ S. 344)

Die Legende berichtet von einem Dorf am Grund des Lago d'Elio, das einst einem Fremden die Gastfreundschaft verweigerte und zur Strafe von den Fluten verschlungen wurde. In dunklen, stürmischen Nächten soll man die Glocken des versunkenen Campanile hören, die die umliegenden Dörfer zu Hilfe rufen.

Italienisches Ostufer → Karte S. 108

Picknickplatz am Lago d'Elio

Übernachten/Essen * **Diana.** Auf der großen Terrasse sitzt man schön mit Blick auf
Locarno und den Schweizer Norden des Lago
Maggiore, die einfachen Zimmer sind korrekt,
das Essen schmeckt. Hotel März bis Sept.
geöffnet, Restaurant März bis Nov. (Di geschl.,
außer Juli/Aug.). DZ/F ca. 75–80 €. Località
Monti di Bassano, 21010 Tronzano. ℰ 0332-
566102, www.albergo-diana.it.

Mein Tipp **Ristoro Lago Delio.** Knapp unterhalb vom Stausee (beschildert), schön zum
Sitzen an rustikalen Tischen, herrlicher Blick
auf den Lago Maggiore und freundliche, ältere
Wirtsleute. Leckere Küche mit verschiedenen
Fleischsorten und hausgemachter Polenta, z. B.
polenta e cinghiale, Käse und Wurst aus
eigener Herstellung. Juni bis Sept. tägl., sonst
nur am Wochenende geöffnet. ℰ 0332-561232.

🚶 **Wanderung 5: Von Maccagno zum Lago d'Elio**   → S. 344
Markierter Wanderweg mit steilen Abschnitten zum Stausee hinauf

Val Veddasca

Von Maccagno führt die Straße in
vielen Serpentinen durch das dicht und
artenreich bewaldete Tal der Giona
über die Schweizer Grenze nach **Indemini**, das mit seinem engen Gassenla-
byrinth und den hohen Natursteinhäusern als eines der unverfälschtesten
Bergdörfer des Tessin gilt (→ S. 65)

Der vielfältige Mischwald im Tal besteht aus Kastanien und Nussbäumen,
Linden, Kiefern, Eschen, Buchen und

Birken, dazu kommen die Nadelhölzer
Rottanne und Lärche.

Die alten Dörfer, darunter **Carabiolo,
Cadero** und **Craglio** liegen steil und
pittoresk an die Hänge gebaut oberhalb
vom rechten Ufer der Giona, der Sonnenseite des Tals.

Von **Armio** aus kann man einen Abstecher zum **Passo di Forcora** (1179 m)
machen, der ein beliebter Wintersport-
platz ist.

Agra

Kleiner, historischer Ort in 650 m Höhe südöstlich oberhalb von Maccagno, von dort auch zu Fuß zu erreichen, im Umkreis viele Wander- und Spaziermöglichkeiten.

Die Pfarrkirche **Sant'Eusebio** steht auf einem Hügel etwas außerhalb (bei der Pizzeria Tio Pepe abbiegen) und reicht in ihren Ursprüngen bis ins Mittelalter zurück. Über die Dächer kann man hier bis zum See blicken. Am angeschlossenen **Friedhof** steht ein Beinhaus vom Anfang des 18. Jh., das dem Klausurorden der Romite Ambrosiane gehört, der sein Mutterhaus am berühmten Sacro Monte von Varese hat (→ S. 156)

Agra gibt sich gerne als Luftkurort und gilt als „Sonnenterrasse" am Lago, besonders schön sind die ausgeschilderten Wege „Giro del Sole" (Sonnenrundweg) und „Giro della Luna" (Schattenrundweg), die weitgehend eben verlaufen und prächtige Ausblicke auf den See, den Monte Rosa und die Gipfel der Berner Alpen ermöglichen (ca. 60–90 Min.). Auch der Weg nach Maccagno hinunter ist ausgeschildert (ca. 1:15 Std.). Der Aufstieg in Maccagno beginnt beim Informationsbüro.

Die Wallfahrtskirche **Santuario della Lupera** erreicht man in etwa 30 Fußminuten am Saumpfad nach Colmegna. Ihr Name geht auf eine Legende zurück, die berichtet, dass hier einige junge Mädchen von Wölfen angegriffen und errettet wurden, als sie zur Madonna beteten. Ein Gemälde im Inneren zeigt die Heilige Jungfrau zwischen den Märtyrern San Sebastiano und San Rocco.

Hin & weg Von **Colmegna** am Seeufer (→ S. 117) führt eine Straße hinauf, ein großer Parkplatz liegt am Ortseingang. Bus 1 von Attilio Baldioli verkehrt ab Luino.

Weiter kann man über Curiglia bis zur Seilbahnstation mit Parkplatz unterhalb von **Monteviasco** fahren (→ nächster Abschnitt).

Essen & Trinken Grotto Bedorè. Rustikale Trattoria etwas oberhalb von Agra, schöne Lage mitten im Grünen, vom Ort aus beschildert. Ländliche Küche und große Pizzen. Mo geschl. Am Wochenende besser reservieren. ☎ 0332-573056.

MeinTipp **Smeraldo.** Familienbetrieb in Dumenza-Runo (zwischen Luino und Agra) direkt an der Hauptstraße. Mit Parkplatz und schöner, überdachter Terrasse, von Touristen und Einheimischen gleichermaßen besucht. Leckere Küche mit gutem Preis-Leistungs-Verhältnis, z. B. ein hervorragendes *costoletta alla milanese*, gut ist auch das *risotto* des Hauses, keine Pizza. Reservierung am Wochenende sinnvoll. Di geschl. Via Fiume 3, ☎ 0332-517065.

Monteviasco

Das abgeschiedene, halb verlassene und erholsam stille Bergdorf liegt mit seinen altertümlichen Steinhäusern und Dächern aus Gneisplatten südlich der Giona in 976 m Höhe. Da es keinerlei Straßenzufahrt besitzt, ist es völlig autofrei. 1989 wurde eine Seilbahn gebaut, die den Transport von Material und Menschen ermöglichte. Doch seit November 2018 steht sie still ...

Es wird erzählt, dass es Deserteure der spanischen Heere waren, die sich im 17. Jh. hier in der rauen Wildnis weitab der Zivilisation niederließen. Da sie keine Frauen hatten, raubten sie sie in Biegno, nördlich der Giona – die Folge

Italienisches Ostufer → Karte S. 108

war ein heftiger Aufruhr in der Region, der erst nachließ, als die Frauen erklärten, dass sie freiwillig bleiben wollten. Über Jahrhunderte blieb Monteviasco fast völlig abgeschnitten von der Außenwelt und nur zu Fuß erreichbar, die Bewohner waren Bauern oder lebten vom Schmuggel mit der Schweiz, deren Grenze zwischen Dorf und Bergrücken verläuft.

Von **Colmegna** (oder Luino) nimmt man die eindrucksvolle Straße an der steilen Südseite der Giona über **Dumenza** nach **Curiglia** und weiter bis zur Seilbahnstation **Ponte di Piero** (550 m), wo man sein Fahrzeug auf einem großen Parkplatz abstellen kann.

Viele Jahre fuhr von hier die **Funivia** (Seilbahn) mehrmals täglich nach Monteviasco hinauf – doch nach einer Reparatur mit Todesfolge in der Kabine wurden Ende 2018 „schwere strukturelle Mängel" festgestellt und die Anlage ist bis auf Weiteres stillgelegt. Die erforderliche Finanzierung einer umfassenden Reparatur ist noch völlig unklar.

Seitdem ist Monteviasco nur noch in einem schweißtreibenden Aufstieg auf 1400 aus dem Fels gehauenen Stufen über 400 Höhenmeter zu erreichen, das dauert etwa 50 Min. Die wenigen ganzjährigen Bewohner (es sind kaum mehr ein Dutzend) werden nun von Soldaten und Freiwilligen mit Lebensmitteln, Medikamenten und Post versorgt. Als Gäste finden derzeit nur Wanderer hinauf.

Im Umkreis der Talstation kann man am Fluss gemütlich picknicken oder in 10 Min. zu den wenigen Natursteinhäusern von *Piero* hinaufsteigen, dort stehen einige alte Mühlen und es gibt zwei Agriturismi.

Übernachten/Essen   Die ersten zwei Adressen sind von der Anfahrtsstraße bzw. der Talstation der Seilbahn zu erreichen, die folgenden liegen in Monteviasco.

Fattoria del Roccolo. Bei der Anfahrt führt kurz vor Curiglia eine beschilderte Piste (Achtung: mit dem Auto abenteuerlich!) hinauf zu dem abgelegenen Bauernhof mit großartigem Blick, viele Gäste kommen zu Fuß herauf (ca. 1 Std.). Neben Käse und Wurst aus eigener Produktion wird selbst gemachte Hausmannskost gereicht, z. B. *polenta*, *salsiccia*, *brasato* und *capretto al forno*. Es werden auch vier DZ vermietet (DZ/F ca. 70 €). Vorher anrufen, ob geöffnet ist! Strada per Curiglia, 21010 Dumenza, ☎ 0332-568477, www.fattoriaroccolo.com.

Blick über die Dächer von Monteviasco ...

Agriturismo Kedo. In der Località Piero, wenige Fußminuten von der Talstation der Seilbahn. Die freundliche Wirtin Nicoletta bereitet u. a. leckere Ziegenkäse-Platten. Für Kinder gibt es einige Tiere zu sehen und auch rustikale Zimmer werden vermietet. Via Addolorata s/n, 21010 Curiglia con Monteviasco, Frazione Piero, ℡ 333-4306701, www.agriturismokedo.it.

Die drei folgenden Lokale liegen in Monteviasco, im Sommer waren sie bislang täglich geöffnet, sonst nur an Wochenenden. Serviert wird herzhafte Bergküche, vieles ist hausgemacht, vor allem die Wurstwaren und der Käse.

> Wegen der derzeitigen schwierigen Versorgungslage sollten Sie vorher anrufen, ob geöffnet ist!

Il Camoscio Bellavista. Etwas unterhalb vom Hauptweg, schönes Aussichtslokal mit großer Terrasse und weitem Blick. Via Nostra Signora della Serta s/n, ℡ 0332-573366.

Barchet di Monteviasco. Uriges Ristorante an einer Weggabelung der Hauptgasse, man sitzt in mehreren kleinen Speiseräumen oder an wenigen Tischen vor dem Haus. Via Leonardo da Vinci 1, ℡ 348-8839418.

Il Vecchio Circolo. Gegenüber vom Barchet, ebenfalls nett und gemütlich. Via dei Caduti 9, ℡ 0332-568529.

... und Bummel durch die engen Gassen

Colmegna

Der vom Durchgangsverkehr geprägte, kleine Seeort liegt zwischen Maccagno und Luino an der Mündung des gleichnamigen Gebirgsflüsschens und ist Standort des bekannten „Camin Hotel Colmegna", eines umgebauten Jagdschlösschens aus dem 17. Jh. mit einem prächtigen, 10.000 qm großen Park. Das steinige, im Sommer großteils ausgetrocknete Bett der Colmegna bietet reizvolle Bademöglichkeiten in Gumpen.

Übernachten/Essen Gleich zwei gute Übernachtungsadressen bieten sich hier an.

Mein Tipp ****** Camin Hotel Colmegna.** Das höchst aufmerksam und freundlich geführte Haus direkt am See ist zweifellos eine der besten Adressen am Ostufer. Es liegt zwar mit der Rückseite unmittelbar zur Straße, zum See hin ist davon aber kaum etwas zu spüren. Schöner, grüner Garten, mehrere Terrassen, Panoramarestaurant mit erfreulichem Preis-Leistungs-Verhältnis, eigener Strand, Seepromenade, Gewächshaus und kleiner, mauergefasster Bootshafen. Zimmer gemütlich und sonnig, einige Ferienwohnungen mit Badebucht liegen etwa 300 m entfernt. DZ/F ca. 140–330 €, auch Junior Suiten und Apartments. Via A. Palazzi 1, 21016 Colmegna di Luino, ℡ 0332-510855, www.caminhotel.com.

Mein Tipp **B & B Ronco Camana.** Etwa 1 km vom See, zwei gepflegte Zimmer mit Bad, gutes Frühstück auf dem Balkon mit herrlichem Seeblick, herzliche Gastgeber Dino und Colette. DZ/F ca. 65–70 €. Via Torretta 3, 21016 Colmegna di Luino, ℡ 328-9006359, www.roncocamana.com.

Der Bootshafen von Luino

Luino und Umgebung

Die größte Stadt am lombardischen Ufer liegt an der Mündung des Fiume Tresa, der aus dem nahen Luganer See herüberströmt. Weithin berühmt am ganzen Lago Maggiore ist der jahrhundertealte Mittwochsmarkt, der schon unter Kaiser Karl V. initiiert wurde und einer der größten Märkte in Oberitalien ist.

Gegründet wurde Luino bereits in römischer Zeit als Castrum Luvinum. Da das Val Tresa mit nur etwa 15 km die kürzeste Verbindung zum Luganer See darstellt, stritten sich seit dem Mittelalter die führenden Familien der Region um seinen Besitz. Auch die Österreicher waren lange hier, 1848 versuchte Garibaldi vergeblich sie zu vertreiben. Nach seinem endgültigen Sieg wurde ihm aber 1867 beim Rathaus am zentralen Kreisverkehr an der Uferstraße ein großes Denkmal errichtet.

Sehenswertes

Unbehelligt vom Trubel und heftigen Verkehr im Bereich der Durchgangsstraße zieht sich landeinwärts das mit roten Steinen einheitlich gepflasterte Altstadtviertel einen Hügel hinauf zur Pfarrkirche **San Pietro e Paolo** – nett zum Bummeln und auch ein paar ruhige Lokale findet man hier (→ Essen & Trinken).

Die südliche Uferpromenade von Luino wurde in den letzten Jahren zu einer großzügigen Freizeit- und Flanierzone umgebaut.

San Pietro di Campagna: Größte Sehenswürdigkeit der Stadt ist diese Kirche beim Friedhof am Viale Rimembranze. Sie besitzt einen schönen romanischen Campanile und beim rechten Seitenalter mehrere kostbare Fresken, darunter die „Anbetung der

Könige" von *Bernardino Luini* (1480–1532), einem aus Luino (Name!) stammenden Schüler des berühmten Leonardo da Vinci, der es selbst zu großem Ansehen brachte – so ist er der Schöpfer des heute wohl berühmtesten Renaissancegemäldes der Schweiz im nahen Lugano (→ S. 125).

Baden

Wer den See genießen will, findet nördlich von Luino die **Spiaggia Le Serenelle** mit Wiese, Badeplattform, Parkplatz und Bar – ein gut ausgebauter Fußweg führt am Seeufer entlang dorthin.

Eine weitere Badezone gibt es im Nachbarort **Germignaga** (→ S. 121)

Praktische Infos

PLZ 21016

Information   **IAT.** Beim Kreisverkehr am nördlichen Ortsausgang. Via della Vittoria, ℡ 0332-530019, infopoint@comune.luino.va.it.

Hin & weg **Bahn.** Der Bahnhof liegt an der Piazza Marconi im südlichen Stadtbereich. Mehrmals tägl. Verbindungen nach Mailand und Bellinzona.

Bus. Nördlich von Luino fährt **Autolinee Varesine** bis zur Schweizer Grenze, im Süden bis Laveno Mombello und (mit Umsteigen) weiter zum Südende des Lago. Die Gesellschaft gehört zur CTPI (www.ctpi.it), → S. 306. Bus Nr. 1 fährt ab Busstation (Via Dante) und Bhf. (Piazza Marconi) nach Agra (oberhalb von Maccagno), Bus Nr. 2 über Maccagno nach Zenna (Schweizer Grenze), Bus Nr. 3 über Porto Valtravaglia und Castelveccana nach Laveno (FNM-Bhf.), Bus Nr. 4 nach Ponte Tresa (Luganer See).

Schiff. Die Anlegestelle liegt zentral an der Durchgangsstraße. Mehrmals tägl. Verbindungen nach Maccagno, Cannobio, Cannero Riviera u. a., 2–3 x tägl. nach Arona/Angera (Süden), 4–5 x tägl. bis Locarno (Norden).

Einkaufen **Enoteca Centro Vini.** Am nördlichen Ortsende landeinwärts abbiegen und den Hügel hinauf, gegründet vor rund 40 Jahren. Enrico Salvi bietet eine große Auswahl an Wein und Grappa, dazu ausgewählte Kulinaria. Piazza San Francesco 5, ℡ 0332-535554.

Übernachten   ****** Camin Hotel Luino.** Prächtige Jugendstilvilla mit Gartenrestaurant im südlichen Ortsbereich an der Durchgangsstraße, gediegene Einrichtung, Deckenmalereien, bunte Bleiglasfenster, behagliche Zimmer mit Teppichböden. DZ/F ca. 160–200 €. Viale Dante 35, ℡ 0332-530118, www.caminhotelluino.com.

* Del Pesce. Schlichtes, familiär geführtes Hotel in einer kleinen Gasse in zweiter Reihe, etwas versteckt nahe der Fähranlegestelle.

Gemütliche Trattoria in der Altstadt

Italienisches Ostufer → Karte S. 108

Zimmer einfach, aber sauber (auch in einer benachbarten Dependance), allerdings kein Ausblick. Unten eine gemütlich-altmodische Wirtsstube. DZ/F ca. 94 €. ✆ 0332-532379, www.hoteldelpesce.it.

Essen & Trinken   Tre Re. In der historischen Casa Marchetti in der Altstadt, etwas in die Jahre gekommenes Restaurant mit schön begrünter Terrasse nach hinten, ruhig, ordentliche Küche mit frischen Zutaten, auch Pizza (nur abends). Mo geschl. Via Alessandro Manzoni 29, ✆ 0332-531147.

Manzoni. Pizzeria am Altstadthügel bei der Pfarrkirche, hier essen die Einheimischen, abends immer voll, hoher Geräuschpegel, gute Qualität. Mo geschl. Via Alessandro Manzoni 46, ✆ 0332-537488.

Al Cantinone. Eine Osteria wie aus dem Bilderbuch, erstmalig bereits Anfang des 19. Jh. in Betrieb (Garibaldi soll Gast gewesen sein). Auf der Gasse stehen pittoreske Tischchen (etwas schief wegen der abfallenden Gasse), drinnen sitzt man wie im Wohnzimmer. Der freundliche, junge Chef spielt gerne Akkordeon. Die Küche wird leider nicht immer rundum gelobt. Mo-Mittag geschl. Via Felice Cavallotti 32, ✆ 0332-535706.

Al 29 Felice. Die Alternative schräg gegenüber vom Al Cantinone, ebenfalls nett geführt. Di geschl. Via Felice Cavallotti 29, ✆ 0332-1950394.

🦐**La Locanda del Cencio.** Etwa 15 Fußminuten nordöstlich außerhalb vom Zentrum, an der Ausfallstraße zum Luganer See, man sitzt schön unter Lindenbäumen, leckere und frische Küche mit lokalen Produkten von Bauern und Fischern, Schwergewicht auf Fleisch, häufig wechselnde Speisekarte. Cencio kocht, seine Frau Vania ist Deutschschweizerin. Mit Zimmervermietung (Hunde willkommen). Nur abends (außer Sa/So), Mi geschl. Via Lugano 36, ✆ 0332-579459, cencio61@live.it.

Caffè Clerici. Schöne Lage am Hafenbecken, Tische im Laubengang und im schattigen Gastgarten, abends gelegentlich Livemusik.

Mittwochsmarkt in Luino

Das ganze Jahr über findet jeden Mittwoch im Stadtzentrum von 8 bis 16 Uhr der riesige *Mercato di Luino* statt, der in seinen Ursprüngen bis 1541 zurückgeht, als Karl V. der Stadt das Marktrecht verlieh. Er zieht jedes Mal Zehn-

tausende von Besuchern an, die z. T. in Bussen von weither angefahren werden. Hauptsächlich Bekleidung und Schuhe werden verkauft (Handeln nicht vergessen), wobei die kulinarischen Stände weitaus imposanter sind: eingelegte Gemüse, Paprika und Oliven, Käsespezialitäten, Olivenöl, Wein u. v. m. – ein wahres Fest für Auge und Gaumen. Die meisten Händler sind Einheimische aus der Region. Achtung, an diesem Tag sind weiträumig keine Parkplätze zu finden – mit dem eigenen Fahrzeug sollte man entweder frühmorgens oder erst ab 13 Uhr eintreffen. Besser noch, man kommt per Schiff, mittwochs werden von allen Seeorten Überfahrten angeboten.

Viel Platz: Badestrand in Germignaga

Germignaga

Das einstige Zentrum der Textil- und Seidenherstellung liegt unmittelbar südlich von Luino. Es ist als Ort nur mäßig attraktiv, besitzt aber eine große, ansprechend gestaltete Badezone (ausgeschildert: „Spiaggia") namens **Parco delle Fontanelle** mit breitem, teils sandigem Strand, Wasserspielen am Ufer, Liegewiese, Verleih von Son-nenschirmen und Liegen (Gebühr), Beachvolleyball, Duschen und einer Strandbar. Wohnmobile dürfen auf dem dazugehörigen Parkplatz über Nacht stehen. Zum Bummeln bietet sich die prächtige Kiefernallee am Fluss Tresa an, der gleich neben dem Strand in den See mündet.

Monte Lema

Der 1614 m hohe Berg im Grenzgebiet zwischen Italien und der Schweiz ist einer der beliebtesten Aussichtsberge um den Lago Maggiore. Vom Gipfel kann man nicht nur den Lago Maggiore und den Luganer See überblicken, an klaren Tagen reicht der Blick bis weit in die Poebene, sogar Mailand ist zu erkennen.

Auch die Gipfelregion selber ist mit ihren grünen Weiden reizvoll, Wanderer, Mountainbiker und Gleitschirmflieger sind häufige Gäste. Es gibt oben ein Restaurant mit Übernachtungsmöglichkeit, eine Wetter-Radar-Station und eine Sternwarte.

Italienisches Ostufer → Karte S. 108

Für die PKW-Anfahrt hat man zwei Optionen: Entweder man fährt von Luino über Monteggio, Sessa, Astano und Novaggio ins hübsche Südtessiner Dorf **Miglieglia,** dort führt eine Seilbahn direkt auf den Gipfel. Stopps lohnen unterwegs im Städtchen **Sessa** mit seinen eleganten Palazzi und im nächsten Ort **Astano**, wo man sich im kleinen Badesee **Laghetto di Astano** erfrischen kann (5 CHF Eintritt). Dort liegt auch ein Campingplatz.

Wanderlustige können aber auch über Due Cossani zur **Alpe Pradecolo** mit dem Rifugio Campiglio in 1184 m Höhe am Westhang des Monte Lema (1614 m) hinauffahren. Den Gipfel erreicht man von dort in etwa 90 Min. zu Fuß.

Hinweis: Wer unsere Wanderung vom Monte Tamaro zum Monte Lema machen will (→ S. 346), sollte nicht nach Miglieglia fahren, sondern nach Rivera unterhalb vom Monte Tamaro. Von dort führt eine Gondelbahn zum Startpunkt hinauf. Zwei Anfahrtsrouten gibt es dafür: Luino – Ponte Tresa – Agno – Rivera (35,5 km, 43 Min.) oder Luino – Magadino – Rivera (40,7 km, 50 Min.)

Hin & weg **Funivia Monte Lema.** Die Seilbahn fährt von Ende März bis Anfang Nov. tägl. etwa 8.45–17.15 Uhr jede halbe Stunde, Fahrtdauer knapp 10 Min. Hin- und Rückfahrt ca. 28 CHF (einfach 20 CHF), Kinder 6–16 J. 14/10 CHF, mit Mountainbike 3 € mehr (nur Auffahrt). ☎ 091-6091168, www.montelema.ch/de/seilbahn.

Übernachten Unterkünfte gibt es direkt am Gipfel, in Miglieglia (Talstation der Seilbahn), bei Sessa und auf der Alpe Pradecolo, ein Campingplatz liegt in Astano.

Ristorante-Ostello Vetta Monte Lema. Self-Service-Ristorante mit Panoramaterrasse und Alloggio am Gipfel des Monte Lema, 30 Betten in DZ und Mehrbettzimmern. HP (mit Frühstück/Abendessen) pro Pers. im Mehrbettzimmer ca. 75 CHF, im Zwei- und Dreibettzimmer ca. 90 CHF, im EZ 100 CHF. ☎ 091-96713 53, www.montelema.ch

Santo Stefano. Drei historische Häuser in Miglieglia, nicht weit von der Seilbahn zum Monte Lema, geführt vom freundlichen Ehepaar Angeli und Christian Wehrli, 18 schlichte saubere Zimmer mit Bad, zwei Wohnküchen, große Sonnenterrasse unter Weinlaub. Mitte März bis Anfang Nov. DZ/F ca. 150–170 CHF, im Preis enthalten ist ein Gratisparkplatz bei der Seilbahnstation. Via alla Chiesa 25, 6986 Miglieglia, ☎ 091-6091935, www.casa-santo-stefano.ch.

Rifugio Campiglio. Auf der Alpe Pradecolo schön im Grünen gelegen, bewirtschaftet von Familie Amoruso, prächtiger Blick, kleines, gemütliches Ristorante und Bar. Fünf Zimmer mit eigenem Bad und sechs mit Gemeinschaftsbad. Ganzjährig geöffnet. DZ/F mit Bad ca. 70 €, mit Gemeinschaftsbad ca. 50 €. Alpe Pradecolo 1, 21010 Dumanza, ☎ 335-6696483, www.rifugiocampiglio.it.

Camping **Camping Al Parco d'Oro.** Hübscher, kleiner Platz auf einer Waldlichtung, nahe dem Badesee Laghetto di Astano. 60 Stellplätze, Bocciabahn, Tischtennis, Kinderspielplatz, Sport- und Spielplatz, kleines Restaurant/Bar und Laden, freundliche familiäre Leitung. Auch Zimmer werden vermietet. Mitte April bis Mitte Okt. 6999 Astano, ☎ 091-6081 282, www.alparcodoro.ch.

🚶 Wanderung 6: Vom Monte Tamaro zum Monte Lema
→ S. 346
Panoramareiche Höhenwanderung zwischen zwei Aussichtsgipfeln

Blick auf Lugano

Ausflug zum Luganer See

Zwischen dem Lago Maggiore im Westen und dem Comer See im Osten haben die Gletscher der Eiszeit den Luganer See hinterlassen. Er ist der kleinste des Trios. Von Luino ist er auf der SS 344 rasch zu erreichen.

Seine vielzipflige Gestalt schlängelt sich zwischen Bergzügen nach beiden Seiten in italienisches Gebiet, der größte Teil gehört aber zur Schweiz. Die Wassertemperaturen unterscheiden sich nicht wesentlich von denen des Lago Maggiore, Badestrände findet man auch hier. Einzige größere Stadt am See ist **Lugano,** das mit dem Monte San Salvatore und dem Monte Brè gleich zwei Hausberge besitzt.

Hin & weg **Bus & Bahn.** Von Luino nach Ponte Tresa fährt Bus Nr. 4 von CTPI, weiter nach Lugano fährt mehrmals stündlich die Bahn "Ferrovie Luganesi SA" (http://flpsa.ch).

Caslano

Unweit von Ponte Tresa liegt am westlichen Hauptarm des Sees der einstige Fischerort Caslano. Man muss erst durch die ausgedehnte Neubauzone fahren, um an den See und zum alten Ortskern vorzustoßen. Die paar

Gassen und vor allem die Seepromenade mit ihren Kastanienbäumen und Bars heben sich wohltuend vom modernen Caslano ab.

In der Via Rompada kann man die 1957 gegründete Schokoladenfabrik **„Chocolat Alprose"** besuchen. Die etwa hundert Mitarbeiter sind spezialisiert auf die Herstellung von Schokoladentafeln, Dragées und „Napolitains" (kleine Schokotäfelchen, die gerne zum Kaffee serviert werden). Im aromatisch duftenden Hausmuseum „SchokoLand" werden die Besucher nach einer historischen Einführung (schon die Mayas und Azteken machten aus Kakao Schokolade) an den verschiedenen Verarbeitungsstufen vorbeigeführt: von der Entstehung der Grundmasse über den Guss in Formen bis zur Verpackung. Dazu gibt es Kostproben zu günstigen Preisen – mal ein ausgesprochen köstlicher Museumsbesuch.

▪ Tägl. 9–17 Uhr; Eintritt 5 CHF, 7–16 u. über 65 J. 2 CHF. ✆ 091-6118856, www.alprose.ch.

Magliaso

Der Ort, der sich an Caslano nördlich anschließt und ebenfalls direkt am See liegt, ist bekannt für seinen **Zoo al Maglio**. Der einzige Tierpark im Tessin besitzt über hundert Tiere, von Löwen über Leoparden bis hin zu Schwarz- oder Nasenbären. 22.000 qm ist das begehbare Gelände groß, auch ein Picknickplatz mit Grillmöglichkeit gehört dazu.

▪ April bis Okt. tägl. 9–18 Uhr; übrige Zeit tägl. 10–17 Uhr; Eintritt 12 CHF, Kind 3–15 J. 6 CHF. ✆ 091-6061493, www.zooalmaglio.ch.

Lugano

Man muss schon an der Seepromenade stehen, um die einmalige Lage der Stadt zu erfassen: zur einen Seite der Monte Brè, zur anderen der Monte San Salvatore und direkt am Seeufer die Altstadt.

Im Gegensatz zu den wuchernden Randbezirken ist der Altstadtkern, der sich wie ein Halbkreis um die Bucht legt, ein kleines Juwel. Mit seinen engen, autofreien Gassen lädt er zum ausgiebigen Shopping ein. Neben Luxusmarken findet man noch zahlreiche kleine Geschäfte. Auch kulturell hält die Stadt einiges parat. Die müden Beine kann man hinterher im „Parco Civico" ausstrecken, der weitläufige Park – ganz hinten ein Kinderspielplatz – liegt gleich neben der Altstadt direkt am See.

Sehenswertes

Die Altstadt ist nicht sehr groß. An der Seepromenade reihen sich die Cafés, in den Gassen dahinter die Boutiquen. Architektonischer Mittelpunkt ist die **Piazza della Riforma** mit dem **Palazzo Civico**, Sitz der Stadtregierung, als auffälligstem Gebäude. Der klassizistische Bau mit Innenhof stammt aus dem 19. Jh., als Lugano zeitweilig Kantonshauptstadt war. In weiteren repräsentativen Palazzi am Platz haben sich die Schweizer Großbanken UBS und Credit Suisse niedergelassen.

LAC (Lugano Arte e Cultura): Der 2015 eröffnete moderne Bau mit seinem riesigen Platz zur Seeseite ist das spartenübergreifende Flaggschiff der Tessiner Kultur: Museum der Tessiner Kunst, Wechselausstellungen, Theater- und

Konzertraum, Studiotheater, Mehrzweckräume und nach hinten am Hang eine Agora für Freilichtaufführungen. Der Besucher staunt erst über die kühne Architektur – viel Glas und grüner Marmor – und geht dann im lichtdurchfluteten Inneren die Treppe hinauf, bevor er das Untergeschoss aufsucht. Dort ist das **Museo d'arte della Svizzera italiana (MASILugano)** zu Hause, eine Fusion des städtischen und des kantonalen Kunstmuseums. Darüber hinaus werden hochkarätige Ausstellungen moderner und zeitgenössischer Kunst gezeigt – vorgesehen ist ein jährlicher Wechsel.

▪ Di/Mi u. Fr–So 10–18 Uhr, Do 10–20 Uhr, Eintritt 10 CHF. Damit ist auch der Besuch des Palazzo Reali (ein paar Schritte östlich des Rathauses) abgegolten, wo die Museumsbestände aus dem 15. bis 18. Jh. untergebracht sind (voraussichtliche Eröffnung 2020). Der Spaziergang durch den Kulturpalast ist gratis.

Santa Maria degli Angioli: Die von außen eher unscheinbare Kirche war einst Teil eines größeren Klosterkomplexes der Minoriten. Das erklärt, weshalb sie direkt mit dem Palazzo daneben verwachsen ist, in dessen Schatten sie steht. Dieser mutierte vom Klosterbau zum Grand Hôtel Palace, das 1969 seine Tore schloss und dann zusehends verfiel.

Im Innenraum trennt ein wuchtiger, dreibogiger Lettner den Chor vom Gemeinderaum, und auf ihm prangt das berühmteste Renaissancegemälde der Schweiz: Eine streng symmetrische Komposition zeigt auf zwei Ebenen mit zahlreichen Figuren die Passion und Kreuzigung Christi. Hoch oben hängt der gekreuzigte Christus (am Fuß des Kreuzes ein Totenschädel, daneben ein sitzender, nachdenklicher Johannes), auf fast gleicher Höhe kümmert sich links ein Engel um den guten Sünder, rechts wartet ein Teufelchen auf die

Die Kathedrale

Italienisches Ostufer → Karte S. 108

Seele des schlechten Sünders. Man verliert sich beim Betrachten schnell in den zahlreichen Details des Gemäldes. Das großartige Werk stammt von Bernardo Luini (1480–1532) aus Luino (→ S. 119) am Lago Maggiore, dessen Kunst stark unter dem Einfluss Leonardo da Vincis stand. Ihm wird auch das Abendmahlfresko an der linken Wand zugeschrieben.

San Lorenzo: Die Kathedrale Luganos ist in Sachen Kirchenkunst eher eine Enttäuschung. Sehenswert ist allenfalls die restaurierte Renaissancefassade mit ihren zahlreichen Reliefs von Heiligen und einer großen Rosette mit je einem Engelchen in der quadratischen Einfassung. Von der kleinen Balustrade überblickt man die Dächer der Altstadt, zwischen denen die Fassade des Palazzo Civico hervorlugt.

Praktische Infos

PLZ 6900

Information Lugano Turismo, im Rathaus. April bis Mitte Okt. Mo–Fr 9–18 Uhr, Sa 9–17, So 10–16 Uhr; Mitte Okt. bis März Mo–Fr 9–12, 13.30–17.30 Uhr, Sa 10–12.30, 13.30–17 Uhr. Palazzo Civico, Piazza della Riforma, ℘ 058-2206500, www.luganoregion.com.

Einkaufen Wochenmarkt, Di und Fr vormittags auf der Piazza del Mercato.

Zahlreiche Boutiquen in der Altstadt, besonders schick in der **Via Nassa.**

Gabbani. Leckere Souvenirs für Gaumen und Magen. Domenico Gabbani eröffnete 1937 einen Salamiladen, daraus ist ein kleines Imperium geworden, das Sohn Lino mit rund 50 Angestellten betreibt: Käse, Obst, Wein, Gebäck, sogar ein Hotel mit Restaurant – aber man findet immer noch hervorragende Salami. Via Pessina 12.

Schiffsausflüge Die **Società Navigazione del Lago di Lugano** bietet regelmäßig Rundfahrten, Kreuzfahrten sowie Schiffsfahrten mit Lunch oder Abendessen an. ℘ 091-2221111, www.lakelugano.ch.

Schwimmen Wer im See baden will, begibt sich entweder an den **Lido di Lugano** östlich der Cassarete-Mündung oder besser noch in den südlichen Stadtteil Paradiso ins **Bagno Pubblico.**

Übernachten * Zurigo Downtown.** Rosa Palast bei der zentralen Haltestelle der Stadtbusse. Nach rund 50 Jahren Familienbetrieb wurde das Etablissement 2019 von einem Hotelmanagement-Unternehmen übernommen, der bisher aber nichts verändert hat. DZ/F je nach Standard ca. 150–230 CHF. Die Parkgarage kostet extra. Corso Pestalozzi 13, ℘ 091-9234343, www.hotelzurigo.ch.

**** San Carlo.** Sehr freundlicher Empfang in bester Altstadtlage. Die Zimmer sind nicht besonders groß, aber praktisch eingerichtet (Ventilator). DZ/F ab 140 CHF. Ganzjährig geöffnet. Via Nassa 28, ℘ 091-9227107, www.hotelsancarlolugano.ch.

Pestalozzi. Stadtvilla in der Nähe des Seeparks (Parco civico). Renovierte Zimmer mit Dusche/WC, DZ/F ca. 135–170 CHF. Mit preiswertem Restaurant, das in seiner Geschichte Jahrzehnte lang keinen Alkohol im Angebot hatte, heute aber eine gute Weinkarte präsentiert. Ganzjährig geöffnet. Piazza Indipendenza 9, ℘ 091-9234646, www.pestalozzi-lugano.ch.

Ostello della Gioventù Savosa. Jugendherberge im nördlichen Stadtteil Savosa, erreichbar mit dem Bus Nr. 5 (Richtung Vezia, Haltestelle Crocifisso). In einem Park gelegen und mit Swimmingpool. Mehrere Möglichkeiten vom privaten Zimmer bis zum Schlafsaal. DZ mit Dusche/WC 142 CHF, DZ mit Dusche/WC auf Etage 107 CHF, Übernachtung im Schlafsaal 39 CHF/Pers. Check-in 15–19 Uhr. Geöffnet Mitte Feb. bis Mitte Dez. Via Cantonale 13, 6942 Savosa, ℘ 091-9662728, www.luganoyouthhostel.ch.

Essen & Trinken La Tinèra. Das Kellerrestaurant in bester Lage serviert gute Tessiner Küche zu akzeptablen Preisen: Kaninchen, Risotto oder Luganighe. So geschl. Via dei Gorini 2, ℘ 091-9104120.

Cantinone. Sehr beliebtes Restaurant, vor allem wegen seiner großen Terrasse und der hervorragenden Pizza und Focaccia, die über Holzkohle gebacken werden. Aber auch klassisch italienische Küche kommt auf den Tisch, und das große Angebot an Bieren kann sich sehen lassen. Piazza Coccaro 8, ℘ 091-9231068.

Bottegone del Vino. Kleines, populäres Lokal mit langen Holztischen und wenigen „Privattischen", das zum Wein des Hauses täglich wechselnde Menüs serviert. So geschl. Via Magatti 3, ℘ 091-9227689.

Von Luino nach Laveno

Südlich von Germignaga (→ S. 121) folgt eine reizvolle Strecke immer dicht am Ufer entlang. Bis **Porto Valtravaglia** gibt es hier eine ganze Reihe von guten Badeplätzen, darunter den topsauberen Kiesstrand **Montesole** mit Duschen, Kiosk und einem guten Restaurant (→ Porto Valtravaglia, Essen & Trinken). Falls es der Wasserstand zulässt, kann man etwa 2 km weit direkt am Ufer entlang bis Porto Valtravaglia spazieren.

Tipp für Badeunlustige: Am Kreisverkehr im Süden von Germignaga die Uferstraße verlassen und stattdessen die Parallelstraße über **Brezzo di Bedero** durchs hüglige Hinterland benutzen, dort kann man besonders schöne Ausblicke genießen.

Brezzo di Bedero

Hier steht die Kollegiatkirche **San Vittore** aus dem 12. Jh., die zu den bedeutendsten Bauten der Romanik in dieser Region gehört. In der Apsis und im rechten Seitenschiff sind Fresken aus dem 15. und 16. Jh. erhalten, prächtig ist die Orgel aus dem 18. Jh.

Von Juli bis September findet in der Kirche seit fast fünf Jahrzehnten das Musikfestival „Stagione Musicale della Canonica" statt (www.musicaincanonica.it). Nach dem Rücktritt des langjährigen musikalischen Leiters im Jahr 2108 ist die Zukunft des Festivals derzeit allerdings ungewiss.

Porto Valtravaglia

Der Ort selbst hat nicht allzu viel zu bieten, aber an den beiden Enden der Bucht gibt es je eine hübsche Badestelle, den **Lido Comunale** mit schönem Spielplatz im Norden und die **Punta Molino** im Süden. Vor allem letztere lädt mit ihren mächtigen Bergzedern und Rasenflächen zu einem verträumten Nachmittag ein, eine urige Bar gehört auch dazu.

PLZ 21010

Übernachten **Albergo del Sole**. Renoviertes Hotel zentral an der Uferstraße, einfache Zimmer, dank der Schallschutzfenster einigermaßen ruhig, Frühstück okay, mit Restaurant und Parkmöglichkeit. DZ/F ab ca. 90 €, mit Balkon ab ca. 110 €. Piazza Imbarcadero 18, ☎ 0332-547747, https://albergolagomaggiore.com

Agriturismo La Betulla. Im Grünen oberhalb der Durchgangsstraße, Auffahrt beim

Badenachmittag am Lido Comunale

Restaurant „Level The View" (südlich von Porto Valtravaglia). Zwölf rustikale Zimmer, vier Studios und ein einfaches „Ristoro", wo viel mit eigenen Produkten gekocht wird, auch Pizza. DZ/F ca. 65–70 €. Via Belmonte 50, Brezzo di Bedero, ☎ 0332-533220, www.agriturismobetulla.it.

MeinTipp **B & B Le Camelie.** Im Dorf Brissago Valtravaglia, einige Kilometer östlich von Brezzo di Bedero, schlicht, aber geschmackvoll eingerichtetes Haus aus dem 18. Jh. mit sehr schönem Garten. Die freundliche Wirtin Ornella vermietet zwei DZ und ein Apt., das Frühstück ist hervorragend und vielfältig. Tipp: Essen in der nahen Osteria d'Alberto (siehe unten). DZ/F ca. 60–80 €. Via XXV April 2, Brissago Valtravaglia, ☎ 0332-576032, www.bblecamelie.it.

B & B La Tana del Ghiro. Drei kleine, gepflegte Zimmer in einem historischen Haus im Dorf Ligurno, sauber und freundlich geführt, gutes Frühstück und ruhig. DZ/F ca. 60–80 €. Via San Rocco 18, Frazione Ligurno, Porto Valtravaglia. ☎ 0332-549513, www.tanadelghiroligurno.it.

Essen & Trinken   Il Pescatore. Etwas versteckt im Dorfzentrum, schöner, großer Innenhof, leckere Fischküche und Pizza. Reservierung am Wochenende sinnvoll. Mi geschl. Auch einfache Zimmer, DZ/F ca. 70 €. Via Varese 4, ☎ 0332-549530.

MeinTipp **Montesole.** Nördlich von Porto Valtravaglia direkt an der Uferstraße, großes, ganz in Weiß gehaltenes Ristorante/Pizzeria mit schönem Seeblick, herrliche Sonnenterrasse und geräumiger Parkplatz oberhalb vom beliebten Kiesstrand Montesole, besonders stimmungsvoll zum Sonnenuntergang. Pizza kann man auch mit zum Strand hinunternehmen. Reservierung empfohlen. Juli/Aug. tägl., sonst Do geschl. Viale Repubblica 85, ☎ 0332-549542.

Al Cortiletto. Beliebtes Ristorante im Ortsteil Bedero von Brezzo di Bedero gegenüber der Kirche. Von Marina und Andrea familiär geführt, netter Innenhof, gutes Speiseangebot und Holzofenpizza, dazu eine große Weinkarte. Mo geschl. Via Roma 43, ☎ 0332-530151.

MeinTipp **Osteria d'Alberto.** Kleine, aber sehr beliebte Osteria in Brissago Valtravaglia, hervorragende Küche, die Speisen wechseln täglich, der Service durch Signore Alessio d'Alberto ist freundlich und persönlich, die Preise liegen für das Gebotene wohltuend im Rahmen. Reservierung empfohlen. FrSo mittags u. abends, sonst nur abends, Mi geschl. Via Garibaldi 15, ☎ 333-1100404.

Castelveccana

Castelveccana liegt südlich von Porto Valtravaglia und besteht aus mehreren kleinen Siedlungseinheiten. Der Abstecher in den „Porticciolo" (Hafen) von Caldè lohnt wegen der Bademöglichkeiten am langen Kiesstrand (mit Duschen) im südlichen Bereich der Bucht, aber auch wegen der naturbelassenen Uferzone Parco alle Fornaci im Norden.

Die auch im Sommer meist ruhige Bucht liegt im Schatten des mächtigen Felsenkaps **Rocca di Caldè** (373 m), benannt nach den Ruinen der Visconti-Burg **Rocca de Travaglia**, die 1513 von den Schweizern zerstört wurde. Es gibt ein Trockendock für Motorboote und drei Bars/Restaurants, die schöne Sitzmöglichkeiten mit Seeblick bieten. Anfang August findet hier eine große „Sagra del Pesce" statt.

Sehenswertes

Wenn man den in den See mündenden Fluss Froda auf der Holzbrücke nach Norden überquert, kommt man in das malerisch-einsame Badegebiet **Parco alle Fornaci** (Park der Kalkbrennöfen) mit Klippen, Rasenflächen und schattigen Bäumen unter der Steilwand der Rocca. Die Produktion von Brandkalk (woraus wiederum Kalkmörtel herge-

Cinque Arcate: lauschiger Badeplatz südlich von Castelveccana

stellt wurde) war am Lago Maggiore wegen der zahlreich vorhandenen Kalkfelsen noch bis Mitte des 20. Jh. ein wichtiger Wirtschaftszweig.

Gleich am Anfang passiert man rechter Hand die Ruine eines Kalkbrennofens aus dem 17. Jh. Schräg gegenüber setzt am Seeufer der kleine Beobachtungsturm **Casello detto del Modena** aus dem Mittelalter einen hübschen optischen Akzent (→ Foto S. 106). Besonders reizvoll wird es, wenn man die beiden großen, alten Kalkbrennöfen „Le Fornaci" erreicht, die mittlerweile mit Graffiti bunt bemalt sind – ein wahrer „Magic Hideout", wie es hier geschrieben steht. Der Zugang ist zwar offiziell verboten, doch niemand hält sich daran.

Auf den Steilfelsen der Rocca über der Bucht steht die (geschlossene) **Chiesa Santa Veronica** mit weitem Blick über den See, u. a. sieht man die Borromäischen Inseln. Vom Parkplatz in Caldè führt ein steiler Fußweg hinauf, ca. 150 m landeinwärts der Holzbrücke (kleines gelbes Schild).

An der Landseite der Rocca di Caldè liegen mehrere kleine Siedlungen. Von der Località San Pietro aus erreicht man auf der Via Capitano Barassi das **Monumento ai Caduti** auf dem höchsten Punkt des Kaps, ein 1920 in Form eines Turm erbautes Denkmal für die Gefallenen aller Kriege.

Baden

Außer dem Strand in der Bucht von Caldè gibt es an der SP 69 nach Laveno die Badestelle **Cinque Arcate**, eine malerische, allerdings wegen der Straße etwas laute Bucht mit schattigen Bäumen, Fels und Kies. Parkplatz und Bar gibt es an der Straße.

Umgebung

Arcumeggia: Das bekannte „Paese dipinto" mit seinen vielen Wandmalereien kann von Caldè aus über handtuchschmale Straßen erreicht werden. Einfacher ist jedoch die Anfahrt von der SS 394 aus, die östlich von

Italienisches Ostufer → Karte S. 108

Arcumeggia verläuft (→ S. 136, Umgebung von Laveno).

Cascata della Froda: Diesen hübschen Wasserfall im Hinterland erreicht man auf der SP 7 über Nasca und weiter in Richtung Sant'Antonio – vom Hinweisschild „Cascata della Froda" (Parkmöglichkeit an der Straße) wandert man in etwa einer halben Stunde auf großteils schattigem Weg zum Wasserfall, dabei geht es über teilweise rutschige Felsen, auch der Fluss muss einmal auf Steinen ohne Brücke überquert werden.

Pittoresker Kalkbrennofen bei Castelveccana

Tipp: Man kann den Wasserfall auch im Rahmen einer Wanderung von Caldè erreichen → S. 349

Praktische Infos

PLZ 21010

Übernachten **Agriturismo Tschang Wilma.** Einsame Panoramalage über dem See. Die charmante Wilma Tschang, deren Vater aus China stammt, führt den Hof. Vermietet werden sechs Zimmer, es gibt einen hübschen Garten mit Pool und einen Reitstall. Auch essen kann man hier gut und typisch. Tipp ist der hausgemachte würzige DOP-Ziegenkäse. Der Wasserfall Cascata della Froda ist im Rahmen einer kleinen Wanderung schnell zu erreichen. DZ/F ca. 75–90 €. Via per Pira Pianeggi 9/11, ☏ 0332-520865, www.agriturismocelestino.it.

MeinTipp **B & B Casa Vallate.** Im Ortsteil Castello, vier hübsche, individuell eingerichtete Zimmer (z. T. mit Küche) in einem alten Gutshof, großer Garten und ein Innenhof, wo man essen kann, eine Gemeinschaftsküche steht zur Verfügung. Drei Tage Mindestaufenthalt. DZ/F ca. 80–105 €. Via Zampori Fratelli 28, ☏ 338-78 76106, www.casavallate.com.

Essen & Trinken **Sunset Ristobar.** Weinbar im schlichten, modernen Stil direkt im Porticciolo di Castelveccana. Man kann an Tischchen an der Uferpromenade sitzen und – wie der Name sagt – den Sonnenuntergang genießen. Der langhaarige Wirt Luca hat ein Faible für gute Weine (die man in großer Auswahl auch kaufen kann), dazu gibt es Schinken, Salami, Käse und Brot. Di geschl. (außer Juli/Aug.) Piazza al Lago 3, ☏ 0332-521307.

Soul Kitchen. Wenige Meter vom See, ebenfalls geführt von Luca. Leckere Küche, die Gerichte ansprechend präsentiert – und sogar das Olivenöl war bei unserem Besuch exzellent (was in dieser Gegend leider nicht allzu häufig der Fall ist). Mi geschl., außer Juli/Aug. Piazza Lago 1, ☏ 0332-521091.

🚶 Wanderung 7:
Von Caldè zum Wasserfall Cascata della Froda → S. 349
Leichter Wanderweg durch das bewaldete Hinterland von Caldè

In Laveno Mombello starten die Autofähren ans Westufer

Laveno Mombello und Umgebung

Das unspektakuläre Städtchen liegt in einer tiefen Bucht, besitzt den wichtigsten Hafen am Ostufer und wird überragt vom bewaldeten Monte Sasso del Ferro. Es gibt eine schöne, allerdings kurze Seepromenade, nur wenige ansprechende Restaurants und Bars und bis auf eine nagelneue Komfortanlage kaum Unterkünfte – dafür eine laute Durchgangsstraße und viel Verkehr, denn zwischen Laveno und Intra am gegenüberliegenden Seeufer pendeln häufige Autofähren.

Seit dem 19. Jh. war Laveno bekannt für seine Keramikfabriken und bis in die 1950er Jahre wurden hier Porzellan und Haushaltswaren hergestellt. Heute ist alles abgerissen und überbaut. Das einstige Fabrikareal der „Società Ceramica Italiana Richard Ginori" nördlich vom Zentrum (an der Ausfallstraße nach Luino, kurz vor dem Tunnel) wird nun vom brandneuen 4-Sterne-Haus „Hotel de Charme" eingenommen. Ein Keramikmuseum ist im Nachbarort Cerro zu besichtigen (→ unten).

Auf einem Kap nördlich vom Zentrum stehen die Überreste einer österreichischen Festung aus dem 18. Jh., die als militärischer Stützpunkt gegen das Königreich Piemont auf der anderen Seeseite in den Risorgimento-Kriegen eine wichtige Rolle spielte.

Garibaldi belagerte sie 1859, allerdings ohne Erfolg. Heute ist das Gelände als **Parco Forte Castello** eine öffentlich zugängliche Parkanlage.

Größte Attraktion ist der steile **Monte Sasso del Ferro** direkt hinter dem Ortskern, ein Dorado für Wanderer und Paraglider. Weitere Highlights in der Umgebung sind die **Wasserfälle von Cittiglio**, die schöne **Villa di Porta Bozzolo** und das Dorf **Arcumeggia** mit seinen Wandmalereien.

Vom eingemeindeten **Mombello** lässt sich der Blick auf den Lago, den Monte Rosa und die fernen Schweizer Schneegipfel bestens genießen.

PLZ 21014

Information IAT. Neben dem Bahnhof der FNM, nicht weit von der Fähranlegestelle. Mo–Sa 9–12, 15.30–18.30 Uhr, So geschl. Piazzale Ferrovie Nord, ☎ 0332-667223, iatlaveno@stradaeisaporivallivaresine.it.

Hin & weg PKW. Ein sehr großer, im Hochsommer gebührenpflichtiger Parkplatz liegt südlich vom Hafen (noch jenseits der FNM-Bahnstation).

Bahn. Die **FS-Station** liegt ein Stück landeinwärts, Züge fahren u. a. nach Mailand, Novara, Bellinzona und Locarno (Schweiz).

Die private **FerrovieNord (FNM)** bietet über Varese häufig Verbindungen von und nach Mailand (Stazione Milano Nord) und hat ihren Bahnhof gleich beim Hafen.

Bus. Bus Nr. 18 von CTPI fährt ab FNM-Bhf. über Cerro, Reno und Monvalle nach Ispra (Süden), Bus Nr. 3 nach Luino (Norden).

Schiff. Fähren mit Autotransport fahren von etwa 5 bis 24 Uhr etwa 2–3 x stündl. ins gegenüberliegende **Verbania-Intra** und zurück.

Parco Castello April bis Sept. tägl. durchgehend geöffnet, Okt. bis März nur Sa/So.

Einkaufen Markttag ist Dienstag.

Paragliding Delta Club Laveno. der Paragliderclub bietet Tandemflüge am begehrtesten Drachenflieger-Berg am Lago Maggiore. Via Cittiglio s/nLivio Airoli 4, ☎ 349-3148209, www.deltaclublaveno.it.

Segeln Top Vela. Segelschule beim Jachthafen, zu erreichen über die Promenade am See. Kurse und Bootsvermietung. Viale de Angeli 24, ☎ 0332-666625, www.topvela.org.

Übernachten **** **Hotel de Charme.** Schickes, neues Großhotel in Bestlage am See, komfortable Zimmer und Suiten, Spa-Bereich, Infinity-Pool am Dach mit tollem Blick, teures Restaurant. Zwei Minuten in den Ort. DZ/F ca. 190–250 €. Viale de Angeli 46, ☎ 0332-667313, www.laveno-hotel.com.

**** **Il Porticciolo.** Einen knappen Kilometer südlich außerhalb, tolle Lage unterhalb der Uferstraße direkt am See. Von den geräumigen und modern renovierten Zimmern mit Balkon und großen Fensterfronten herrlicher Seeblick bis hinüber zum Monte Rosa. Parkplatz auf dem Dach. Das Restaurant „La Tavola" mit schöner Terrasse am Wasser besitzt derzeit einen Michelinstern. DZ/F ca. 140–200 €. Via Fortino 40, ☎ 0332-667257, www.ilporticciolo.com.

*** **Poggio Sant'Elsa.** An der Bergstation der Seilbahn (→ Monte Sasso del Ferro).

B & B Calianna. Fünf gemütliche Zimmer mit gutem Frühstück in der gleichnamigen Trattoria (→ Essen & Trinken). Allerdings nicht leise, weil nahe der Durchgangsstraße. DZ/F ca. 80 €. Via Don C. Tinelli 9, ☎ 0332-667315, www.calianna.it.

B & B Laveno 1673. Von Alessandra freundlich geführtes Haus aus dem Jahre 1673, ganz zentral mit Seeblick, historische Details sind erhalten, z. B. Deckenmalereien. Gemütliche Apartments mit Küche und Waschmaschine, der kleine Innenhof steht den Gästen zur Verfügung. Ebenfalls nahe der Durchgangsstraße. Apt./F ca. 65–100 €. Piazza Marchetti 9, ☎ 0332-666726, 349-2340250.

Essen & Trinken Hostaria del Golfo. Ganz zentral, schönes Ambiente im ersten Stock, aufmerksam geführt und delikate Küche. Am Balkon nur vier Tische, wenige Meter vom Verkehr. Mo/Di geschl. Mi–Fr nur abends, Sa/So auch mittags. Mit Zimmervermietung. ☎ 332-666975.

Kopi Club. Pizzalokal am Beginn der ruhigen Promenade, die von der zentralen Piazza Italia zum Jachthafen nach Nordwesten verläuft. Schattige Pergola und kleine Terrasse direkt über dem See, wegen des Mangels an schön gelegenen Restaurants abends immer voll. Viale de Angeli 8, ☎ 0332-669776.

Nagoya. Wenige Schritte weiter, chinesisches Lokal mit denselben Vorzügen der Lage wie Kopi Club, jedoch immer leer. Die Preise sind sehr günstig, das Sushi ist gut. ☎ 0332-626687.

MeinTipp **Calianna.** Die Ausfallstraße nach Norden nehmen, nach wenigen Metern rechts. Seit Jahrzehnten von einer sizilianisch-italienischen Familie geführte Trattoria mit schönem

Innenraum, aber auch Plätze im Freien hinter dem Haus. Freundlicher Service, die herzliche Mama Brigida kocht leckere Gerichte aus der Seetradition, aber auch mit sizilianischen Einflüssen. Parkplatz bei der Seilbahnstation hinter dem Restaurant. Di/Mi geschl. Via Don C. Tinelli 9, ✆ 0332-667315.

Locanda Pozzetto. Etwa 20 Fußminuten außerhalb in Hügellage mit perfektem Blick auf den See, Auffahrt ziemlich steil. Schöne Restaurantterrasse und gute Qualität. Am Wochenende Reservierung empfohlen. Mit Zimmervermietung über dem Lokal (DZ/F ca. 105–155 €). Mo geschl. Via Montecristo 23, ✆ 0332-667648, www.locandapozzetto.it.

MeinTipp **Capanna Gigliola.** Familiengeführter Landgasthof nordöstlich von Laveno im hochgelegenen Örtchen Vararo (bei Casere). Leckere hausgemachte Küche, ausnehmend freundlicher Service und herrlicher Blick auf den Lago und den majestätischen Monte Rosa dahinter. Wird gerne besucht beim Abstieg von der Bergstation der Seilbahn zum Monte Sasso del Ferro (→ S. 351). Di geschl. ✆ 0332-602266.

Monte Sasso del Ferro

Der 1062 m hohe Hausberg von Laveno ragt unmittelbar hinter dem Stadtzentrum empor. Herrlich ist der Ausflug mit originellen offenen Seilbahngondeln, in denen zwei Personen Platz haben, bis kurz unterhalb der Spitze.

Die Talstation liegt zentrumsnah (beim Restaurant Calianna um die Ecke und noch 100 m weiter), die Fahrt dauert 16 Min. Die Bergstation befindet sich auf dem Plateau **Poggio Sant'Elsa** (972 m Höhe), angeschlossen ist ein Albergo/Ristorante. Von der großen Panoramaterrasse hat man einen prächtigen Blick auf See und Alpen. Gleich dahinter liegt ein ausgebauter Startpunkt für Drachenflieger und Paraglider, die hier oft in Scharen die Lüfte bevölkern – wie eine Sprungschanze ins Nichts wirkt die Plattform. Zum Gipfel kann man von hier in ca. 30 Min. aufsteigen, den recht reizvollen Fußweg hinunter nach Laveno bewältigt man in etwa 1:15 Std.

Hin & weg **Funivie del Lago Maggiore.** Mitte Juni bis Mitte Sept. Mo–Sa 11–21, So ab 10 Uhr (letzte Abfahrt 22.30 Uhr), Mitte März bis Mitte Juni u. Mitte Sept. bis Anf. Nov. Mo–Sa 11–18, So ab 10 Uhr; Preis hin und zurück ca. 10 € (einfach 7 €), Familie (Erw. 9,50 €, Kind 3 €), Fahrrad einfach 3 €, Tageskarte für Lenkdrachen 9,50 €. ✆ 335-5946184, www.funivie dellagomaggiore.it.

Übernachten/Essen ***Funivia.** Hotel mit Restaurant direkt an der Bergstation der Seilbahn, ein wenig in die Jahre gekommen,

Blick auf die Liftschneise auf den Monte Sasso del Ferro …

... und hinauf mit dem Korblift

große Terrasse mit herrlichem Panoramablick, kleiner Spielplatz, Liegewiese. Korrekte Zimmer mit Balkonen und fantastischem Seeblick.

Freundlich geführt durch Signora Paola. DZ/F ca. 120 €. Poggio Sant'Elsa, ☏ 0332-610303, www. funiviedellagomaggiore.it.

 Wanderung 8:
Von Poggio Sant'Elsa nach Laveno   → S. 351
Steiler Abstieg vom Monte Sasso del Ferro zum See

Cittiglio

Das **Museo Alfredo Binda** in den Bahnhofsgebäuden (Via Marconi 31) bewahrt mit zahlreichen Memorabilien das Andenken an den 1902 hier geborenen Alfredo Binda, der von 1925 bis 1933 einer der erfolgreichsten Radrennfahrer der Welt war und allein fünf Mal den Giro d'Italia gewann.

▪ Sa/So 9.30-12.30, Di u. Do 15–18 Uhr oder nach Voranmeldung unter ☏ 0332-601434.

Eine erfrische Abwechslung ist die kleine Wanderung zu den nahe gelegenen Wasserfällen im bewaldeten Parco della Cascate, wo man auch ein schönes Picknick veranstalten kann.

 Wanderung 9:
Zu den Wasserfällen von Cittiglio   → S. 352
Einfache Tour in den Parco delle Cascate

Villa di Porta Bozzolo:
Traumhaus für Musiker, Dichter und Denker

Die edle Villa derer „von Porta" findet sich etwas östlich von Cittiglio in Casalzuigno, von Laveno sind es etwa 10 km. Errichtet wurde sie bereits während der Renaissance im frühen 16. Jh., dann im 17. und 18. Jh. ums Doppelte erweitert. Schon am monumentalen Eingang fällt der Blick auf den üppig grünen Barockgarten, der sich mit großzügigen Freitreppen, Terrassen und Brunnen einen bewaldeten Hügel hinaufzieht.

An der Kasse erhält man ein ausführliches deutschsprachiges Hinweisheft und durchquert zunächst die Wirtschaftsräume mit Stallungen, Geräteschuppen, Weinkeller, mächtiger Weinpresse und einem tiefen Loch im Boden, das als Kühlraum diente.

Die Villa selbst ist L-förmig angelegt und besitzt wunderbare Zimmerfluchten mit Parkett oder Terracottafliesen. Türen, Decken und Wände sind mit floralen Fresken des 18. Jh. bemalt. Schon nach einem kurzen Rundgang steht fest: Hier möchte man wohnen. Alles ist da: Wohnzimmer, Salon, Esszimmer, große Küche mit Feuerstelle und Kamin, Musikzimmer, Spielzimmer (mit Billardtisch) und – etwas abgeschirmt im hinteren Bereich – ein Arbeitszimmer mit gigantischem Schreibtisch nebst separater Bibliothek. Nach der Besichtigung kann man im hauseigenen Restaurant „Locanda del Baco da Seta" einkehren.

Die Erben haben das weitläufige Anwesen 1989 der Stiftung FAI (Fondo per l'Ambiente Italiano) mit der Auflage geschenkt, einige Räume noch als Ferienwohnungen nutzen zu dürfen.

März bis Sept. Mi–So 10–18 Uhr, Okt. bis Anf. Dez. 10–17 Uhr, übrige Zeit geschl.; Eintritt ca. 9 €, Kind 6–18 J. 4 €, Familienkarte 22 €. ✆ 0332-624136, www.fondoambiente.it.

Ein Anwesen mit Stil

Arcumeggia

Bei Casalzuigno führt eine schmale, etwa 3 km lange Serpentinen-straße steil hinauf ins ehemalige Künstlerdorf Arcumeggia, das zu den „Paesi dipinti" (bemalte Dörfer) Italiens zählt.

In den 1950er Jahren, als am Lago Maggiore der Tourismus allmählich begann, holte man einige Maler in das stille Dörfchen, die die Hauswände mit farbenfrohen Malereien schmück-ten. Über hundert Bilder verschie-denster Thematik – vom heiligen Mar-tin bis zum Maurer bei der Arbeit, teils abstrakt, teils naturalistisch – findet man seitdem in den engen und teils steilen Kieselsteingassen, alle mehr-sprachig beschriftet und zum Schutz vor Regen unter vorkragenden Dächern und Wölbungen montiert. Zu den Künstlern zählen auch im Kunstbetrieb relativ bekannte Namen wie Gianfilip-po Usellini, Aligi Sassu, Eugenio Tomi-olo und Giuseppe Migneco. Dennoch sollte man sich vom künstlerischen As-pekt her nicht allzu viel erwarten, aber auch das Dörfchen selbst ist einen Bummel wert, natürlich mit Besuch in der einzigen Trattoria.

Anfahrt Die **Auffahrt** ist an der SS 394 öst-lich von Casalzuigno beschildert. Für Wohn-mobile ist sie nicht geeignet! Für ambitionierte Sportradler ist sie eine Herausforderung. **Parkplatz** an der Durchgangsstraße.

Übernachten/Essen **Locanda del Pit-tore.** Die nette Bar/Trattoria mit zwei Son-nenterrassen liegt am östlichen Ortsaus-gang. Der sympathische ältere Signore Al-fonso bereitet mit seiner Frau Monica le-ckere Taglieri, Polenta-Gerichte und mehr als ein Dutzend Risotti. Dazu werden sieben Zimmer mit Bad und weitem Blick ins Tal vermietet (allerdings keine Reinigung). DZ ca. 70 €, sehr kleines Frühstück. Via Malcotti 1/Piazza Minoja, 21030 Casalzuigno (Varese), ✆ 0332-650116, 377-3237454, locandadel pittore@gmail.com.

Arcumeggia ist ein Dorf der Wandbilder

Von Laveno nach Angera

Teils schöne Strecke durch die **„Brughiera"**, ein Gemisch aus Laubwald und Wiesengebieten. Kleine Abfahrten führen zu versteckten, allerdings oft verschilften Stränden, besonders gute Bademöglichkeiten gibt es an der Uferstraße zwischen Ranco und Angera. Größte Sehenswürdigkeit ist die Einsiedelei Santa Caterina del Sasso.

Cerro

3 km südlich von Laveno liegt dieser ehemalige Fischerort mit engen, steilen Gassen und einem von Platanen flankierten, breiten Sand-/Kiesstrand mit Duschen und Bootsverleih, der an Sommerwochenenden aus allen Nähten platzt.

Museo Internazionale Design Ceramico (MIDeC): Am Beginn der Uferpromenade steht der stolze Palazzo Perabò aus dem 16. Jh. mit einer vielfältigen Keramiksammlung aus dem 19. und 20. Jh.

▪ Fr/Sa 15–20, So 10–13, 14–19 Uhr, Mo–Do geschl.; Eintritt ca. 5 €, 14–26 u. über 65 J. 3 €. ✆ 0332-625551.

PLZ 21014

Essen & Trinken **Croce Bianca.** Einfache Pizzeria neben dem kleinen Hafenbecken. Via dei Pescatori 2, ✆ 0332-626661.

Chiosco di Cerro. Viel besuchtes Restaurant unter Platanen an der Uferpromenade, schöner Blick und netter Service, nicht ganz billig. Lungolago Perabò 2, ✆ 0332-629050.

Segeln **Centro Vela.** Die Segelschule von Cerro ist Mitglied der „Federazione Italiana Vela" und hat ihren Sitz in einem ehemaligen Fischerhaus am Seeufer nördlich vom Strand. Große Flotte, Kurse und Bootsvermietung, Schulungszentrum in Laveno. An Kursteilnehmer werden zwei Mehrbettzimmer vermietet. Via Pescatori 6, ✆ 0332-626462, https://centrovela.com.

Reno di Leggiuno

Auch hier findet sich eine schöne Uferzone mit breitem Kiesstrand, wo nicht ganz so viel Betrieb herrscht wie in Cerro. Das Albergo Riva bietet eine dicht begrünte Caféterrasse mit Panoramablick.

Im landeinwärts gelegenen **Leggiuno** steht das kleine Kirchlein **Santissimi Primo e Feliciano** aus dem 11. Jh., bei dessen Bau auch Säulen aus der römischen Antike verarbeitet wurden. Auch einige Grabdenkmäler dieser Epoche sind noch erhalten.

PLZ 21038

Anfahrt/Parken Eine steile Zufahrt führt hinunter zum Strand, Parken kann man nur an dieser Straße, die Parkplätze direkt oberhalb vom Strand sind von der Residenz Reno in Beschlag genommen.

Übernachten **★★★ Riva.** Altmodisches Haus in ruhiger Lage direkt am Strand, nett geführt, schön begrünte Außenterrasse unter Bäumen, besandete Liegefläche davor, Parkplatz. Einfache Zimmer mit Balkon und herrlichem Blick auf See und Monte-Rosa-Massiv. Kein Ristorante, aber Barbetrieb. DZ/F mit Seeblick ca. 90–140 €. Via Lungolago 14, ✆ 0332-647170, www.albergoriva.it.

Essen & Trinken **Circolo di Reno.** Ein kleines Stück landeinwärts der Durchgangsstraße, gemütlich-familiäre Osteria mit guter Küche und großen Portionen. Mo geschl. Via Brughiera 2, ✆ 0332-648894.

Italienisches Ostufer → Karte S. 108

Santa Caterina del Sasso: Einsiedelei am Lago Maggiore

Wenig südlich von Reno erreicht man eins der beliebtesten Ausflugsziele am Lago Maggiore mit eigener Anlegestelle (mehrmals tägl. Überfahrten, u. a. ab Stresa am Westufer). Eine in ihren Ursprüngen bis ins Mittelalter zurückreichende Kirche mit ehemaligen Klostergebäuden schmiegt sich hier wenige Meter über dem Wasserspiegel an die steile Felswand des Ufers. Vom Parkplatz oberhalb steigt man über 240 Stufen 50 m tief hinunter zu dem versteckten Komplex, für 1 € kann man auch mit einem Aufzug fahren, der den Höhenunterschied in wenigen Augenblicken überwindet.

1170 war ein reicher Kaufmann namens Albertus Besozzi auf dem See in einen heftigen Sturm geraten und schwor der heiligen Caterina von Alexandrien, er wolle im Fall seiner Errettung fortan als Eremit zu ihren Ehren in einer Uferhöhle leben. Dies tat er auch tatsächlich, entsagte seinem gesamten Besitz und wurde von der Bevölkerung bald als Heiliger verehrt. Als 1195 die Pest den Lago Maggiore heimsuchte, erschien dem Einsiedler ein Engel und forderte die Errichtung einer Kirche vor der Höhle. Damit war der Grundstein für das Heiligtum gelegt, das fortan mehrfach erweitert und seit dem 14. Jh. von Mönchen bewohnt wurde. Die großzügige Restaurierung der Anlage ließ sich die Provinz Varese seit den 1970er Jahren mehr als 7 Mio. Euro kosten, damit wurde der größte Besuchermagnet am Ostufer Realität.

Zunächst betritt man die Räume des ehemaligen Klosters, in dessen Kapitelsaal noch sorgsam restaurierte Fresken aus dem 14./15. Jh. erhalten sind, darunter eine große Kreuzigung und ein nur noch teilweise erhaltenes Bild mit dem rot gekleideten Prior des Klosters inmitten von Bewaffneten. Auf den mehrsprachigen Schrifttafeln im Raum sind dazu Hintergrundinformationen zu finden.

Danach erreicht man einen Hof mit einer alten Traubenpresse, wo die Mönche die Erträge ihrer Güter verarbeiteten. Der folgende Conventino ist ein markanter, parallel zur Uferlinie erbauter Bogengang. An den Wänden sieht man hier noch einen verblassten, aus zehn Bildern bestehenden Totentanz-Zyklus des 17. Jh. Rechts vor der Kirche liegt eine *Grotte*, eine von vielen in dieser Uferregion, die z. T. schon in der Antike bewohnt wurden.

Anschließend betritt man durch einen Säulengang mit Heiligendarstellungen des 16. Jh. die Kirche, deren Bau ins Jahr 1587 fällt. Man versuchte damals, die hier bereits stehenden Kirchen und Kapellen in einem einzigen Raum zusammenzufassen. Zur Landseite hin liegen drei Kapellen nebeneinander, in der Cappella San Nicolà, der ersten neben dem Altar, sind noch frühe Fresken des 14. Jh. erhalten, darunter an der Wand eine erst 1991 unter späteren Malereien entdeckte Kreuzigung, außerdem im Gewölbe Christus in der so genannten Mandorla, umgeben von den Symbolen der vier Evangelisten.

Am Südende der Kirche liegt auf tieferem Niveau die Kapelle des heiligen Albertus, wo der mumifizierte Leichnam des Einsiedlers aufgebahrt ist. Dahinter befindet sich noch tiefer die Gedächtniskapelle, die wohl bereits 1195 entstand und der älteste Teil der gesamten Anlage ist. Sie ist nicht zugänglich, man kann nur durch vergitterte Fenster ins Innere blicken. Nach der Legende soll sie dieselben Maße gehabt haben wie das Grab der heiligen Caterina auf dem Berg Sinai. An der zum Kirchenraum gerichteten Wand sieht man ein Fresko der Heiligen, wie sie von Engeln auf den Berg Sinai getragen wird. Albertus' Höhle lag unmittelbar südlich dieser Kapelle.

Tägl. 9.30–19.30 Uhr (während der Gottesdienste kein Zutritt zur Kirche). Eintritt 5 €, über 65 J. 3 €, unter 18 J. frei. ☎ 0332-647172, www.santacaterinadelsasso.com.

Arolo

Der verwinkelte Ort schmiegt sich unter einen markanten Kalksteinfels. Um die ruhige Uferzone mit saftigem Grün und Spielplatz zu erreichen, muss man von der Durchgangsstraße aus auf engen Straßen den Ort durchqueren. Baden kann man allerdings nur an einem groben Steinstrand.

Weiter südlich führt eine mit „Sasso Moro" beschilderte Piste zum Bootshafen **Marina Sasso Moro.** Gleich daneben steht die Villa Ottolini in absolut ruhiger Alleinlage am See.

PLZ 21038

Übernachten **Villa Ottolini.** Das deutsch geführte Haus steht direkt am See, vermietet werden fünf Fewos, jeweils mit Balkon/Terrasse, Sat-TV und Gartenbenutzung. Zu buchen über diverse Fewo-Anbieter.

Ispra

Der von Touristen nur wenig frequentierte Ort liegt etwas erhöht und ist vom See durch einige Villen mit großen, ummauerten Parkanlagen getrennt. Beim Schiffsanleger steht der Betonklotz des Hotels „Europa" aus den Siebzigern, die Uferzone ist lang und großzügig.

Bekannt ist Ispra vor allem als Standort des an der Straße zum Lago di Monate (→ S. 162) gelegenen **„Joint Research Centre" (JRC)** der EU (https://ec.europa.eu/jrc/en/about/jrc-site/ispra), das als europäisches Atomforschungszentrum schon Mitte der 1950er Jahre gegründet wurde. Das große Gelände liegt mitten im Grünen und ist mit einem Stacheldrahtzaun massiv bewehrt. In den letzten Jahren und Jahrzehnten hat sich der Forschungsschwerpunkt allerdings großteils auf andere Gebiete verlagert, allem Verbraucherschutz, Bürgersicherheit, Migration, Energieeffizienz und Klimawandel.

Sehenswertes

Südlich vom Hafen führt eine Promenade am schönen Badestrand entlang zum weitläufigen **Parco del Golfo della Quassa** mit einigen mächtigen erratischen Blöcken, die von Gletschern hierher transportiert wurden. Etwas oberhalb vom See steht das von einem Park umgebene **Mausoleo Castelbarco,** eine verkleinerte Kopie der berühmten Villa Rotonda von Palladio in Vicenza, erbaut 1865 als Grabmal einer Gräfin.

Kalkbrennofen Fornace del Pinet

An der Promenade nördlich vom Anleger gibt es eine besandete Badeplattform und dahinter das Ristorante „Caffè Vespucci" mit Seeblick. Auf einem hübschen Weg über die Uferfelsen kann man hier noch ein Stück weiter nach Norden gehen, wo im **Parco delle Fornaci** sieben gut erhaltene historische Kalkbrennöfen stehen. Allerdings muss man an der Hälfte der Wegstrecke landeinwärts auf die Straße ausweichen. Auch mit dem Auto kann man von der zentralen **Chiesa di San Martino** aus diese kleine Tour machen und zwischen Villengrundstücken bis kurz vor die **Punta d'Ispra** fahren (→ Skizze). Dort kann man beim attraktiven Fornace del Pinet parken und findet im Umfeld ruhige und meist einsame Bademöglichkeiten.

Umgebung

Der kleine Badesee **Lago di Monate** liegt etwa 5 km landeinwärts von Ispra (→ S. 162).

Brebbia: In diesem Ort ein wenig nördlich von Ispra steht die romanische Basilika **Santi Pietro e Paolo** aus dem 12. Jh. Besonders schön ist das Portal an der südlichen Längsfront, im (selten geöffneten) Innenraum sind trotz barocker Umgestaltung zahlreiche Fresken aus dem 13.–15. Jh. erhalten.

Für Fans von Tabakspfeifen ist sicherlich das **Museo della pipe di Brebbia** der 1947 gegründeten Firma „Brebbia Pipe" einen Abstecher wert, kann man doch dort zahlreiche dekorative, historische Pfeifen aus Wurzelholz, Meerschaum und Porzellan betrachten (bei Anmeldung mit Führung). Die Fabrikgebäude stehen allein auf weiter Flur im Waldgebiet Bosco Grosso nördlich vom Zentrum, ein Pfeifensymbol weist den Weg. Ein weiteres großes Pfeifenmuseum wartet am Lago di Varese auf Besucher (→ S. 160).

■ Mo–Fr 8–12, 14–17.30 Uhr, Eintritt frei. Località Bosco Grosso, Via Piave 21, ☎ 0332-770286, www.brebbiapipe.it.

Praktische Infos

PLZ 21027

Information IAT. Wenige Meter vom Fähranleger, bei der Mündung der Zufahrtsstraße in den Uferparkplatz. Di 15.30–18.30, Mi–So 9.30–12.30, 15.30–18.30 Uhr, Mo geschl. Via Verbano 208, ☎ 339-5736151, www.prolocoispra.altervista.org.

Hin & weg Bahn. Der Bahnhof liegt etwas außerhalb in der Nähe der Durchgangsstraße.

Bus. Bus Nr. 18 von CTPI fährt zum FNM-Bhf. in Laveno, Bus Nr. 20 nach Angera und Sesto Calende.

Schiff. Anlegestelle zentral unterhalb vom Centro storico. Mehrmals tägl. Verbindungen nach Stresa, Verbania, Angera und Arona sowie auf die Inseln.

Übernachten * Europa.** Großer, äußerlich wenig ansehnlicher Kasten mit Restaurant wenige Meter vom See, Zimmer mit Balkon und schönem Seeblick. DZ/F ca. 80–100 €. Via al Porto 68, ☎ 0332-780184, www.isprahoteleuropa.it.

Punta D'Ispra

Fornace della Punta

Fornace del Pinet

Via Tana della Volpe

Via Valcanale

Lago Maggiore

Fornace Butti

Fornace Binda

Parco del Monte del Prete

Fornace Piani

Via Monte dei Nassi

Via Lavorascio

Via delle Fornaci

Municipio

Via Milite Ignoto

Biergarten La Baita

Sentiero del Lungolago

Chiesa di San Martino

Piazza San Martino

Ispra

Via Marconi

Via Giuseppe Mazzini

Hafen von Ispra

Parco delle Fornaci (Kalkbrennöfen)

250 m

*mein*Tipp **B & B Monbay Villa.** Schöne Villa mit Garten und Pool am Ufer der Bucht von Monvalle (nördlich von Ispra), direkt davor Bademöglichkeit. Vermietet werden zwei DZ mit Bad und üppigem Frühstück. DZ/F ca. 110–130 €. Via Roma 8, 21020 Monvalle, ☎ 0332-799121, www.bbmonvalle.it.

La Baita. Der beliebte Biergarten (→ Essen & Trinken) vermietet zwei schöne Fewos für ca. 90–110 €. Via Milite Ignoto 150, ☎ 345-57 11972, www.labaitaispra.it.

Camping   * Camping Lido Monvalle.** Ordentlicher Platz beim gleichnamigen Strand nördlich von Ispra (Zufahrt beschildert), nettes Personal, Restaurant/Pizzeria mit Bar. Die große Terrasse ist abends allgemeiner Treffpunkt, im Sommer gibt es Kinderanimation, Tanz etc. Hübsche Liegewiese am See, Kinderspielgeräte, Vermietung von Mobil Homes. Ende März bis Anf. Okt. Via Montenero 63, ☎ 338-7631858, www.campinglidomonvalle.it.

**** Camping International Ispra. Gut ausgestatteter Platz am Seeufer unter dichten Bäumen, Restaurant/Pizzeria, Pool und Sport-möglichkeiten (u. a. Fußball, Tennis, Beach-volleyball). Ende März bis Ende Okt. Via Giosuè Carducci 943, ☎ 0332-780458, www.intern ationalcampingispra.it.

Essen & Trinken   Caffè Vespucci. Risto-rante/Bar ein wenig nördlich der Fähranle-gerstelle, nett zum Sitzen mit Seeblick, gute See- und Meeresküche bei freundlichem Service. Lungolago Vespucci 78, ☎ 0332-781589.

*mein*Tipp **La Baita.** Von der Chiesa di San Martino ein kleines Stück nach rechts. Ein stilechter Biergarten in Ispra, geführt von einem bayerischen Ehepaar. Gemütliche Einrichtung mit viel Holz, Schwergewicht auf Fleisch, dazu bayerisches und österreichisches Bier. So/Mo-Mittag geschl. Via Milite Ignoto 150, ☎ 345-5711972.

Circolo Del Gal De Fer. Das urige Vereinslo-kal der Bocciaspieler von Monvalle liegt an der Durchgangsstraße östlich von Monvalle, offiziell ist es nur für Mitglieder geöffnet, aber das wird nicht immer so eng gesehen – ausprobieren. Nur Fr- bis So-Mittag und abends geöffnet. Via IV Novembre 17. ☎ 0332-799685.

Angera und Umgebung

Ruhige Kleinstadt in der grünen Uferlandschaft des südlichen Lago Maggiore, der hier wie ein breiter Fluss wirkt. Darüber thront die gut erhaltene Burg Rocca di Angera mit ihrem weithin sichtbaren Wehrturm, deren Besichtigung sich wegen der großen Puppen-sammlung nicht nur für Erwachsene lohnt.

Die ausgedehnte und von ausladen-den Bäumen beschattete Uferzone bietet herrliche Blicke aufs gegen-überliegende Arona, an der Prome-nade kann man genüsslich unter Kas-tanienbäumen bummeln.

Sehenswertes

Chiesa Madonna della Riva: In der mächtigen Barockkirche am Lungolago ist hinter Glas ein Marienfresko erhal-ten, das am 27. Juni 1657 „Blut ge-schwitzt haben soll". Die Kirche sollte daraufhin zu einem gigantisch großen Heiligtum erweitert werden, was je-doch aufgrund fehlender Mittel scheiter-te. Der Jahrestag des Wunders wird all-jährlich am ersten Sonntag im Juli ge-feiert, gefolgt von einem Stadtfest mit einer Prozession beleuchteter Boote.

Museo Storico Archeologico: In einer Seitengasse der Uferstraße (Via Mar-coni 2) sind Funde aus der Vorge-schichte und der altrömischen Vergan-genheit Angeras in der Palazzina del Pretorio aus dem 15. Jh. zu besichtigen.

▪ Mitte Mai bis Mitte Sept. Do 10–13, Sa/So 14.30–18.30 Uhr, übrige Zeit Mi/Do 10–13, So 14.30–18.30 Uhr, Januar geschl., Eintritt frei. ☎ 0331-931915.

Die Strandzone von Angera ist eine der populärsten im Süden des Lago

Baden

Einen schönen Sand-/Kiesstrand findet man unterhalb der Alleestraße, die am See entlang nach Ranco führt. Neben dem Hotel Lido (→ Übernachten) liegt außerdem ein 100 m langer Kiesstrand mit dekorativen Weiden und Blick hinüber nach Arona.

Praktische Infos

PLZ 21021

Information **IAT.** Neben der Schiffsanlegestelle. Mitte April bis Ende Sept. tägl. 9.30–13, 14–17 Uhr. Piazza della Vittoria, ☎ 0331-931915, infopoint@comune.angera.it.

Hin & weg **Bahn.** Der Bahnhof liegt östlich außerhalb.

Bus. Bus Nr. 20 fährt nach Sesto Calende, in der anderen Richtung nach Ispra und weiter über Besozzo und Gavirate (Lago di Varese) nach Varese. Um nach Laveno zu kommen, steigt man in Ispra in Bus 18 um.

Schiff. Die Anlegestelle liegt an der Piazza della Vittoria, wenige Meter von der Piazza Garibaldi, dem zentralen Uferplatz. Häufig Verbindungen hinüber nach Arona, mehrmals täglich zu anderen Orten am Westufer und 2 x tägl. mit vielen Zwischenstopps bis Locarno.

Einkaufen Der **Markt** findet donnerstags an der zentralen Piazza Garibaldi statt, jeden zweiten Sonntag im Monat gibt es dort außerdem einen **Floh- und Antiquitätenmarkt**.

Übernachten ***** Lido 2** An der Uferstraße von Angera nach Ranco. Großes Haus mit schönem Garten direkt am See, vor dem Haus schmaler Kiesstrand. Im großflächig verglasten Restaurant mit Panoramaterrasse und Seeblick wird See- und Meeresküche serviert. Gelegentlich sind Hochzeitsgesellschaften etc. im Haus, dann wird es laut. DZ/F ca. 120–140 €. Viale Libertà 11, ☎ 0331-930232, www.hotellido.it.

*** Ponti & Ponti 5 Neu eröffnetes Haus an der Uferstraße, alles sehr schick, große, moderne Zimmer, gutes Frühstück. DZ/F ca. 100–180 €. Piazza Garibaldi 21, 0331-932016, www.hotelpontieponti.it.

*** Pavone 6 Gepflegtes und ganz zentral gelegenes Haus in einer Seitengasse der Piazza Garibaldi, Zimmer mit Sat-TV, dazu gehört das gute Ristorante/Pizzeria „La Vecchia Angera". DZ/F ca. 110–120 €. Via F. Borromeo 14, ☎ 0331-930224, www.hotelpavone.it.

Locanda La Casetta. Ruhige Lage im winzigen Hügeldorf Capronno, ca. 3 km östlich. In einem ansprechend renovierten Gästehaus werden fünf nett eingerichtete Zimmer vermietet, eins davon mit Balkon und Schlafempore. Das Frühstück ist liebevoll zubereitet, vor dem Frühstücksraum in einem separaten Haus kann ein Garten genutzt werden. Eine gute Osteria gehört dazu (→ Essen & Trinken) DZ/F ca. 100–120 €. Piazza Giacomo Matteotti 7, ☎ 0331-956951, www.locandalacasetta.it.

Wein aus dem Varesotto und die Festa dell'Uva

Im 19. Jh. wurde im Südosten des Lago Maggiore viel Wein angebaut. Seit etwa zwölf Jahren sind nun verschiedene Weingüter dabei, diese Tradition wieder neu zu beleben und Rot- und Weißweine unter dem Namen „Ronchi Varesini" zu produzieren (www.vinivaresini.it), die in zahlreichen Restaurants und Bars in und um Angera angeboten werden. Die Weine haben das Prädikat „Indicazione Geografica Tipica" (IGT), sind also noch keine DOC-Weine, doch ein Anfang ist gemacht. Einer der Anbieter ist die Azienda Agricola Cascina Piano in der Via Valcastellana 33, bei einem Besuch wird um vorherige Kontaktaufnahme gebeten (☎ 0331-930928, www.cascinapiano.it).

Die Bedeutung des Weins für die einheimische Wirtschaft wird auch ersichtlich bei der großen „Festa dell'Uva" in der zweiten Septemberhälfte, zu der die Besucher von weit her nach Angera strömen – auf der Uferstraße findet dann ein turbulenter und lauter Umzug statt, bei dem Rotwein in Strömen fließt.

Camping   ****** Camping Città di Angera** ⑨ Großer Platz südlich vom Ort am See, schöne Liegewiese, schattige Stellplätze, ca. 100 m langer Strand, großer Pool und Kinderbecken, Ristorante/Pizzeria, im Sommer Animation. Anfahrt über eine Erdpiste. Eine März bis Ende Sept. Via Bruschera 99, ☎ 0331-930736, www.campingcittadiangera.it.

Essen & Trinken   Osteria Melograno ④ Beste hausgemachte Küche in einer Seitengasse der Uferstraße, Schwerpunkt Fleisch vom Grill, hübsch gestaltet mit einsehbarem Kochbereich und kleinem Innenhof. Höflicher und freundlicher Service, preislich etwas höher, aber der Qualität angemessen. Nur abends, Sa/So auch mittags, Di geschl. Via Cavour 13, ☎ 0331-960431.

Nettare di Giuggiole ③ Kleine „Enoteca con cucina" in der Altstadt von Angera, benannt nach den süßen, olivengroßen Früchten „Giuggiole" (deutsch: Jujube oder Brustbeere), deren Saft man hier neben solider Küche sowie loka-

Angera

100 m

len und überregionalen Weinen ebenfalls erhalten kann. Di-Abend u. Mi geschl. Via Maria Greppi 43, ✆ 0331-932037.

MeinTipp **Damino** 8 Unprätentiöse Pizzeria mit großer Terrasse über dem Strand von Angera, schöner Blick hinüber nach Arona, netter und effektiver Service, gutes Preis-Leistungs-Verhältnis. Mo geschl. Viale Pietro Martire 34, ✆ 0331-930498.

Chiosco La Noce 7 Die Terrassenbar auf zwei Stockwerken am Strand von Angera wurde erst 2010 für eine halbe Million Euro vollständig erneuert. 2017 wurde sie durch ein Feuer völlig zerstört, über die Hintergründe wird spekuliert. Derzeit ist sie im Wiederaufbau, bei Neueröffnung Vermietung von Liegen und Sonnenschirmen.

I Golosi 1 Ein wenig außerhalb, nicht ganz leicht zu finden. Das Restaurant im Dachgeschoss über einem Reitstall steht seit 2017 unter neuem Management. Die Küche wird bisher gelobt, es stehen mehrere Menüs für 25–35 € (ohne Getränke) zur Auswahl. Nur abends, Mo/Di geschl. Via Paludi 30, ✆ 0331-960423.

Vecchia Capronno. Im Hügeldorf Capronno (ca. 3 km östlich) gegenüber der Locanda La Casetta (→Übernachten). Die Osteria besitzt einen behaglichen Gastraum mit Ziegelgewölbe und Musikinstrumenten an den Wänden. Serviert werden mehrere Menüs bester Qualität, Vincenzo kredenzt dazu lokale Weine. Nur abends (außer So), Mo geschl. ✆ 0331-957313.

Rocca di Angera

Die mächtige Burg auf dem Kalkfelsen über der Stadt dominiert das Südende des Sees, von der Brüstung vor dem Haupteingang genießt man einen herrlichen Rundblick.

Die im Hochmittelalter von den Mailänder Visconti errichtete Burg wurde immer wieder von der kaisertreuen Adelsfamilie della Torre (Torriani) belagert, wobei sie stark zerstört wurde. 1277 trugen die Visconti in der

Exponierter Blickfang im Süden des Sees: die Rocca di Angera

Schlacht von Desio (bei Mailand) den Sieg über die Torriani davon und erneuerten die Bauten umfassend. 1449 ging sie in den Besitz der Borromäer über, die Lehensleute der Sforza waren. Ihren Nachfahren gehört sie noch heute.

Besichtigung

Zunächst betritt man den leicht ansteigenden, mit Kieselsteinen gepflasterten Innenhof namens **Corte Nobile,** dort steht in den ehemaligen Stallungen eine mächtige Weinpresse – eine der größten der Lombardei. Im Westflügel ist das weitläufige **Museo della Bambola e Museo della Moda Infantile** untergebracht, das historische Puppen aus Holz, Wachs und Porzellan (aus Deutschland, dem Val Gardena/Grödner Tal und aus Frankreich), Puppenstuben und -mobiliar, Steifftiere, Spielzeug und Kinderkleidung aus verschiedenen Epochen und Kulturen zeigt, darunter auch Stücke aus Japan, Afrika und Südamerika – eine ehemalige Privatsammlung der Prinzessin Bona Borromeo.

Im Anschluss an die Museumsräume kann man die Säle des Piano Nobile durchqueren: die **Sala della Mitologia** mit einer Sammlung wertvoller Majoliken, die **Sala del Buon Romano** mit einem Bildnis, auf dem Giovanni Borromeo („Der gute Römer") die Goten aus Rom vertreibt, die **Sala delle Ceremonie,** wohin nach Bombenangriffen im Zweiten Weltkrieg Freskenfragmente aus dem Borromeo-Palast in Mailand in Sicherheit gebracht worden waren, die **Sala di San Carlo** mit einem Porträt des berühmten Kardinals Carlo Borromeo (→ S. 245) und die **Sala dei Fasti Borromeo** (Ruhmes- oder Prunksaal) mit zwei großen Gemälden, die den Ruhm der Borromeo-Familie verkünden.

Schließlich erreicht man den größten Saal der Burg, die imposante **Sala della Giustizia** mit einem eleganten Kreuzrippengewölbe. Ihre Wände schmücken gut erhaltene Fresken eines unbekannten Künstlers aus dem 14. Jh., u. a. ist hier der Sieg des Ottone Visconti über die Torriani im Jahr 1277 dargestellt.

Die prächtige Sala della Giustizia

Nun kann man noch den hohen Bergfried erklimmen, bevor es durch die **Galleria** (Treppenhaus mit Ruhmesgemälden der Borromei) in Richtung Ausgang geht. Im Museumsshop werden diverse Andenken verkauft. Von dort führt ein Weg in den Garten mit Weinreben, Blumen und Heilkräutern an der Seeseite der Anlage.

■ Mitte März bis Mitte Okt. tägl. 9–17.30 Uhr; Eintritt ca. 10 €, Kinder (6–15 J.) ca. 6,50 €, Familien mit zwei Kindern erhalten ein Kinderticket gratis. ☎ 0331-933478, www.isoleborromee.it.

Ranco

Der idyllische Uferort nördlich von Angera ist ein Tipp für einen ruhigen und erholsamen Urlaub. Es gibt drei Hotels und verstreute Ferienhäuser, eine luftige Uferpromenade mit netter Abendbar und verschiedene Bademöglichkeiten, vor allem an der Straße in Richtung Angera.

Neben dem kleinen Sporthafen bietet der **Giardino Comunale** viel Ruhe und einen herrlichen Seeblick, Familien mit Kindern finden hier den vielleicht am schönsten gelegenen Spielplatz am See.

PLZ 21020

Übernachten/Essen   **** **Il Sole di Ranco.** Ruhige Lage am See, gepflegte Zimmer, schöner Garten mit Pool, seit vielen Jahren geführt von Familie Bovelli. Das hauseigene Restaurant ist weithin bekannt, eine Michelin-Auszeichnung ist der Lohn für die kreative Küche mit opulenter Weinauswahl. Man speist auf einer Terrasse mit Seeblick, Degustationsmenü ca. 100 € (Mo/Di geschl.). DZ/F ca. 150–280 €. Piazza Venezia 5, ☎ 0331-976507, www.ilsolediranco.it.

MeinTipp   *** **Belvedere.** Sympathisches Mittelklassehaus, etwas zurück vom Wasser, seit 1865 im Besitz von Familie Merzagora, freundlich geführt. Gut eingerichtete Zimmer und Restaurant mit schöner, oft bis auf den letzten Platz belegter Terrasse unter Weinlaub und mit wunderbarem Seeblick (Mi geschl.). DZ/F je nach Blick ca. 120–170 €. Via Piave 11, ☏ 0331-975260, www.hotelristorantebelvedere.it.

MeinTipp **B & B Oasi Degli Dei.** Etwas abseits und ruhig, gepflegte, helle Räume im minimalistischen Zen-Stil, kleiner Wellnessbereich, schöner Garten mit Pool. DZ/F ca. 100–120 €. Via Uponne 3, ☏ 0331-1401439, https://oasideglidei.it..

Unterhaltung Il Molo. Beliebtes Weinlokal/Bar am See, man sitzt an rustikalen Holztischen im Freien. Zum Wein werden Käse und Wurstwaren gereicht, es gibt aber auch leckere warme Gerichte. Geöffnet mittags bis spätabends. ☏ 0331-975190.

Golf   Golfplatz am nahen Lago di Monate (→ S. 163).

Lisanza

Im äußersten Süden des Lago Maggiore liegt dieses kleine Dorf mit gut geführtem Campingplatz und sympathischer Uferzone – Stein-/Kiesstrand mit baumbestandener Rasenfläche und dem Caférestaurant „Lisanzalake", vermietet werden Liegen und komfortable „Beachbeds". Besonders schön ist hier der Blick auf den See und die Berge dahinter.

PLZ 21018

Übernachten   B & B Ca' dal Cicin. Drei Zimmer in einem einstigen Fischerhaus nah am Lago, schöner Seeblick, sauber, gemütlich und ruhig. DZ/F ca. 70 €. Via San Pietro 2, ☏ 0331-974037, www.cadalcicin.it.

Camping   ** Camping Lido Okay.** Direkt am See, netter Platz mit zwei Pools und Vermietung von Bungalows und Mobil Homes. Via per Angera 115, ☏ 0331-974235, www.camping-okay.com.

Essen & Trinken   San Pietro. Wenige Meter oberhalb vom Strand, mit Außenterrasse. Leckere Seeküche, z. B. *risotto con filetti di pesce persico e burro fuso*. Di/Mi geschl. (außer Aug.). Via San Pietro 2, ☏ 0331-977197.

Al Porticciolo. Kleine Terrasse am See, wenige Meter vom Jachthafen, nur Außenplätze, abends mit Kerzenlicht, freundlicher Service und sizilianisch inspirierte Fischküche. Via Per Angera 1, ☏ 336-419798.

Der ruhige Strand von Lisanza

An der Promenade von Sesto Calende

Sesto Calende und Umgebung

Die Kleinstadt liegt am Südende des Sees direkt am Ausfluss des Ticino. Eine mächtige Eisenbrücke von anno dazumal führt hier über den Ticino, der die Grenze zur Region Piemont bildet.

Im ruhigen, überschaubaren Kern gibt es eine schattige Uferpromenade am Ticino mit schönem Blick auf die gepflegten Anwesen des Nachbarorts **Castelletto sopra Ticino** auf der anderen Flussseite.

An der zentralen Anlegestelle erinnert eine Gedenksäule an den Nationalhelden Giuseppe Garibaldi, der hier im Mai 1859 an Land ging, um wenige Tage später beim nahen Comer See gegen die Österreicher zu kämpfen. Am Ende der Promenade führt ein beschaulicher Fußweg (kurzzeitig auf einer Straße) am Seeufer weiter in Richtung Golasecca.

An Sommerwochenenden sollte man die Uferstraßen um Sesto Calende besser meiden, da sie von Ausflüglern permanent überlastet sind und sich lange Staus bilden!

Sehenswertes

Civico Museo Archeologico: Im Rathaus an der Piazza Mazzini sind Funde aus der so genannten Golasecca-Kultur ausgestellt. Damit bezeichnet man eine Kultur, die sich in der frühen Eisenzeit im Umkreis des Ticino entwickelte. Benannt ist sie nach einem Dorf südlich von Sesto

Calende, wo man einige Gräber mit reichhaltigen Grabbeigaben aus dem 9.–6. Jh. v. Chr. gefunden hat.

■ Im Sommer Mo, Mi, Fr 9–12.30, Di, Do 9–12, 15–18, So 10–12 Uhr (Aug. geschl.), im Winter Mo–Do 9–12.30, 14.30–16.30, Fr 9–12, So 15–18 Uhr, Sa geschl. Eintritt ca. 2 €, unter 18 und über 65 J. 1 €. ✆ 0331-928160.

Umgebung

Nördlich vom Zentrum steht an der alten Straße nach Taino die ehemalige Klosterkirche **San Donato** mit Fresken aus dem 15. Jh. und aus späteren Jahrhunderten.

Wenige Kilometer weiter trifft man auf eine Abzweigung, wo es links zur kleinen, ebenfalls freskengeschmückten romanischen Kapelle **San Vincenzo** geht. Von den Malereien, die ursprünglich wohl das gesamte Kircheninnere bedeckten, sind nur in der Apsis und an der rechten Wand Malereien aus dem 14. und 15. Jh. erhalten geblieben. Die Funde aus den zahlreichen Grabstätten, die man im Umkreis gefunden hat, sind im Museum von Sesto Calende ausgestellt.

Einige hundert Meter entfernt (beschildert) findet man im Wald die **Sassi di Preia Buia**, zwei erratische Blöcke mit prähistorischen Einritzungen, den so genannten „Cuppelle" – Hinweis darauf, dass diese Gegend schon in frühgeschichtlicher Zeit Kultstatus hatte.

Praktische Infos

PLZ 21018

Information **IAT.** Kiosk an der Uferpromenade. April bis Sept. Di–So 9.30–12, 14.30–18 Uhr, Mo geschl. Viale Italia. ✆ 0331-919874, www.prosestocalende.it.

Hin & weg Bus Nr. 20 fährt von und nach Angera, Ispra und Varese, Bus 25 nach Varese und in der anderen Richtung nach Arona am Westufer des Lago Maggiore.

Einkaufen **Markttag** ist Mi, außerdem findet jeden dritten Sa im Monat (außer August)

der Antiquitäten- und Flohmarkt **Sextum Mercatum** an der Flusspromenade statt.

Übernachten/Essen ***** Tre Re.** Modernes, familiengeführtes Haus in schöner Lage an der Uferpromenade (Eingang an der Piazza Garibaldi), komfortable Zimmer mit Balkonen und Flussblick, auch das Restaurant mit Blick auf den Fluss. DZ/F ca. 90–120 €. Piazza Garibaldi 25, ✆ 0331-924229, www.hotel3re.it.

*** Sole. Älteres, aber schön restauriertes Haus mit Ristorante in zentraler Lage, Tische im Innenhof. Im Obergeschoss werden einige geschmackvoll eingerichtete Zimmer vermietet. Restaurant Mi-Mittag u. Di geschl. (außer Juli/Aug.). DZ/F ca. 110 €. Ruga del Porto Vecchio 1, ✆ 0331-913092, www.solesesto.it.

*** Del Parco. Gepflegtes Haus mit schöner Terrasse etwas östlich außerhalb am Fluss, auf der verkehrsfreien Uferpromenade kommt man in 10 Min. ins Zentrum. Mit Parkplatz. Flughafenshuttle möglich. DZ/F mit Flussblick ca. 140 €. Via Gugliemo Marconi 48, ✆ 0331-922577, www.hotel-del-parco.com.

Essen/Trinken **Il Cantuccio del Felipe.** Mal was anderes, kleines romantisches Lokal mit Tischen an der Uferpromenade, Der Wirt liebt die Karibik, als kostenlosen Aperitivo gibt es eine Piña Colada, dazu karibische Musik, gute italienische Küche (glutenfrei), aber auch Paella – und zum Abschluss Verkostung zahlreicher Rumvariationen. M igeschl. Viale Italia 7, ✆ 0331-923079.

Piazza Abba La Reclame. Gemütliches Ristorante/Pizzeria mit Außenplätzen an einem ruhigen Seitenplätzchen, wenige Meter von der Piazza Garibaldi. Mo geschl. Piazza Cesare Abba 9, ✆ 0331-913167.

La Veranda. Ruhige Lage am Ende der Promenade, schöner Blick auf die breite Flusskrümmung. Ab 17.30 Uhr Aperitivo, danach Restaurant. Piazza Berera 13, ✆ 328-1357569.

meinTipp **MoMa.** Bei SiMOne, AnnaMAria und ihrer Mutter wird feine Küche auf hohem Niveau zelebriert, schickes Ambiente, professionell geführt. Entsprechend der Qualität etwas teurer. Mo-Mittag und Di geschl. Piazza Federico Berera 18, ✆ 0331-923473.

Nachtleben **La Tana del Luppolo.** Überraschend gut sortierte Bierbar gegenüber vom

Zeitungskiosk an der Piazza Garibaldi. Belgische, englische und bayerische Biere, aber auch viel von anderen Kontinenten – für Liebhaber eine Fundgrube. Mo geschl. ✆ 0331-920846.

Holly Drink. Ebenfalls bei der Piazza Garibaldi, Fabio und Massimo bieten in ihrer kleinen Enoteca zu besten Weinen Snacks und gute Küche. So geschl. Via Zutti 2, ✆ 0331-920610.

Golasecca

Das verwinkelte Dorf liegt südlich von Sesto Calende oberhalb vom Ufer des Ticino. Es ist bekannt für seinen markanten Staudamm **Diga della Miorina,** der zur Regulierung des Wasserspiegels von Lago Maggiore und Ticino angelegt wurde und mittels einer Schleuse auch für Boote passierbar ist.

Ein wenig nördlich davon überquert die Autobahn A 26 den Ticino auf einer hohen Brücke, darunter liegt ein begraster Uferstreifen namens **Spiaggia Melissa** mit Freiluftbar und Liegen/ Sonnenschirmen. Baden ist zwar offiziell verboten, plantschen aber nicht. In Richtung Sesto Calende trifft man bald auf einen Campingplatz.

∗∗ Camping Il Gabbiano. Nördlich von Golasecca, Platz mit Pool direkt am Ufer des Ticino. Mai bis Sept. Viale Europa 81, ✆ 0331-959131, www.campingilgabbiano.com.

Somma Lombardo

Von Golasecca sind es nur etwa 4 km in die Kleinstadt, wo sich am Rand des Centro storico das prächtig ausgestattete Castello Visconti di San Vito aus dem 13.–16. Jh. erhebt.

Castello Visconti di San Vito: Das Kastell besteht eigentlich aus drei verschiedenen Burgen, die auf Grund eines Familienstreits der Visconti entstanden, mittlerweile aber wieder vereint

Das trutzige Kastell von Somma Lombardo

Italienisches Ostufer → Karte S. 108

sind. Man kann u. a. die freskenverzierten Säle, das königliche Schlafzimmer (die italienische Königsfamilie weilte anlässlich von Manövern mehrfach im Schloss) und eine spanische Waffensammlung besichtigen, aber auch die weltgrößte Sammlung von Barbierschüsseln (mehr als 500) aus den verschiedensten Materialien. Mitte September findet in Somma Lombardo alljährlich die große „Fiera del Castello" statt.

▪ April bis Okt. Sa/So 10–11.30, 14.30–18.30 Uhr. Nur mit Führung, ca. 7 €, 6–12 J. 5 €, Familie 15 €. ☏ 0331-256337, www.castellovis contidisanvito.it.

Parco Naturale della Valle del Ticino

Vom Südende des Lago Maggiore fließt der Ticino 80 km weit Richtung Süden, bis er bei Pavia in den breiten Po mündet. Entlang des Flusslaufs ist schon seit 1974 ein ausgedehntes Naturschutzgebiet ausgewiesen, das 2002 von der Unesco als Biosphärenreservat deklariert wurde.

Eine reiche Vogelwelt nistet in der wuchernden Vegetation der von Flussläufen durchkreuzten Wälder, durch die zahlreiche Wanderwege und Radpisten führen. Auch einige Besucherzentren gibt es, z. B. in einer ehemaligen österreichisch-ungarischen Zollstation in Tornavento bei Lonate Pozzolo oder das Centro Parco „Cascina Monte Diviso" in Caiello bei Gallarate (www.parcoticino. it). Kartenmaterial und weitere Hinweise erhält man in den Informationsbüros von Sesto Calende und Somma Lombardo. Ein Besuch des Parks ist allerdings am ehesten in Frühjahr und Herbst anzuraten, denn im Sommer können einem die Mückenschwärme schwer zu schaffen machen.

Ob von Sesto Calende Schiffstouren auf dem Ticino angeboten werden, muss man in Sesto erfragen, denn in den letzten Jahren waren sie ausgesetzt. Die so genannte **Marmorroute** (Via dei Marmi) führt in knapp 2 Std. durch die Schleuse von Miorina bis Porto Torre. Dieser Wasserweg wurde bereits im 14. Jh. zum Transport von Marmorblöcken von den Steinbrüchen am Westufer des Lago Maggiore (→ S. 211) für den Bau des Doms in Mailand genutzt.

Was haben Sie entdeckt?

Haben Sie eine gemütliche Trattoria, eine schöne Wanderung oder ein nettes Hotel entdeckt? Wenn Sie Ergänzungen, Verbesserungen oder neue Tipps zum Buch haben, lassen Sie es uns bitte wissen!

Schreiben Sie an: Eberhard Fohrer, Marcus X. Schmid, Stichwort „Lago Maggiore"

c/o Michael Müller Verlag GmbH | Gerberei 19, D – 91054 Erlangen

eberhard.fohrer@michael-mueller-verlag.de, mxs@michael-mueller-verlag.de

Blick über den Lago Maggiore auf die Seen des Varesotto

Ausflug ins Varesotto

Die Hügelregion Varesotto südöstlich vom Lago Maggiore besitzt einige hübsche Seen und ist gut für einen oder mehrere Abstecher. Vom südlichen Lago Maggiore sind es nur wenige Kilometer dorthin.

Zwar ist die Gegend z. T. hoch industrialisiert und dicht besiedelt, trotzdem gibt es noch viele ruhige und üppig grüne Ecken, die manchmal sogar ein leicht toskanisches Flair ausstrahlen, darunter der große und dicht bewaldete Naturpark **Campo dei Fiori.**

Die kleinen **Seen** des Varesotto stehen natürlich im Schatten des großen Nachbarn, bieten aber viel Ruhe, Radrundwege und, abgesehen von Lago di Varese und Lago di Comabbio, auch Bademöglichkeiten.

Mit dem **Monte Sacro di Varese** gibt es sogar ein Ensemble, das mit acht weiteren ähnlichen Anlagen in Lombardei und Piemont seit 2003 zum Weltkulturerbe der Unesco gehört.

Varese

Die große und wohlhabende Stadt ist zentraler Knotenpunkt des Varesotto. Interessant sind vor allem der Stadtpark Giardini Estense mit der Villa Mirabello (Städtische Museen), die Villa Menafoglio-Litta-Panza mit einer bedeutenden Kunstsammlung der Moderne und der nahe Sacro Monte di Varese.

Wer Brescia kennt, wird im Stadtbild Ähnlichkeiten feststellen, denn auch Varese wurde während der faschisti-schen Epoche grundlegend umgestaltet. Vor allem auf der zentralen Piazza Monte Grappa und in ihrer

Umgebung wurde die historische Architektur den glatten, monumental aufragenden Granitwänden des „Fascismo" geopfert. Das benachbarte Altstadtviertel zeigt sich dagegen mit seinem großen Fußgängerbereich, der aus dem von Laubengängen flankierten Corso Matteotti, der Piazza Carducci, der Via Carlo Cattaneo und vielen gewundenen Seitengassen besteht, durchaus angenehm. An warmen Sommertagen flaniert hier die halbe Stadt auf und ab oder sitzt in den schönen alten Cafés.

Sehenswertes

Durch ein Tor im Laubengang des Corso Matteotti erreicht man einen von historischen Palazzi umgebenen Platz mit der **Basilica San Vittore.** Die klassizistische Fassade mit dem freistehenden, 77 m hohen Glockenturm und seinen riesigen Löwenköpfen steht im Kontrast zu etwas niedrig und gedrungen wirkenden Innenraum, der aber mit Fresken, Stuck und Gemälden verschwenderisch ausgestattet ist, insbesondere der vollständig ausgemalte Altarbereich.

Unmittelbar benachbart steht das romanische **Battistero San Giovanni Battista** mit einem Taufbecken aus einem einzigen Steinblock und vielen Fresken, allerdings ist es wegen Personalmangels nur selten geöffnet.

Giardini Estense: Nur wenige hundert Meter entfernt kann man diese ausgedehnten Gärten besuchen, die sich hinter dem gleichnamigen Palast erstrecken, der heute Sitz der Stadtverwaltung ist. Die Anlage wurde im 18. Jh. unverkennbar nach dem Vorbild des Habsburger Schlosses Schönbrunn in Wien angelegt. Auf breiten Wegen zwischen abgezirkelten Rasenflächen mit kunstvoll im Stil des Rokoko beschnittenen Bäumen und Sträuchern kann man schön bummeln.

▪ Tägl. 8 Uhr bis Sonnenuntergang, im Juli/August länger, Eintritt frei.

Villa Mirabello: Am höchsten Punkt der Giardini Estense ist das Archäologische Museum der Stadt untergebracht. Es besitzt vor allem römische Stücke, darunter Sarkophage, Grabsteine, Keramik, Münzen, Bronzen und Glas. Ein besonders dekoratives Stück ist die „Coppa Cagnola" aus Kupfer und Glas, gefunden am Lago di Varese. Außerdem gibt es ein mumifiziertes Kind aus dem 2. Jt. v. Chr. Zu sehen.

▪ Di–So 9.30–12.30, 14–18 Uhr, Mo geschl.; Eintritt ca. 4 €. ✆ 0332-255485.

Villa Panza (eigentlich: Villa Menafoglio Litta Panza di Biumo): Ein ganz besonderer Leckerbissen für Kunstliebhaber ist diese Villa aus dem 17. Jh. in einem großen Park auf dem Hügel Biumo Superiore nördlich vom Zentrum, wo noch mehrere prächtige Villen stehen. Der frühere gräfliche Eigentümer Giuseppe Panza hat hier im stilvollen Rahmen der stuck- und freskenverzierten und mit historischem Mobiliar ausgestatteten Villa eine große Sammlung zeitgenössischer Kunst und Kunstinstallationen zusammengetragen (hauptsächlich aus Amerika), die er 1996 der bekannten Stiftung FAI (Fondo Ambiente Italiano) übereignet hat. Daneben hat er auch afrikanische und vorkolumbische Stücke gesammelt.

Vom Zentrum sind es ca. 20 Fußminuten zur Villa oder man nimmt Bus A ab Piazzale Trieste (Bahnhof) östlich vom Centro storico.

▪ Di–So 10–18 Uhr (letzter Einlass 17.15 Uhr), Mo geschl.; Eintritt ca. 15 €, 6–18 J. ca. 7 €, Stud. bis 25 J. ca. 10 €, Eintritt zum Park 3 €, Parkplatz 2,50 €/Tag. Piazza Litta 1, ✆ 0332-283960, www.fondoambiente.it.

Praktische Infos

PLZ 21100

Information   IAT. Bestens ausgestattetes Büro an der zentralen Piazza im Zentrum. Mo-Sa 9.30–13, 14–17.30 Uhr, So geschl. Piazza Monte Grappa 5/Ecke Via Bernascone, ✆ 0332-281913, www.varesecittagiardino.it.

Hin & weg In und um die Stadt verkehren die Busse von **AVT** (www.avtvarese.it).

Übernachten   * Bologna.** Im historischen Zentrum, Nähe Piazza Carducci, nur wenige Meter zur Fußgängerzone. Das Hotel ist Teil eines restaurierten Klosterkomplexes. Familienbetrieb seit über sechzig Jahren, freundlich geführt, Zimmer im schlicht-eleganten Design, eigener Parkplatz, empfohlenes Restaurant (→ Essen & Trinken). DZ/F ca. 95 €. Via Giuseppe Broggi 7, ✆ 0332-232100, www.albergobologna.it.

Essen & Trinken   Premiata. Beliebte Gnoccheria/Risotteria in der Fußgängerzone, Nähe Piazza Carducci. Gemütliches Ambiente im Gewölbekeller, reichhaltiges und leckeres Angebot an Primi. Di-Mittag und Mo geschl. Via Carlo Cattaneo 1, ✆ 0332-831717.

Mein Tipp Bologna. Zum Hotel (→ Übernachten) gehört ein ausgezeichnetes Restaurant, dessen Qualität weithin gelobt wird. ✆ 0332-232100.

Vecchia Trattoria della Pesa. Behaglich-elegantes Ristorante ein paar Schritte weiter, Holzbalkendecke, Natursteinmauern und offener Kamin, netter Service. Traditionelle Küche mit vielen hausgemachten Zutaten, besondere Hausspezialität ist das Risotto. Keine Pizza. Gute Auswahl an Grappa. Via Carlo Cattaneo 14, ✆ 0332-287070.

La Tavernetta. Ebenfalls gleich in der Nähe, kleines, feines Lokal mit gutem Service. Di geschl. Via Vetera 2, ✆ 03327281076.

Osteria di Piazza Litta. Etwas außerhalb vom Zentrum, Osteria mit interessanter Fusionküche, der Tipp nach der Besichtigung der benachbarten Villa Panza (→ Sehenswertes). Sa-Mittag, So-Abend und Mo geschl. Piazza Litta 4, ✆ 0332-289167.

Unterhaltung   Vineria del Croce 8. Gemütliche Enoteca in einer Seitengasse der Fußgängerzone, Nähe Piazza Giovane Italia. Großes Angebot an italienischen und ausländischen Weinen, dazu *taglieri di affettati*, verschiedene Primi, Piatti und Tapas, auch zum Draußensitzen. Tägl. ab 17 Uhr bis 2 Uhr nachts, Mo geschl. Via Carlo Croce 8, ✆ 338-2922929.

Conrad Colonial Café. Schickes Nachtcafé bei der Piazza Carducci in der nördlichen Fußgängerzone. Tägl. 17–3 Uhr. Via Carlo Cattaneo 1, ✆ 0332-235742.

Die prächtige Villa Mirabello im Stadtpark

Italienisches Ostufer → Karte S. 108

Sacro Monte di Varese

Etwa 8 km nordwestlich der Stadt erstreckt sich der Naturpark Campo dei Fiori, der im 1226 m hohen Monte Campo dei Fiori gipfelt. Auf einem 883 m hohen Nebengipfel – genannt Sacro Monte di Varese – thront der pittoresk übereinandergestaffelte Ort Santa Maria del Monte sopra Varese mit einem alten Marienheiligtum.

Die Anfahrt ist ab Varese ausgeschildert. Man kann mit dem Auto, per Bus oder am Wochenende mit der Funicolare (Standseilbahn) hinauffahren – oder in etwa 45 Min. zu Fuß gehen. Bei klarer Sicht reicht der Blick über den Campo dei Fiori bis zu den Viertausendern um den Monte Rosa. Aber die schöne Aussicht ist es nicht, die die zahlreichen Besucher anzieht – der Berg ist vielmehr seit Jahrhunderten ein traditionsreiches Ziel für Pilger, die der altehrwürdigen „Madonna Nera" ihre Aufwartung machen wollen und den schweißtreibenden Fußweg zum Gipfel nehmen. Mittlerweile ist er aber auch ein populäres Ausflugsziel geworden – Wanderer, Touristen und Liebespaare erklimmen den Berg und an Sommerwochenenden ist die Funicolare unermüdlich in Betrieb.

Seinen Ausgang nahm der Marienkult mit der Einsiedlerin Caterina Moriggia aus Verbania Pallanza am Lago Maggiore, die sich 1452 im Alter von 15 Jahren (!) auf dem einsamen Berg niederließ, der damals schon seit Jahrhunderten im Zeichen der Marienverehrung stand. Zwei Jahre später kam Giuliana Puricelli dazu und bald waren es schon fünf Frauen, die hier streng nach der Regel des Augustinus in Klausur lebten. Aus diesen Anfängen entstand unter Papst Sixtus IV. zunächst eine Wallfahrtskirche (Santuario), dann eine Klosteranlage des Ordens der Romite Ambrosiane (Sant'Ambrogio di Nemus), die die Madonna del Rosario in den spirituellen Mittelpunkt ihres kontemplativen Lebens stellten.

Im Zeitalter der Gegenreformation erhielt die Marienverehrung im Katholizismus einen noch höheren Stellenwert, größter Förderer war der Mailänder Bischof Carlo Borromeo (→ S. 246). So ging man um 1605 daran, das Ge-

Eine Standseilbahn führt auf den Sacro Monte di Varese

denken an die heilige Jungfrau mit einem würdigen Bauensemble zu unterstützen, inspiriert von den Ideen des Kapuzinerpaters Gian Battista Aguggiari: Zur Bergspitze mit dem Santuario legte man einen Pilgerweg mit 14 Kapellen an, in denen die Wundertätigkeit Marias mit lebensgroßen Figurentableaus nachgestellt wurde.

Jede Kapelle ist dabei einem Geheimnis des Rosenkranzes gewidmet. Die fünfzehnte Kapelle ist schließlich das Santuario selbst.

Aufstieg

Der breite, graswachsene, allerdings auch reichlich steile Weg zieht sich in mehreren Kehren bis zur Spitze. Er ist

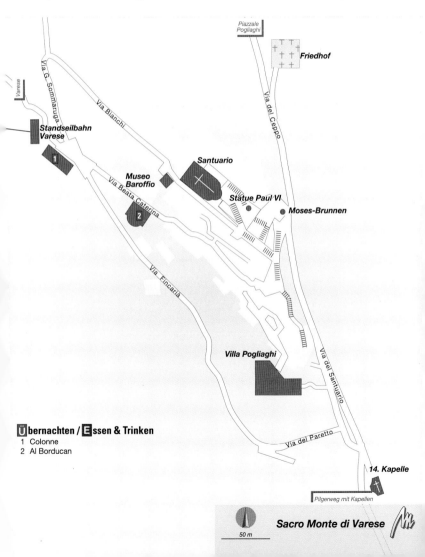

Piazzale Pogliaghi

Friedhof

Via del Ceppo

Via G. Sommaruga

Varese

Via Bianchi

Standseilbahn Varese

1

Santuario

Museo Baroffio

Via Beata Caterina

2

Statue Paul VI

Moses-Brunnen

Via Fincaria

Villa Pogliaghi

Via del Santuario

Übernachten / **E**ssen & Trinken
1 Colonne
2 Al Borducan

Via del Paretto

14. Kapelle

Pilgerweg mit Kapellen

Sacro Monte di Varese

50 m

2 km lang und 300 Höhenmeter sind zu überwinden (ca. 45 Min. hinauf, 30 Min. hinunter).

Der Beginn liegt bei der **Chiesa dell'Immacolata** (Kirche der unbefleckten Empfängnis), danach kommt man an vierzehn Kapellen vorbei, ausgeschmückt mit Werken der bekanntesten lombardischen Maler und Bildhauer des 17. Jh. Die Kapellen sind verschlossen, man kann aber durch die Fenster ins Innere blicken. An der Außenfassade der dritten Kapelle ist auf 30 qm die „Flucht nach Ägypten" (Fuga in Egitto) von Renato Guttuso aus dem Jahr 1983 zu sehen. Guttuso (1911–1987) war einer der Hauptvertreter des sozialistischen Realismus in Italien. Obwohl Atheist und politisch eher links orientiert, behandelte er wegen ihrer Allgemeingültigkeit gerne auch religiöse Themen. Die Flucht aus Ägypten war für ihn ein Symbol für alle Vertriebenen und Flüchtlinge der Welt, Joseph und Maria betrachtete er ein wenig provokativ sogar als fliehende Palästinenser.

Casa Museo Pogliaghi: Kurz vor dem Gipfel steht linker Hand die eigenwillige Sammlung des Bildhauers Lodovico Pogliaghi, der bis 1950 dort lebte, darunter auch ägyptische und griechisch-römische Exponate.

▪ Sa/So 10–18 Uhr, Juni bis Aug. auch Fr/Sa 18.30–20.30 Uhr. Eintritt ca. 6 €, Sammelticket mit Museo Baroffio und Cripta Romanica 12 €. ☏ 328-8377206.

Santuario di Santa Maria del Monte

Oben auf der Höhe erreicht man schließlich die Wallfahrtskirche mit der Statue der „Schwarzen Madonna" aus dem 14. Jh. und den Reliquien der Ordensgründerinnen (in den Seitenkapellen rechts). Die Kirche stammt in ihrer wesentlichen Substanz vom Ende des 15. Jh., die Innenausstattung wurde jedoch in der Barockzeit mit Stuck, Öl-

gemälden und Fresken stark verändert. Auf dem Vorplatz steht eine eindrucksvoll-bizarr gestaltete Bronzestatue von Papst Paul VI., errichtet 1986, ganz in der Nähe der so genannte **Moses-Brunnen.**

▪ Tägl. 7–12, 14–18, im Winter bis 17.30 Uhr.

Cripta Romanica: In der Krypta des Santuario sind Wand- und Bodenfragmente einer Kirche aus frühchristlicher Zeit (5./6. Jh.) erhalten.

▪ Mi–Fr 14–18, Sa/ So 10–18 Uhr. Eintritt ca. 5 €. ☏ 328-8377206.

Museo Baroffio: Das kleine Museum an einer Terrasse unterhalb der Kirche zeigt mittelalterliche Handschriften und barocke Gemälde von lombardischen Meistern.

▪ Mi–Fr 14–18, Sa/ So 10–18 Uhr. Eintritt ca. 5 €, unter 18 und über 65 J. ca. 3 €. ☏ 0332-212042.

Santa Maria del Monte sopra Varese

Um das Santuario zieht sich ein labyrinthisch anmutendes Hügeldorf mit engen, teils überwölbten Gassen. Dort findet man einige Hotels und die Station der Standseilbahn.

Praktische Infos

Hin & weg **Bus C** fährt etwa 2-mal stündl. ab Via Paolo Maspero/Piazzale Kennedy (Bahnhof) über Corso Aldo Moro und Via Vittorio Veneto im Stadtzentrum von Varese zur Talstation Vellone der Standseilbahn und weiter bis auf den Berg.

Die **Funicolare** ist in der Regel nur Sa/So 10–19 Uhr in Betrieb, zu Stoßzeiten wie Ferragosto im August dagegen täglich und in der kalten Jahreszeit nur So (Fahrten alle 10 Min., einfach ca. 1 €, mit Bus 1,40 €). Infos unter www.varese funicolari.org.

Übernachten/Essen   Beide Adressen sind sehr zu empfehlen, vor allem die Restaurants kosten aber ihren Preis.

★★★★ Colonne ❶ Älterer Palazzo zwischen Santuario und Funicolare-Station, schön renoviert, helle und gepflegte Zimmer mit herrlichem Blick, netter Service, Parken kostenlos.

Großes Highlight ist das exzellente Restaurant mit seiner Panoramaterrasse und Blick auf den Lago di Varese, das Überraschungsmenü von Silvio Battistoni sollte man sich nicht entgehen lassen (Mo geschl.). DZ/F ca. 90–140 €. Via Fincarà 37, 21130 Santa Maria del Monte sopra Varese, ✆ 0332-220404, www.albergocolonne.it.

**** Al Borducan 🔢 Seit 1924, ebenfalls zwischen Santuario und Funicolare, liebevoll restauriertes Haus im Liberty-Stil, zehn Zimmer, alle verschieden (teils auf zwei Ebenen). Romantisches Café/Restaurant in einem Rundsaal mit Kerzenlicht, dazu Terrasse und herrlicher Blick (Di geschl.). Der Gründer des Hauses hat einen Orangenlikör namens „Elisir Al Borducan" kreiert (nach dem arabischen Wort burduqal für Orange), den man auch heute noch hier kosten kann. DZ/F ca. 80–130 €, Adults only. Via Beata Caterina Moriggi 43, 21130 Santa Maria del Monte sopra Varese, ✆ 0332-220567, www.hotelalborducan.com.

Lago di Ghirla

Der kleine Badesee nördlich von Varese ist über die SS 233 zu erreichen. Der Zwei-Sterne-Camping „Trelago" (Anfang April bis Mitte Sept., ✆ 0332-716583, www.3lagocamping.com) liegt am Westufer, benachbart ein Strandbad mit großer Badewiese (Eintritt).

Von Varese kommend passiert man vorher den winzigen **Laghetto Fonteviva**, an dessen Ufer sich häufig Angler treffen. In der gleichnamigen Locanda, ein attraktives Holzhaus, kann man sehr schön einkehren, auch Pizza wird serviert (Mi geschl., So durchgehend warme Küche, ✆ 0332-840130).

Und kurz bevor man den Lago di Ghirla erreicht, liegt linker Hand der unter Naturschutz stehende **Lago di Ganna**, Baden ist hier verboten. Im benachbarten Ort Ganna lohnt die mittelalterliche Abtei **Badia di San Gemolo** einen Stopp. Höchst ungewöhnlich ist der fünfseitige Kreuzgang des Klosters, der allerdings in letzter Zeit geschlossen war. Das kleine Klostermuseum kann nach Vereinbarung besichtigt werden (✆ 0332-830772).

Lago di Varese

Südwestlich von Varese liegt dieser etwa 9 km lange und nur 26 m tiefe See in flacher Hügellandschaft, die Ufer sind größtenteils verschilft.

Der größte See des Varesotto ist ein beliebtes Naherholungsgebiet für die Einwohner von Varese, doch wegen der jahrzehntelangen Einleitung von Abwässern und der damit verbundenen Überdüngung kämpft er mit dem „Umkippen" und das Baden ist schon seit Langem verboten. Dafür ist er ein Tipp für Radfahrer, denn ein 28 km langer **Radweg** (Pista Ciclopedonale) umrundet den Lago. Einen Radverleih gibt es u. a. in Gavirate.

Das Inselchen **Isolino Virgina** liegt vor dem Westufer und kann an Wochenenden besucht werden (→ Kasten S. 161.).

Lido della Schiranna

Dies ist von Varese aus der seenächste Punkt. Am Ufer erstreckt sich der **Parco Zanzi**, ein ausgedehntes Naherholungsgebiet mit baumbestandenen Wiesenflächen, Picknickbänken, einer

Am Lido della Schiranna

Badeanstalt mit Pool, Karussells für Bambini und zwei Hotels.

Gavirate

Der Hauptort liegt am Nordende des Sees. Am flachen, baumbestandenen Ufer verläuft ein Promenadenweg. Im Sommer herrscht hier viel Ausflugsbetrieb, es gibt mehrere Cafés und einen Aussichtsturm. Ein modernes Hotel und ein Standplatz für Wohnmobile liegen ebenfalls nahe der Promenade.

Museo della Pipa: Für einschlägig Interessierte ist das beim zentralen Kreisverkehr an der Durchgangsstraße gelegene Museum der Firma „Paronelli Pipes" einen Besuch wert. Es besitzt eine umfassende Sammlung von mehr als tausend handgeschnitzten Pfeifen, darunter einzigartige Stücke wie eine riesige Meerschaumpfeife, die einst dem Schah von Persien gehörte, oder eine Opiumpfeife von Mao Zedong (Tse-tung). Im Showroom sind die heutigen Pfeifen von Paronelli Pipes ausgestellt, die man erwerben kann. Besichtigung mit Führung nach Ver-

einbarung per Telefon oder E-Mail, entweder durch den Sohn des Firmengründers (spricht ausgezeichnet Deutsch) oder den Enkel, der heute die Firma leitet.

■ Via del Chiostro 1/a, ☎ 340-7444130, www.paronellipipe.com.

Voltorre

Etwas südlich von Gavirate versteckt sich in dem kleinen Örtchen am Ostufer das ehemalige Benediktinerkloster **San Michele** aus dem 12. Jh. Es wurde vor einigen Jahren restauriert, besitzt einen schönen Kreuzgang, der aus 46 Säulen mit behauenen Kapitellen besteht, und einen Campanile, der eine der ältesten Glocken Italiens sein Eigen nennt. Ein Kulturzentrum veranstaltet Ausstellungen im Kloster.

■ Do–So 14–18 Uhr. ☎ 0332-731402.

Lago di Biandronno

Der unter Naturschutz stehende, etwa 130 ha große „See" liegt landeinwärts von Biandronno am Westufer und ist eigentlich ein verlandetes Torfmoor mit einigen Tümpeln, das fast völlig von Schilf überzogen ist.

Cazzago Brabbia

Am Südufer mündet der einzige Zufluss in den See. Etwas landeinwärts kann man das unter Naturschutz stehende Feuchtgebiet **Palude Brabbia** mit seiner reichen gefiederten Fauna besuchen. Zugang hat man von **Inarzo**, wo es auch ein Besucherzentrum gibt

▪ **Centro Visite**, Via Patrioti 22, nur So 9.30–12, 14–16.30 Uhr. ✆ 0332-964028.

Praktische Infos

Information **Pro Loco Gavirate.** in der Bahnstation der FNM (Ferrovie Nord). Mo–Fr 8–12, 14–17, Sa 8–12 Uhr. Piazza Dante 1, ✆ 0332-839403, www.progavirate.com. Im Sommer ist außerdem ein Kiosk an der Uferpromenade geöffnet. Lungolago Isola Virginia 8, ✆ 0332-744707.

Einkaufen Ein großer **Markt** findet am Fr-Vormittag in Gavirate auf der Piazza Mercato und dem Viale Garibaldi statt.

Fahrradverleih **Due Ruote Gavirate.** In Gavirate, hinter dem Albergo/Ristorante Lido, eine Std. kostet 4 €. ✆ 349-4125317, www.dueruotegavirate.it.

Übernachten **★★★★ Sunset.** Modernes Haus in Gavirate, wenige Schritte vom Seeufer. 52 saubere Zimmer, Seeblick und Restaurant (nicht immer offen). Im Garten Pool und Kneippgang, beides öffentlich zugänglich (Di–

So Ende Juni bis Ende Aug., Mo geschl., ca. 20 €). DZ/F ca. 90–130 €. Via al Lido 7, 21026 Gavirate, ✆ 0332-731023, www.sunsethotel.it.

Area Camper. 15 Stellplätze für Wohnmobile zentral am Lido di Gavirate, Wasserversorgung/-entsorgung, Elektrizität. Keine Reservierung möglich. Für 3 Std. jeweils ca. 1,50 €, Strom 1 € für 12 Std. Via Cavour, 21026 Gavirate, ✆ 0332-744707.

Essen & Trinken **Golden Beach.** Neu eröffnetes Terrassenlokal zentral am Seeufer in Gavirate. Via al Lido 22, 21026 Gavirate, ✆ 327-8721997.

Villa Cocca. Ebenfalls in Gavirate, schöne Lage in einem Garten am See. Pizza, Snacks und ganze Menüs, besonders beliebt zum Aperitivo. Den hauseigenen Swimmingpool kann man für 8 € (incl. Liege) den ganzen Tag nutzen. Tägl. durchgehend geöffnet. Via del Chiostro 14, ✆ 0332-747389.

MeinTipp **Fra.Mar.Tina.** In Cocquio Trevisago, wenige Kilometer nördlich von Gavirate. Gemütliche Trattoria in einem einstigen Kloster, sehr schöne Innenräume (großer Kamin) und überdachte Außenplätze im Innenhof. Leckere Meeresküche, alles mit Liebe gekocht und sehr freundlich geführt von Mutter und Tochter. Mo/Di geschl. Via Roma 74, ✆ 349-3957597.

Tana dell'Isolino. Einfaches Terrassenlokal bei der Anlegestelle auf der Isolina Virginia, direkt am See (➔ Kasten). Wenig Auswahl, aber leckere Fischküche und Risotti, freundlicher Service. Sa/So durchgehend 10–23 Uhr. ✆ 392-9742089, www.isolinovirginia.it/ristorante.

Isolino Virginia: Seeinsel mit neolithischen Pfahlbauten

Von Biandronno am Westufer kann man samstags und sonntags stündlich mit kleinen Fährbooten (ca. 5 € hin/zurück, ✆ 029-094242, www.navigareinlombardia.it) zu diesem vorgelagerten Inselchen übersetzen, wo eine mehr als 3000 Jahre alte Pfahlbausiedlung aus der Jungsteinzeit entdeckt wurde. Seit 2011 gehört sie mit vielen anderen Pfahlbauten im Alpenraum zum Weltkulturerbe der Unesco. Es gibt dazu einen archäologischen Lehrpfad und ein kleines Museum, danach lohnt eine Einkehr im Inselrestaurant (➔ Essen & Trinken). Tipp: Von Gavirate kann man zur Abfahrtsstelle der Fähren zur Insel Isolino Virginia bei Biandronno bequem am Ufer entlang zu Fuß gehen, das dauert ca. 1:15 Std.

Italienisches Ostufer ➔ Karte S. 108

Der Lago di Monate ist der beliebteste Badesee im Varesotto

Lago di Monate

Der nur 2,5 qkm große See ist der beliebteste Badesee im Varesotto. Er ist 34 m tief und gehört zu den saubersten und fischreichsten Gewässern der Region, weil seine Ufer weitgehend in Privatbesitz sind, Motorboote daher verboten sind und die Einleitung von Industrieabwässern vermieden wurde.

Badegelegenheiten findet man in **Cadrezzate** bei den Restaurants „Il Coppale" und „Il Larice Club" (südlich vom Zentrum) sowie beim Restaurant „La Playa" (nördlich vom Zentrum).

In **Monate** gibt es die Badewiesen „Spiaggia Monate" und „Oltre Lago" mit Snackbar und Liegen (Eintritt Juli/Aug. 3 €, Sa/So 5 €) sowie „L'Ultima Spiaggia" südlich von Monate, ein besonders schöner Badeplatz unter Bäumen, ebenfalls mit Liegestühlen (5 €/Tag) und Tretbootverleih.

Übernachten   ***La Locanda. Modernes Hotel in Cadrezzate, ca. 200 m vom See. Ordentliche Zimmer mit Balkon, gemütliches Ristorante, kostenloses Parken. DZ/F ca. 75–95 €. Piazza Garibaldi 61, ☎ 0331-910003, http://hotellocanda.it.

** Camping Lago di Monate. Ruhiger Platz am Südostufer, Sanitäranlagen okay, Bar/Restaurant, Ver-/Entsorgung für Wohnmobile, Verleih von Kajaks und Tretbooten. Ganzjährig. Via Lago di Monate 459, 21020 Comabbio, ☎ 0331-9685 66, http://campinglagodimonate.yolasite.com.

Essen & Trinken   La Playa. Restaurant/-Pizzeria/Bar nördlich von Cadrezzate direkt am See, Terrasse mit Liegestühlen und Dusche, am Wochenende sehr voll, auch Tanz und Musik.

Im Sommer täglich durchgehend geöffnet. Via Mogno 441, ☎ 335-7580301.

Miralago. Beliebte Pizzeria an der Straße gegenüber vom La Playa, große Auswahl. Mi geschl. Via Mogno 441, ☎ 0331-953284.

Ninfea. Ein wenig südlich vom La Playa, Terrassenlokal mit Wiese am See, sehr schön zum Sitzen. Mo geschl. Via Mogno 310, ☎ 0331-953336.

Golf   Golf dei Laghi. 18-Loch-Platz bei Travedona Monate am nördlichen Seeende. Via Trevisani 926, ☎ 0332-978101, www.golfdeilaghi.it.

Tretboote   Großer Verleih am Pontile di Attraco in Cadrezzate, bei einem Parkplatz neben dem Friedhof, zwischen Zentrum und Restaurant Ninfea (→ Essen & Trinken).

Lago di Comabbio

Etwas größer als der Lago di Monate, dafür nur 7,70 m tief – im Winter friert er deshalb häufig zu und wird zur großen Eislaufzone. Im Sommer ist sein Freizeitwert leider geschmälert, denn wie am Lago di Varese herrscht hier Badeverbot.

Bei Ternaste am Nordufer liegt der schöne **Parco Berrini** direkt am See, ein Radweg von etwa 12 km Länge umrundet von hier aus den See. Am Ostufer hat man Reste von Pfahlbauten aus der Bronzezeit entdeckt, bei **Mercallo** am Westufer sogar eine römische Nekropole.

Diverse Wander- und Radrouten durchqueren die Hügelregion, so sind die beiden anderen Seen mit dem Rad schnell zu erreichen und südöstlich von **Corgeno** am Südufer erhebt sich der 427 m hohe Hügel **San Giacomo,** der höchste Punkt des Naturparks Ticino (→ S. 152), ein schönes Ziel für Wanderer. Die ganze Gegend ist reich an erratischen Blöcken (Findlinge), die von eiszeitlichen Gletschern über weite Strecken hierher transportiert wurden.

Übernachten   **** Montelago. Neubau zwischen Ternaste und Varano Borghi am Nordufer des Lago di Comabbio, direkt am Radweg um den See und neben dem schönen Parco Berrini. Ruhiges Ambiente, gute Zimmer mit Balkon

und schönem Seeblick, schickes Restaurant (auch Pizza). Tretroller- und Radverleih. 30 Autominuten zum Flughafen Malpensa. DZ/F ca. 90–120 €. Via Roma 32, 21020 Ternate, ☎ 0332-960136, www.hotelmontelago.com.

Camping   * La Madunina.** Ruhiger Platz südlich von Varano Borghi unmittelbar am See. Liegebereich, Pool, Bar/Restaurant, Kinderspielplatz, Fußball, gute Sanitäranlagen, Waschmaschinen. Ganzjährig (Anfang Jan. bis Anfang Febr. geschl.). Via dei Martiri 12, 21020 Varano Borghi, ☎ 0332-960361, www.campinglamadunina.com.

Area Camper. Direkt am See beim Hotel Montelago (gehört dazu), bei Ankunft nach 19 Uhr 5 €/Tag, sonst 10 €. Wasserversorgung und -entsorgung, Elektrizität.

MeinTipp **Essen & Trinken   Cooperativa La Vittoriosa.** In Cuirone, südöstlich vom See. Einfaches und sympathisches Lokal, bereits seit den 1950er Jahren in Betrieb, an Wochenenden immer gut besucht, freundlicher Service. Angeschlossen sind eine Bar mit Billard und ein Lebensmittelladen. Während der Woche mittags Menü zum Festpreis. Mo geschl. Via Matteotti 1, ☎ 0331-946102.

Italienisches Ostufer → Karte S. 108

Italienisches Westufer

Der Westen war seit jeher die Vorzeigeseite des Sees. Schon seit dem Ende des 18. Jh. zogen sich die reichen Mailänder Adelsfamilien hierher zurück, später entstanden die großen Jugendstilvillen vermögender Großindustrieller und seit dem Ende des 19. Jh. begann der Tourismus zu boomen – bis heute hat sich daran nichts geändert.

Das prachtvolle „Grand Hotel des Iles Borromées", die gold- und stuckverzierte Bar des „Regina Palace" und die „Sky Bar" im Hotel La Palma – die nostalgische Hotelkultur von Stresa präsentiert sich einladend und voller Stil.

Ziele und Urlaubsorte sind zahlreich, wobei auch das Hinterland viel Interessantes bietet. Während sich im Norden um das malerische Städtchen **Cannobio** mit seinem langen Strand zahlreiche Campingplätze drängen, bietet das geschützt gelegene **Cannero Riviera** weiter südlich dank seines milden Klimas gehobene Hotellerie und gediegene Atmosphäre. Das **Valle Canobina** ist ein reizvolles Ziel für einen Tagesausflug, wer will, kann auf dieser Route durch das großartige Centovalli nach Locarno am See zurückkehren (→ Schweizer Teil des Sees). Ebenso schön, wenn auch anstrengend, ist die Bergtour auf schmalen und steilen Straßen von Cannero Riviera nach Verbania.

In der Seemitte herrscht Belle-Époque-Atmosphäre mit prunkvollen Palasthotels, botanischen Gärten, Palmenpromenaden und der Erinnerung an zahlreiche berühmte Gäste aus Adel und Politik. In **Stresa** und im benachbarten **Baveno** waren sie alle – Queen Victoria, Hemingway, George Bernard Shaw, die Zarenfamilie und Winston Churchill, heute gefolgt von russischen, holländischen, deutschen und amerikanischen Pauschaltouristen. Mit den „Giardini di Villa Taranto" besitzt das nahe **Verbania** den großartigsten Botanischen Garten am See, als Kontrastprogramm lockt in den Bergen dahinter der **Parco Nazionale della Val Grande**, das größte Wildnisgebiet Italiens, seit den 1960er Jahren nahezu unbewohnt und ein Dorado für Ruhe suchende Wanderer. Der obligate Ausflug zur prachtvollen Palastinsel **Isola Bella** und der „Fischerinsel" **Isola dei Pescatori** hat sich dagegen während der Hochsaison zu einem wahren „Massenevent" entwickelt, wobei jedoch die Abende auf der idyllischen Isola dei Pescatori erholsam still sind.

Doch erreicht man von der Seemitte auch rasch den kleinen **Lago di Mergozzo** und den insgesamt eher ruhigen **Lago d'Orta**, dessen touristischer Hauptort **Orta San Giulio** trotz seiner zunehmenden Bekanntheit eher beschaulich wirkt. Kaum jemand, der hierher kommt, lässt sich eine Bootstour zur vorgelagerten **Isola di San Giulio** entgehen. Aber auch eine kleine Shoppingtour zum Ortasee lohnt sich, denn dort produzieren seit langem die führenden Küchengerätehersteller Italiens. Stücke hoher Qualität lassen sich in zahlreichen Outlets in und um Omegna erwerben.

Im äußersten Süden des Lago Maggiore kann man schließlich den Naturpark **Lagoni di Mercurago** durchwandern, die Kupferstatue des Kardinals Carlo Borromeo erklimmen und den Tierpark „La Torbiera" besuchen.

Was anschauen?

Isole Borromee: Der barocke Borromäerpalast auf der Isola Bella ist mit Kunstwerken aller Art opulent ausgestattet, dazu kommt der großartige Terrassengarten. → **S. 193**

San Carlone: Die 23 m hohe Statue war vor dem Bau der Freiheitsstatue die größte von innen begehbare Statue der Welt. → **S. 245**

Was unternehmen?

Monte Mottarone: Hinauf mit Seilbahn und Sessellift, oben die Sommerrodelbahn und den „Sieben-Seen-Blick" genießen. → **S. 227**

Cannero Riviera: Hier kann man auf einer alten Römerstraße wandern. → **S. 353**

„Partisanentour": Zum Ende des Zweiten Weltkriegs war die Region um den Lago Maggiore ein Sammelbecken der

italienischen Partisanenbewegung, manches zeugt noch heute davon, z. B. die Grenzsteine der ehemaligen Partisanenrepublik Ossola. → **S. 202**

Val Grande: Die letzte Wildnis Italiens – Einsamkeit und selten begangene Wanderwege nur wenige Kilometer vom Lago. → **S. 198**

Lago d'Orta: Einen Ausflug zum schönen Nachbarsee unternimmt fast jeder einmal. → **S. 249**

Wo baden?

Lido di Cannobio: Der längste Strand am See zählt viele Stammgäste aus dem deutschsprachigen Raum. → **S. 167**

Cannero Riviera: Ein angenehmer Strand, der ganz nach Süden ausgerichtet ist – und die Wasserqualität ist wie im benachbarten Cannobio seit Jahren ausgezeichnet. → **S. 180**

Wo essen?

Im Berglokal **La Rampolina** bei Stresa (→ **S. 225**), im **VinoDivino** bei Cannobio (→ **S. 175**), in der Enoteca **Il Grappolo** von Arona (→ **S. 244**) – oder, oder … die Qual der Wahl.

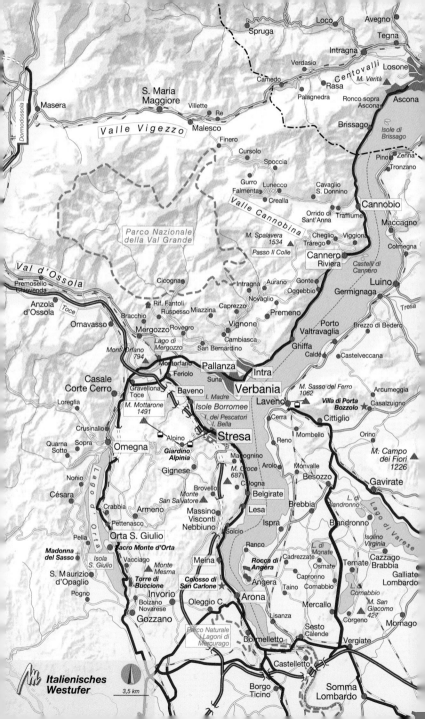

Cannobio und Umgebung

Einer der schönsten Orte am See, außerdem das Camperzentrum schlechthin. Gut acht Plätze liegen in der Ebene des Flusses Cannobino nördlich von Cannobio. Dort erstreckt sich auch ein langer und sehr breiter Kiesstrand namens Lido – einer der beliebtesten Badeplätze am Lago.

Zum See hin reihen sich an der breiten Promenade pastellfarbene Hausfronten des 18. und 19. Jh. mit schmiedeeisernen Balkonen und wunderschön unverbautem Seeblick. Die Uferstraße wird abends zur Fußgängerzone, an der gemütliche Restaurantterrassen zum Essen einladen. Gleich dahinter der krasse Gegensatz: Hier krümmen sich zwischen hohen Mauern enge Treppenwege mit überwölbten Durchgängen, die so genannten „Strecce" – architektonisch so reizvoll, wie man es hier im „hohen Norden" Italiens in dieser Ausgeprägtheit nicht unbedingt erwartet.

Die Bademöglichkeiten sind vielfältig: Der lange Strand nördlich vom Ort besteht weitgehend aus Kies, es gibt aber auch Sand, z. B. an der Mündung des **Cannobino.** Der Fluss führt im Hochsommer nur wenig Wasser, sodass man an der Mündung schön planschen kann. Erfreulich ist, dass Cannobio für die umweltgerechte Pflege dieses Strandes schon wiederholt die „Blaue Flagge" (Bandiera Blu) verliehen wurde. Ein weiterer hübscher Badebereich mit Wiese und schattigen Bäumen liegt südlich der Uferpromenade (→ Karte).

Italienisches Westufer → Karte S. 166

Blick auf Cannobio

Hinter dem Ort beginnt das **Valle Cannobina**, das sich den Fluss entlang in die Berge zieht. Dort findet man wunderschöne Flussbadestellen und sogar einen kleinen Sandstrand, auch Paddler finden reichlich Betätigung, ebenso Mountainbiker und Jogger.

All diese Vorzüge machen Cannobio zu einem der angenehmsten und begehrtesten Orte am See mit viel deutschsprachigem Stammpublikum.

Sehenswertes

Die Pfarrkirche **San Vittore** mit freistehendem Glockenturm erhebt sich direkt an der Durchgangsstraße. Vorbei am restaurierten **Palazzo della Ragione** aus dem späten 13. Jh., der heute das Rathaus beherbergt, zieht sich die Via Antonio Giovanola durch den alten Ortskern landeinwärts. In der anderen Richtung führt die autofreie Bummelgasse Via Umberto I mit vielen Läden zur Seepromenade hinunter.

Die lange **Uferpromenade** – Piazza 27/28 Maggio, Piazza Indipendenza und Via Magistris – ist sicherlich eine der schönsten am Lago Maggiore. Das Hotel „Cannobio" (→ Übernachten) an der Piazza Indipendenza diente 1944 der Wehrmacht als Kommandozentrale, Cannobio spielte damals eine entscheidende Rolle bei der Niederschlagung der Partisanenrepublik von Ossola. Neben dem Hotel gibt es eine Gedenktafel dazu, hier hatten die Faschisten im Zweiten Weltkrieg drei Galgen errichtet (→ S. 205).

Der Name der engen **Via Castello** parallel zur Uferstraße bezieht sich auf ein Kastell, das von den Schweizern bereits im späten Mittelalter zerstört wurde.

An einem Palazzo gegenüber der Anlegestelle (Nr. 35) erinnert eine Gedenktafel an den Risorgimento-Helden **Giuseppe Garibaldi,** der am 4. Juni 1862 hierher kam, um den größten Moment in der Ortsgeschichte zu feiern, die glorreiche Verteidigung Cannobios gegen die österreichische Kriegsflotte in der Nacht vom 27. zum 28. Mai 1859. Die Kriegsschiffe griffen damals vom lombardischen Westufer

An der Seepromenade

Santuario della Santissima Pietà: Blutspritzer von Jesus Christus

Wenige Meter von der Anlegestelle entfernt steht in Cannobio das bedeutendste Heiligtum der westlichen Seehälfte. Erbaut wurde die mit Stuck, Gold und Fresken überreich ausgestattete Kuppelkirche nach einem wundersamen Ereignis vom 8. Januar 1522. Damals flossen in einer kleinen Gastwirtschaft, die an dieser Stelle stand, angeblich „Blut und Tränen" aus einem kleinen, ikonenartigen Bildnis, genannt „Pietà Sacra Costa", das Jesus zusammen mit Maria und Johannes zeigt – das Original steht auf dem Altar, linker Hand sieht man eine Vergrößerung. Die Flüssigkeit wurde mit Tüchern aufgefangen, die in einem gläsernen Reliquienschrein unter dem Hauptaltar aufbewahrt werden. Wie es heißt, wurden die Aussagen der Zeugen dieses Wunders durch zwei Notare bestätigt. Beachtenswert ist außerdem das große, figurenreiche Altarbild von Gaudenzio Ferrari (ca. 1475–1546), das den „Gang nach Golgatha" darstellt.

Italienisches Westufer ↓ Karte S. 166

aus über den See das Königreich Piemont an und wurden mit zwei Dutzend 20-cm-Kugeln aus einer einzigen Kanone zurückgeschlagen, denn auf Artilleriebeschuss waren die Schiffe nicht vorbereitet und boten ein leichtes Ziel. An der Uferstraße südlich von Cannobio, von wo die Kanone feuerte, steht heute das **Monumento Leone** mit einem Löwen, der seinen Blick zum See richtet. Eine Ehrentafel vermerkt die Gemeinden, die Cannobio damals zu Hilfe eilten – u. a. waren das Schützen aus dem eigentlich neutralen schweizerischen Brissago, das jedoch italienischen Zigarrenfabrikanten aus dem Veneto Zuflucht gewährt hatte und deshalb die Repressionen der Österreicher fürchtete.

Sehenswertes in der Umgebung

Auf der SS 631 ins Valle Cannobina kommt man kurz nach dem Restaurant „Antico Sempione" (→ Essen & Trinken) an der Quelle **Fonte Carlina** vorbei, der Heilkräfte zugesprochen werden. Das aus den Felsen sprudelnde Mineralwasser (oligominerale) ist

kostenlos und wird von den Einwohnern vielfach in Gefäße abgefüllt (→ S. 205).

Traffiume: Wenn man kurz nach der Quelle rechts abzweigt, findet man eine schöne Szenerie von erfrischenden Badestellen im Fluss Cannobino, die im Sommer immer gut besucht sind.

Zu Fuß oder mit dem Rad kann man Traffiume aber auch über die originale Hängebrücke „Ponte Ballerino" erreichen – so genannt, weil sie so schön schwankt. Vom Strand führt ein schöner Fuß- und Radweg am Fluss entlang bis zum Brücke (→ Stadtplan).

Orrido di Sant'Anna: Ein reizvolles Ausflugsziel ist kurz hinter Traffiume diese spektakuläre Klamm mit dem gleichnamigen Kirchlein aus dem 17. Jh., zwei schmalen Brückenbögen und dem Lokal „Grotto Sant'Anna" (→ Essen & Trinken) in bestechender Lage über dem tosenden Wildbach. Am felsigen Grund der Schlucht (Abstieg gegenüber der Kirche) gibt es schöne Bade- und Picknickstellen, auch Taucher sieht man hier häufig. Im Inneren der Kirche ist die Lebensgeschichte der

Der lange Strand von Cannobio

heiligen Anna dargestellt, in der Apsis sind alte Fresken erhalten.

Sant'Agata: Am nördlichen Ortsende von Cannobio führt eine Nebenstraße hinauf in diesen 2 km entfernten Weiler, der wie ein Balkon in aufregender Panoramalage 300 m über dem See liegt.

Basis-Infos   → Karte S. 173

PLZ 28822

Information   IAT. Im Palazzo della Ragione neben dem Glockenturm der Pfarrkirche San Vittore am Anfang der Hauptgasse durch den Ortskern. Mo–Sa 9–12, 16–19 Uhr, So 9–12 Uhr. Via A. Giovanola 25, ☎ 0323-71212, www.procannobio.it.

Info-Point. Auf der Piazza Martiri della Libertà am Nordende der Uferpromenade. Nur im Sommer, tägl. 10–13, 15–19 Uhr.

> **Summer City Bus:** bequeme abendliche Mobilität ohne PKW – tägl. außer Mo fährt von Anfang Juni bis Anfang Sept. ein Bus abends von 18 bis 1 Uhr jede halbe Stunde durch den Ort und seine Umgebung. Es gibt 17 Haltestellen vom Seeufer bis Orrido di Sant'Anna (→ S. 169), ein Ticket kostet 1 €.

Hin & weg   PKW. Im Ort gibt es mehrere ausgeschilderte, in der Regel kostenpflichtige Parkplätze. Gratis parken kann man bei der Piazza Martiri della Libertà beim Jachthafen nördlich vom Zentrum (→ Karte).

Bus. Etwa stündl. fährt **VCO** Bus Nr. 3 (www.vcotrasporti.it) von Verbania über Cannero Riviera und Cannobio nach Brissago (Schweiz) sowie umgekehrt, außerdem fahren Bus 13 und 14 mehrmals tägl. das Valle Cannobina hinauf bis Orasso/Cursolo. Abfahrt im Zentrum an der Durchgangsstraße.

Schiff. Mehrmals tägl. nach Ascona und Locarno, häufiger in Richtung Süden und hinüber nach Maccagno und Luino am Ostufer.

Taxiboot del Lago. Mehrmals wöch. Ausflug auf die Borromäischen Inseln, (ca. 30 €), mittwochs Fahrt zum Markt von Luino (ca. 10 € hin u. zurück). Auskünfte im Info-Point auf der Piazza Martiri della Libertà. ☎ 0323-70595, www.lagomaggioreferien.com.

Motorbootverleih. Vermietung im Hafen (bis 40 PS kein Führerschein nötig). ☎ 338-5388693, https://rentboatcannobio.com.

Einkaufen Jeden So 8–13 Uhr großer und viel besuchter **Markt** im Ortskern und an der Uferpromenade, ca. 1 km lang, nicht nur kulinarische Angebote. Donnerstags außerdem **Lebensmittelmarkt** um die Kirche.

Selbstversorger finden im seeabgewandten Teil der Altstadt einige **Salumerie, Macellerie** und **Pasticcerie.** Eine gut bestückte **Pescheria** liegt am Nordende der Uferpromenade neben der Enoteca Devina (Di–Sa 9.30–12, 15.30–19 Uhr).

Im nördlichen Bereich der Promenade gibt es **schmiedeeiserne Objekte** zu kaufen: Lampen, Töpfe, Glocken, Gartenzubehör, Briefkästen, Papierkörbe ...

Cantina Ferro 22 Der urige Weinshop von Familie Ferro liegt am Aufgang von der Uferpromenade zum Stadtzentrum, schräg gegenüber vom Hotel Cannobio. Weine hauptsächlich aus dem Piemont und dem Chiantigebiet, dazu 50 verschiedene Grappasorten. Geöffnet 8–12, 14.30–19.30 Uhr, So (Markttag) durchgehend bis 17 Uhr. Via Marconi 14.

Enoteca Devina 9 Gepflegte Weinhandlung am Nordende der Uferpromenade, große Auswahl für Wein- und Grappaliebhaber, netter Besitzer. Mo–Sa 9.30–12.30, 14.15–19 Uhr, So 8.30–14 Uhr (NS Mo geschl.). Via Magistris 65.

Feste/Veranstaltungen **Festa dei Lumineri.** Am 7. Januar erinnert eine Lichterprozession durch die Altstadt an das Wunder von 1522 im Santuario della Pietà. Die Reliquie Sacra Costa wird in einem feierlichen Umzug von der Hauptkirche San Vittore zur Wallfahrtskirche gebracht, Tausende von Kerzenlichtern werden dann in den Gassen und Häusern entlang des Wegs entzündet, aber auch in den Mauernischen des Campanile und auf den Booten draußen.

Internationale Presse Am Aufgang von der Uferpromenade zum Stadtzentrum, schräg gegenüber vom Hotel Cannobio.

Kinder Großer **Spielplatz** am Viale delle Rimembranze im nördlichen Ortsbereich zwischen SS 34 und See. Juni bis Sept. 9.30–22, sonst 9.30–19 Uhr.

Fahrräder **Il Ciclone** 28 Verleih im südlichen Bereich der Promenade. Piazza 27-28 Maggio 3, ✆ 0323-71941.

Segeln/Surfen **Tomaso Sail & Surf** 7 Windsurf- und Segelschule am südlichen Strandbeginn, außerdem Verleih von Booten aller Art. ✆ 333-7000291, www.tomaso.com.

Zudem kann man **Beach-Volleyball**, **Tennis** und **Minigolf** spielen, sogar einen **Fußballplatz** mit **Leichtathletikanlage** gibt es.

Unterhaltung/Nachtleben An der Seepromenade gibt es in der Hochsaison Livemusik bis Mitternacht.

Lido Beach Lounge 8 Das Restaurant am südlichen Strandbeginn ist im Sommer Open-Air-Zentrum des Nachtlebens mit DJ und großen Tanzpartys. ✆ 0323-739791.

Übernachten

→ Karte S. 173

Das Niveau der Hotels ist gut, praktisch alle haben auch ein Ristorante. Cannobio ist zwar ein eher teures Pflaster, doch tut das der Beliebtheit keinen Abbruch. Für die Hochsaison sollte man deshalb in jedem Fall frühzeitig buchen, das gilt vor allem für die Campingplätze, denn dort ist im Juli und August jeder Platz belegt.

**** Cannobio 23 Eindrucksvolles Traditionshaus direkt an der Uferpromenade, nach erfolgtem Umbau nun zu Recht in gehobener Kategorie, herrlicher Blick, hauseigenes Ristorante mit schöner Kiesterrasse am See, Garage (ca. 15 €). Die deutsche Wehrmacht nutzte das repräsentative Haus 1944 als Kommandozentrale. Dank der hervorragenden Lage stolzes Preisniveau. DZ/F ca. 195–230 €. Piazza Vittorio Emanuele III 6, ✆ 0323-739639, www.hotel cannobio.com.

/mein Tipp *** **Pironi** 24 Über 500 Jahre altes Bürgerhaus (zeitweise Kloster) wenige Meter von der Uferpromenade, erinnert in seiner Form an einen hohen Schiffsbug. Unter der Leitung eines bekannten Bildhauers wurde es gekonnt restauriert – Balkendecken, Speiseraum mit Wand- und Deckengemälden, schönes Mobiliar, jedes Zimmer ist unterschiedlich eingerichtet. Seeblick, reichhaltiges Frühstücksbuffet, eigener Parkplatz und sehr bemühter, netter Service. DZ/F ca. 150–195 €. Via Marconi 35, ✆ 0323-70624, www.pironi hotel.it.

*** **Antica Stallera** 17 Ruhige Lage zwischen Durchgangsstraße und Uferpromenade, traditionelles Haus mit interessanter Architektur, früher lange als Poststation geführt. Ordentliche Zimmer, recht enger Parkplatz und beliebtes Restaurant im Kiesgarten (→ Essen &

Italienisches Westufer → Karte S. 166

Trinken). DZ/F ca. 118–135 €. ☎ 0323-71595, www.anticastallera.com.

/mein Tipp **Villa Maria 34** Die historische Villa mit großer, schöner Terrasse steht am Südende der Promenade und wurde durchgängig restauriert, stilvoll-komfortable Zimmer und sehr freundlicher Empfang durch die Schwestern Claudia und Alexandra. DZ/F ca. 150–190 €, auch der Parkplatz ist kostenpflichtig. Via 27 e 28 Maggio 1, ☎ 0323-70160, www.villamariacannobio.it.

*** Villa Palmira 32 Historischer Palazzo mit geschmackvoller Einrichtung und schönem Park, allerdings direkt an der Durchgangsstraße und von dieser durch eine Mauer getrennt (Zimmer im Haupthaus sind ruhig, das Nebengebäude liegt dagegen straßennah). Im Park alter Baumbestand, Palmen, Azaleen, Rhododendron und Liegewiese. Gut eingerichtete Zimmer mit Terrassen. Parkplatz und Gästefahrräder kostenlos. Für Kinder unter zehn Jahren nicht geeignet (Ruhe). Die freundliche Familie Madaschi spricht Deutsch und sorgt aufmerksam für ihre Gäste. DZ ca. 130–150 €, nachmittags kostenlos Kaffee und Kuchen (außer Di u. Do). Via Domenico Uccelli 24, ☎ 335-6532250, www.villapalmira.it.

*** Casa Arizzoli 20 Aufwändig restauriertes, altes Stadthaus mit Holzbalkendecken und Malereien im hinteren Teil der langen Hauptgasse (von hinten anfahren, vorne Fußgängerzone). Mehrere geräumige Zimmer und Studios, z. T. Balkon, nachts ruhig. Familiär und engagiert geführt, gutes Frühstück, vor dem Haus eine Bar für das abendliche Glas Wein. Kleiner Parkplatz (gratis). DZ/F ca. 140–160 €. Via Antonio Giovanola 92, ☎ 0323-72001, www.hotelcasaarizzoli.com.

/mein Tipp ***** Villa Belvedere 33** Etwas außerhalb vom Ort (am südlichen Ortseingang landeinwärts abbiegen). Repräsentatives Anwesen mit traumhaftem Garten und schönem Swimmingpool. Die meisten der komfortablen Zimmer sind in einer lang gestreckten Residence mit Seeblick untergebracht. Aufmerksamer Service durch Signora Albertella und Team, sehr ruhig, im Garten viele nette Ecken, gutes Frühstücksbuffet. Haustiere sind nicht erlaubt. Fußweg ins Zentrum. DZ/F ca. 150–175 €, Superior bis 195 €. Via Casali Cuserina 2, ☎ 0323-70159, www.villabelvederehotel.it.

Bed & Breakfast & Apartments **Spiaggia Amore 35** Geschmackvoll renovierte Unterkunft in optimaler Lage bei der Liegewiese am Südende der Uferpromenade, schöne Zimmer mit Balkonen, nach vorne herrlicher Seeblick, freundlich geführt von Alessia und Oreste. DZ/F ca. 130 €. Via Ceroni 11/a, ☎ 340-8025405, www.spiaggiamore.it.

Le Darsene 36 Wenige Schritte weiter am Ende der Promenade, drei schöne und saubere Zimmer direkt am Wasser, teils mit Balkon, kostenlose Fahrräder, Roberto bereitet ein gutes Frühstück. DZ/F ca. 130 €. Via Ceroni 21, ☎ 328-6240174, www.ledarsene.it.

/mein Tipp **B & B Villa Costantina 19** Neben dem Albergo Antica Stallera, modern eingerichtete, helle und saubere Villa in einem großen, ruhigen Garten mit Pool, vermietet werden mehrere gut eingerichtete Apartments und DZ. Die Geschwister Federica und Francesco sind überaus freundliche Gastgeber und sprechen auch Deutsch. Sehr gutes Frühstücksbuffet, Parkmöglichkeit, zwei Fußminuten zur Promenade. Apt. für 2 Pers. ca. 90–100 €, Apt. für 4/5 Pers. ca. 140–150, DZ/F 110–130 €. Via Luigi Meschio 17, ☎ 0323-70963, www.villacostantina.com.

Villa Margherita 4 Gepflegte Villa mit DZ und Apartments, dazu ein schöner Garten und Liegewiese, zum Strand sind es nur wenige Schritte. Sandra und Leo sorgen für angenehmen und guten Service, das Frühstück ist reichhaltig. DZ/F ca. 90–120 €, Apt. ab ca. 90 €, zuzügl. Endreinigung. Via Casali Darbedo 2/4, ☎ 0323-70252, www.villamargheritacannobio.com.

Casa Girasole 6 Gut ausgestattete Apartments, jeweils mit großer, überdachter Terrasse, in Südlage landeinwärts von Cannobio, 500 m vom Flussstrand entfernt. Mit Garten und Liegewiese, Fahrräder kostenlos, morgens Brötchenservice. Geführt von Familie Madaschi, denen auch die Villa Palmira im Ort gehört. Via Curioni 13, ☎ 335-6532250, www.casagirasole.it.

Antico Sempione 30 Etwas erhöht über der Straße ins Valle Cannobina. Ein früheres Gasthaus in der Nähe der Heilquelle Fonte Carlina wurde von Matthias mit seiner deutschen Frau Monika im traditionellen Stil renoviert – alte Balkendecken, Cottonböden, warme Farben. Vermietet werden Fewos in verschiedenen Größen und einige Zimmer mit Frühstück. Weitläufiger Garten mit vielen ruhigen Ecken, Kinderspielplatz und Planschbecken, dazu ein schattiges Restaurant und Kochkurse. DZ/F ab 95 €, Studio ab 105 €. Via

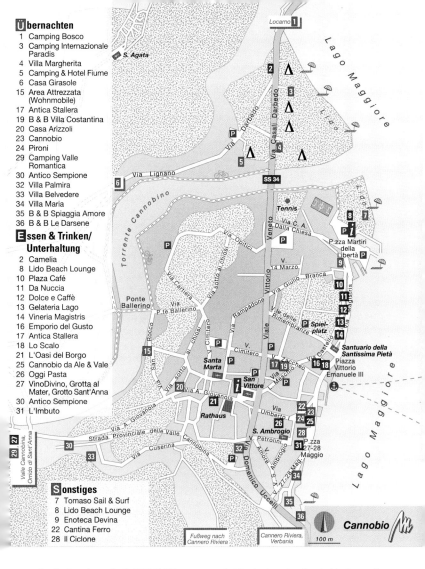

Casali Sempione 3, ✆ 0323-71920, www.anticosempione.it.

Camping Die Plätze ** **Riviera** (✆ 0323-71360, www.riviera-valleromantica.com), ** **Internazionale Paradis** 🄳 (→ unten), ** **Campagna** (✆ 0323-70100, www.camping campagna.it), * **Pedro** (✆ 0323-72336, www.campingpedro.com) und * **Nosetto** (✆ 0323-71392) liegen einer neben dem anderen am langen Strand, ca. 3 km nördlich vom Ort, und

sind fest in deutscher Hand, viele Stammgäste. Durch verschiedene Laub- und Nadelbäume gibt es reichlich Schatten, die platzeigenen Ristoranti sind einfach und gemütlich (vor allem Campagna), serviert wird preiswertes Essen, das auf deutsche Geschmäcker zugeschnitten ist.

** **Camping Internazionale Paradis** 🄳 Gepflegter Platz mit einer wahren Blütenpracht und modernen Sanitäranlagen, viele Stammgäste kommen seit Jahren. Zum Platz gehört auch ein Hotel (→ oben). Mitte März bis Mitte Okt. Via Casali Darbedo 12, ☎ 0323-71227, www.campinglagomaggiore.it.

* Camping Del Fiume 5 Wenn alle Plätze belegt sind, bietet dieser Platz an der landseitigen Straßenseite meist noch einige Stellplätze. Im angeschlossenen Hotel kann man außerdem einfache Zimmer mit Balkon mieten (www.hoteldelfiume.net). Ganzjährig. DZ/F ca. 90–110 €. Via Darbedo, ☎ 0323-70192, www. campingdelfiume.it.

** Camping Bosco 1 Terrassierter Platz nördlich von Cannobio oberhalb der Straße, schöner Seeblick, auch Vermietung von Bungalows. Durch eine Unterführung kommt man zu einer schmalen Badewiese am Ufer. Mitte März bis Ende Sept. ☎ 0323-71597, www. boschettoholiday.it.

** Camping Valle Romantica 29 Im Valle Cannobina, 1,5 km hinter Cannobio, kurz nach dem Abzweig nach Traffiume. Üppig grüner und wunderbar bepflanzter Platz unter Schweizer Leitung, existiert seit 1956 und ist damit der älteste Platz in Cannobio. Pool mit Planschbecken, Kinderspielplatz, Restaurant (→ Essen & Trinken), gleich benachbart liegen reizvolle Flussbadeplätze, dort kann man auch gut Kanu fahren. Zur Vermietung stehen auf dem Platz mehrere restaurierte Landhäuser, außerdem gibt es Wohnwagen und Mobil Homes. Mitte März bis Mitte Sept. Via Valle Cannobina, ☎ 0323-71249, www.riviera-valleromantica.com.

Area Attrezzata 15 Wohnmobilstellplatz am Fluss Cannobino im hinteren Ortsbereich, 55 Stellplätze, Du/WC, drei Tage Maximalaufenthalt, ca. 15 €/Tag, ganzjährig geöffnet.

Essen & Trinken → Karte S. 173

Das Preisniveau ist gehoben, die Nähe zur Schweiz ist spürbar. Vor allem die Touristenlokale an der Uferpromenade mit den fotoillustrierten Speisekarten sind eher mit Vorsicht zu genießen – das Essen ist mäßig, der Service bestenfalls routiniert.

Lo Scalo 18 An der Promenade kurz vor dem Santuario, eins der Freiluftlokale an der Uferfront, jedoch mit interessanter und vielseitiger Küche. Von Michelin empfohlen, gehobenes Preisniveau, Degustationsmenü 60 €, Wein 25 €. Piazza Vittorio Emanuele 32, ☎ 0323-71480.

Emporio del Gusto 16 Das Restaurant von Eugenio aus Kalabrien liegt versteckt in einem Innenhof, von der Uferpromenade aus ein paar Meter nach hinten versetzt. Hier ist ein wenig süditalienisches Flair spürbar, die mediterrane Meeresküche mundet, alles ist frisch gekocht. Hauswein ein wenig teuer, aber gut. Piazza Vittorio Emanuele III 31, ☎ 0323-739736.

*mein*Tipp **Cannobio da Ale & Vale 25** Klein und versteckt in einer schmalen Seitengasse der Promenade, hübsches Ambiente im Gewölbe, sehr gute Küche, freundlich serviert. Das hat sich herumgesprochen, Reservierung empfohlen. Mi geschl. Via Giovanni Branca 1, ☎ 0323-1976864.

L'Imbuto 31 Etwas abseits im südlichen Bereich der Promenade, ruhig und schöner See-blick, Küche recht gut, Service zuvorkommend. Piazza 27-28 Maggio 12, ☎ 0323-70026.

Oggi Pasta 26 Originelles Bistro-Café/Restaurant an der Hauptgasse, etwas oberhalb vom Hotel Pironi. Bruschette, Pizza und Pasta in stylish-modernem Rahmen, nette Sitzplätze draußen nah am Geschehen. Sehr angesagt und immer voll, die Qualität wird aber doch recht unterschiedlich beurteilt. Via Umberto I, ☎ 0323-739662.

L'Oasi del Borgo 21 Ruhige Lage in einem Hinterhof an der Fußgängergasse im alten Ortskern, Küche durchschnittlich, auch Pizza. Mi geschl. Via Antonio Giovanola 43, ☎ 340-4708809.

Da Nuccia 11 Schöne Lage an der nördlichen Uferpromenade, auch Pizza. Di geschl. Via Francesco Magistris 43, 0323-72293.

Lido Beach Lounge 8 Restaurant/Pizzeria/Bar in einem modernen Bau bei der Windsurf- und Segelschule am südlichen Strandbeginn, die Lage zählt hier, weniger die Küche (→ Unterhaltung/Nachtleben). ☎ 0323-739791.

*mein*Tipp **Camelia 2** Bei den Campingplätzen direkt an der Durchgangsstraße (Autoverkehr stört etwas), populäres Ristorante/Pizzeria, gute Qualität in üppigen Portionen zu günstigen Preisen. Im Winter auch bei den Einheimischen ein beliebter Treffpunkt. Nur abends, außer Sa/So. Via Nazionale 21, ☎ 0323-739789.

Im Ortskern: Fußgängerzone mit Hotel Pironi

Etwas außerhalb Antico Sempione 30
Das Terrassenrestaurant der gleichnamigen Locanda liegt über der Straße ins Valle Cannobina (→ Übernachten), ca. 1 km vom Zentrum. Der Weg lohnt sich, denn die neuen Pächter haben frischen Wind gebracht, gute Küche zu akzeptablen Preisen, auch viel Veganes, keine Pizza. Lediglich die Straße stört ein wenig. Via Casali Sempione 3, ☎ 328-5997347.

Mein Tipp **VinoDivino 27** Landeinwärts von Cannobio am Eingang zum Valle Cannobina, neben dem Camping Valle Romantica. Gemütliche Osteria, seit 2019 geführt von einem jungen, ambitionierten Koch mit seiner Partnerin. Man sitzt schön auf einer Terrasse im bewaldeten Tal, der Service spricht Deutsch. Nicht ganz billig, aber das leckere Essen ist sein Geld wert. Ein Tipp ist die Dessert-Selektion aus vier verschiedenen Desserts. Mo–Sa nur abends, So mittags und abends. Strada della Valle Cannobina 1, ☎ 0323-71919.

Grotto Sant'Anna 27 Herrliche Lage über einer Schlucht, gepflegter Innenraum und einige schattige Außenplätze, durchaus gute Qualität, Portionen aber eher klein, dafür höhere Preise. Mo geschl. ☎ 0323-70682.

Grotto al Mater 27 Knapp 2 km nach dem Orrido di Sant'Anna, schönes, altes Bruchsteinhaus mit großem Kamin im Speisesaal, draußen Terrasse mit herrlichem Blick ins Valle Cannobina, kleine, saisonale Karte, sehr gute Qualität netter Service. Achtung, nur wenige Parkplätze frühzeitig kommen oder Taxi nehmen. Mo geschl. Strada della Valle Cannobina 2, ☎ 345-6130399.

Enoteche Vineria Magistris 14 Nördlich der Kirche an der Uferpromenade, schön zum Sitzen, auch im Innenraum, mehr als hundert Etiketten und diverse Grappe. Via Francesco Magistris 1, ☎ 0323-71676.

Cafés Dolce e Caffè 12 Café an der Uferpromenade, leckere Auswahl an hausgemachten Dolci. Via Francesco Magistris 35.

Plaza Café 10 Ein paar Schritte weiter nördlich, gute Cocktails, ab 17 Uhr mit Fingerfood, nette Bedienung.

Eis Gelateria Lago 13 Schön aufgemachte Eisdiele an der Promenade, große Auswahl.

Valle Cannobina

Das lange Wildbachtal windet sich von Cannobio eng, steil und kurvenreich durch dicht bewaldete Berglandschaften mit kleinen Dörfern, die an den Felsen zu kleben scheinen, bis auf über 1000 m Höhe und danach zum Val Vigezzo und Centovalli hinüber – eine beliebte Strecke für Motorradfahrer, die leider oft risikobereit die Kurven schneiden und überholen, erhöhte Vorsicht vor allem an Wochenenden.

Zunächst geht es auf der SS 631 am Abzweig nach **Traffiume** (→ Cannobio/Umgebung) vorbei, danach pssiert man die Restaurants „VinoDivino" und „Grotto al Mater" (→ Essen & Trinken). Kurz nach Letzterem folgt rechts die Zufahrt nach Cavaglio.

> **Tipp:** Von Cannobio nach Domodossola sind es 40 km. Von dort kann man durch das Val d'Ossola zum See zurückkehren und so eine Rundtour machen. Hinweise dazu auf S. 212.

Cavaglio

Über eine hohe Brücke überquert man den Fluss Cannobina, bevor man das 125-Einwohner-Örtchen erreicht. Im Zentrum steht ein Glockenturm im langobardischen Stil. Im Mauerwerk des **Oratorio del Ri** am Ortsrand ist ein mit Gitter geschützter Fußabdruck zu sehen, der nach der Legende Jesus Christus zugesprochen wird.

Lunecco

In dem kleinen Örtchen an der Straße ist ein Museum zum Tal und zu seinen traditionellen Bewohnern zu besichtigen.
▪ Juni bis Aug. Di u. Do 10–14 Uhr. ✆ 0323-77388.

*mein*Tipp Essen & Trinken **Trattoria da Ornella e Vinicio.** In Lunecco direkt an der Durchgangsstraße des Valle, von 12 bis 21 Uhr durchgehend geöffnet, insofern praktisch für Tagesausflügler, bodenständige und leckere Hausmannskost zu günstigen Preisen, ab 17 Uhr auch Pizza. Chef Vinicio ist ein Original, seine Frau kocht. Großer Parkplatz. Okt. bis März Di geschl., sonst tägl. geöffnet. Am Wochenende Reservierung empfohlen. ✆ 349-1067515.

Falmenta

Das schmucke Dorf in einem Seitental ist bei in- und ausländischen Residenten beliebt, viele Häuser wurde mittlerweile gekauft und restauriert. Die Straße führt weiter ins winzige Örtchen **Crealla**, das noch bis 2005 nur von Ponte Falmenta aus auf einem steilen Fußweg mit 1500 Stufen durch Kastanienwald zu erreichen war.

Gurro

Der hoch über dem Valle Cannobina gelegene Ort ist als Dorf der Schotten bekannt. Diese waren im 16. Jh. als Söldner in Diensten des französischen Königs Franz I. in Italien unterwegs, flüchteten nach der verlorenen Schlacht von Pavia (1525) gegen Kaiser Karl V. in die Berge und gründeten Gurro – wie es heißt, weil sie die Gegend an die schottischen Highlands erinnerte. Mittlerweile gibt es sogar Erbansprüche nach Schottland, die nach eingehender Prüfung von den Clans bestätigt wurden.

An der zentralen Piazza della Chiesa kann man das **Museo Etnografico** besichtigen, es zeigt in einem historischen Haus mit Küche und Schlafraum verschieden Trachten, traditionelle Bekleidung, Ackergeräte, Werkzeuge und Spinnutensilien (falls nicht geöffnet, in der benachbarten Bar nachfragen, ☎ 0323-76100 o. 736280).

Hin & weg Mo–Sa fahren **VCO-Busse 13 u. 14** bis zu 4 x tägl. von Cannobio über Lunecco und Ponte Falmenta nach **Orasso/Cursolo,** 2 x fährt der Bus dabei bis Gurro hinauf (Fahrplan unter www.vcoinbus.it).

Übernachten *** Belvedere.** Im ruhigen Örtchen Orasso. Rustikales Haus mit Restaurant und kleinem Lebensmittelladen (Mi nachmittags u. So geschl.), das einzige Hotel im Valle Cannobina, schöner Blick übers Tal. 14 Zimmer, ganzjährig geöffnet. DZ/F ca. 90–100 €. Via Cursolo 8/a, 28827 Cursolo-Orasso, ☎ 0323-77136, www.belvedereorasso.it.

Val Vigezzo

Hinter Finero erreicht man die Passhöhe von 1030 m, danach geht das Valle Cannobina in das ausgedehnte Hochtal Val Vigezzo über.

Bei Malesco trifft man auf die SS 337 und die berühmte **Centovalli-Bahn,** die beide von Locarno nach Domodossola führen (→ S. 213). Durch das imposante Centovalli („Hundert Täler") kann man nach Locarno am See zurückfahren oder in Richtung Westen nach Domodossola. Infos zum Centovalli auf S. 90.

Malesco

Der Ort mit seinem hübschen Zentrum und den alten Häusern unter ihren schweren Dächern aus Gneisplatten lohnt einen Bummel. Er liegt an der Nordgrenze des **Parco Nazionale della Val Grande** (→ S. 198) und ist ein beliebter Einstiegspunkt für Wanderer, die den Park durch das Val Loana auf der Route nach Premosello Chiovenda im Val d'Ossola durchqueren möchten (Zwei-Tageswanderung, reine Gehzeit ca. 12 Std.).

Museo Archeologico della Pietra Ollare: Im Palazzo Pretorio an der Piazza Ettore Romagnoli sind Funde aus dem Val Vigezzo ausgestellt, von der Prähistorie über die Antike bis zu den ersten nachchristlichen Jahrhunderten, darunter viele schöne, handgearbeitete Stücke aus dem örtlichem Speckstein, der relativ weich und deshalb leicht zu bearbeiten und zu polieren ist.

▪ Juli/Aug. Di–So 10–12, 15.30–18.30 Uhr, sonst nur sporadisch geöffnet, Eintritt ca. 2 €. ☎ 0324-92444, www.parcovalgrande.it.

Übernachten ***** Alpino.** In die Jahre gekommenes Hotel mit Pool, zweckmäßige und saubere Zimmer, fast alle mit Balkon. DZ/F ca. 100–110 €. Via al Piano 61, 28854 Malesco, ☎ 0324-95118, www.hotelalpino.org.

B & B Val Grande. Im Zentrum nahe der Kirche, drei saubere Zimmer mit Bad, kleiner Hof, freundliche Eigentümer. DZ/F ca. 70–80 €. Via Col. Attilio Moneta 12, 28854 Malesco, ☎ 349-5061108, www.valgrande.info.

Santa Maria Maggiore

Der Hauptort des Val Vigezzo besitzt eine lange, schmale Fußgängergasse, die das lang gestreckte Zentrum durchquert.

Casa Mandamentale della Regia Italia: Bei der großen Kirche steht das mit Außenmalereien geschmückte frühere Verwaltungszentrum des Tals, in dem auch Recht gesprochen wurde – der Turm daneben diente als Gefängnis.

Museo dello Spazzacamino: Das moderne, mit Audioeffekten ausgestattete Museum findet man etwas versteckt hinter der Apsis der Kirche im Parco di Villa Antonia. Es setzt den Schornsteinfegern der Region ein Denkmal – über Jahrhunderte mussten sie aus dem bitterarmen Tal in die Großstädte auswandern und nahmen dabei Kinder als Arbeitssklaven mit, die ihnen oft von kinderreichen Familien gegen geringes Entgelt mitgegeben wurden und die sie bewusst schlecht ernährten, damit diese

Italienisches Westufer → Karte S. 166

Die Casa Mandamentale in Santa Maria Maggiore

auch durch die engsten Kamine pass-
ten. Oft genug kam es dabei zu schrecklichen Todesfällen. Mit Kopfhörern
kann man beim Rundgang die typischen Geräusche der Schornsteinfeger
und Kinderlieder hören.

▪ Mitte Juni bis Anfang Sept. Di–So 10–12, 15–
18 Uhr, sonst Sa/So 10–12, 15–17 Uhr (Nov. bis
Febr. geschl.). Eintritt ca. 2 €. ✆ 0324-905675,
www.museospazzacamino.it.

Essen & Trinken Le Colonne. Ganz zentral
bei der Casa Mandamentale, hübsches Ristorante in einem gepflegten historischen Haus,
gute, typische Küche und freundliche Bedienung. Mo-Abend u. Di geschl. Via Benefattori 7,
✆ 0324-94893.

Bar Rudi. Terrassencafé am Platz neben der Kirche, nett und preiswert. Piazza Risorgimento 17.

Re

In dem Ort östlich von Santa Maria
Maggiore thront eine imposante und
weithin sichtbare Wallfahrtskirche mit
mächtigem Kuppelbau im neugotisch-
byzantinischen Stil. Das **Santuario
della Madonna di Re** entstand anlässlich eines Wunders im Jahr 1494 –
damals tropfte Blut aus einem Marien-
bild, dazu kamen angebliche Wunder-
heilungen. 1894 wurde die heutige riesige Kirche begonnen und erst siebzig
Jahre später endgültig fertiggestellt.

Raduno internazionale degli Spazzacamini: Schornsteinfeger aus aller Welt

Jedes Jahr am ersten Septemberwochenende treffen sich in Santa
Maria Maggiore über tausend Schornsteinfeger aus ganz Europa
(und sogar Amerika) zum großen „Raduno internazionale degli
Spazzacamini". Es werden alte Bräuche und Handwerkstechniken
dargeboten, dazu gibt es traditionelle Trachten, Musik und Tanz.

Südlich von Cannobio

Carmine Inferiore

Nur eine Handvoll Häuser sind es, die etwa 3 km südlich von Cannobio an der Uferstraße stehen. Es gibt ein Hotel und einen einfachen Campingplatz direkt am See.

Übernachten/Essen ***** Del Lago.** Direkt an der Durchgangsstraße, gepflegtes Hotel mit schöner Terrasse und angeschlossener Enoteca. Der Garten reicht bis zum See hinunter, dort gibt es eine private Badestelle. Es werden einige relativ kleine, aber neu eingerichtete Zimmer mit schönen Bädern, Terrasse oder Balkon vermietet, die Apartments liegen auf der landseitigen Straßenseite und sind eher laut. DZ/F ca. 120–170 €. Via Nazionale 2, 28822 Carmine-Cannobio, ℡ 0323-70595, www.hoteldellagocannobio.it.

Hinweis: Die schön gelegene Osteria über der Straße bietet einfache Hausmannskost und herrlichen Seeblick, sie wird seit Jahrzehnten von einer Familie geführt. Die Portionen sind allerdings klein und die Preise scheinen für das Gebotene sehr hoch.

Camping *** Camping Nosetto.** Verstecktes Terrassengelände mit nur 25 Stellplätzen unterhalb der Straße, viele Bäume, davor ein schmaler Strand (Eintrittsgebühr für Nichtcampinggäste), sehr schlicht, wenige Duschen und Toiletten (nicht nach Geschlechtern getrennt). Übernachtung 12–15 € Pers./Tag., Rezeption in der Osteria an der Straße. Via Nazionale 3, 28822 Carmine-Cannobio, ℡ 0323-71392.

Carmine Superiore

Der kleine mittelalterliche Ort thront hoch über Carmine Inferiore auf einem Felsvorsprung mit herrlichem Seeblick. Von der Straße steigt man in 15 Min. einen Stufenweg durchs Grüne hinauf (Einstieg 50 m nördlich vom Ristorante Del Lago beschildert). Teil einer einstigen Burg ist dort oben die Kirche **San Gottardo** aus dem 14. Jh. Sie besitzt an den Außenwänden Fresken vom so genannten Meister von Carzoneso, die erst in den 1930er Jahren unter einer dicken Mörtelschicht wiederentdeckt wurden.

Tipp: Auf demselben Stufenweg erreicht man auch den schönen Wanderweg von Cannero Riviera nach Cannobio (ca. 50 Min.), der zum Teil auf einer alten Römerstraße verläuft (→ S. 353).

Italienisches Westufer → Karte S. 166

In Carmine Superiore: Seeblick vom Feinsten

Cannero Riviera und Umgebung

Ein gepflegter Ort mit Stil, mit seinen langen Treppenwegen schmiegt er sich unterhalb der am Hang verlaufenden Durchgangsstraße ans Ufer. Unten findet man eine gediegene, verkehrsfreie Promenade und gehobene Hotellerie mit Tradition – schon Königin Viktoria und Winston Churchill waren hier zu Gast.

Wegen seiner Südlage auf dem Delta des Rio Cannero und dem schützenden Hang dahinter kann sich Cannero eines besonders milden Klimas erfreuen, daher der Beiname „Riviera". Der verkehrsfreie Lungolago, der sicherlich zu den ruhigsten am See gehört, beginnt im Norden beim historischen Fischerhafen **Vecchio Porto,** einem kleinen Schmuckstück inmitten blühender Vegetation. Beim Spaziergang nach Süden kommt man dann am Bootshafen **Marina Banano** vorbei, der von einer modernen Time-Sharing-Anlage von Hapimag umgeben ist – früher stand hier eine große Bürstenfabrik am See, in der noch bis 1975 gearbeitet wurde. Danach überquert man den Rio Cannero und erreicht eine schöne Badezone, die genau nach Süden ausgerichtet ist, mit langem Kiesstrand und liebevoll angelegter Grünfläche, Oleander, Fächerpalmen und Weiden – wie Cannobio ebenfalls Träger der „Blauen Fahne", die sauberes Wasser und Umweltfreundlichkeit bewertet. Ein Campingplatz liegt gleich dahinter und zieht vor allem Familien an, die hier eine ruhige und erholsame Seeecke vorfinden.

Sehenswertes

Die wenigen Sehenswürdigkeiten kann man in aller Ruhe für sich entdecken.

Museo Etnografico e della Spazzola: Die lokale Sammlung ist in der historischen Villa Laura in der zentralen Via Dante Alighieri 29 untergebracht. Begründet wurde sie von der örtlichen Mittelschule, deren Schüler bei den Ortsbewohnern alte Stücke aus der Vergangenheit sammelten. Außerdem ist eine historische Küche nachgebildet und ein Raum widmet sich der Bürstenproduktion, die im 19./20. Jh. die wichtigste Industrie im Ort war.

■ April bis Juni So 17–19 Uhr, Juli/Aug. Sa/So 15–17 Uhr, Sept./Okt. So 15–19 Uhr. ☎ 0323-788943.

Nachbau der Grotte von Lourdes unterhalb der Pfarrkirche

Im Juli/August gibt es jeden So um 16.30 Uhr eine Führung durch Cannero, Treffpunkt ist vor dem Museum (Stand 2019).

Kirche San Giorgio Martire: Die große Pfarrkirche im südlichen Ortsbereich wurde im 19. Jh. erbaut, nachdem die alte Kirche durch eine Flut zerstört worden war. Sie besitzt eine klassizistische Eingangshalle mit turmhohen Säulen und ein hochragendes Gewölbe. Unterhalb der Apsis (von außen zu erreichen) liegt eine Nachbildung der berühmten Grotte von Lourdes, wo 1858 das Mädchen Bernadette eine Marienerscheinung hatte.

Parco degli Agrumi: Der schöne Park der Zitrusgewächse liegt im südlichen Ortbereich und wurde in Zusammenarbeit mit der Universität von Turin erstellt.

Sonstiges: Unterhalb der Durchgangsstraße (SS 34) ist an der Via Massimo D'Azeglio der historische **Waschplatz** von Cannero beschildert.

Ein **Grenzstein** aus rosafarbenem Granit der Partisanenrepublik von Ossola, die sich in den Kriegswirren von 1944 für wenige Wochen konstituieren konnte (→ S. 215), ist bis heute an der Durchgangsstraße am südlichen Ortsausgang erhalten.

Sehenswertes in der Umgebung

Castelli di Cannero: Nördlich von Cannero liegen direkt vor dem Ufer zwei befestigte Inseln wie verwunschene Burginseln in einem schottischen „Loch". Im Mittelalter hausten hier fünf Raubritterbrüder namens Mazzardi (genannt „I Mazzarditi"), kontrollierten den Handel mit der Schweiz und tyrannisierten die gesamte Seeregion. Ihre besondere Vorliebe galt der Entführung junger Frauen, doch als sie die Töchter des Podestà von Cannobio raubten, hatten sie den Bogen überspannt. 1414 hungerte Filippo Visconti sie aus, zerstörte ihre Befestigungen und ließ sie hinrichten. Die heutige Burg stammt aus dem 16. Jh. und wurde von den Borromäern als Bollwerk gegen die Schweizer Eidgenossen erbaut, zur Erinnerung an Vitaliano Borromeo

Bootshafen und Promenade von Cannero Riviera

(1620–90) *Rocca Vitaliana* genannt. Als die Burg keine Bedeutung mehr hatte, nisteten sich Schmuggler ein. Später nutzte man sie zeitweise als „Limonaia" für den Zitronenanbau und sogar für die Kaninchenzucht.

Wer über ein Boot verfügt, kann die kleinere der beiden Inseln anfahren (in Cannero werden auch Überfahrten angeboten). Dort steht nur ein Turm und es gibt eine schöne Wiese, die zum Picknick oder Sonnenbaden geeignet ist. Die größere Insel ist vollständig ummauert und durch ein schweres, eisernes Tor versperrt.

Bereits 2010 wurden auf der Hauptinsel Renovierungsarbeiten begonnen. Die Burg sollte wieder aufgebaut und touristisch erschlossen werden – es wurde gemunkelt, dass der Denkmalschutz dabei eine eher untergeordnete Rolle spielte. Mittlerweile sind die Arbeiten wohl abgebrochen worden, heftige Winde haben 2019 den großen Kran auf der Insel umgeworfen und zerstört.

Basis-Infos

PLZ 28821

Information   IAT. An einer zentralen Kreuzung im Zentrum. Im Sommer tägl. 9–12.30, 15–18 Uhr, außerhalb der HS Mo geschl. Via Orsi 1, ✆ 0323-788943, www.cannero.it.

Einkaufen   Markt. Freitags auf der Seepromenade.

Internationale   Zeitungen/Zeitschriften. Bestens sortierter Shop bei der Fähranlegestelle. Achtung: Nur vormittags geöffnet.

Motorbootverleih. Vermietung im Jachthafen (bis 40 PS kein Führerschein nötig). www.marinabanano.it.

Feste/Veranstaltungen   Mostra della Camelia. Das milde Klima Canneros ist ideal für die Zucht von Kamelien. Seit dem Jahr 2000 gibt es immer in der zweiten Märzhälfte eine große Kamelienausstellung mit über 200 Arten und geführter Besichtigung privater Gärten.

Madonna del Carmelo. Eindrucksvolle Prozession am zweiten Sonntag im Juli, dazu ein Lichtermeer auf dem See.

Unterhaltung   Partyboat La Zattera. Das solarbetriebene Katamaranboot liegt vor der Hapimag-Anlage und kann für Kreuzfahrten, Partys, Hochzeiten etc. gemietet werden. ✆ 345-4646458, www.ecopartyboat.com.

Übernachten

Das Preisniveau der Hotels und angeschlossenen Restaurants ist hoch.

MeinTipp ****** Cannero.** Seit 1902 dient dieses wunderschön nostalgisch und komfortabel eingerichtete Hotel mit zwei nebeneinanderliegenden Häusern an der Uferpromenade als angenehmes Feriendomizil. Behagliche Zimmer, teils mit Seeblick, Restaurant mit Terrasse, Swimmingpool, Solarium, alles sehr gepflegt. Viele Stammgäste, herzliches Personal. Parken in der Tiefgarage ca. 15 €/Tag. DZ/F ca. 110–180 € mit Seeblick. Piazza Umberto I 2, ✆ 0323-788046, www.hotelcannero.com.

*** Il Cortile. Wenige Meter hinter der Promenade, neun Zimmer und einige Apts. im Nachbarhaus, schick aufgemacht in einem restaurierten Haus aus dem Mittelalter, das exquisite Restaurant im Innenhof (Mi-Mittag geschl., außer Mitte Juli bis Mitte Aug), unter Schweizer Leitung. DZ/F ca. 115–120 €, Apt. ab 125 €. Via Massimo D'Azeglio 73, ✆ 0323-787213, www.cortile.net.

**** Park Hotel Italia. Historisches Haus an der Promenade (gehört zum Hotel Cannero), hier haben schon Bernard Shaw, Winston Churchill, Neville Chamberlain und viele andere Prominente übernachtet. Zimmer recht komfortabel und modern, schöne, etwas erhöhte Restaurantterrasse, netter Garten mit Sonnenliegen, hübsche Poolanlage, eigener Parkplatz (gratis). DZ/F ca. 110–170 €, zur Seeseite ca. 160–180 €. Viale delle Magnolie 19, ✆ 0323-788488, www.parkhotelitalia.com.

*** Arancioamaro. Kleines, gepflegtes Haus mit nur acht Zimmern und Suiten (letztere mit herrlicher Terrasse) an der Uferpromenade, traumhafter Seeblick, gehobene und sehr schicke Einrichtung, große Bäder, Café/Restaurant (nicht billig) an der Promenade. DZ/F ca. 140–180 €, mit seitlichem Seeblick 160–200 €, mit frontalem Seeblick 200–250 €. Parken in der nahen Tiefgarage im Preis inbegriffen. Viale delle Magnolie 13, ☎ 0323-788398, www.arancioamaro.it.

Mein Tipp **Garni La Scogliera.** Einfache, aber nette und preisgünstige Unterkunft, etwa 2,5 km südlich vom Ort, oberhalb der Straße. Sieben Zimmer mit Bad, wunderschöner Blick auf den See, Frühstück auf der Terrasse. Über eine Treppe geht es runter zum See mit Bademöglichkeit. Wirtin Patrizia spricht ausgezeichnet Deutsch. DZ/F ca. 50–60 €. Via Nazionale 26, ☎ 0323-788142, www.garnilascogliera.de.

B & B Casa Banano. Über dem Restaurant Sano Banano im Ortskern, schlicht möblierte Zimmer und Apartments mit Balkon (z. T. Seeblick), dazu eine Terrasse mit Sonnenliegen. Gutes Frühstück im Restaurant, es wird auch Deutsch gesprochen. DZ/F ca. 60–85 €. Via Marconi 30, ☎ 339-2153073, www.casabanano.it.

Mein Tipp **B & B Casa Forster.** Am Beginn der Straße nach Viggiona, nach der ersten Kurve. Architekt Paolo hat das 150 Jahre alte Haus mit viel Liebe zum Detail restauriert. Es gibt vier stilvolle und saubere Zimmer mit ausgewählten Antiquitäten und modernen Badezimmern, drei davon mit Seeblick und Balkon. Leckeres Frühstück auf einer schönen Terasse mit Seeblick, am Abend brennt stimmungsvolles Kerzenlicht im Treppenhaus. DZ/F ca. 100–120 €. Parkplatz ca.12 €/Tag. Via Panoramica 10, ☎ 331-1663109, http://casaforster.altervista.org.

Camping ** **Camping Lido.** Beliebter Platz mit genügend Schatten und ordentlichen Sanitäranlagen direkt am Strand, geführt vom sympathischen Besitzer Chicco. Kinderspielplatz, Sportplatz, Tennis, Basketball, Tischtennis, Bootsvermietung, Tretboote, Fahrräder, Raum mit Waschmaschinen. Im Laden kann man Brötchen für den nächsten Morgen vorbestellen. Rechtzeitige Reservierung empfohlen. Anf. April bis Ende Okt. Viale del Lido 5, ☎ 0323-787148, www.campinglidocannero.com.

Essen & Trinken

Im Ortskern findet man einige nette Lokale.

Sano Banano. Etwa 50 m landeinwärts der Anlegestelle. Originelles Lokal: drinnen ein langes Boot als Bar, hinten ein überwachsener Hof, nett zum Sitzen. Meeresküche und Seefisch, abends auch Pizza nicht zu teuer. Reservierung empfohlen, wird schnell voll. Mo geschl. Mit Zimmervermietung. Via Marconi 30, ☎ 0323-788184.

Trattoria da Gino e Gabi. An der hangabwärts verlaufenden Hauptgasse, gemütliches Terrassenlokal in einem schönen Garten, vorzügliche Küche und gutes Preis-Leistungs-Verhältnis, aufmerksamer Service. Tägl. ab 18.30 Uhr. Via Dante 12, ☎ 0323-788160.

Osteria del Borgo. Trattoria im oberen Ortsbereich, der Gastgarten liegt gleich unterhalb der Durchgangsstraße (aber das merkt man kaum). Auch hier wird derzeit sehr gut und ambitioniert gekocht und aufmerksam serviert, preislich etwas höher, zu empfehlen ist das Degustationsmenü für 45 €. Di geschl. Via Massimo D'Azeglio 32, ☎ 0323-361526.

Giardino. Nur wenige Schritte vom vorgenannten Lokal, auf der teilüberdachten Terrasse kann man gute Pizza essen, auch die anderen Gerichte sind lecker und nicht zu teuer. Mi geschl. Via Massimo D'Azeglio 33, ☎ 0323-787138

Europa. Zentral an der Uferpromenade, Terrasse direkt am Wasser, herrlicher Blick, Meeres- und Seeküche, entsprechend der Lage etwas teurer. Viale delle Magnolie 51, ☎ 0323-788292.

Magnolia. Ristorante in bester Lage am Hafenbecken bei der Anlage Hapimag, wird deshalb schnell voll. Recht leckere See- und Meeresküche, auch Pizza, der Service wird leider oft kritisiert. Die Preise liegen im höheren Bereich. Mo geschl. Viale delle Magnolie 9, ☎ 0323-788066.

Bars **Tre Re.** In der beschaulichen Bar neben der Anlegestelle sitzt man direkt an der Wasserfront und kann kleine Gerichte genießen, auch Pizza und Spaghetti. Di geschl.

Italienisches Westufer → Karte S. 166

🚶 **Wanderung 10: Von Cannero Riviera über Carmine Superiore nach Cannobio**   → S. 353
Leichte Waldwanderung bis Carmine, danach wird es steil.

Von Cannero über den Passo Il Colle nach Verbania

Diese besonders schöne, aber auch anstrengende Bergstrecke führt von Cannero Riviera nach Verbania, insgesamt sind es etwa 40 km. In den kleinen Örtchen Viggiona, Cheglio und Trarego mit ihren herrlichen Panoramablicken und alten Villen haben sich nicht wenige Künstler niedergelassen, durch die Kastanienwälder der Umgebung führen Wanderwege.

Autofahren sollte man allerdings können, die Straße ist z. T. abenteuerlich schmal und besitzt ausgeprägte Spitzkehren. Achtung: Für diese Tour sollte man sich nur einen Tag mit bestem Wetter aussuchen, bei Dunst oder Wolken sieht man oben nur noch die buchstäbliche Hand vor Augen – bei klarer Sicht hingegen bis Mailand.

Zunächst fährt man auf schmaler Serpentinenstraße steil ins alte Dörfchen **Viggiona** hinauf, dort kann man in zwei empfehlenswerten Restaurants direkt an der Straße einkehren (→ Essen & Trinken).

Kurz danach kommt man an eine Straßengabelung mit großer Karte zur Region. Unterhalb liegt **Cheglio**, nach rechts führt der Weg in die Berge zum **Passo di Colle,** geradeaus gelangt man ins Örtchen **Trarego.**

Viggiona

Das ruhige Dorf liegt abseits der Durchgangsstraße. Vom Kirchplatz mit seiner verwitterten Kirche mit freistehendem Glockenturm führt eine Mulattiera nach Carmine (40 Min.) und Cannobio (1:10 Std.).

Trarego

Im kleinen Ort mit seinen teilweise uralten Häusern endet die Straße beim urigen Albergo/Ristorante „La Perla" (→ Übernachten). Kurz vorher steht linker Hand der Straße die Pfarrkirche **San Martino.** Hier lohnt ein kleiner Rundgang: Vom Kirchenportal aus hat man einen schönen Blick auf zwei mächtige

alte Platanen, zwischen denen eine Treppe zum alten **Waschhaus** neben dem Bergbach hinunterführt. Oberhalb vom Waschhaus kann man durch den alten Ortskern (Via Dante, Via Borsetta usw.) zum Albergo La Perla zurückkehren.

Einen Rundgang ist auch der 3000 qm große **Giardino d'Arte** der Casetta Elisabetha neben der Kirche wert. Wenn Elisabeth Gerster zu Hause ist, steht die Pforte offen und man kann die Kunstobjekte im Garten betrachten (Mitte März bis Ende Okt. tägl. 11–18 Uhr, → nebenstehender Kasten).

Zu denselben Zeiten zeigen auch die **Villa Morissolina** (→ Übernachten) und die **Bar Elios** Werke verschiedener Künstler. Künstlerische Exponate und Installationen finden sich außerdem seit 2019 auch auf Wegen und Plätzen, wenn Sie durch das pittoreske Dorf wandern.

Das **Museo Tattile di Scienze Naturali** ist im Ort ausgeschildert, geöffnet ist es nur von Mitte Juni bis Mitte Sept. (tägl. 9–12 Uhr).

Praktische Infos

Information   **Pro Loco.** Holzkiosk an der Hauptstraße. Mitte Juni bis Mitte Sept. tägl. 9–12 Uhr. Viale dei Martiri 17, Trarego Viggiona, ☎ 377-1699972, www.prolocotraregoviggiona.it.

Einkaufen/Kunst   In Viggiona sind viele Künstler tätig (→ Kasten), darunter die „Kameliendame" **Moravia.** Mit ihren fantasievoll-surrealen Bildern, in der Bleistift- und Buntstiftzeichnung mit Aquarellierung kombiniert, setzt sie der Seeregion ein wunderschönes Denkmal. Besuch nach Anmeldung unter ☎ 49(0)6441-9633980, www.art-moravia.de.

Sentiero d'ARTE: Künstlerpfad am Lago Maggiore

Im verwinkelten Trarego-Cheglio-Viggiona, das in traumhafter Lage über dem Westufer liegt, hat sich innerhalb der letzten Jahrzehnte eine Künstlergemeinschaft angesiedelt. Diese präsentiert schon seit 1999 jedes Jahr an den vier Ostertagen ihre Werke. 2008 wurde der „Sentiero d'ARTE" ins Leben gerufen. Dieser markierte Rundweg von etwa einer Stunde führt durch die drei benachbarten Dörfer zu liebevoll restaurierten Künstlerhäusern, zu idyllisch gelegenen Gärten und Plätzen, unter Laubengängen hindurch in Brunnenhäuser und Villen. Trarego und Cheglio verwandeln sich dann in Orte für Kunst und Kultur. Die Symbiose gelingt, da die Kunstwerke von jedem Künstler selbst ausgewählt und für den jeweiligen Ort konzipiert werden – ein perfektes Zusammenspiel aller Faktoren. In Harmonie mit den in jedem Jahr wechselnden Ausstellungsplätzen und Exponaten von Künstlern aus der ganzen Welt sind Objekte verschiedenster Stilrichtungen zu sehen: Malereien, Skulpturen, Keramikexponate, Eisenplastiken, Schmuckstücke, Installationen und vieles mehr. Livemusik und verschiedene Performances runden das umfangreiche Programm ab – ein Ostererlebnis der besonderen „ART". Im Jahr 2019 haben 69 Künstler in 26 Häusern und Gärten ihre Werke präsentiert und tausende Kunstinteressierte besuchten das Event.

Wegepläne liegen in den Künstlerhäusern aus, einen Busservice zwischen Cannero und Trarego gibt es von Sa–Mo während der Öffnungszeiten der Häuser (Fr/Sa 14–18 Uhr, So/Mo 10–18 Uhr). Wenn Sie mit dem Auto nach Trarego fahren, werden kostenlose Parkmöglichkeiten angewiesen.

Seit 2010 wurde zusätzlich der „Sentiero d'ARTE estate", der „Künstlerpfad des Sommers" ins Leben gerufen: Einige Künstlerhäuser öffnen auch von Juni bis September täglich ihre Pforten, die Öffnungszeiten kann man in der Casetta Elisabetta erfahren. Weitere Infos auf der Website www.casetta-elisabetta.de der Initiatorin Elisabeth Gerster.

Übernachten ** Garni Viggiona. Angenehme und ruhige Bleibe am Ortseingang des gleichnamigen Dorfs, gleich nach dem Restaurant Luna. Solides, neu erbautes Haus mit acht Zimmern, jeweils Balkon oder Terrasse, davor ein Wiesenstück zum Sonnen, Parken gratis, gutes Frühstück. DZ/F ca. 75–85 €. Via Provinciale per Trarego, 28826 Trarego Viggiona, ✆ 0323-788050, www.garniviggiona.com.

Residence Usignolo. Neun moderne Ein- und Zwei-Zimmer-Apartments in Cheglio mit Terrasse/Balkon und herrlichem Seeblick. Das gleichnamige Restaurant liegt 1 km davor. Apt./F ca. 85–95. Via Marconi 13, 28826 Trarego Viggiona, ✆ 0323-788356, www.residenceusignolo.it.

La Perla. Unschlagbar günstig, doch deutlich in die Jahre gekommen. Mit Restaurant (Mi geschl.) und Bar, wo man auch schön draußen sitzen kann und auf den See blickt, unterhalb davon eine Bocciabahn (Spaghetti 7 €, Forelle 14 €). DZ mit Bad ca. 65 €, mit Etagendusche ca. 55 €. Via Passo Piazza 6, 28826 Trarego Viggiona, ✆ 0323-788146.

Mein Tipp **B & B Villa Morissolina.** Etwa 500 m über dem Lago Maggiore, ruhige und sonnige Hanglage am unteren Ortsrand von Trarego (an der Straße beschildert), ca. 15 Autominuten von Cannero Riviera. Geführt von den aufmerksamen Gastgebern Thomas Lehner und Carolin Fuhry. Zimmer stilvoll und individuell mit Antiquitäten ausgestattet, schöner Garten mit herrlichem Seeblick, sehr gutes Frühstück und vor allem hervorragende Küche, Thomas kocht täglich auf Vorbestellung ein 5-Gang-Überraschungsmenü. Gleich vor der Haustür beginnen Wanderwege. DZ/F ab ca. 100 €. Contrada San Mauro 6, 28826 Trarego Viggiona, ✆ 0323-797826, www.villa-morissolina.it.

In Trarego

Essen & Trinken Luna. Direkt an der Straße liegt das unprätentiöse Lokal mit Terrasse, aber ohne Seeblick. Unkomplizierte Küche, wechselnde Tagesgerichte und gute, große Pizzen. Abends unbedingt reservieren. Mi geschl. ✆ 0323-788050.

Usignolo. 100 m weiter, das Restaurant verdankt seinen Ruf ebenso der guten Küche wie der unvergleichlichen Lage mit dem herrlichen Blick, die Terrasse wurde jüngst vergrößert, trotzdem ist auch hier eine Reservierung angebracht. Keine Pizza, preislich sehr fair. ✆ 0323-788356.

Tour über den Passo di Colle

Von der Straßengabelung bei **Cheglio** geht es auf schmaler Straße hinauf zum **Monte Spalavera** (1534 m) an der Nordostecke des Nationalparks Val Grande, den man umrundet. Bald darauf erreicht man den **Passo Il Colle** (1238 m) mit einer Gedenkstätte für Partisanen, die hier am 23. Juni 1944 fielen.

Am Pass zweigt eine schmale Bergpiste zum **Passo Folungo** ab (ca. 7 km), wo noch Reste der Cadorna-Verteidigungslinie aus dem Ersten Weltkrieg erhalten sind (→ S. 198). Der Weg ist mit einem normalen Pkw sehr vorsichtig zu befahren, besser aber man hat ein Mountainbike dabei.

Auf der Hauptroute fährt man über **Piancavallo** mit dem erstaunlich großen „Istituto Auxologico" (Lehrkrankenhaus zur Behandlung und Rehabilitation von Übergewicht und neurologischen Erkrankungen) nach Premeno und weiter nach **Verbania Intra** am See hinunter. Einkehren kann man in Piancavallo im ausgeschilderten Berglokal „La Baita" mit großer Terrasse und herrlichem Blick (Di geschl., ✆ 0323-587396).

Premeno liegt in einer nach Norden hin geschützten Mulde und war schon Anfang des 20. Jh. ein beliebter Ort zur Sommerfrische. Hier wurde in den 1960er Jahren auch der erste Golfplatz am Lago Maggiore eröffnet (www.golf piandisole.it). Im nahen Dorf **Pollino** liegt ein Campingplatz (→ Ghiffa).

Von Cannero Riviera nach Verbania

Dicht am See entlang führt diese schöne Strecke, unterwegs gibt es mehrere Bademöglichkeiten.

Oggebbio

Diesen auf den Landkarten südlich von Cannero eingetragenen Ort wird man an der Uferstraße vergeblich suchen. Er besteht aus mehr als einem Dutzend Weilern, die bis weit hinauf in die Berge verstreut sind. Einen traumhaften Seeblick hat man hier überall, aber die Straßen sind steil, eng und kurvig und so hat man oft mehr mit dem Fahrzeug zu tun als mit dem Genuss der Landschaft.

Unten am See gibt es bei der Residence „Casa e Vela" eine Badezone mit künstlicher Liegewiese und Liegestühlen, Bar, Boots- und Fahrradverleih. Beim Ristorante „Lago" befindet sich ein Uferkai mit Wiese und Leitern ins Wasser (beschildert mit „Spiaggia").

Verstreut stehen in Ufernähe und an den Hängen prächtige Jugendstilvillen – in der Villa del Pascià soll Verdi zu seiner Oper „Aida" inspiriert worden sein. In **Gonte**, etwas oberhalb der Uferstraße, erhebt sich die Kirche **San Pietro** mit dem höchsten Glockenturm am Westufer des Lago Maggiore (42 m). Und bei **Novaglio** balanciert die romanische Kirche **Santa Agata** auf einem Felsvorsprung über dem See.

Übernachten **Casa e Vela.** Residenzhaus mit zweckmäßig eingerichteten DZ, Studios und Apartments direkt über der Uferstraße (auch nachts befahren), jeweils mit Balkon. Zum Strandbad überquert man die Straße, dort gibt es eine künstliche Liegewiese sowie die Bar „Hemingway" mit Panoramaterrasse. Im Sommer Verleih von Motorbooten, Wasserscootern, Kanus, Tretbooten und Fahrrädern. Auch einen Bootsanlegeplatz gibt es. DZ/F ca. 96 €, Studio/F für 2 Pers. ca. 110 €, Apt./F ca. 120 €. Via Martiri Oggebbiesi 21, 28824 Oggebbio, ℘ 0323-48272, www.casaevela.it.

*** Villa Margherita. Bei Gonte, hoch über der Uferstraße. Mit Schweizer Professionalität wird die schöne, alte Villa über dem See geführt. Großer Terrassenpark mit Swimmingpool, exklusiv eingerichtete Zimmer mit Marmorbad und Whirlpool, Restaurant. Eine Oase der Ruhe, deshalb für Familien mit kleinen Kindern vielleicht eher nicht geeignet. DZ/F ca. 130–200 €, mit Balkon bis 240 €. Via Giovanni Polli 11, 28824 Oggebbio, ℘ 0323-491006, www.villa-margherita.it.

Opulente Architektur der Belle Époque

mein Tipp ***** Bel Soggiorno.** Familiär geführtes Mittelklassehaus mit 15 Zimmern am südlichen Ortseingang von Gonte und weit genug über der Seestraße, um Ruhe zu finden. Fantastischer Blick über den Lago, herrliche Restaurantterrasse unter Platanen, bekannt leckere Pizza. Ordentliche Zimmer, ohne Extravaganzen. Neuer Anbau mit Tiefgarage. DZ/F ca. 90–110 €. Viale P. Caremoli 12, 28824 Oggebbio, ✆ 0323-48114, www.albergobelsoggiorno.it.

** Sole. Wenige Meter oberhalb der Uferstraße, herrlicher Seeblick, sehr nett und familiär geführt, hübsche Sonnenterrasse, einfache Zimmer mit Balkon und Seeblick. DZ/F ca. 75–110 €. Via Nuova per Cassino 8, 28821 Cannero Riviera, ✆ 0323-788150, www.albergosole.it.

Villa Volpi. Etwas nördlich von Ghiffa, zehn Fewos in einer prächtigen historischen Villa oberhalb der Straße (Preise auf der Website), herrlicher Ausblick, Frühstück auf der Terrasse, großer Park. Die Villa kann auch komplett gemietet werden, Preis auf Anfrage. Corso Belvedere 311, 28823 Ghiffa, ✆ 0323-59193, https://villavolpi.jimdo.com.

Camping **** Camping La Sierra.** Zwischen Oggebbio und Ghiffa in Terrassen über der Straße, unterhalb liegt ein Badestrand. Mit Restaurant und Seeblick, die Straße kann etwas störend sein. Ganzjährig. Corso Belvedere 337, 28823 Ghiffa, ✆ 333-7815534, www.camping lasierra.it.

Area Camper. Gegenüber vom Lido von Oggebbio/Gonte eine steile Straße den Berg hinauf (ausgeschildert), komfortabler Wohnmobilstellplatz über der Uferstraße, den man wegen der engen Einfahrt schnell übersieht. Jedes Mobil hat seine eigene gemauerte Terrasse mit Seeblick, Strom- und direktem Wasseranschluss, auch warme Duschen gibt es. Preis für 24 Std. ca. 22 €. Ganzjährig. Strada Martiri Oggebbiesi 6, 28824 Oggebbio, ✆ 0323-787148, www.areacamperoggebbio.it.

Essen & Trinken Lago. Bei einem größeren Parkplatz an der Uferstraße, gute Pizza und Pasta zu fairen Preisen Mo geschl. Via Nazionale 86, ✆ 0323-48105.

Ghiffa

Die Uferstraße durchtrennt die Gebäude der ehemaligen, 1881 gegründeten Hutfabrik Panizza & Co. Den landseitigen Komplex hat man als **Museo dell'Arte del Cappello** der Öffentlichkeit zugänglich gemacht. Die Herstellung von Filzhüten unter Verwendung von natürlichem Tierfellhaar war in dieser Gegend seit dem 18. Jh. ein bedeutender Wirtschaftszweig. Sie wird mit Bildern und Exponaten erläutert, dazu gibt es einen Film.

■ April bis Juni u. Sept./Okt. Sa/So 15.30–18.30 Uhr, Juli/Aug. auch Di u. Do 15.30–18.30 Uhr, Eintritt ca. 1,50 €, ab 5 Pers. 1 €. ✆ 0323-840809.

Etwas oberhalb der Uferstraße liegt mitten im Dorf **Ronco di Ghiffa** im Gebäude einer ehemaligen Kuranstalt das Wellness-Ressort „Dolce Vita", wo man mit Blick auf den See wunderbar entspannen kann.

Noch höher erreicht man inmitten eines ausgedehnten Naturschutzgebietes um den Monte Cargiago (713 m) den **Sacro Monte della Santissima Trinità di Ghiffa.**

Übernachten/Essen **** Ghiffa. Das restaurierte Belle-Époque-Haus vom Ende des 19. Jh. lebt von seiner herrlichen Lage an der Seeseite der Durchgangsstraße. Zimmer mit Seeblick, Verandarestaurant, schöner Pool neben dem Haus, unterhalb Badeterrasse mit Sonnenschirmen am See. DZ/F ca. 180–220 €. Corso Belvedere 88, 28823 Ghiffa, ✆ 0323-59285, www.hotelghiffa.com.

Einkaufen Cooperativa Agricola I Filari. An der Durchgangsstraße, offener Wein (Monferrato) aus dem Tank, Gemüse und Obst, Parkplatz gegenüber. Mo–Sa 10–13, 16–20 Uhr. Corso Belvedere 189.

Sacro Monte della Santissima Trinità di Ghiffa

Oberhalb von Ghiffa liegt inmitten eines ausgedehnten Naturschutzgebietes um den **Monte Cargiago** (713 m) ein barockes Heiligtum mit Wallfahrtskirche, drei großen Kapellen und einem 14-bogigen Laubengang mit Kreuzwegbildern aus dem 19. Jh., der in eine Marienkapelle mündet. 2003 wurde der Sacro Monte di Ghiffa mit acht weiteren „Heiligen Bergen" (→ S. 153) ins Weltkulturerbe der Unesco aufgenommen.

Das waldreiche Naturschutzgebiet bietet sich für Spaziergänge und Wanderungen an. Beim Santuario kann man parken, dort gibt es auch einen Fitness-Parcours und ein an Wochenenden oft recht volles Restaurant. Man kann von dort z. B. in etwa 90 Min. zum weit gefächerten Dorf **Pollino** auf einer Hochebene in 750 m Höhe hinaufsteigen. Dort gibt es einen Campingplatz und ein Hotel.

Übernachten *** **Canetta.** Einfaches Hotel im hochgelegenen Dorf Pollino, nett geführt und sauber. Mit PKW zu erreichen über Premeno (oder zu Fuß vom Sacro Monte aus). DZ/F ca. 70–90 €. Via Belvedere 23, 28818 Pollino, ☎ 0323-587044, www.albergocanetta.com.

*** **Camping Incanti.** Familiär geführter Platz mit kleinem Pool mitten im Grünen beim hochgelegenen Dorf Pollino, zu erreichen über Premeno. Ganzjährig. Via Incanti 4, 28818 Pollino, ☎ 0323-587288, www.campingincanti.it.

Essen & Trinken **Santissima Trinità.** Großes Ausflugslokal/Biergarten zwischen hohen Bäumen beim Santuario, sehr schön zum Sitzen. Mo geschl. ☎ 0323-59300.

Verbania Intra

Verbania, die größte Stadt am See, besteht aus den beiden Ortsteilen Intra und Pallanza, die durch die Landzunge Punta della Castagnola getrennt sind.

Der nördliche Ortsteil Intra besitzt nicht unbedingt die Muße eines Urlaubsorts, sondern eignet sich eher zum Bummel im Rahmen eines Tagesausflugs. Viel besuchte Attraktion sind die berühmten **Giardini di Villa Taranto** an der Uferstraße ein wenig südlich außerhalb.

In Intra befindet sich die große Anlegestelle der Autofähren, die alle 20 Min. ans gegenüberliegende Ufer nach

Italienisches Westufer → Karte S. 166

Die große Piazza Ranzoni bildet das Zentrum der Uferzone von Intra

Laveno pendeln. Etwas nördlich davon existiert noch die historische Anlegestelle **Vecchio Imbarcadero** (heute mit Pizzeria), auf der Hafenmauer steht eine mächtige Granitsäule aus Montorfano(→ S. 211).

Schräg gegenüber liegt die große, ufernahe **Piazza Daniele Ranzoni**, wo man sich abends bei Livemusik in den Cafés trifft. Dahinter zieht sich die labyrinthische Altstadt mit ihren engen Fußgängergassen einen leichten Hügel zum großen, mit leuchtend bunten Glasfenstern, Fresken und Goldstuck äußerst prächtig ausgestatteten Dom **San Vittore** hinauf.

Baden kann man im nördlichen Ortsbereich im Freibad der **Cannottieri Intra** mit Strandbereich, Liegewiese Pool und Ristorante/Pizzeria (Eintritt 11 €, nur nachmittags 8 €) sowie im Süden am **Arena Beach** mit Liegestühlen und Beach Volley, zu erkennen am benachbarten, hypermodernen „Centro Eventi Multifunzionale" (CEM).

Basis-Infos

PLZ 28921

Hin & weg Bus. SAF (www.safduemila.com) fährt etwa stündlich über Pallanza, Stresa, Feriolo und Baveno nach Arona und 1-2 x tägl. weiter nach Mailand.

Ebenfalls etwa stündlich fährt **VCO** Bus Nr. 3 über Cannero Riviera und Cannobio nach Brissago (Schweiz), außerdem Bus Nr. 5 4 x tägl. über Mergozzo und Gravellona bis Domodossola.

Alibus (https://www.safduemila.com/linee/alibus-malpensa-lago-maggiore) fährt 6 x tägl. über Feriolo, Baveno, Stresa und Arona zum Flughafen Malpensa. Abfahrt an der Anlegestelle der Autofähren.

Schiff. Fähren mit Autotransport fahren von etwa 5 bis 24 Uhr ca. 2–3 x stündl. ins gegenüberliegende **Laveno** und zurück. Fast stündl. gibt es Verbindungen nach Stresa und auf die Borromäischen Inseln (z. T. weiter nach Arona) sowie nach Cannobio und hinüber zum Ostufer, außerdem 1–2 x tägl. nach Locarno.

PKW. Ein großer **Parkplatz** liegt bei der Anlegestelle der Autofähren. Während des großen Marktes am Samstag sind Stellplätze trotzdem nur sehr schwer zu bekommen.

> Der **Markt** von Intra findet jeweils Sa 8–17 Uhr statt – er ist der größte am Westufer und erstreckt sich über einen weitläufigen Bereich um die Piazza Mercato, ein wenig landeinwärts der Anlegestelle.

Übernachten

**** Ancora. Schöner, alter Palazzo an der Uferstraße, gleich bei der zentralen Piazza Ranzoni am alten Hafen, insofern nicht ganz leise. Modern eingerichtete Zimmer mit Schallschutzfenstern und herrlichem Seeblick, gutes Frühstück, Parkplatz muss teuer bezahlt werden (20 €/Tag). DZ/F ca. 100–130 €, ohne Seeblick günstiger. Corso Mameli 65, ☎ 0323-53951, www.hotelancora.it.

*** Il Chiostro. Zentrale Lage (von der Anlegestelle ein Stück landeinwärts), über hundert Zimmer, z. T. in einem renovierten Kloster des 17. Jh., viel Platz, Säle für Seminare, großer Garten mit Spielgeräten für Kinder, Parken kostenlos. DZ/F ca. 85–100 €. Via Fratelli Cervi 14, ☎ 0323-404077, www.chiostrovb.it.

*** La Contrada. Kleines Hotel mitten in einer Fußgängerzone der Altstadt, saubere moderne Zimmer mit Klimaanlage, Parkhaus etwa 300 m entfernt (ca. 10 €/Tag), etwas laut. DZ/F ca. 80–115 €. Via San Vittore 25, ☎ 0323-516527.

*** Villa Aurora. Die einstige Industriellenvilla mit Garten und gutem Restaurant steht beim Fluss im nördlichen Ortsbereich, zehn Zimmer, Einrichtung etwas älter, aber mit Charme, Parken kostenlos, 5 Min. ins Zentrum. Nette familiäre Leitung. DZ/F ca. 90–120 €. Via Brigata Cesare Battisti 15, ☎ 0323-401482.

meinTipp **Locanda Chi-Ghinn.** Eine Villa des 18. Jh. im hochgelegenen Örtchen Bee, allerdings gut 5 km außerhalb. Nur sechs mit Liebe eingerichtete Zimmer, dazu ein Restaurant mit Terrasse und herrlichem Blick, wo das nicht ganz billige, aber von Küchenchef Adolfo bestens und kreativ zubereitete Essen serviert wird. Der eigentümliche Name stammt von einer Wandinschrift, die bei der Restaurierung gefunden wurde. Preise auf Anfrage. Via Maggiore 21/23, 28813 Bee, ✆ 0323-56326, www.chighinn.com.

Essen & Trinken

Il Veliero. Beliebtes Ristorante/Pizzeria ganz zentral am See neben der historischen Fähranlegestelle, einige hundert Meter nördlich der heutigen Anlegestelle, sehr schön zum Sitzen. Corso Goffredo Mameli 32, ✆ 0323-405713.

La Tavernetta. In der Fußgängerzone mitten in der Altstadt (gegenüber vom Hotel La Contrada), viel empfohlenes Ristorante mit feiner Küche, kühle Außenterrasse in einem Hinterhof. Di geschl. Via San Vittore 22, ✆ 0323-402635.

Osteria della Luna Piena. Verstecktes Gewölbelokal in einem schmalen Seitengässchen südlich der zentralen Piazza Ranzoni, gute authentische Küche und freundlicher Service. Mo/Di-Mittag geschl. Vicolo Proo 8, ✆ 0323-404145.

Mein Tipp **Osteria del Castello.** Rustikalgemütliche Adresse auf einer versteckten Piazza (an der Uferstraße neben Hotel Ancora durch einen Torbogen gehen), gegründet 1905. Vor der Tür große Granittische unter einer grün überwucherten Pergola, drinnen alte Fotos und Weinregale mit hunderten von Flaschen. Wurst-/Käseplatten und kleine Speisekarte, gute Weinauswahl (auch Verkauf). So geschl. Piazza Castello 9, ✆ 0323-516579.

Caffè Cinque. Urige Enoteca mit warmer Küche am landseitigen Ende der Piazza Ranzoni, hinten kann man auf einer kleinen, versteckten Piazza sitzen und Pasta, Taglieri und verschiedene Fleischgerichte genießen. So geschl. Piazza Ranzoni 51, ✆ 0323-403493.

La Casera di Buratti. Im Laubengang an der Piazza Ranzoni kann man bei Eros Buratti besten Käse, Würste und Schinken aus dem Piemont und anderen Regionen Italiens kaufen,

Italienisches Westufer → Karte S. 166

Malerisches Plätzchen: die Osteria del Castello

der Laden ist eine echte Augenweide. Eine Osteria/Enoteca ist angeschlossen, wo man die hervorragenden Produkte bei einem Glas Wein verkosten kann. So geschl. Piazza Ranzoni 19, ☎ 0323-581123.

Chi-Ghinn. Exquisite Küche im hochgelegenen Örtchen Bee (→ Übernachten). Di geschl. ☎ 0323-56326.

Eis **Gelateria Tamboloni.** Exzellentes hausgemachtes Eis gegenüber vom Fährhafen. Corso Mameli 47/Ecke Piazza Matteotti.

Giardini di Villa Taranto: einzigartige Pflanzenpracht

Der 16 ha große Hügelpark im englischen Stil mit einer Unmenge prächtiger exotischer Pflanzen und Bäume sowie verspielten Wasserbecken, Brunnen und Terrassen wurde 1931 vom schottischen Captain Neil Boyd McEacharn gegründet, der den Ehrgeiz hatte, hier einen der besten botanischen Gärten der Welt anzulegen. Da er kinderlos war, übereignete er ihn 1938 dem italienischen Staat mit der Auflage, sein Werk fortzusetzen und zu erweitern. Dies ist sichtlich gelungen und die Pflanzenvielfalt ist tatsächlich einzigartig – ungefähr 20.000 Arten existieren hier, darunter hunderte von Rhododendren und Dahlien, Wasserpflanzen, Lotusblumen, Azaleen, Kamelien, Hortensien, Forsythien, Magnolien, Astern, Lilien, Tulpen und vieles mehr. Die Blütezeiten der einzelnen Arten erstrecken sich vom Frühjahr bis zum Herbst, besonders schön ist der Park zur Zeit der Baumblüte im Frühling. Ende April findet seit über fünfzig Jahren die „Settimana del tulipano" statt, in der über 80.000 Blumen fast gleichzeitig ihre Pracht entfalten. Beim Eingang kann man ein kleines Herbarium mit vielen Pflanzen aus dem Süden Englands besuchen. McEacharn liegt auf eigenen Wunsch seit 1964 in einem Mausoleum auf dem Gelände begraben. Der Park besitzt eine eigene Schiffsanlagestelle, dort befindet sich auch der Eingang. Wegen der Größe des Geländes sollte man gut zu Fuß sein.

■ April bis Sept. tägl. 8.30–18.30 Uhr (März u. erste Okt.-Hälfte bis 17.30 Uhr, zweite Okt.-Hälfte bis 16.30 Uhr), Eintritt ca. 11 €, Kinder (6–14 J.) 5,50 €, Parken kostenlos. ☎ 0323-556667, www.villataranto.it.

Das stilvolle Kirchlein San Remigio stammt aus dem Mittelalter

Verbania Pallanza

Der mondänere Ortsteil von Verbania liegt westlich der Landspitze Punta della Castagnola.

Von der langen Promenade, die parallel zur Uferstraße mit ihren gediegenen Palazzi und Hotels verläuft, hat man einen schönen Blick hinüber nach Stresa und auf die nahen Isole Borromee (→ S. 229), auf die von hier auch Schiffe hinüberfahren. Die Uferstraße ins nahe Intra wurde zum Radweg umfunktioniert. Man fährt entlang der Punta della Castagnola und vorbei an der berühmten Villa Taranto (→ links).

Nur wenige Meter vor dem Grand Hotel Majestic (→ Übernachten) auf der Punta della Castagnola liegt die kleine **Isola San Giovanni.** Sie ist in Besitz der am Lago allgegenwärtigen Adelsfamilie Borromeo (→ S. 230), ist aber nicht zu besichtigen. Der weltbekannte Dirigent Arturo Toscanini (1867–1957), berühmt vor allem für seine Verdi- und Beethoveninterpretationen, verbrachte hier häufig die Sommermonate. Ihm zu Ehren richtet Verbania immer wieder klassische Musikveranstaltungen aus.

Sehenswertes

Einen Besuch wert ist die imposante **Chiesa Collegiata di San Leonardo,** die mit ihrem hohen Glockenturm etwas erhöht über der Uferstraße steht. Schräg gegenüber sieht man am Ufer das faschistische **Mausoleo Cadorna,** errichtet 1932 zu Ehren des Generals Luigi Cadorna, im ersten Weltkrieg Chef des italienischen Generalstabs, unter dem die Cadorna-Verteidigungslinie erbaut wurde (→ S. 198). Sein Leichnam ruht in einem Sarkophag aus rotem Porphyr.

Ein Stück weiter östlich, vorbei am Jachthafen, erreicht man am Corso Zanitello den Eingang zum Park der **Villa Giulia**. Die einstige Villa des Likörfabrikanten „Fernet-Branca" stammt aus dem 19. Jh. In den 1950er Jahren diente sie als Kursaal, heute wird sie für Konzerte und kulturelle Veranstaltungen genutzt. Der Park ist öffentlich zugänglich, man kann dort auch einkehren (→ Essen & Trinken).

Von der zentralen Piazza an der Uferstraße führt die Fußgängergasse Via Ruga mit vielen Geschäften durch die Altstadt hügelaufwärts. Am Ende erreicht man kurz vor der Piazza Gramsci den imposanten Palazzo Viani-Dugnani mit dem besuchenswerten **Museo del Paesaggio.** Im Untergeschoss zeigt eine Gipsothek zahlreiche Skulpturmodelle und Bronzefiguren des als Sohn eines russischen Adelsemigranten in Verbania geborenen Bildhauers Trubezkoj. Sein größtes Werk war eine Reiterstatue des Zaren Alexander III. in St. Petersburg. In den schön bemalten Sälen im ersten Stock sind Gemälde lokaler und oberitalienischer Künstler des 19. und 20. Jh. ausgestellt, darunter das monumentale, 6,50 m lange „Alla Vanga" von Arnaldo Ferraguti (1862–1925), das im Stil des so genannten Sozialistischen Realismus (Verismo sociale) die harte Arbeit der Landleute darstellt.

▪ März bis Sept. Di–Fr 10–18, Sa/So 10–19 Uhr, Mo geschl., Okt. bis Febr. nur Fr 14–17, Sa/So 11–17 Uhr. Eintritt ca. 5 €, 16–26 J. 3 €. ✆ 0323-557116.

Die romanische Basilika **Madonna di Campagna** steht ein Stück landeinwärts vom Zentrum am Viale Giuseppe Azari. Wie der Name sagt, befand sich die von Bramante umgebaute Kirche ursprünglich allein in der Natur, heute ragt schräg gegenüber eine überdimensional große Fabrik empor. Im Inneren ist die Basilika mit Fresken des 16. Jh. ausgestattet, imposant ist die achteckige Kuppel.

In Pallanza: Villa Giulia und Isola San Giovanni

Auch baden kann man in Pallanza, das kommunale Strandbad liegt im Ortsteil Suna, von Pallanza aus in Richtung Stresa (→ Ortsplan). Dort findet auch ein Gutteil des Nachtlebens statt.

> Am Rande notiert: Emma Morano, die bis dato älteste lebende Frau der Welt (geboren 1899) lebte in Verbania-Pallanza. Sie starb hier im April 2017.

Sehenswertes in der Umgebung

Wenn man von der Kirche Madonna di Campagna (→ oben) den Viale Azari noch ein Stück nach Norden fährt, erreicht man die abenteuerlich kurvige Auffahrt zum 700 m hohen, waldreichen **Monterosso** (→ Übernachten). Oben gibt es zahlreiche Spazier- und Wanderwege und man genießt herrliche Ausblicke auf den See und das Monte Rosa-Massiv im Westen.

Auf der Anhöhe **La Castagnola** oberhalb von Pallanza – benachbart zur Villa Taranto mit ihrem Botanischen Garten (→ oben) – ließen die irische Malerin Sofia Browne und ihr Geliebter, der neapolitanische Marchese Silvio della Valle di Casanova, Anfang des 20. Jh. die **Villa San Remigio** mitsamt weitläufigem Park errichten, die eine harmonische Verbindung zwischen Kunst und Natur schaffen sollten. Die einzelnen Parkabschnitte tragen so poetische Namen wie „Garten der Freude", „der Glückseligkeit", „der Wehmut", „der Erinnerungen" bis zum „Garten der Seufzer". Von einigen Aussichtspunkten – und natürlich von der Villa selbst – kann man einen wunderbaren Seeblick genießen. Das für den Namen verantwortliche romanische Kirchlein **San Remigio** aus dem 12. Jh. steht benachbart, aber außerhalb der Mauern des Parks am Ende der Zufahrtsstraße. Zu erreichen ist die Villa von der Pension „Villa Azalea" aus (→ Übernachten).

■ In den letzten Jahren gab es geführte Besichtigungen nach Anmeldung beim Informationsbüro, ☎ 0323-504401.

Basis-Infos

PLZ 28922

Information   IAT. In der Fähranlegestelle von Pallanza, tägl. 9.30–12.30, 16–19 Uhr. ☎ 0323-503249, www.verbania-turismo.it. Eine weitere Infostelle liegt im Innenhof des Museo del Paessagio, Mo–Sa 9.30–17.30, 15–17 Uhr.

Hin & weg   Bahn. Der Bahnhof liegt einige Kilometer außerhalb am Fuß des Mont'Orfano, etwa stündl. fahren Regionalzüge nach Stresa und weiter nach Arona, außerdem gehen Züge zum Flughafen Malpensa (mit Umsteigen in Busto Arsizio) und nach Domodossola.

Bus. SAF fährt etwa stündlich über Stresa, Feriolo und Baveno nach Arona. Ebenfalls etwa stündl. fährt **VCO** über Intra, Cannero Riviera und Cannobio nach Locarno (Schweiz). **Alibus** fährt 6 x tägl. über Feriolo, Baveno, Stresa und Arona zum Flughafen Malpensa. Abfahrt an der Piazza Gramsci.

Schiff. Fast stündlich Verbindungen nach Stresa und auf die Borromäischen Inseln (z. T. weiter nach Arona), außerdem hinüber zum Ostufer und 1–2 x tägl. über Cannobio nach Locarno.

Einkaufen   Markttag in Pallanza ist Freitag (8–12 Uhr), dann wird es in den Hotels an der Uferstraße laut und es gibt keine Parkplätze mehr.

Feste/Veranstaltungen   Mostra della Camelia. Schon seit über 40 Jahren findet Ende März diese bedeutende Kamelienausstellung in der Villa Giulia statt.

Notti di Note. An den Samstagen von Ende Juni bis Ende August musizieren bis spät in die Nacht Dutzende von Musikgruppen an verschiedenen Stellen von Pallanza und Intra.

Palio Remiero. Nächtliches Wettrudern am 14. August, zum Abschluss ein prächtiges Feuerwerk.

Corso Fiorito. Am ersten Sonntag im September großer Blumenwagenumzug an der Uferpromenade, viele fantasievolle Kunstwerke aus Blumen können bewundert werden, dazu ein Feuerwerk.

Übernachten

**** Grand Hotel Majestic 🔟 Belle-Époque-Palast in herrlicher Lage an der Zufahrt von Intra zu den Giardini di Villa Taranto (von Pallanza nur mit dem Fahrrad zu erreichen). In der ersten Hälfte des 20. Jh. eins der Tophotels Europas, die Duse, Toscanini und Debussy gehörten zu den Gästen. An diese alten Zeiten versucht man wieder anzuschließen, jedoch muss dafür noch einiges renoviert und verbessert werden. Zimmer eher klein, Frühstück reichhaltig (doch manches muss extra bezahlt werden), sehr schöner Park mit Liegestühlen am See, kleines Wellness-Center mit schönem Indoor-Pool, Privatstrand. DZ/F je nach Kategorie und Saison ca. 230–400 €. Via Vittorio Veneto 32, ☎ 0323-509711, www.grandhotel majestic.it.

**** Pallanza, **** Belvedere & *** Gottardo 🔟 Drei Häuser mit etwas nostalgischem Charme bei der Anlegestelle, vor allem in den oberen Stockwerken schöne Zimmer mit herrlichem Seeblick. Uferstraße wenig befahren, am Markttag (Fr) wird es allerdings ab frühmorgens laut. Die Parkplätze in der Umgebung und vor dem Haus sind teils kostenpflichtig (freitags wegen Markt kein Parken möglich). DZ/F ca. 105–175 €, Gottardo etwas günstiger. Viale delle Magnolie 8, ☎ 0323-503202, www.pallanzahotels.com.

** Villa Azalea 🔟 Charmante, alte Villa mit Dependance in einem weitläufigen Park (15.000 qm) auf einem Hügel oberhalb vom historischen Zentrum (5–10 Fußminuten hinunter). Mit älterem Mobilar eingerichtete Zimmer, teilweise Blick auf den See, das Frühstück wird bei gutem Wetter im Freien eingenommen, insgesamt schöne und nostalgische Atmosphäre. Der freundliche Besitzer Enrico spricht etwas Deutsch. DZ/F ca. 75–95 €. Salita San Remigio 4, ☎ 0323-556692, www.albergo villaazalea.com.

Agriturismo Il Monterosso 🔟 Über allerengste Haarnadelkurven (sehr schwierig zu fahren, vor allem nachts!) geht es hinauf zu dem über hundert Jahre alten Turmhaus im dicht bewaldeten Gebiet des Monterosso hoch über Pallanza. Der Agriturismo umfasst 250 ha, es werden Ziegen, Schafen und andere Kleintiere gehalten, Mountainbikes können geliehen werden. Bei Familie Minotti gibt es kleine, funktionale Zimmer im Turm und Apts. in einem Neubau. Abends wird täglich ein Menü zum Festpreis serviert, gelegentlich gibt es spezielle Events (siehe Website). Herrlich ist der Panoramablick über den See. Anfahrt: den Viale Giuseppe Azari an der Kirche Madonna di Campagna vorbei, 500 m weiter beginnt links die Auffahrt, die man nur mit einem kleinen, wendigen Fahrzeug fahren sollte (ca. 6 km). DZ/F ca. 60–80 €. Restaurant im Sommer tägl., sonst Mo/Di geschl., außerdem im Jan./Febr. Via al Monterosso 30, ☎ 0323-556510, www.ilmonterosso.it.

Ostello Verbania 🔟 Jugendherberge in einer älteren Villa, 104 Betten in DZ, Familienzimmern und Schlafsälen (teils etwas eng), einiges renovierungsbedürftig. Schöne Hanglage mit Park und Seeblick, zwei kleine Pools im Garten, steiler Pflasterweg zum See hinunter. Keine Waschmaschine, keine Küche, Frühstück einfach. Ganzjährig. Ü/F ca. 23 € pro Pers., DZ/F mit Bad ca. 60 €. Via alle Rose 7, ☎ 0323-501648, www.ostelloverbania.com.

Mein Tipp Die **Villa San Remigio** 🔟 ist die einstige Privatkapelle der Villa San Remigio (→ Sehenswertes). Sie steht malerisch auf einem niedrigen Vorsprung direkt über dem See, wurde 2009 aufwändig und avantgardistisch renoviert und zum First-Class-Ferienhaus umgebaut: 300 qm Wohnfläche mit drei Schlafzimmern (jeweils mit Bad ensuite) für 6 Pers., 3600 qm großes Seegrundstück mit überdachtem Sitzplatz, Barbecue, Terrasse und Pavillon, dazu Außensauna und Whirlpool mit Seeblick, Bootsanlegestelle und Privatstrand. Beste Ausstattung, Komfort und Ruhe. Platz für bis zu 8 Pers., Mindestaufenthalt eine Woche, Preis ab ca. 3500 €/Woche. Zu mieten direkt bei den Eigentümern unter www.villasanremigio.it.

Essen & Trinken/Nachtleben

Essen & Trinken Bolongaro 🔟 Zentrale Lage gegenüber der Fähranlegestelle und bekannt für seine Pizzen, fast immer voll, sehr touristisch. Piazza IV Novembre 9, ☎ 0323-503254.

Pizza d'Oro 🔟 Nur eine Art Schnellimbiss an der Uferstraße, die Pizzen sind aber wirklich lecker. Man sitzt an Tischen im Freien, Getränke aus dem Kühlschrank. Piazza Giuseppe Garibaldi 25, ☎ 0323-361365.

Verbania Pallanza

200 m

Übernachten
1 Angriturismo Il Monterosso
6 Villa Azalea
9 Villa San Remigio
10 Pallanza, Belvedere & Gottardo
14 Ostello Verbania
16 Grand Hotel Majestic

Nachtleben
4 Estremadura Café

Essen & Trinken
2 Antica Osteria Il Monte Rosso
3 Hosteria Dam a Traa
5 Little Italy
7 Pizza d'Oro
8 Locanda '81
11 Bolongaro
12 Il Burchiello
13 Milano
15 Villa Giulia

Locanda '81 8 Hübsche Osteria mit kleiner, dicht überwachsener Terrasse an der Ecke neben der großen Chiesa Collegiata di San Leonardo. Zu gehobenen Touristenpreisen kann man hier recht gut essen. Mo geschl. Piazza Garibaldi 35, ☎ 0323-361528.

Milano 13 Nostalgisch-schickes und sehr teures Restaurant in bester Lage, überdachte Terrasse/Wintergarten direkt am Jachthafen, im hübschen Garten wird der Apéro serviert. „Hemingway was here". Di geschl. Corso Zanitello 2, ☎ 0323-556816.

Mein Tipp **Il Burchiello** 12 Gegenüber vom Ristorante Milano, im ersten Stock schöne Terrasse mit Seeblick, ausgezeichnete See- und Meeresküche, nette Bedienung. Reservierung empfohlen. Corso Zanitello 3, ☎ 0323-504503.

Villa Giulia 15 Sehr schön im Park der gleichnamigen Villa, allerdings mehr Bar als Ristorante, für Getränke und Snacks okay, Küche wird als eher mäßig beurteilt. ☎ 331-1114571.

Little Italy 5 Uriges Ambiente und versteckt gelegen, ein ganzes Stück von der Promenade, trotzdem meist gut besucht, Küche okay. Nur abends (außer So), Mo geschl. Via Pietro Guglielmazzi 25, ☎ 0332-504546.

mein Tipp **Antica Osteria Il Monte Rosso** 🄿
Kleines, elegantes Restaurant im Ortsteil Suna, schönes Ambiente, Terrasse mit Seeblick im Erdgeschoss und ersten Stock. Die kreativen Gerichte werden freundlich und kundig präsentiert, dazu gibt es interessante Weine, preislich etwas höher. Via Paolo Troubetzkoy 128, ✆ 0323-506056.

Hostaria Dam a Traa 🄱 Ebenfalls in Suna sehr beliebtes Lokal mit guter, bodenständiger Küche und großen Portionen, schneller Service

und faire Preise. Mo geschl. Via Paolo Troubetzkoy 106, ✆ 0323-557152.

Nachtleben   Vor allem im Ortsteil **Suna** westlich von Pallanza spielt sich an der Uferstraße das Nachtleben ab, zahlreiche Restaurants und Kneipen sind allabendlich gut gefüllt.

Estremadura Café 🄳 Populäres Lokal in Suna, Drinks aller Art, dutzende Cocktails und über 40 Biere. Tägl. 18–2 Uhr. Via Paolo Troubetzkoy 142, ✆ 0323-504282.

Parco Nazionale della Val Grande

Das mit 146 km² größte Wildnisgebiet Italiens erstreckt sich in den Bergen oberhalb von Verbania. Zwar gibt es keine spektakulären Viertausender, sondern „nur" einige Zweitausender, aber Einsamkeit und Urtümlichkeit der nahezu unbewohnten Region sind faszinierend, besonders im Frühjahr, wenn alles grünt und blüht.

Das Val Grande besteht eigentlich aus einer Vielzahl von Tälern und Schluchten mit Bächen und Bergflüssen, das größte davon fungierte als Namengeber für den Naturpark. Die unteren Ränge sind seit jeher dicht bewaldet, doch die Wälder wurden jahrhundertelang abgeholzt und stellten das Material für viele wichtige Bauten in Oberitalien, darunter auch für den Mailänder Dom. Dazu kamen bescheidene Bestrebungen, die steilen Flächen mit Felderwirtschaft zu kultivieren.

Auf Grund der schrecklichen Ereignisse unter deutscher Besatzung (→ Geschichte) wurde das Val Grande Ende des Zweiten Weltkriegs fast völlig verlassen. In den einst mühsam kultivierten Landstrichen breitet sich seitdem die Wildnis aus und dichter, mancherorts schon fast undurchdringlicher Wald verdrängt die letzten Relikte der alten Bergbauernkultur.

Geschichte

Obwohl seit jeher dünn besiedelt, hat das Val Grande eine äußerst bewegte

Vergangenheit. Bereits im Mittelalter soll es zwischen den Gemeinden Malesco und Cossogno blutige Kämpfe um die Bewirtschaftung von Hochalmen gegeben habe, die in einer vielhundertjährigen Feindschaft der Dörfer endete. Im 19. Jh. erreichte die Holzwirtschaft ihren Höhepunkt, das Dorf **Pogallo** war ihr Zentrum, Carlo Sutermeister führt damals das Prinzip der Wiederaufforstung ein (→ Wanderung, S. 355). Mit der Einfuhr von Billigholz aus außereuropäischen Ländern endete dieser Boom.

Im Ersten Weltkrieg erwarteten die Italiener eine deutsch-österreichische Invasion über die Pässe Simplon und Gotthard und errichteten unter General Luigi Cadorna eine massive Verteidigungslinie durch den heutigen Park. Bis in die Gipfelregionen wurden die Stellungen der **„Linea Cadorna"** gezogen – mit Erfolg, der Gebirgskrieg biss sich in den Dolomiten weiter östlich fest, im Val Grande fiel kein Schuss. Reste der Festungen, Militärstraßen, Schützengräben, Tunnels und

Prähistorischer „Schalenstein" bei der Wanderung zur Alpe Prà

Munitionslager sind noch erhalten, vor allem im Gebiet zwischen Passo Folungo und Monte Zeda im nordöstlichen Gebiet des Parks.

Im Zweiten Weltkrieg war das Val Grande ein Rückzugsgebiet italienischer Widerstandskämpfer, die von hier aus immer wieder die wichtige Verkehrsachse Simplon–Mailand attackierten. So überfielen sie im Mai 1944 das Hauptquartier der Faschisten in **Fondotocce** und machten dabei 45 Gefangene. Daraufhin durchkämmten im Juni 1944 15.000 deutsche Soldaten und 2000 italienische SS-Männer das Val Grande auf der Suche nach den Partisanen, „Rastrellamento" wurde diese Aktion genannt. Es kam zu schweren Kämpfen, 300 Partisanen wurden erschossen oder gefangen und hingerichtet, viele verhungerten auch in der Wildnis, etwa 200–250 Hitlersoldaten starben. An mehreren Orten im Val Grande wurden Erschießungen durchgeführt, Gedenksteine erinnern daran, etwa in Pogallo (→ S. 357). Auch die Infrastruktur des Val Grande wurde völlig zerstört, sodass nach dem Krieg die kleinen, schwer zugänglichen Dörfer nicht wieder besiedelt wurden. Mit der Konstituierung des Nationalparks 1967 verließen die wenigen noch ansässigen Menschen das Gebiet, die letzte bewirtschaftete Alp wurde 1969 aufgegeben.

Zufahrt

Der beste Einstieg ins Val Grande führt von **Verbania Intra** auf 16 km langer, sehr schmaler und zum Schluss sehr steiler Serpentinenstraße über Rovegro nach **Cicogna** (732 m), dem einzigen bewohnten Ort des Nationalparks. Achtung, die Strecke ist nicht ganz einfach zu bewältigen, oft muss man rangieren, wenn Autos entgegenkommen, immer defensiv fahren! Unterwegs genießt man imposante Ausblicke, z. B. von der alten Brücke **Ponte di Casletto**, die kurz vor Cicogna über einen tiefen Canyon führt.

Auch in **Cicogna** selbst, wo nur noch 18 Menschen ständig wohnen, kann man den prächtigen Blick ins Tal genießen. Der würzige Rauch von Holzfeuer hängt oft in der Luft, denn hier oben ist es meist frisch. Es gibt eine Kirche und eine Bar, wo man auch etwas essen kann, und in der ehemaligen Schule am Ortseingang befindet sich ein Besucherzentrum. In Cicogna beginnen mehrere Wanderwege, die „Sentieri Natura" von etwa 1–3 Std. Dauer, an denen Hinweistafeln zu Naturphänomenen und geschichtlichen Ereignissen stehen.

Wanderungen

Ab Cicogna (Beschreibung auf S. 355): Sogar mit Kindern kann man den Weg von Cicogna zur **Alpe Prà** (1223 m) mit der Berghütte der Alpini (Rifugio Casa dell'Alpino) hinaufgehen (ca. 2 Std. hin, 1:30 Std. zurück), wobei man immer wieder herrliche Seeblicke hat. Dieser Weg ist ein alter Handelsweg, eine Mulattiera (Maultierweg), ist z. T. noch mit traditionellen Steinplatten namens „Piode" gepflastert. Weiter führt der Weg über die **Alpe Leciuri** und dann bergab ins verlassene Bergdorf **Pogallo** (777 m), früher die wichtigste Siedlung im Val Grande mit ausgeprägter Holzwirtschaft, wo es sogar eine Schule gab.

Ab Ruspesso: Besonders schön ist der Aufstieg zum Monte Faiè. Man nimmt die Straße nach Ruspesso und stellt dort das Auto ab. Dann geht man etwa 15 Min. zum Rifugio Antonio Fantoli auf der **Alpe Ompio** in 990 m Höhe, wo man essen kann. Anschließend den Berg hinauf und an den Häusern den Bach überqueren, dort beginnt ein mit Zahlen (1–20) und rot-weißen Zeichen markierter Weg zum 1352 m hohen **Monte Faiè** (ca. 2 Std. hinauf, 1:30 Std. hinunter) mit herrlichem Blick auf Lago di Mergozzo und Lago Maggiore.

Ab Miazzina, Caprezzo oder Intragna: Beliebt ist auch der Aufstieg zum **Pian Cavallone** (1534 m), das auf drei verschiedenen Wanderwegen von Miazzina, Caprezzo oder Intragna aus erreicht werden kann (Dauer jeweils 2 Std.). Im 1882 erbauten Rifugio Pian Cavallone (die einzige historische Berghütte, die den Zweiten Weltkrieg überdauert hat) kann man während der Sommermonate am Wochenende essen und im 4- bis 8-Bettzimmer übernachten (→ unten). Von Pian Cavallone aus können routinierte Bergwanderer ohne Schwierigkeiten den Grat bis zum **Monte Zeda** begehen (2156 m).

Empfohlene Landkarten: **Carta escursionistica ufficiale Parco Nazionale Val Grande** (1:30.000), erhältlich in den Besucherzentren; **Parco Nazionale Val Grande** (1:30.000) von Cartine Zanetti (www.zanettieditore.it) und **Parco Nazionale Val Grande, Val Vigezzo, Verbano, Valle Ossola, Locarnese e Centovalli** (1:50.000) von La Fabbrica di Carta und CAI (Sektion Monterosa Est).

🥾 Wanderung 11:
Von Cicogna über die Alpe Prà nach Pogallo → S. 355
Mittelschwere Wanderung mit steilen Abschnitten

Praktische Infos

Information **Verwaltung.** Ente Parco Nazionale della Val Grande, Villa Biraghi, Piazza Pretorio 6, 28805 Vogogna (Val d'Ossola). Mo–Fr 9–12.30, Di–Do auch 14.30–16 Uhr, Sa/So geschl. ☏ 0323-87540, www.parcovalgrande.it.

Besucherzentren: Cicogna. Am Ortsbeginn rechts an der Straße. 9–13, 14.30–18.30 Uhr – Ostern, Mai u. Okt. nur So, Juni, Juli u. Sept. Sa/So August tägl.

Buttogno. Via Lorenzo Peretti (Aug. tägl. 10–12, 16–18 Uhr);

Intragna. Via Marconi (zweite Julihälfte u. Sept. Sa/So 9–13, 14.30–18 Uhr, Aug. tägl. 5–18 Uhr). Hier gibt es jährlich wechselnde Ausstellungen zum Park.

Hin & weg   **SAF-Bus** mehrmals tägl. ab Pallanza über Intra nach Intragna.

Übernachten   **B & B Ca' del Pitur.** Das „Haus des Malers" (der Maler Gian Battista Benzi lebte hier 1861–1943) steht in Cicogna neben dem Nationalparkhaus (ausgeschildert), ein schönes, älteres Gebäude in rustikaler Holzarchitektur, geführt von den freundlichen Wirtsleuten Sara und Federico. Es gibt zwei einfache Zimmer mit Bad, vom Balkon mit Liegestühlen hat man einen herrlichen Blick ins Tal. DZ/F ca. 70 €, Familienzimmer (2 Erw./2 Kinder) ca. 105 €. Via Pozzolo 1, 28801 Cossogno Verbania, ℰ 0323-1976801, 366-3995052, www.cadelpitur.it.

Agriturismo Corte Merina. Etwa 300 m von Cicogna, die letzen 50 m sind nur zu Fuß möglich. Rolando und Rosanna Gaiazzi stellen auf ihrem Bauernhof Ziegenkäse und Wurst her. Sie bieten Plätze zum Campieren und vermieten eine Hütte für bis zu 4 Pers., auch Essen wird angeboten. Für Wanderungen kann man sich hier eine leckere Brotzeit zusammenstellen. Camping mit Frühstück ca. 20 € pro Pers. (HP 40 €), Hütte mit Frühstück für zwei Pers. ca. 76 € (HP ca. 120 €). Località Merina, Frazione Cicogna, 28801 Cossogno Verbania, ℰ 0323-1975164, 335-5947526, www.cortemerina.it.

Die **Rifugi** des Val Grande sind in der Regel nur in den Sommermonaten geöffnet, oft nur an Wochenenden. Falls man hier übernachten will, muss man stets vorher anrufen und reservieren, sollte auch einen Schlafsack mitbringen (oder vor Ort leihen).

Rifugio A.N.A. Casa dell'Alpino. Ein Raum mit acht Doppelstockbetten. Halbpension, warme Duschen. Alpe Prà, ℰ 0323-53326, 339-2669347, www.parcovalgrande.it/rifugi.php.

Rifugio Antonio Fantoli. Schlafsaal mit 18 Übernachtungsplätzen, Ü/F ca. 22 € pro Pers., nach Reservierung im Sommer tägl. geöffnet., sonst nur an Wochenenden. Alpe Ompio, ℰ 340-5783883, www.rifugiofantoli.it.

Rifugio Alpe Parpinasca. 22 Betten und Gastronomieangebot, Ü/F ca. 23 € pro Pers., Juni bis Sept. tägl. geöffnet. Alpe Parpinasca, ℰ 348-8239136, www.rifugioparpinasca.com.

Rifugio Pian Cavallone. 24 Plätze (4- u. 8-Bett-Zimmer) und Gastronomie, Juni/Juli und Sept./Okt. an Wochenenden geöffnet, Aug. tägl. Pian Cavallone, ℰ 0323-407482, 334-9894081, http://www.rifugidellossola.it/project/rifugio-pian-cavallone.

Im Naturpark gibt es außerdem viele **Bivacchi,** das sind einfache Hütten, in denen man umsonst nächtigen kann. Es gibt dort in der Regel eine Feuerstelle und Holz, außerdem verläuft oft ein Bach in der Nähe oder es rieselt eine Quelle, als Toilette dient der Wald. Kochtöpfe sind vorhanden, Geschirr muss man mitbringen. In einigen Bivacchi sind Kassen für freiwillige Spenden aufgestellt (werden regelmäßig geleert).

Essen & Trinken   **Circolo Arci „F. Cavallotti".** Der Treffpunkt in Cicogna, ganz zentral beim Parkplatz. Sara von der Ca' del Pitur kocht warmes Essen auf Vorbestellung, hervorragend sind die lokalen Käsespezialitäten. Piazza Mugnana. Di geschl. ℰ 0323-581712, 366-3995052.

Italienisches Westufer → Karte S. 166

Was haben Sie entdeckt?

Haben Sie eine gemütliche Trattoria, eine schöne Wanderung oder ein nettes Hotel entdeckt? Wenn Sie Ergänzungen, Verbesserungen oder neue Tipps zum Buch haben, lassen Sie es uns bitte wissen!

Schreiben Sie an: Eberhard Fohrer, Stichwort „Lago Maggiore"

c/o Michael Müller Verlag GmbH | Gerberei 19, D – 91054 Erlangen

eberhard.fohrer@michael-mueller-verlag.de

Auf den Spuren der Resistenza: Widerstand am Lago Maggiore

Nach der Kapitulation Italiens am 8. September 1943 und der Konstituierung der faschistischen „Republica di Salo" erstarkte die Partisanenbewegung in Oberitalien erheblich. Geführt vom CLNAI, dem „Komitee der nationalen Befreiung Oberitaliens" (Comitato di Liberazione Nazionale per l'Alta Italia) kam es an verschiedenen Orten zu einer Reihe provisorischer Regierungsbildungen durch die Partisanen. Ein Kerngebiet des Widerstands lag im Bereich des oberen und mittleren Lago Maggiore. Dort konnte sich vom 10. September bis zum 23. Oktober 1944 die *Partisanenrepublik Ossola* (Repubblica dell'Ossola) mit Zentrum Domodossola konstituieren. Doch ohne Hilfe der Alliierten war die Lage der Republik hoffnungslos und die Deutschen schlugen die Aufstände zusammen mit der neu rekrutierten Legione SS Italiana (Italienische SS-Legion) schnell nieder. Dieser letzte sinnlose Sieg konnte aber natürlich die endgültige Niederlage nicht mehr verhindern und im April 1945 kam die ersehnte Befreiung.

Dr. Diether Dehm (www.diether-dehm.de), Mitglied des Deutschen Bundestags, hat zur Partisanenbewegung am Lago Maggiore das spannende Buch „Bella Ciao" geschrieben (auch als Hörbuch erhältlich → S. 327). Differenziert schildert er den Kampf der Partisanen, den Anfang und das Ende der Freien Republik und die verschiedenen politischen Strömungen der Zeit. Der Riss, der Faschisten und Partisanen trennte, ging damals sogar durch die Familien, auch davon handelt der Roman. Diether Dehm sind auch die folgenden Informationen zu einigen Schauplätzen des Partisanenkriegs zu verdanken, die man im Rahmen einer „Partisanentour" abfahren kann.

Fotodokument zur
Hinrichtung in Fondotoce

In *Verbania Intra* fährt man zunächst die Uferstraße in Richtung Cannobio und entdeckt etwa 500 m vor dem Ortsausgang auf der linken Seite an der Einmündung der Via Lorenzo Cobianchi (Wegweiser nach Premeno und Parco Nazionale Val Grande), etwas zurück von der Uferstraße, die große, gelbe *Villa Caramora*, die heute bestens restauriert ist. Davor steht ein kleiner Gedenkstein für Deportierte. Diese Villa war Sitz des SS-Kommandos und Stätte ihrer Folterungen, noch in den 1990er Jahren wurden unter den Kellern Besitztümer der Gefangenen entdeckt. Zur Rechten am See liegt eine kleine *Parkanlage* mit Spielplatz und Café, auf der am 20. Juni 1944 43 gefangene Partisanen aufgestellt wurden, die in einer

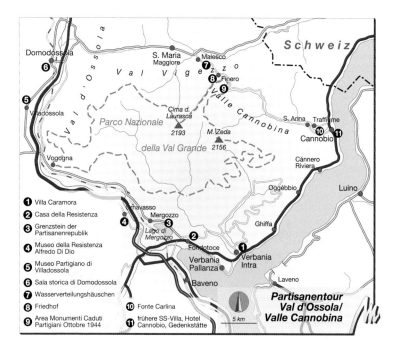

Partisanentour
Val d'Ossola/
Valle Cannobina

1 Villa Caramora
2 Casa della Resistenza
3 Grenzstein der Partisanenrepublik
4 Museo della Resistenza Alfredo Di Dio
5 Museo Partigiano di Villadossola
6 Sala storica di Domodossola
7 Wasserverteilungshäuschen
8 Friedhof
9 Area Monumenti Caduti Partigiani Ottobre 1944
10 Fonte Carlina
11 frühere SS-Villa, Hotel Cannobio, Gedenkstätte

5 km

makabren Prozession die weite Strecke nach Fondotoce zu ihrer eigenen Erschießung gehen mussten und dabei ein Schild vorantrugen: „Sono questi i liberatori d'Italia oppure sono i banditi?" (Sind das die Befreier Italiens oder gewöhnliche Banditen?).

Am zentralen Kreisverkehr von *Fondotoce* beginnt die eigentliche Tour. Das beschilderte Partisanenmuseum *Casa della Resistenza* (→ S. 206) im 16.000 qm großen „Parco della Memoria e della Pace" steht an der Via Malpensata, in Richtung Mergozzo. Ein hohes Gedenkkreuz erinnert an die 42 Partisanen, die hier am 20. Juni erschossen wurden. Der 43., der achtzehnjährige Carlo Suzzi, überlebte auf wundersame Weise angeschossen im Leichenberg und starb erst Mitte der neunziger Jahre. Er ging damals wieder zurück in den Widerstand und erhielt den Geheimnamen „Quarantatre" – dreiundvierzig. Im großen Dokumentationszentrum kann mit einem Archiv, einer Bibliothek und mehreren Rechnern die Geschichte des Widerstands studiert werden. Bei frühzeitiger Anmeldung besteht die Möglichkeit, einen Begleiter für die Tour zu gewinnen, möglicherweise sogar einen früheren Partisanen. Es darf nichts verkauft werden, über eine Spende ist man allerdings froh.

Jetzt fährt man in Richtung *Mergozzo* am gleichnamigen See. Kurz vor dem Ort (etwa 50 m nach dem Ortsschild) steht auf der rechten Seite ein gut erhaltener *Grenzstein der Partisanenrepublik* aus rosa Granit. Deutsche Soldaten auf der einen und Partisanen auf der anderen Seite überwachten hier die Grenze und boten sich auch schon mal gegenseitig Zigaretten an. Ein weiterer Grenzstein steht bei Cannero Riviera an der westlichen Uferstraße des Lago Maggiore (→ S. 181). Hinter Mergozzo beginnt der Nationalpark *Val Grande*. Es gibt dort eine schmale Gasse, die Via Roma, die als das „Tor zu den Partisanen" galt.

Im nahen Ort *Ornavasso* kann man das *Museo della Resistenza Alfredo Di Dio* besuchen. Es wurde im Gedenken an die örtlichen Partisanen und ihren bekannten militärischen Führer in einem Haus eröffnet, das durch den Beschuss der Faschisten beschädigt worden war. Ausgestellt sind Dokumente, Manuskripte, Fotografien und andere Stücke zur Partisanendivision „Alfredo Di Dio".

Danach sucht man am besten ein grünes Schild zur Autobahn in Richtung Sempione, nimmt die Ausfahrt *Villadossola* (ca. 20 Min. Fahrtzeit) und fährt in Richtung Zentrum. Dort im Industriezentrum der Region, gab es im November 1943 den ersten Aufstand der Region, der mit Streiks verbunden war, doch die Deutschen schlugen die schlecht koordinierte Erhebung nieder. Ein *Gedenkstein* für die Gefallenen steht im kleinen Park unterhalb der schönen romanischen Kirche San Bartolomeo, rechter Hand, bevor man den Fluss Brevetolla überquert. Im Zentrum gibt es in der Via XXV Aprile 30 eine Niederlassung der ANPI (Associazione Nazionale Partigiani d'Italia) mit einem kleinen Partisanenmuseum, der *Sala storica della Resistenza*, das allerdings nur nach Voranmeldung öffnet (s. u.).

Wenn man über den Toce zur Autobahn zurückfährt, orientiert man sich wieder nach Sempione und nimmt die nächste Ausfahrt *Domodossola*. (→ S. 213) Im Palazzo della Città an der Piazza Repubblica dell'Ossola gibt es eine Gedenkstätte für die Partisanenrepublik, denn im September/Oktober 1944 war hier für 40 Tage ihr Regierungssitz. Im Rathaussaal, der *Sala storica di Domodossola*, sind die Stühle noch immer so aufgestellt wie während der Zeit der Freien Republik. 2014 wurde zum 70. Jahrestag der Republik ein Dokumentationszentrum in Domodossola eröffnet, die *Casa40*.

Von Domodossola orientiert man sich das *Val Vigezzo* entlang nach Santa Maria Maggiore und von dort über *Malesco* auf der SS 631 ins *Valle Cannobina* Richtung Cannobio. Vor *Finero* steht in einer Rechtskurve bei einem Fußballplatz ein kleines *Wasserverteilungshäuschen*, damals ein Treffpunkt der Partisanen, unter dem mindestens ein halbes Jahr lang ein Waffenlager versteckt war. Kurz vor dem Ort passiert man rechter Hand den *Friedhof*. Am 23. Juni 1944 wurden hier von den Deutschen 15 Widerstandskämpfer erschossen. An der Friedhofsmauer, wo die Erschießungen stattfanden, ist eine Gedenkstätte für die Partisanen eingerichtet.

Wir fahren weiter in Richtung Cannobio zur *Bocche di Finero*. Vor dem Tunnel *Galleria di Creves* kann man parken, um dann zu Fuß rechts die alte stillgelegte Straße zur Gedenkstätte *Area Monumenti Caduti Partigiani Ottobre 1944* zu nehmen (beschildert). Nach wenigen Minuten erreicht man am Ende einer Rechtskurve den Gedenkstein für Alfredo di Dio und Atillio Moneta. Im Oktober 1944 waren 5000 deutsche Soldaten und Mitglieder der italienischen SS in Cannobio versammelt worden, um von dort aus die Partisanenrepublik anzugreifen, während das Gros der deutschen Truppen durch das Val d'Ossola in Richtung Domodossola gezogen war. Das Valle Cannobina war die Achillesferse der Partisanenrepublik. Alfredo Di Dio, ein früherer Militär der königlichen Armee und selbst Königstreuer (erklärter Antikommunist), wollte einen Entlastungsangriff auf die entgegenkommenden deutschen Truppen versuchen und einen strategisch wichtigen Gebirgspass erobern, wo die Straße mit wenigen Wachen und Soldaten hätte gehalten werden können. Die Deutschen waren aber schon zuvor davon informiert und hatten in der Nacht die strategisch wichtigen Punkte mit Maschinengewehren und schweren Waffen eingenommen. Somit geriet Di Dio am 12. Oktober in einen Hinterhalt, als er in die Kurve einbog, und wurde zusammen mit Moneta erschossen – genau wo der Gedenkstein heute steht. Mit dieser Niederlage war die Partisanenrepublik militärisch geschlagen und löste sich wenige Tage später auf.

Von dort aus fahren wir auf der SS 631 durchs Valle Cannobina weiter bergab Richtung Cannobio. Kurz vor Cannobio liegt die berühmte Quelle *Fonte Carlina*, der Heilkräfte zugesprochen werden. Hier fand ein Gefecht zwischen den Partisanen und Faschisten statt, doch die Gedenksteine aus den siebziger Jahren wurden nach einem Regierungswechsel entfernt.

Cannobio spielte eine entscheidende Rolle in den Auseinandersetzungen. Auf der SS 631 dort angekommen, nehmen wir die Hauptstraße (SS 34) ein kleines Stück in Richtung Süden, bis am Ortsausgang rechts ein Parkplatz mit einem großen Partisanengedenkstein kommt. Auf der anderen Straßenseite sieht man eine überwachsene Mauer, hinter der die *frühere SS-Villa* lag, die auch als Folterstätte, Ort für Verhöre und als Gefängnis diente. Hier wurde der Partisan Bruno Panigada zu Tode gequält, worauf eine kleine Gedenktafel an der Mauer hinweist.

An der Uferpromenade steht das große rote *Hotel Cannobio*, das der Wehrmacht 1944 als Kommandozentrale diente. Zu Beginn der Partisanenrepublik eroberten italienische Faschisten Cannobio vom legendären Partisanenkommandeur Arca – als Partisanen verkleidet, kamen sie über den See und erschossen die Partisanen, die ihnen halfen, die Boote anzulegen. Von hier aus rückten die Truppen ins Valle Cannobina vor, wo sie auf di Dio trafen (→ oben). Rechts neben dem Hotel hängt eine *Gedenktafel* für die aus Cannobio verschleppten Antifaschisten. Dort standen die drei Galgen, die sofort nach der Rückeroberung von Cannobio durch die Faschisten wieder aufgestellt worden waren.

Casa della Resistenza. Fondotoce, Via Turati 9 → S. 206.

Museo della Resistenza Alfredo Di Dio. Ornavasso, Via Alfredo Di Dio 129/131. Nur nach Voranmeldung unter ☎ 0323-837242, www.amossola.it.

Sala storica della Resistenza Villadossola. Villadossola, Via XXV Aprile 30. Nur nach Voranmeldung unter ☎ 0324-51684, www.amossola.it.

Sala storica di Domodossola. Domodossola, im Municipio an der Piazza Repubblica dell'Ossola 1, geöffnet Mo–Fr zu den normalen Geschäftszeiten des Rathauses, ca. 9–12.30 Uhr, auch nachmittags oft noch möglich (einfach hineingehen bzw. fragen). ☎ 0324-4921.

Casa40. Domodossola, Piazza Fontana. Nur nach Voranmeldung unter ☎ 0324-492321, www.repubblicadellossola.it.

Literatur zum Thema Diether Dehm, **Bella Ciao,** 2015, Verlag Das Neue Berlin.

Mündung des Toce

Westlich von Verbania bildet der Fluss Toce eine große, flache Niederung mit reichem Baumbestand und viel Grün, flankiert von den Orten Fondotoce und Feriolo. Über Gravellona Toce kommt man schnell zum nahen Lago d'Orta (→ S. 249).

Neben Cannobio (→ S. 167) ist hier ein weiteres Campingzentrum mit mehreren großflächigen Zeltplätzen entstanden, u. a. Isolino, Conca d'Oro, Lido Toce, Holiday und Orchidea, die trotz ihrer Größe in den Sommermonaten oft bis auf den letzten Platz belegt sind. Davor erstrecken sich jeweils Sand- und Kiesstrände.

Im Mündungsgebiet des Toce liegt das Naturschutzgebiet **Riserva Naturale Fondotoce**, angelegt zum Schutz des größten Schilfröhrichtgebiets am Lago Maggiore, das sich auf etwa 30 ha erstreckt. Unter Naturschutz steht auch die vom Aussterben bedrohte Wasserkastanie (Trapa natans), eine einjährige Wasserpflanze, die hauptsächlich an dem Kanal wächst, der den Lago Maggiore mit dem Lago di Mergozzo verbindet.

Fattoria del Toce: Der Pflanzen- und Tierpark ist ein Anziehungspunkt für Familien. Zwischen Kamelien, Azaleen und Rhododendren findet man über 40 Kaninchenrassen und zahlreiche weitere Haustiere aus aller Welt wie Pferde, Esel, Schweine, Ziegen und Schafe.

▪ Ende April bis Mitte Sept. Do–So 14.30–17.30, übrige Zeit nur Sa/So. Eintritt Erw. ca. 5 €, Kind 4 €. ✆ 0323-404089, www.fattoria deltoce.it.

Essen & Trinken I Gutt d'Oli. Aus Verbania kommend in Fondotoce in Richtung Stresa fahren und hinter der Brücke über den Toce rechts abbiegen. Gut versteckt im Grünen neben der Bahnlinie, rustikal eingerichtet, unten Bar, oben das Ristorante, außerdem schattige Außenterrasse, ein kleiner Spielplatz ist auch

Casa della Resistenza: Partisanengedenken am Lago

Beim großen Kreisverkehr in Fondotoce steht das Dokumentationszentrum „Casa della Resistenza" im 16.000 qm großen „Parco della Memoria e della Pace". Gegründet wurde es zur Erinnerung an das Massaker vom 20. Juni 1944, als hier von den deutschen Truppen 42 Partisanen erschossen wurden (Näheres dazu im Kastentext zur Resistenza, S. 202). Im Garten hinter dem Haus steht eine Mauer mit hohem Betonkreuz, auf der alle Namen der 1200 in den Provinzen Novara und Verbano Cusio Ossola getöteten Mitglieder der Widerstandsbewegung eingraviert sind. Weiterhin gibt es eine Urne mit der Asche unbekannter Häftlinge aus dem Konzentrationslager in Mauthausen, in das viele Widerstandskämpfer und Zivilisten vom See verschleppt wurden, sowie eine Erinnerungstafel an die ermordeten Juden am Lago Maggiore.

▪ **Casa della Resistenza.** Via Turati 9, Besichtigung des Dokumentationszentrums nach Voranmeldung (Mo–Fr 9–12, 14.30–17 Uhr), Bibliothek Di–Fr 9–12.30, Mi/Do auch 14–17.30 Uhr. Eintritt frei, Spende erbeten. Anmeldung für geführte Touren über die Website. ✆ 0323-586802, www.casadellaresistenza.it.

vorhanden. Regionale Küche, Fisch und Fleisch gleichermaßen, auch Pizza. Di geschl. Via Piano Grande 52, ☎ 0323-496483.

MeinTipp **La Gallina che Fuma.** Nette Osteria neben der Casa della Resistenza am Beginn der Straße zum Lago di Mergozzo. Die jungen Besitzerinnen sind Zwillinge, fröhlicher Service, faire Preise und stets leckere und

frische Küche, keine Pizza. Mo/Di u. So-Abend geschl. Via Filippo Turati 1, ☎ 0323-586851.

Lollypop. Gelateria beim Kreisverkehr der SS 34, hervorragendes Eis, z. B. Nocciola und Cassata. Vorsicht aber, es gibt nur wenige Parkplätze (an dieser unfallträchtigen Stelle stehen die Einheimischen mit ihren Autos abends oft in zweiter Reihe).

Feriolo

Das hübsche Örtchen wird von der Seeuferstraße im Bogen umgangen und bietet so Platz für eine breite Uferpromenade, wo zwischen den im Sommer oft überlasteten Restaurants die Einwohner abends in ihren blühenden Vorgärten sitzen.

Am südlichen Ortsende liegt ein kleiner, künstlich aufgeschütteter Strand, nördlich schließt sich ein langer und viel besuchter Sand-/Kiesstrand an, der zum Mündungsgebiet des Toce hinüberführt.

Wo man heute großteils vom Tourismus lebt, arbeiteten im 19. Jh. Fischer und Arbeiter der Granitsteinbrüche des nahen Mont'Orfano (→ Kasten S. 211). Damals erschütterten zwei Katastrophen das Dorf: Im März 1867 schwemmte ein Erdrutsch einen Teil des Dorfs in den See, zahlreiche Einwohner kamen dabei ums Leben. Einige der Hausruinen sind in etwa 20 m Tiefe noch erhalten. Nur ein Jahr später kam es zu einem verheerenden Hochwasser, das große Zerstörungen anrichtete. Den Pegelstand kann man an der Fassade der Kirche **San Carlo** ablesen (3. Oktober 1868), am Aufgang zur Kirche sieht man die etwas niedrigeren Pegel der Jahre 1993 und 2000.

Einst stand auf einem Hügel in der Nähe auch eine Burg, die den See und die Mündung des Val d'Ossola kontrollierte, doch davon sind nur einige Mauerreste und ein Teil des Hauptturms übrig geblieben.

PLZ 28835

Einkaufen Markttag ist Do.

Übernachten **Residenza Vistaqua.** Moderne Apartments mit Terrasse an der Uferpro-

Am breiten Strand von Feriolo

menade. Apt. ca. 80–100 €, 10% Rabatt im angeschlossenen Restaurant. ☎ 0323-28568, www. ristorantevistaqua.it.

MeinTipp ***** Carillon.** Älteres, aber gepflegtes und freundlich geführtes Haus südlich vom Ort direkt zwischen Straße und See. Alle Zimmer mit Balkon zum See, die hinter dem Haus verlaufende Straße stört kaum. Schöne Liegewiese, eigene Bademole, auch mit besandetem Bereich, Parken kostenlos. Kein Restaurant. DZ/F ca. 95–140 €. Via del Sempione 2, ☎ 0323-28115, www.hotelcarillon.it.

Camping **** Camping Orchidea.** Der angenehme Platz schließt sich nördlich direkt an Feriolo an, davor liegt ein hübscher Sand-/Kiesstrand, es gibt aber auch einen Pool. Anfang April bis Mitte Okt. Via 42 Martiri 20, ☎ 0323-28257, www.campingorchidea.it.

Feriolo mit seiner Promenade

Essen & Trinken   Vistaqua. Schicke Osteria mit Terrasse an der Uferpromenade, Küche ist einsehbar, gute Qualität (gehört zum Ristorante Serenella), frische Produkte. Auch von Michelin empfohlen. Via Mazzini 11, ☎ 0323-28568.

Mein Tipp **Serenella.** Schönes Gartenlokal direkt an der Durchgangsstraße, die natürlich etwas stört, aber die ausgezeichnete Essensqualität bei freundlichem Service (auch deutschsprachig) macht das mehr als wett. Wird oft sehr voll, frühzeitig kommen. Mit Zimmervermietung (nach vorne raus laut). Via 42 Martiri 5, ☎ 0323-28112.

Mein Tipp **Pane Vivo.** Netter Laden mit Imbiss, neu eröffnet an der Uferpromenade. Verkauf von Käse, Schinken, Brot und Wein, dazu eine nette Terrasse, wo man in Ruhe kalte Platten und ein Glas Wein (ab 3 €) genießen kann. ☎ 340-2548308.

Al Vecchio Canetto. Pizzeria vor dem Eingang zum Campingplatz, Terrasse am Strand, große Auswahl in guter Qualität. ☎ 0323-280481.

Batello del Sole. Ein ehemaliger Schaufelraddampfer ist am Ufer festgemacht und beherbergt ein recht schickes Restaurant mit guter und nicht zu teurer Küche. Mo/Di geschl. ☎ 0323-28122.

Parco Commerciale dei Laghi

Auf 14.000 qm werden in dem großen Shoppingcenter in Gravellona Toce (auf dem Weg vom Lago Maggiore nach Omegna) u. a. Sportswear, Unterhaltungselektronik, Kleidung, Accessoires und die Produkte von Lagostina (Edelstahltöpfe und Pfannen, Dampfkochtöpfe, Kleingeräte für die Küche, Espressokocher etc.) angeboten. Für's leibliche Wohl ist gesorgt.

▪ Via Trattati di Roma, 28833 Gravellona, ☎ 0323-865206, Mo 15.30–19.30, Di–So 9.30–19.30 Uhr. www.parcocommercialedeilaghi.it.

Lago di Mergozzo

Der kleine, ruhige Badesee war einst ein Seitenarm des Lago Maggiore, wurde aber im Mittelalter durch Ablagerungen des Flusses Toce vom Hauptsee abgetrennt. Dank seiner Tiefe und der geringen Besiedlung gehört er zu den saubersten Seen Oberitaliens. Motorboote sind verboten und nicht zuletzt deshalb ist der Lago di Mergozzo ein wichtiger Austragungsort für Kanuwettkämpfe geworden.

Die Ufer sind üppig grün und weitgehend unbesiedelt, lediglich drei Campingplätze bieten Platz für einen Aufenthalt.

Am Westufer des Sees verläuft eine Bahnlinie, dahinter trennt der steil aufragende und dicht bewaldete **Mont'Orfano** den See vom Tal des Toce. Jahrhundertelang wurde dort und in der Umgebung Granit gebrochen (→ Kasten, S. 211) und auch heute noch sieht man am Berg große Steinbrüche.

Mergozzo

Das Städtchen liegt am Nordwestende des Sees und besitzt einen Hauptplatz mit hübschen, bunten Fassaden um den geschwungenen Hafen.

Leider führt der Verkehr wie durch ein Nadelöhr mitten durch den Ort, vorbei an dem stilecht erhaltenen romanischen Kirchlein **Santa Marta** (die namengebende Heilige ist in der Lünette des Portals zu sehen) und dem **Archäologischen Museum** in der Casa del Predicatore (Via Roma 8).

▪ Juni bis Aug. Di–So 9–12, 15–18 Uhr, April/ Mai u. Sept./Okt. nur Sa/So. ☎ 0323-670731.

Geschichtlich Interessierte finden 50 m nach dem Ortsschild von Mergozzo (von Fondotoce kommend) direkt an

Italienisches Westufer → Karte S. 166

Die beschauliche Uferfront von Mergozzo

der Straße den **Grenzstein** der einstigen Partisanenrepublik Ossola aus rosa Granit (→ S. 202 und S. 215).

Baden: Der Badestrand „La Quartina" liegt beim gleichnamigen Hotel/Restaurant am Ortseingang, zu erreichen vom Zentrum in 5 Min. auf schönem Uferweg. Weitere Strände gibt es bei den Campingplätzen und beim Ristorante „Piccolo Lago" (→ unten).

Wandern: Von Mergozzo kann man am Westufer auf dem „Sentiero Azzurro" ins Örtchen Montorfano wandern. Dieser Weg wurde früher von den Steinbrucharbeitern benutzt, die zu ihren Arbeitsplätzen gingen. Nachdem man Mergozzo verlassen hat, geht man parallel zur Bahnstrecke am See entlang. Nach 20 Min. erreicht man die Quelle **Sorgente del Munaste**. Der Weg steigt im Folgenden leicht an und stößt nach etwa 15 Min. auf eine Asphaltstraße, die bald Montorfano erreicht.

PLZ 28802

Information **Ufficio Turistico.** Im Sommer tägl. 9.30–12.30, 16–19 Uhr. Via Roma 20. ☎ 0323-800935, www.comune.mergozzo.vb.it.

Hin & weg Ein großer **Parkplatz** liegt am Ortsende von Mergozzo. **VCO-Bus 5** fährt wochentags 4 x tägl. nach Pallanza und Intra sowie nach Domodossola.

Übernachten ***** Due Palme.** Älteres, aber modernisiertes Haus direkt an der Piazza, mit Restaurantterrasse und kleiner Liegewiese am See, von der Lage her etwas verkehrsbeeinträchtig. DZ/F ca. 125–150 €. Via Pallanza 1, ☎ 0323-80112, www.hotelduepalme.it.

*** La Quartina. Am Ortseingang, schmuckes Haus mit gutem Restaurant und einladender, blumengeschmückter Terrasse zum See, davor Badestrand mit Liegewiese. Zimmer mit Balkon, entweder direkt zum See oder seitlich. DZ/F ca. 155–165 €. Via Pallanza 20, ☎ 0323-80118, www.laquartina.com.

Oberhalb von Mergozzo liegt das kleine Dorf **Bracchio**, dort gibt es zwei gute B & Bs (in Mergozzo ausgeschildert, aber bis auf das erste nicht einfach zu finden):

B & B Le Oche di Bracchio. Von Alessandra aufmerksam geführtes Haus an der schmalen Zufahrtsstraße nach Bracchio. Drei Zimmer im

Grünen, reichhaltiges Frühstück mit lokalen Produkten im schönen Garten. DZ/F ca. 95 €, ohne Frühstück 65 €. Via Lochedibracchio 50, ☎ 380-2959916, www.leochedibracchio.com.

B & B Il Picchio. Die herzliche Gastgeberin Maurizia und ihr Mann Gio vermieten zwei angenehme DZ sowie in einem separaten Haus zwei Apts. für bis zu 4 Pers. Frühstück auf der Terrasse mit Panoramablick, großer Garten. DZ/F ca. 75–90 €, Apt. 70–80 €. Via Tari 9, ☎ 0323-80200, www.il-picchio.com.

Camping ***** Camping Continental Lido.** Großer, schöner Platz am Südufer, kleiner Sandstrand und Poolanlage mit Strömungskanal und Wellenbad, Ristorante/Pizzeria, Vermietung von Mobil Homes und Apts. Anf. April bis Ende Sept. Via 42 Martiri 156, ☎ 0323-496300, www.campingcontinental.com.

** Camping La Quiete. An der Uferstraße nach Mergozzo, beliebter und gepflegter Platz in schöner Lage am See. Anf. April bis Anf. Okt. Via Filippo Turati 72, ☎ 0323-496013, www.campinglaquiete.it.

** Camping Lago delle Fate. Netter, kleiner Platz neben dem Restaurant La Quartina, beliebte Badezone. In 5 Min. kommt man auf schönem Uferweg in den Ort. Anf. April bis Anf. Okt. Via Pallanza 22, ☎ 0323-800916, www.lagodellefate.com.

Essen & Trinken **Piccolo Lago.** Großes, verglastes Feinschmeckerlokal mit Poolterrasse direkt am See, zwischen Camping La Quiete und Mergozzo. Hohes Lob: Marco Saccos Küche wurde von Michelin mit zwei Sternen ausgezeichnet (!), dazu gibt es einen hervorragend bestückten Weinkeller. Mehrere Menüvarianten stehen zur Auswahl, von fünf bis zu zehn Gängen (ab ca. 90 €). Mit Zimmervermietung, großer Liegewiese und Badezone. Mi-Mittag und Mo/Di geschl. Via Filippo Turati 87, ☎ 0323-586792, www.piccololago.it.

Due Palme. Schöne Seeterrasse, alles schick in Weiß. Die Küche ist überraschend gut und die Gerichte werden ansprechend präsentiert. Etwas teurer. Via Pallanza1, ☎ 0323-80112.

Ca'del Mosto & Freelance. Zwei Lokale nebeneinander am äußersten Ende der Bucht. Vielleicht auf einen Imbiss einkehren, allerdings teils kleine Portionen und nicht billig. Im Freelance gute Bierauswahl. Wegen der schönen Lage oft sehr voll, durchgehend geöffnet. ☎ 349-0878604 bzw. 0323-80243.

Grotto la Dispensa. Schlicht-modernes Restaurant am Ortsende (Ausfallstraße ins Val d'Ossola), von außen unscheinbar, kreative und frische Küche, nicht ganz billig. Außenplätze ein wenig vom Verkehr beeinträchtigt. Mi geschl. Via Sempione 28/30, ✆ 335-6971956.

La Pagul. Nettes Lokal abseits der Durchgangsstraße, gute Seeküche, z. B. *tris di lago* (trota, coregone, persico), aber auch Meeresgerichte. Speiseraum im ersten Stock, winzige Außenterrasse mit drei Tischen. Mi-Mittag und Di geschl. Vicolo XI 4, ✆ 0323-800949.

Montorfano

Die wenigen Häuser liegen abgeschieden auf einem Granitmassiv am südwestlichen Seeende. Jahrhundertelang wurde dort und in der Umgebung Granit gebrochen (→ Kasten).

Auf einer Waldwiese am südlichen Ortseingang steht die stilvolle Kirche **San Giovanni Battista** (11. Jh.), einer der besterhaltenen romanischen Sakralbauten der Region, die in ihren Ursprüngen bis ins 5. Jh. zurückgeht, erbaut natürlich aus Granit. Besuchern steht sie meist offen.

Hin & weg   Zum **südlichen Ortsbeginn** nimmt man von der Straße am Südwesthang des Mont'Orfano nach der Zufahrt zum Bhf. den nächsten Abzweig und fährt in zahllosen Kurven durch den Wald hinauf, Parken kann man bei der Kirche **San Giovanni Battista.**

Zum anderen Ortsende führt von **Mergozzo** eine Straße, dort unbedingt am Ortseingang parken, die Gassen sind sehr eng!

Der Mont'Orfano (794 m)

Der steil aufragende Berg wird bei Kletterern sehr geschätzt, er besteht aus sehr festem Granit und die Routen sind mit Karabinerhaken gesichert. Der Aufstieg zum Gipfel bietet einen traumhaften Ausblick auf beide Seen und die Toce-Mündung.

Candoglia

Wenige Kilometer talaufwärts von den Granitvorkommen um Mergozzo (→ Kasten) liegen im Val d'Ossola die historischen Steinbrüche für den leicht rosafarbenen Marmor des Mailänder Doms. An der Straße (SS 33) in Candoglia steht rechter Hand ein höchst sehenswertes *Denkmal*, das den historischen Granitabbau im Relief darstellt. Direkt daneben befindet sich eine **Dombauhütte,** die sich ausschließlich mit Arbeiten zur Restaurierung des Mailänder Doms (!) befasst. Das Steinlager mit alten Stücken des Doms und neuen Materialien ist über eine flache Mauer gut einzusehen. Parkplatz auf der anderen Straßenseite.

Italienisches Westufer ↓ Karte S. 166

Granit vom Lago di Mergozzo

Die Hänge des Mont'Orfano gehörten über Jahrhunderte zu den wichtigsten Granitabbaugebieten im Land, in vielen Dutzenden von Steinbrüchen wurde und wird bis heute der wertvolle Stein abgebaut. Dieser „Montorfano" genannte Granit ist weißlich (Granito bianco), außerdem gibt es noch den roten und rosa Granit von Baveno und den weiß-goldenen Granit aus Feriolo. Das wertvolle Baumaterial wurde über Toce, Lago Maggiore, Ticino und das Kanalsystem der Navigli nach Mailand verschifft und sogar bis Rom gebracht, wo man es für große und spektakuläre Vorhaben verwendete, z. B. für die berühmte Einkaufspassage Galleria Vittorio Emanuele in Mailand und die Säulen der Basilika San Paolo Fuori le Mura in Rom. Die „Picasas" genannten Steinmetzen von Mergozzo begannen mit ihrer schweren und schlecht bezahlten Arbeit meist schon als Kinder, ihre Lebenserwartung lag kaum über 55 Jahren.

Auf dem Marktplatz von Domodossola

Val d'Ossola und Umgebung

Das breite Tal des Toce wird durchzogen von der SS 33, genannt Strada Statale del Sempione, die über Domodossola zum Simplon-Pass führt (→ Anreise).

Diese Straße wurde schon von den Römern als Alpenübergang genutzt, im Mittelalter war sie eine wichtige Handelsstraße. Auf der Fahrt kann man die prächtigen Ausblicke auf die umliegenden Gipfel genießen.

Vogogna ist ein hübsches mittelalterliches Städtchen mit zwei Burgen (→ Übernachten), und wer sich für den Partisanenwiderstand im Zweiten Weltkrieg interessiert, legt einen Stopp in **Villadossola** ein (→ S. 204).

Um nicht auf demselben Weg wieder zum See zurückzukehren, kann man von **Domodossola** aus durch das Val Vigezzo und das Valle Cannobina nach **Cannobio** am Obersee fahren und so eine Rundtour unternehmen, die allerdings ihre Zeit braucht, denn die Straße im Valle Cannobina wird vor allem im letzten Teil eng und extrem kurvig und ist nur entsprechend langsam zu befahren (→ S. 176). Eine Alternative ist die Fahrt durch das reizvolle **Centovalli** nach Locarno. Gut möglich ist auch eine Zugfahrt von der Seemitte nach Domodossola, weiter in 90 Min. mit dem „Lago Maggiore Express" auf der legendären Centovalli-Bahn ins Schweizerische Locarno (→ S. 32) und von dort per Schiff oder Bus zurück zur Seemitte.

Valle Anzasca

Spektakulärer als das Haupttal ist dieses Seitental. Es endet mit dem von den Walsern gegründeten Skiort **Macugnaga** in 1320 m Höhe an der Ostwand des imposanten **Monte Rosa** (4637 m), des zweithöchsten Bergs der Alpen, über dessen Bergkamm die Grenze zwischen Italien und der Schweiz verläuft. Das mächtige Massiv kann von vielen Orten am Lago Maggiore aus gesehen werden. Von Macugnaga (Ortsteil Staffa) fährt eine Seilbahn in zwei Abschnitten bis zum Passo Moro in 2796 m Höhe (ca. 18 € hin/zurück, ℘ 0324-65050, www.macugnaga-monterosa.it).

Kurz vor Macugnaga gibt es im Walserdorf **Borca** ein liebevoll gestaltetes Museo Casa Walser in einem typischen Haus des 16. Jh. Hochinteressant ist außerdem das Goldbergwerk **Miniera d'Oro della Guia** in der nahen Località

Fornarelli – die einzige der alten Goldgruben des Monte Rosa, die für Besucher offen steht, und überhaupt die einzige in den gesamten Alpen, Besichtigung lohnt sehr (warme Sachen mitnehmen, ca. 9 Grad).

Praktische Infos

Museen   **Museo Casa Walser.** Juni Sa/So 15.30–17.30 Uhr, Juli tägl. 15.30–18.30 Uhr, August Mo–Fr 15.30–18.30, Sa/So 10–12, 15.30–18.30 Uhr, Sept. (nur bis zum ersten So) tägl. 15.30–17.30 Uhr. ℘ 347-9842329, http://www.museowalser.com.

Miniera d'Oro della Guia. Nur mit italienischsprachiger Führung (ca. 40 Min.), Juni u. Sept. 10, 11.30, 14, 15.30 u. 17 Uhr (Juni Mo geschl., Sept. Mi geschl.), Juli/August tägl. 9–11.30, 14–17.30 Uhr. Eintritt ca. 7 €, Kinder 6–13 J. 5 €. ℘ 340-3953869, www.minieradoro.it.

Hin & weg   **Bus 5** von VCO fährt wochentags 4 x tägl. von Pallanza und Intra über Villadossola und Vogogna nach Domodossola.

Gletschersterben am Monte Rosa

Seit Jahren wird der Monte Rosa von Behörden und Wissenschaftlern beobachtet, denn im Zuge des Klimawandels löst sich der Gletscher **Belvedere** vom Steilmassiv und drückt mächtige Massen talabwärts. Im Frühsommer staut sich das Schmelzwasser regelmäßig zu einem bis zu 60 m tiefen See, genannt **Lago Effimero** („Vergänglicher See"), der bereits nach unten durchgebrochen ist und Millionen Kubikmeter Eiswasser ins Tal geschickt hat. Macugnaga musste deswegen schon einmal evakuiert werden.

Domodossola

Die Hauptstadt des Ossola-Tals ist Endpunkt der bekannten Centovalli-Bahn, die tagsüber fast stündlich aus dem schweizerischen Locarno kommt bzw. dorthin fährt (→ S. 32). Sie besitzt ein ansprechendes, kleines Altstadtviertel.

Um die zentrale **Piazza del Mercato** mit der anschließenden **Via Briona** hat sich ein kompaktes Ensemble aus mittelalterlichen Häusern und Laubengängen erhalten, zahlreiche Cafés und Bars laden zum Verweilen ein.

Sala storica Resistenza: Für geschichtlich Interessierte ist im ersten Stock des Palazzo di Città an der nahen Piazza Repubblica dell'Ossola der Sitzungssaal der Partisanenrepublik von 1944 (Repubblica Partigiana dell'Ossola)

besuchenswert, die hier für wenig mehr als einen Monat ihren Sitz hatte (→ S. 202 und S. 215). Auch heute noch wird der Saal für Stadtratssitzungen genutzt. Anlässlich der Sechzig-Jahr-Feier der Republik wurde er restauriert, hier stehen noch die Tische und Stühle wie damals, an den Wänden sind zahlreiche Originaldokumente zu sehen und an der Stirnseite hängt ein Porträt von Ettore Tibaldi, dem Präsidenten der kurzlebigen Republik von Ossola.

▪ Mo–Fr zu den normalen Geschäftszeiten des Rathauses, ca. 9–12.30 Uhr, auch nachmittags meist noch möglich (einfach hineingehen). ℰ 0324-4921.

Casa40: Im Gedenken an die „40 giorni di libertà" (August bis Okt. 1944) wurde zum 70. Jahrestag der Partisanenrepublik ein eigenes Informations- und Dokumentationszentrum an der Piazza Fontana (nahe der Piazza Mercato) eröffnet.

▪ Besuch nur nach Voranmeldung unter ℰ 0324-492321.

Sacro Monte Calvario: Schön ist der Aufstieg zum Berg am westlichen Stadtrand, der einer von neun „Heiligen Bergen" in Norditalien ist. Vom Parkplatz am Fuß des Hügels steigt man in etwa 30 Min. steil zum Gipfel hinauf, vorbei an 15 Kapellen, die mit lebensgroßen Terrakottafiguren die Passion Christi darstellen. Oben trifft man auf die Wallfahrtskirche und die Ruinen einer Festung aus dem 10. Jh. Im Umkreis ist der terrassenartige **Giardino Sacro Monte Calvario** angelegt, der auf Mönche zurückgeht, die hier schon seit dem 17. Jh. heimische und exotische Pflanzen kultivierten. Der Blick auf Domodossola und die Berge rundum ist fantastisch.

PLZ 28845

Information **Associazione Turistica Pro Loco Domodossola.** Vor dem Bahnhof, im Sommer Di–So 8.30–12.30, 14.30–17.30 Uhr. Piazza Matteotti 24, ℰ 0324-248265, info@prodomodossola.it.

Einkaufen Großer **Samstagsmarkt** 8.30–14 Uhr auf der Piazza del Mercato.

Hin & weg **Bahn.** Der altehrwürdige Bahnhof steht an der repräsentativen Piazza Matteotti, Verbindungen gibt es etwa halbstündlich nach Verbania, Stresa und Arona am Lago Maggiore, stündlich nach Mailand und alle 2 Std. nach Novara. Die fast stündlich verkehrende Centovalli-Bahn braucht nach Locarno etwa 1:45 Std. Es gibt dafür einen eigenen unterirdischen Terminal, dort werden auch die Tickets verkauft: hin und zurück ca. 25 €, Kinder von 6 bis 16 J. halber Preis. www.centovalli.ch.

Bus. Moderne Busstation gegenüber vom Bhf., Verbindungen u. a. 4 x tägl. zum Sacro Monte Calvario am Ortsrand und nach Ponte Formazza (Cascata del Toce), außerdem werktags 4 x tägl. mit **VCO-Bus 5** nach Pallanza und Intra am Lago Maggiore.

Übernachten/Essen   ***** Eurossola.** Gutes Hotel mit ebensolchem Restaurant schräg gegenüber vom Bhf. DZ/F ca. 95–110 €. Piazza Matteotti 36, ℰ 0324-481326, www.eurossola.com.

Da Sciolla. Ganz zentral in der Nähe der Piazza Mercato, traditionelle piemontesische Küche zu fairen Preisen, familiär geführt. Im Sommer kann man auf einer Außenterrasse sitzen. Reservierung empfohlen. So-Abend und Mi geschl. Es werden auch sechs ordentliche Zimmer vermietet, teils mit Balkon (DZ/F ca. 70–110 €). Piazza Convenzione 4. ℰ 0324-242633.

Antica Osteria da Bôh. Gemütliche Osteria in der Fußgängerzone im Zentrum, hinten großer Garten. So geschl. Via del Ponte Benedetto 7, ℰ 0324-249366. Im Umfeld noch weitere Möglichkeiten.

Valle Antigorio und Val Formazza

Das lange Tal, im unteren Bereich Valle Antigorio genannt, weiter oben ab der Talstufe Salto delle Casse, dann Val Formazza, liegt nördlich von Domodossola und bietet neben flachen Teilstücken auch atemberaubend steile Serpentinen mit beeindruckenden Ausblicken auf Schluchten und Steilwände. Im Tal wird weitläufig Granitabbau betrieben, sodass man immer damit rechnen muss, schwer beladenen Lastwagen zu begegnen.

Der Traum von Freiheit: Die Partisanenrepublik Ossola

Im August 1944 stehen drei Brigaden der Partisanen bereit, um die ans Westufer des Lago Maggiore gedrängten Deutschen und italienischen Faschisten einzukesseln. Man verhandelt um den Besitz des strategisch wichtigen Val d'Ossola mit seiner Hauptstadt Domodossola. Schließlich einigt man sich auf den Abzug der Deutschen mit allen Waffen, die nicht-italienischen Ursprungs sind. Domodossola ist damit befreit und es wird eine souveräne Regierung ausgerufen, die „Giunta Provvisoria di Governo dell'Ossola", die die Gründung der selbst verwalteten „Freien Republik Ossola" ver-kündet – ein Territorium von 2000 qkm mit 35 Gemeinden und 85.000 Einwohnern.

Die neue Regierung von Ossola unter-stellt sich dem CLNAI (Komitee der nationalen Befreiung Oberitaliens) in Mailand und wird auch von der Zentral-regierung in Rom anerkannt. Doch die Knappheit an Lebensmitteln und die feh-lenden finanziellen Ressourcen führen schnell zu empfindlichen Engpässen. Bereits nach zehn Tagen muss die Nahrung stark rationiert werden, denn die Blockade der Deutschen an der Südgrenze der Partisanenrepublik blockiert das Hinterland, lediglich vom Schweizer Roten Kreuz kommt eine große Hilfssendung. Zwar trifft man mit der Schweiz noch ein Abkommen über umfassende Lebensmittel-lieferungen im Tausch gegen Industriegüter – jedoch zu spät, denn die Wie-dereroberung durch die „Nazi-Fascisti" beginnt und Hilfe ist keine in Sicht: Die Alliierten, die von Süden her Italien aufrollen, hängen am Apennin fest und auch die von den Engländern versprochene Luftlandung im Val d'Ossola findet nicht statt – der entschiedene Antikommunist Churchill will keine sozialistischen Experimente in Italien. Am 9. Oktober kommen die deutschen Truppen, die vorher mit Hilfe der italienischen Faschisten Cannobio zurückerobert haben, durch das Valle Cannobina herauf – der Partisanenkommandant Alfredo Di Dio gerät dabei in einen Hinterhalt und wird getötet. 5000 Mann mit Kanonen und Panzern marschieren auf Domodossola. Zwei Einheiten der Partisanen versuchen Widerstand zu leisten, müssen aber dem Artilleriefeuer weichen. Am 14. Oktober mar-schieren die deutschen Truppen zusammen mit den italienischen Faschis-ten in Domodossola ein, damit ist die Freie Republik nach nur 40 Tagen am Ende. Tausende fliehen im beginnenden Bergwinter auf abenteuerli-chen Wegen in die Schweiz, darunter auch 2500 Kinder im Alter zwischen 5 und 13 Jahren, die durch Vermittlung des Roten Kreuzes bei Schweizer Familien Aufnahme finden und sieben Monate später nach Kriegsende zurückkehren. Genau sechzig Jahre später dankte Domodossola im Oktober 2004 mit einem großen Festakt den „Freunden aus der Schweiz" und weihte auf einer Grünfläche gegenüber vom Rathaus eine Gedenktafel ein: „Zum 60. Jahrestag der Partisanenrepublik Ossola, zum Gedenken an die brü-derliche Hilfe, großzügig gewährt von Schweizer Freunden."

Größte Attraktion ist die **Cascata del Toce** (bei Ponte Formazza), ein riesiger Wasserfall von 143 m Höhe und beachtlicher Breite. Viele Prominente haben ihn im 19. Jh. besucht und ihn als einen der schönsten Wasserfälle der Alpen beschrieben. Mittlerweile ist er allerdings nur noch zwischen Juni und September „geöffnet", denn weiter oben wurde ein Stausee angelegt, mit dem das Wasser der Cascata zur Stromgewinnung genutzt wird. Die Öffnungszeiten sind leider so unregelmäßig, dass man sich in jedem Falle vorher erkundigen sollte – vor allem an Augustsonntagen ist die Chance relativ groß. Aber auch an den anderen Tagen ist der Blick vom windumtosten Ausguck oberhalb der steilen Felswand, über die dann immer noch ein Rinnsal tröpfelt, unbedingt erlebenswert.

Oberhalb der Cascata del Toce folgt bald der grandiose Talschluss des Val Formazza. Wie hingemalt schmiegt sich das uralte Walserdorf **Riale** (1760 m) mit seinen jahrhundertealten Holz- und Steinhäusern am Ende einer weitläufigen Hochfläche an die Bergkette, die den Übergang zur Schweiz markiert.

Linker Hand endet die Straße unterhalb der Staumauer des malerischen **Lago di Morasco,** der von spektakulären Dreitausendern eingerahmt ist.

Information   **Ufficio Turistico Pro Loco Formazza.** Frazione Ponte, Formazza. ℘ 0324-63059, www.valformazza.it.

Hin & weg   4 x tägl. **Busse** von Domodossola das Tal hinauf nach Ponte Formazza.

Übernachten/Camping   ** Rotenthal. Einladendes Haus in Ponte Formazza, Bar mit Sitzgelegenheiten auf einer Wiese und Spielgeräte. DZ/F ca. 80 €. 28863 Ponte Formazza, ℘ 0324-63060, www.rotenthal.it.

Außerdem gibt es mehrere Privatzimmervermieter und Campingplätze.

In Riale an der Straße zur Staumauer des Lago di Morasco befindet sich linker Hand ein großer kommunaler **Stellplatz für Wohnmobile** mit Wasseranschluss. ℘ 0324-63017.

Schaftrieb im Val Formazza

Abfahrtsstelle zu den Borromäischen Inseln

Baveno

Der elegante Urlaubsort wurde wie das südlich benachbarte Stresa bereits im 19. Jh. vom Adel entdeckt. Von der Uferpromenade genießt man einen schönen Blick auf die Isole Borromee (Borromäische Inseln), die man von hier auch leicht per Schiff erreicht.

Der Abbau des rosafarbenen Granits war über Jahrhunderte der wichtigste Wirtschaftszweig um Baveno. Ein 70 qm großes **Wandbild** (→ S. 290) am Parkplatz neben der Grundschule (von der Kirche über die Straße) und ein fein ausgearbeitetes **Denkmal** an der Uferpromenade (neben Ristorante Miralago) erinnern an die „Picassas", die Steinmetze, die oft mit viel Fantasie den Stein bearbeiteten. Auf einem Kinderspielplatz am Südende schlängelt sich beispielsweise das Ungeheuer des Lago Maggiore (→ S. 289) als **Granitschlange** durch den Sand.

> **Tipp:** im Sommer wird 1 x monatlich eine Tour zu den nahen Granitbrüchen angeboten. Anmeldung im Infobüro.

Sehenswertes

Santissimi Gervasio e Protasio: Im alten Ortskern oberhalb der Uferstraße steht die Pfarrkirche mit hohem Campanile, die in ihren Ursprüngen bis in die Romanik zurückreicht. Ihr Innenraum ist mit Fresken ausgemalt, ebenso das benachbarte achteckige Baptisterium. Makaber ist „Salome und die Enthauptung Johannes des Täufers". Im Laubengang neben der Kirche sind ebenfalls Fresken neueren Datums erhalten, die den Kreuzweg Jesu darstellen, die Rundbögen werden von Granitsäulen aus den nahen Steinbrüchen gestützt.

Museo del Granito Rosa di Baveno: Über dem Informationsbüro gegenüber der Kirche kann man diese thematische

Fotoausstellung zum historischen Granitabbau besuchen.

■ Öffnungszeiten wie Informationsbüro, Eintritt frei.

Baden

Der Strand vor dem schönen öffentlichen Park der **Villa Fedora** (nördlich vom Strandbad Lido) ist frei zugänglich. Dort gibt es auch eine Bar und im Sommer wird gelegentlich Tango getanzt („Milonga").

Praktische Infos

PLZ 28831

Information **Ufficio Turismo.** Vor der Kirche. April bis Sept. tägl. 9–12.30, 15–18 Uhr. Piazza della Chiesa 8, ✆ 0323-924632, www.bavenoturismo.it.

Hin & weg Überfahrten auf die **Borromäischen Inseln** → S. 229.

Einkaufen **Markttag** ist Montag.

Übernachten ****** Grand Hotel Dino.** Großer, gediegener Bau am Seeufer, erste Wahl für das gehobene Budget, 370 geräumige Zimmer und Suiten, schöne Seeterrasse, eigener Strand mit langem Badesteg ins Tiefwasser, großer Garten, Indoor- und Outdoorpool, mehrere Restaurants. DZ/F ab ca. 140 €. Corso Garibaldi 20, ✆ 0323-922201, http://grandhoteldino.com.

meinTipp ****** Splendid.** Großes, gepflegtes Haus zwischen Straße und Seeufer, alles sehr gut in Schuss, komfortable Zimmer, schöne, große Terrasse, Pool und Privatstrand mit Badesteg. DZ/F ca. 130–170 €. Strada Nazionale del Sempione 12, ✆ 0323-924583, www.hotelsplendid.com.

**** Lido Palace. Nördlich von Baveno oberhalb der Uferstraße. Die einstige Villa Durazzo aus dem 19. Jh. ist heute ein nostalgisches Belle-Époque-Hotel mit schönem Restaurant, weitläufigem Garten und Pool. Sir Winston Churchill nahm hier 1908 während seiner Hochzeitsreise Logis und verbrachte auch später noch mehrere Urlaube im Hotel. Die Einrichtung ist allerdings teilweise in die Jahre gekommen, nicht alle Zimmer sind auf gutem Stand. DZ/F ab ca. 140 €. Strada Statale del Sempione 30, ✆ 0323-924444, www.lidopalace.com.

meinTipp ***** Rigoli.** Gut geführter Familienbetrieb in allerbester Lage direkt am See, etwas nördlich vom Zentrum an einer wenig befahrenen Straße. Eigener Strandabschnitt (im Wasser steinig, leider kein Steg), schöne Terrasse, gutes Restaurant und ansprechend eingerichtete Zimmer mit Balkon, vor allem in den oberen Stockwerken herrlicher Blick auf den See und die Borromäischen Inseln. DZ/F zum See ca. 120–160 €, nach hinten ca. 100–130 €. Via Piave 48, ✆ 0323-924756, www.hotelrigoli.com.

Villa Ortensia. Die schöne, alte Villa steht an der Zufahrtsstraße zum Hotel Rigoli, etwa 100 m vom See entfernt, mehrere Ferienwohnungen stehen zur Vermietung, Garten und Garage. Hotelstrand darf benutzt werden. Apt. für 2 Pers. ca. 90–120 €. ✆ 0323-924756, www.residenceortensia.com.

* La Ripa. Schräg gegenüber vom großen Lido Palace Hotel, älteres Haus mit Garten direkt am Privatstrand, allerdings führt an der Rückseite die Durchgangsstraße vorbei. Schön renovierte Zimmer, hauseigenes Restaurant und Parkplatz. DZ/F ca. 115–140 €. Corso Sempione 11, ✆ 0323-924589, www.albergolaripa.com.

B & B Locanda Nelia. **Ganz** zentral, ordentliche Zimmer mit Klimaanlage über dem Restaurant Posta, Blick auf den Platz und den See im Hintergrund. Nette Vermieterin, Frühstück eher klein. DZ/F ca. 70–95 €. Via 25 Aprile 2/Ecke Piazza Dante Alighieri. ✆ 349-1710464, www.locandanelia.com.

B & B Ca' Melia. Hundert Meter vom See, die freundliche Gastgeberin Sofia vermietet einfache, saubere Zimmer. Via Zenone 6, ✆ 340-6345844.

B & B La Sorgente. Südlich von Baveno direkt an der Straße (stört ein wenig), schöne und saubere Zimmer mit Balkon und herrlichem Seeblick, sehr nett geführt von Francesca und Ricardo, reichhaltiges Frühstück. DZ/F ca. 85–100 €. Via Sempione 48, ✆ 348-7838325, www.lasorgente.biz.

Camping **** Camping Parisi.** Kleiner Platz mit aufgeschüttetem Kies-/Sandstrand, Restaurant direkt am See, etwa 300 m nördlich der Fähranlegestelle. Anf. April bis Ende Sept. Via Piave 50, ✆ 0323-924160, www.campingparisi.it.

** Camping Tranquilla. Großer, schöner Platz am Hang oberhalb von Baveno. Zwar etwa 2 km vom See, trotzdem sehr beliebt. Gute Ausstattung, Poolanlage und Kinderspielgeräte. Anf. April bis Anf. Okt. Via Cave Oltrefiume 2, ✆ 0323-923452, www.campingtranquilla.it.

Essen & Trinken **Posta.** Ein paar Schritte landeinwärts der Promenade. Im schönen Backsteingewölbe isst man gut, Küche recht kreativ. Do geschl. (außer Juli/Aug.) Piazza Dante Alighieri 16, ℡ 0323-924509.

Sottosopra. Etwa 200 m nördlich der Fähranlegestelle, ein paar Meter zurück von der Durchgangsstraße. Außenterrasse, drinnen schön mit Kronleuchtern. Gute Küche, der Service wird leider häufig kritisiert. Di/Mi geschl. (außer Juli/Aug.) Corso Giuseppe Garibaldi 40, ℡ 0323-925254.

Mein Tipp **Amélie.** Im Ortsteil Oltrefiume (Nähe Camping Tranquilla), kleines, feines Ristorante mit gerade mal acht Tischen, ambitionierte Küche lokaler Prägung, stets frisch im Wechsel der Jahreszeiten. Reservierung angebracht. Di–Sa nur abends (mit Reservierung), So mittags, So-Abend u. Mo geschl. Via Primo Maggio 19, ℡ 339 8752621.

Unterhaltung **Lido Beach Club.** Im nördlichen Ortsbereich am Strand, tagsüber Badebetrieb mit teuren Liegen, abends zum Drink ein Aperobuffet, dann Restaurant und Lounge Bar, Fr/Sa Nachtclub mit Disco – der Tipp für junge Leute. Via Piave 66, ℡ 0323-922856.

Locomotive. Brasserie/Kneipe beim Bahnhof, beliebt zum abendlichen Aperitivo, Craft Beer, Burger und gute Cocktails zu fairen Preisen. Mi geschl. Via Stazione 17, ℡ 0323-924778.

Steinmetzdenkmal an der Uferpromenade

Stresa

Keimzelle und bis heute Mittelpunkt des Fremdenverkehrs am Lago Maggiore. Gewaltige Hotelpaläste des 19. Jh. säumen das Ufer, in perfekt ausgestatteten Tea-Rooms nimmt man seine Drinks, Kristallleuchter sind ein Muss. Obligatorisch ist ein Ausflug auf die vorgelagerten Borromäischen Inseln.

Vor allem durch den pittoresken Blick auf die Isola Bella inspiriert, entdeckte die englische Oberschicht, darunter viele Literaten, in der zweiten Hälfte des 19. Jh. Stresa als Ausgangsbasis für ihre Italienreisen. Die schon unter Napoleon gebaute Heerstraße über den Simplon erleichterte die Anreise und seit Anfang des 20. Jh. konnte auch die Eisenbahn von der Schweiz durch den Simplontunnel nach Stresa und weiter nach Mailand fahren – von 1919 bis 1940 verkehrte auf dieser Strecke sogar der berühmte Simplon-Orient Express auf seiner Reise von Paris nach Istanbul.

Die Architektur ihrer Epoche brachten die Briten damals gleich mit und so prägen bis heute mächtige viktorianische Kästen die großzügige Uferpromenade, die zum Großteil als gediegener Park eingerichtet ist. Das Ambiente der Luxusherbergen ist erlebenswert und auch wer die preiswerteren Unterkünfte im Ortszentrum vorzieht, sollte einmal einen Longdrink in der mit Stuck und Blattgold üppig ornamentierten Bar des „Regina Palace" versuchen oder

Scones und Tea in den gepolsterten Sesseln des „Grand Hôtel des Iles Borromées" einnehmen.

Abseits der pompösen Promenade ist Stresa weitaus bescheidener geblieben. In der Altstadt ist von Grand Hotels und Belle Époque nichts mehr zu spüren, hier wirkt alles schlicht und bodenständig. Die Fußgängerstraße Via Mazzini beginnt neben dem Rathaus gegenüber der Anlegestelle und führt zur zentralen **Piazza Cardona** mit allabendlich gut besuchten Restaurants.

Sehenswertes

Am südlichen Ortausgang erstreckt sich der 16 ha große, in weiten Teilen naturbelassene Hügelpark der **Villa Pallavicino** mit zahlreichen Spazierwegen, altem Baumbestand, teils prächtigen botanischen Anlagen und einigen (teilweise freilaufenden) Tieren wie Lamas, Schafe, Ziegen, Pfauen und Flamingos. Man kann hier picknicken, es gibt einen Kinderspielplatz, Restaurant und Bar sowie einen großen Parkplatz an

der Uferstraße vor dem Eingang. Leider werden die Tiere z. T. in kleinen, nicht artgerechten Käfigen gehalten.

■ Ende März bis Ende Sept. tägl. 9–19 Uhr (letzter Einlass 17.30 Uhr), Ende Sept. bis Anf. Nov. 9–18 Uhr (letzter Einlass 16.30 Uhr), Eintritt ca. 11 €, Kind (6–15 J.) 7 €, Kombitickets siehe unter www.isoleborromee.it.

> Das Touristenzüglein vom Zentrum zum Park gibt es nicht mehr, man muss zu Fuß gehen (unangenehm, da ca. 2 km und großteils ohne Gehweg an der Straße entlang) oder mit dem Auto fahren.

Baden

Im näheren Ortsbereich ist die Küstenlinie zwar großteils mit Ufermauern versiegelt, im Bereich der parkähnlichen Uferpromenade nordwestlich der Anlegestelle gibt es aber einige flach abfallende Kais und Kiesstrände, wo man schön baden kann (→ Stadtplan).

Das **Strandbad La Baia Rosa** liegt mit Pool neben dem Piazzale Lido im nördlichen Ortsbereich Carciano (Eintritt ca. 10 €, nach 15 Uhr 8 €).

An der Promenade

Letzte Chance: Die Stresa-Konferenz

Im April 1935 fand die Konferenz von Stresa statt, auf der sich Frankreich, Großbritannien und Italien über die Expansions- und Kriegspolitik des Deutschen Reichs berieten, das kurz zuvor die Wehrpflicht wieder eingeführt hatte und aufrüstete. Damit hatte es gegen den Versailler Vertrag verstoßen. Diese letzte Chance, Hitlerdeutschland zu stoppen, wurde nicht genutzt, die sogenannte „Stresa-Front" hielt nicht, denn schon zwei Monate später schloss Großbritannien ein separates Flottenabkommen mit Deutschland, das sich an kein Rüstungsabkommen mehr gebunden fühlte. Tagungsort war damals – ganz standesgemäß – der Borromeopalast auf der vorgelagerten Isola Bella.

Basis-Infos
→ Karte S. 224/225

PLZ 28838

Information **Ufficio Turistico.** In der Fähranlegestelle, Mitte März bis Ende Nov. tägl. 10–12.30, 15–18.30 Uhr, übrige Zeit nur Mo–Fr und Sa-Vormittag. Piazza Marconi 16, ☎ 0323-31308, www.stresaturismo.it.

Hin & weg **PKW.** Großer, gebührenpflichtiger Parkplatz an der Uferstraße um den Fähranleger. Kleiner Gratisparkplatz auf der Piazza Sirtori, ein Stück landeinwärts, einige freie Parkflächen auch bei der Piazza Sant'Ambrogio, wenige Meter landeinwärts vom Zentrum.

Bahn. Der Bahnhof liegt ein Stück landeinwärts bergauf in der Via Principe di Piemonte. Häufige Verbindungen nach Domodossola und mehrmals tägl. weiter durch den Simplontunnel

Panoramablick über Stresa

in die Schweiz sowie nach Mailand, Turin und Venedig, etwa stündl. nach Verbania und Arona, außerdem zum Flughafen Malpensa (mit Umsteigen in Busto Arsizio).

Lago Maggiore Express → S. 307.

Bus. SAF fährt ab der Kirche Sant'Ambrogio an der zentralen Piazza Marconi (Anlegestelle) etwa stündlich über Feriolo und Baveno nach Arona (2 x weiter nach Mailand) sowie nach Pallanza und Intra, außerdem etwa 3 x über Gravellona nach Orta San Guilio am Lago d'Orta. **Alibus** fährt 6 x tägl. über Arona zum Flughafen Malpensa.

Schiff. Fast stündlich Verbindungen nach Verbania (mit Stopps auf den Borromäischen Inseln) und z. T. weiter über Cannobio nach Locarno. Außerdem hinüber zum Ostufer, dabei ca. 10 x tägl. zum dortigen Kloster Santa Caterina del Sasso und mehrmals tägl. nach Arona.

Überfahrten auf die **Borromäischen Inseln** → S. 229.

Einkaufen **Markt** am Freitag auf der Piazza Capucci.

I Salti in Bocca **26** Leckeres Gastronomieangebot im rückwärtigen Zentrumsbereich, je nach Wochentag verschiedene essfertige Gerichte wie Gnocchi, Lasagne, Merluzzo, Hamburger, Pollo Milanese, Salate etc. Di–Sa 9–13, 16–19.30 Uhr, So nur nach Vormerkung, Mo geschl. Via A. M. Bolongaro 36/38.

Internationale Presse **22** Gut sortierter Laden an der Piazza Cadorna.

Feste/Veranstaltungen **Settimane musicali di Stresa e del Lago Maggiore.** Von Juli bis Anfang Sept. präsentiert das Stresa Festival seit fast 60 Jahren klassische Musik auf hohem Niveau. Die meisten Konzerte gibt es Ende August/Anfang Sept., außer in Stresa auch auf den Borromäischen Inseln, in Verbania und Arona. Infos und Kartenvorverkauf beim Ufficio del Festival, Via Carducci 38. ☎ 0323-30459, www.stresafestival.eu.

Übernachten

→ Karte S. 224/225

Macht viel Spaß, die Prunkpaläste im nördlichen Ortsbereich zu bewundern, allen voran das Grand Hotel des Iles Borromées, außerdem Regina Palace, La Palma, Astoria und Grand Hotel Bristol. Mit Zimmerpreisen jenseits der 300 € (lediglich La Palma und Astoria sind günstiger) sind diese 4- und 5-Sterne-Herbergen zum Wohnen im Sommer teuer, locken aber manchmal mit besonderen Angeboten. Mit Pauschalarrangements großer Reiseveranstalter kommt man ebenfalls oft günstiger weg, in der Nebensaison sinken die Zimmerpreise außerdem teilweise deutlich. Die günstigeren Hotels in der Altstadt haben keine eigenen Parkplätze.

★★★★★ Villa e Palazzo Aminta **5** Etwa 2 km nördlich von Stresa (Auto notwendig), ein wahrer Jugendstiltempel etwas oberhalb der Uferstraße. Eine Textildynastie aus dem Trentino hat die einstige Generalsvilla, in der schon George Bernard Shaw zu Gast war, vor einigen Jahren erworben und restauriert. Exquisite Ausstattung, privater Strand und Anlegestelle, Pool, Fitnessbereich, herrlicher Garten, Hubschrauberlandeplatz. Bereits Liz Taylor und Richard Burton verbrachten hier 1966 herrliche Tage, es gibt eine Liz Taylor Suite zu mieten. Normalzimmer nicht besonders groß, Restaurant und alle anderen Hotelangebote preislich sehr gehoben. DZ/F ab ca. 300 €. Via Sempione Nord 123, ☎ 0323-933818, www.villa-aminta.it.

★★★★★ Grand Hotel des Iles Borromées **8** Das großzügige Belle-Époque-Gebäude thront wie ein majestätisches Schloss an der Uferstraße. Wunderbar grüner Garten mit zwei Pools, dazu Sauna, Hallenbad und Wellness-/Fitnesseinrichtungen. Im ausgedehnten Wohnbereich (158 Zimmer) Kronleuchter, Mahagonimöbel, Wandvertäfelung und viel Samt, die Zimmer mit Marmorbädern – und über allem der Glanz längst vergangener Zeiten, den schon Ernest Hemingway genossen hat. DZ/F ab ca. 200 €. Corso Umberto I 67, ☎ 0323-938 938, www.borromees.it.

MeinTipp **★★★ La Luna nel Porto** **20** Residenzhotel mit idyllischer Gartenterrasse, versteckt im ersten Stock über der Uferstraße, von außen kaum als Hotel zu kennen. Zwölf geräumige und modern eingerichtete Apartments mit schönen Terrassen/Balkonen. Traumhafter Blick und trotz Straße sehr ruhig. Personal sehr angenehm, alles picobello sauber, Frühstück gut und reichhaltig, kostenlose Parkplätze in der Nähe. Tagespreis ca. 140–180 €, Superior Suite teurer. Corso Italia 60, ☎ 0323-934466, www.lalunanelporto.it.

★★★ La Fontana **2** Nördlich vom Zentrum an der Durchgangsstraße. Ältere Villa mit schönem, großem Garten und Springbrunnen, alles ein wenig altmodisch, Zimmer ansprechend

Komforturlaub in Stresa: Regina Palace Hotel

Italienisches Westufer → Karte S. 166

und sauber, jedoch hellhörig, in den oberen Stockwerken Seeblick. Sehr freundlicher Service. DZ/F ca. 70–120 €. Via Sempione Nord 1, ☎ 0323-32707, www.lafontanahotel.com.

mein Tipp *** **Du Parc** **29** Historische Villa in eigentlich ruhiger Lage im oberen Teil von Stresa, allerdings führt die Bahnlinie direkt vorbei (daher am besten ein Zimmer nach vorne nehmen). Gepflegtes Anwesen mit großem Garten, Haupt- und Nebenhaus. Vor allem im Haupthaus stilvolles Ambiente mit historischem Mobiliar und Parkettboden, Zimmer sauber, Gastgeber sehr freundlich, gutes Frühstück, Parken gratis. Trotz der Bahnlinie ein Tipp. DZ/F ca. 90–120 €. Via Gignous 1, ☎ 0323-30335, www.duparc.it.

*** **Lido La Perla Nera** **4** Ruhige Lage wenige Meter vom See, neben der Seilbahnstation zum Monte Mottarone, gegenüber liegt die Isola Bella. Etwas ältere Einrichtung, Zimmer mit Teppichboden, z. T. Seeblick, Garten mit Liegestühlen, Hallenbad, Restaurant, Parkplatz. Die Einrichtungen des Hotels Astoria an der Uferstraße können ohne Aufpreis genutzt werden. Frühstück eher etwa mager. DZ/F ca. 110–150 €. Carciano, Viale Lido 15, ☎ 0323-33611, www.hotellidostresa.it.

* **Elena** **19** Kleines, familiengeführtes Stadthotel direkt an der zentralen Piazza Cadorna,

die meisten Zimmer mit Balkon (nach vorne Blick auf die Piazza). DZ/F ca. 70–90 €. Piazza Cadorna 15, ☎ 0323-31043, www.hotelelena.com.

** **Fiorentino** **23** Gleich hinter der Piazza Cadorna, 14 neu renovierte Zimmer, einige mit Holzdecken unter dem Dach, freundlich geführt. DZ/F ca. 90–95 €. Via Bolongaro 9, ☎ 0323-30254, www.hotelfiorentino.com.

* **La Locanda** **3** Nähe nördlicher Ortsausgang in einer schmalen Seitengasse, landeinwärts der Durchgangsstraße, recht ruhig. Ordentliche und saubere Zimmer, freundlicher Service, eigener Parkplatz im Innenhof (5 €/Tag). DZ/F ca. 80–100 €. Via G. Leopardi 19, ☎ 0323-31176, www.hotellalocanda.it.

mein Tipp **Casa Diverio** **25** Bei Frau Susy aus Wien ist man in besten Händen. Ihr topmodernes Apartmenthaus liegt mitten in der Altstadt und wurde erst 2019 eröffnet. Die schicken Apartments sind gut ausgestattet, es fehlt an nichts. Schön ist die große Terrasse mit Whirlpool. Studio ca. 100 €, Apt. ca. 130 €. Via Roma 9, ☎ 335-293009, https://casa-diverio-it.book.direct/en-gb/contact.

Außerhalb **B & B La Casa del Giardiniere.** Die britischen Gastgeber David und Penny vermieten in ihrem Haus im Dorf Stropino einige gepflegte und saubere Zimmer, es gibt einen schönen Garten, sehr netten Service und ein liebevoll zubereitetes Frühstück. DZ/F ca. 80–100 €. Via Circonvallazione 27/29, Stropino, ℘ 0323-929170, http://lacasadelgiardiniere.blogspot.de.

Camping ** **Camping Sette Camini** **30** Schöner Bergplatz mit Pool im Grünen an der Straße zum Monte Mottarone, Nähe Mittelstation Alpino (ca. 800 m ü. d. M.). Geöffnet Juni bis Sept., übrige Zeit nur am Wochenende. Via Pianezza 7, Gignese, ℘ 0323-20183, www.camping7camini.it.

Wohnmobilstellplatz 7 Via Privata Fratelli Bandiera 7 (→ Stadtplan). Nur sieben Stellplätze und nur von 8–22 Uhr. Std. 2,70 €, Tag 25 €.

Essen & Trinken

Stresa ist von Touristen überlaufen und im Allgemeinen nicht unbedingt ein Ort für Feinschmecker. Abends wird es fast überall schnell voll, an der zentralen Piazza Cadorna herrscht der meiste Trubel.

Il Clandestino 21 Schick und teuer, bekannt für seinen exzellenten Fisch, Koch und Eigentümer Franco kommt persönlich an den Tisch. Degustationsmenü (ohne Getränke) ca. 50–70 €. Di geschl. Via Rosmini 5, ℘ 0323-30399.

meinTipp **Il Vicoletto 28** Etwas versteckt, gemütliches, kleines Lokal, sehr persönlich geführt, kreative und leckere Küche, dazu eine gute Weinkarte, gehobene Qualität zu ebensolchen Preisen. Von Michelin empfohlen. Reservierung unbedingt notwendig. Do geschl. Vicolo del Poncivo 3, ℘ 0323-932102.

Due Piccioni 24 Gemütliche Innenräume, aber keine Außenterrasse, authentische Küche, z. B. *stinco*, *spezzatino* und *bollito*. Fast immer voll, deshalb besser reservieren. Mi geschl. Via Principe Tommaso 61, ℘ 0323-934556.

Osteria Mercato 27 Angesagte Adresse am Marktplatz (Freitagsmarkt), kleine, feine Karte, kreative Küche und gute Weine. Allerdings immer bis auf den letzten Platz besetzt, deshalb etwas unruhig. Von Michelin empfohlen. Di geschl. Piazza Capucci 9, ℘ 0323-346245.

Centrale 17 Direkt an der Piazza Cadorna. Trotz der superzentralen Lage solide Küche zu fairen Preisen. ℘ 0323-30228.

Taverna del Pappagallo 15 Populäre Pizzeria mit nettem Innenhof, immer gut besucht. Mi geschl. Via Principessa Margherita 46, ℘ 0323-30411.

Daniel's 6 Restaurant und Lounge Bar an der Uferpromenade, schräg gegenüber vom Grand Hôtel des Iles Borromées. Schön zum Sitzen und Trinken, auch das Essen ist meist in Ordnung. Ambiente natürlich sehr touristisch, Service tagesformabhängig.

Orient Express 13 Beliebte Pizzeria im Bahnhof, Pizza aus dem holzbefeuerten Ofen auch mittags, faire Preise. Di geschl. Piazzale Stazione 8, ℘ 0323-30470.

L'Idrovolante 1 Bei der Talstation der Seilbahn auf den Monte Mottarone (ca. 2 km ab Zentrum), schöne Terrasse direkt am See und damit so ziemlich das einzige Seelokal am Ort. Ordentliche Küche zu angemessenen Preisen. Piazzale Lido 6, Carciano, ☎ 0323-934475.

Außerhalb Locanda Verbena. In Vezzo di Gignese oberhalb von Stresa mitten im Grünen. Sehr nette Eigentümer, leckere regionale Küche und gutes Preis-Leistungs-Verhältnis, Terrasse mit herrlichem Blick, im Innenraum ein großer Kamin für die kühlen Tage. Mit Zimmervermietung (DZ/F ca. 80–90 €). Di geschl. (außer Aug.). Via al Panorama 13, ☎ 0323-20102, www.locandaverbena.com.

Cardini 11 Einfaches Aussichtslokal in Someraro, Terrasse mit Plastikstühlen 300 m über dem See, herrlicher Blick. Die Chefin spricht Deutsch, die Küche ist frisch und lecker. Reservierung sehr empfohlen. Di geschl. Via dei Mulini 8, ☎ 349-1419052.

meinTipp **La Rampolina** 12 Der Platzhirsch dank zahlloser guter Bewertungen. Schöne Terrasse mit herrlichem Seeblick im Örtchen Campino di Stresa, hoch über dem See (auch von Baveno schnell zu erreichen). Gute Küche, wegen der Lage natürlich teurer, inzwischen leider etwas Massenbetrieb. Reservierung ist ein Muss. Mo geschl. (Außer Sommer). Via Someraro 13, ☎ 0323-923415.

Tipp: Falls man keinen Platz mehr bekommt, kann man es im benachbarten Restaurant **Vista** versuchen, es hat dieselben Vorzüge der Lage, die Preise sind angemessen und der Service wird rundum gelobt. Mo geschl. Via Someraro 7, ☎ 0323 922180.

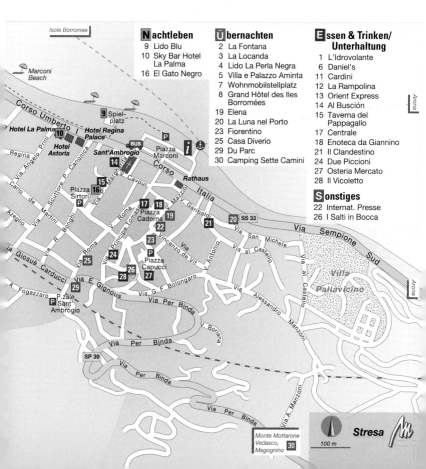

Nachtleben
9 Lido Blu
10 Sky Bar Hotel La Palma
16 El Gato Negro

Übernachten
2 La Fontana
3 La Locanda
4 Lido La Perla Negra
5 Villa e Palazzo Aminta
7 Wohnmobilstellplatz
8 Grand Hôtel des Iles Borromées
19 Elena
20 La Luna nel Porto
23 Fiorentino
25 Casa Diverio
29 Du Parc
30 Camping Sette Camini

Essen & Trinken/ **Unterhaltung**
1 L'Idrovolante
6 Daniel's
11 Cardini
12 La Rampolina
13 Orient Express
14 Al Busción
15 Taverna del Pappagallo
17 Centrale
18 Enoteca da Giannino
21 Il Clandestino
24 Due Piccioni
27 Osteria Mercato
28 Il Vicoletto

Sonstiges
22 Internat. Presse
26 I Salti in Bocca

Und wenn es mal regnet ...

Im kleinen Örtchen Gignese an der Bergstraße von Stresa zum Lago d'Orta bzw. zum Monte Mottarone (→ unten) steht am Ortseingang linker Hand das weltweit einmalige Sonnen- und Regenschirmmuseum „Museo dell'Ombrello e del Parasole" mit über tausend Einzelexemplaren. Seit dem 18. Jh. ist die Schirmmacherei eine Tradition am Lago Maggiore, mittlerweile gibt es aber nur noch eine einzige Schirmmacherin, Signora Colette Della Vedova (www.cdvombrelli.it). Ihre handgefertigten Einzelstücke kann man an der Kasse erwerben.

■ April bis Sept. Di–So 10–12, 15–18 Uhr, Mo geschl.; Eintritt ca. 3 €, ermäß. 1,50 €. ✆ 0323-89622, www.gignese.it/museo.

Unterhaltung

Viele Bars und Cafés vergnügen im Sommer ihre Gäste mit musizierenden Alleinunterhaltern.

Enoteca Da Giannino 18 Enoteca an der zentralen Piazza Cadorna. Gemütliche Sitzgelegenheiten im Laubengang, über 200 Weinetiketten (Glas ab 4 €), dazu Grappa und Liköre, kein Kaffee. Piazza Cardona 9.

Al Busción 14 Weinbar mit umfassendem Angebot (Glas ab 3 €), aber auch diverse Biere, dazu leckere Käse- und Wurstplatten, *piadine* und *bruschette*. Via Principessa Margherita 18, ✆ 0323-854772.

El Gato Negro 16 Abendpub neben der Taverna del Pappagallo, netter Hinterhof, Cocktails, Burger, Ribs und Guinness. Via Principessa Margherita 52, ✆ 0323-33621.

Lido Blu 9 Bar/Café neben dem Spielplatz an der Uferpromenade, viel Kritik, aber die Lage macht's.

mein Tipp **Sky Bar Hotel La Palma 10** Die Dachterrasse im siebten Stock hat den schönsten Blick in Stresa, mal ausprobieren – auch wenn man für einen Spritz 10 € zahlt. Tipp: Am besten erst kurz vor Sonnenuntergang hingehen, es wird sehr heiß auf der Plattform.

Auf der Dachterrasse des Hotels La Palma

Auf dem Gipfel

Monte Mottarone

Am Nordende von Stresa liegt im Ortsteil Carciano der Piazzale Lido mit einer Abfahrtsstelle zu den Borromäischen Inseln. Am gleichen Platz befindet sich auch die Talstation der Funivia (Seilbahn) auf den 1491 m hohen Monte Mottarone, die in zwei Etappen mit anschließendem Sessellift zum Gipfel fährt.

Auffahrt mit Seibahn und Sessellift: Zunächst erreicht man die Mittelstation Alpino in 800 m Höhe. Hier muss man umsteigen – oder man steigt aus und bezwingt den Gipfel zu Fuß.

Wenige Fußminuten von der Station liegt der schöne **Giardino Botanico Alpinia** mit herrlichem Seeblick und zahlreichen alpinen Pflanzenarten, aber auch Raritäten aus China, Japan und dem Kaukasus.

▪ April bis Okt. tägl. 9.30–18 Uhr, Eintritt ca. 4 €. ☎ 0323-927173.

Von der Bergstation der Seilbahn führt ein **Sessellift** zum Gipfel (inbegriffen im Preis der Seilbahn), in etwa 15 Min. kann man aber auch zu Fuß hinaufgehen. Unternehmungslustige lassen sich auf der Sommerrodelbahn **Alpyland** hinaufhieven und genießen die kurvige, 1,2 km lange Bergabfahrt (ab 8 J. dürfen Kinder allein in einem Rodel fahren).

Am Gipfel mit zahlreichen Antennenanlagen, Gipfelkreuz und kleiner Bar mit Sitzgelegenheiten hat man bei klarem Wetter den berühmten **Sieben-Seen-Blick:** Lago Maggiore, Lago d'Orta, Lago di Mergozzo, Lago di Monate, Lago di Varese, Lago di Comabbio und Lago di Biandronno. Ringsum sieht man außerdem zahlreiche Alpengipfel, sogar das Monte-Rosa-Massiv an der Schweizer Grenze ist an klaren Tagen gut sichtbar.

▪ **Seilbahn.** Abfahrten etwa alle 20 Min., mittags eine Stunde Pause. Hin und zurück ca. 20 €, einfach 11,50 €, Kinder (4–12 J.) 12/9 €, bis Mittelstation Alpino ca. 13,50/8 €, Kinder (4–12 J.) 8,50/7 €. ☎ 0323-30295, www.stresa-mottarone.it.

■ Interessant ist folgende Variante: rauf mit der Funivia, runter mit dem **Leihfahrrad**. Räder können nach Anmeldung in der Kabine mitgenommen werden (bis Alpino 9 €, bis Mottarone 12 €).

Leider sind reguläre **Parkplätze** auf dem Piazzale Lido nur in sehr beschränkter Zahl vorhanden, die Parkwächter verteilen zudem gerne Strafzettel. Man erreicht die Talstation von Stresa aus aber in etwa 20 Min. recht bequem **zu Fuß**. Zunächst geht man auf der schönen Uferpromenade nach Norden, biegt dann nach dem Grand Hotel Bristol links ab bis zur Straße, geht auf ihr etwa 100 m und biegt rechts in die Via Gioberto Borromeo ab, die wieder zum See hinunterführt, dann ist es noch ein kleines Stück am Ufer entlang.

■ **Sommerrodelbahn Alpyland**. April bis Okt. Mo–Fr 10–17, Sa/So 10–18 Uhr, Nov. bis Febr. nur Sa/So; pro Fahrt ca. 5 €, bis 14 J. 4 €. ℡ 0323-1991007, www.alpyland.com.

Das letzte Stück per Sessellift

Auffahrt per PKW oder Rad: Der Gipfel ist von **Gignese** aus auf einer etwa 20 km langen Panoramastraße zu erreichen, die letzten Kilometer durch ein Naturschutzgebiet gehören der Adelsfamilie Borromeo und sind mautpflichtig. Die Mautstation liegt kurz nach dem Campingplatz „Sette Camini" (Auto ca. 10 €, Motorrad 7,50 €, Fahrrad frei), in der NS und gegen Abend ist nicht immer jemand zum Kassieren vor Ort. Unterwegs passiert man viele schöne Picknickstellen und die nette „Bar Stazione" mit Spielplatz.

Tipp: Fährt man über Gignese bis **Armeno,** gelangt man von dort auf einer gut ausgebauten Straße gebührenfrei auf den Gipfel.

Der Parkplatz liegt einige Fußminuten unterhalb vom Gipfel. Dort gibt es einen Fahrradverleih (℡ 0323-933478) sowie mehrere Lokale mit Zimmern.

Zurück nach Stresa: Radfahrer lockt der steile Downhill. Wanderer können auf der Trasse der ehemaligen Zahnradbahn absteigen, die hier Anfang des 20. Jh. herauffuhr – bequemer ist es bis zur Mittelstation zurückzufahren, dort zum Botanischen Garten zu gehen und ca. 500 m danach auf dem gut markierten Sentiero 1 über Levo nach Stresa zu wandern.

Übernachten/Essen **＊Casa della Neve.** Am Weg von der Bergstation der Seilbahn zum Gipfel. Rustikales Haus mit schöner Sonnenterrasse und Restaurant, wo man nett sitzt und kräftige piemontesische Küche serviert wird, z. B. Fondue, bagna caoda oder brasato con polenta. DZ/F ca. 80 €. 28838 Località Mottarone Vetta 1, ℡ 0323-923516, www.casa dellaneve.it.

🚶 **Wanderung 12:**
Zum Golfplatz am Monte Croce   → S. 358
Etwa dreistündige Wanderung um den Bergzug zwischen Stresa und Lesa

Gesamtkunstwerk Isola Bella

Isole Borromee (Borromäische Inseln)

Die drei Inseln dominieren das Panorama der Seemitte und gehören zu den beliebtesten Ausflugszielen am Lago Maggiore. Schon im Frühsommer herrscht tagsüber erheblicher Trubel, abends wird es dafür angenehm ruhig.

Reguläre Linienschiffe der Seeschifffahrt fahren von den Fähranlegestellen in Stresa, Carciano (Piazzale Lido), Baveno und Verbania Pallanza etwa stündlich hinüber, weitere Fahrten gibt es von Laveno am Ostufer. Mit Tageskarten und Kombitickets kann man auch noch die Villa Taranto bei Verbania und das Kloster Santa Caterina del Sasso am Ostufer in eine Tour einbinden.

Zusätzlich pendeln etwas teurere private Motorboote von den Molen neben der Fährstation in Stresa, vom Piazzale Lido am Nordende von Stresa und von Baveno auf die Inseln. Anwerber für diese Fahrten stehen im Umkreis der Abfahrtsstellen und sprechen Interessierte an.

Preise ab Stresa Linienschiffe ab Fähranlegestelle (Hin- und Rückfahrt): Isola Bella ca. 6,80 €, Isola dei Pescatori 7,80 €, Isola Madre 10,50 €, Isola Bella und Isola dei Pescatori 9,60 €, Isola Bella und Isola Madre 12,70 €, Isola dei Pescatori und Isola Madre 12,80 €. Tageskarte für alle drei Inseln 16,90 €.

Günstiger sind die Linienboote ab Piazzale Lido (Carciano) am Nordende von Stresa: Isola Bella 4,60 €, Isola dei Pescatori 7,80 €, Isola Madre 10 €.

Die Motorboote des „Consorzio Motoscafisti delle Isole Borromee" fahren ebenfalls ab Fähranleger und Piazzale Lido und sind etwas teurer (📞 0323-31358, http://www.isoleborromee.com).

Preise ab Baveno Isola dei Pescatori oder Isola Bella 7,50 €, Isola dei Pescatori und Isola Bella 10 €, Isola dei Pescatori, Isola Bella und Isola Madre 13 €. Motorboote kosten dasselbe (📞 0323-924742, www.summerboats.it).

> **Tipp**: Morgens mit dem ersten Linienboot hinüber (7 Uhr ab Stresa), dann ist man auf den Inseln noch weitgehend alleine.

Im Giardino d'Amore

Isola Bella

Die „Schöne Insel" ist von Stresa aus die nächste und meistbesuchte. Im 17. Jh. ließ Carlo III aus dem mächtigen Geschlecht Borromeo (Borromäer) auf der damals kahlen Felseninsel einen riesigen Barockpalast mit prachtvollen Gartenanlagen erbauen. Er benannte ihn nach seiner Frau Isabella, woraus schließlich „Isola Bella" wurde.

Spätere Generationen bauten weiter an den Anlagen und seitdem präsentieren sich Insel und Palastanlage als wahres Gesamtkunstwerk, das von weitem gesehen gerne mit einem vor Anker liegenden Schiff verglichen wird: Das Nordende ragt wie ein schmaler Bug in den See, der Palast thront darauf wie ein mächtiger Aufbau und die Gartenterrassen am anderen Ende sind das hohe Heck.

Noch heute wird im Sommer ein Flügel des riesigen Anwesens von den Erben bewohnt, die noch immer zu den bedeutendsten Dynastien des italienischen Hochadels gehören. 2004 heirateten hier Lavinia Borromeo, die Tochter von Carlo Borromeo, und John Philip Elkann, der Neffe des 2003 verstorbenen, legendären Fiatbosses Gianni Agnelli – zwei der mächtigsten Familien Italiens haben sich damit zusammengefunden.

Ein Rundgang macht vertraut mit dem Lebensstil des Adels. Die zahlreichen Säle und Wandelhallen beherbergen barocken Prunk vom Feinsten: mächtige Gobelins, üppige Stuckverzierungen, wertvolles Mobiliar und Geschirr, Marmorstatuen, eine alte Bibliothek – und vor allem einen schier überwältigenden Reichtum an Gemälden, zusammengetragen durch die kunstliebenden Borromäer.

Der **Salone** ist der größte Saal des Palastes und zieht sich über alle drei Etagen, in der Mitte steht ein architektonisches Modell von Palast und Garten aus dem 19. Jh. In der **Sala della Musica** fand 1935 die Konferenz von Stresa statt (Dokumente an den Wänden), in der stuckverzierten **Sala da Ballo** feierten die Borromäer rauschende Feste, die von unten bis oben mit Gemälden ausgestattete **Sala del Trono** wurde als Audienzsaal genutzt, die **Sala delle Medaglie** für Bankette, in der **Sala di Napoleone** schlief der spätere Kaiser zwei Nächte (das Bett ist noch erhalten).

Das Untergeschoss kurz über dem Wasserspiegel besteht aus sechs künstlichen **Grotten**, die vollständig mit Kiesel, Tuff, Basaltlava, Kohle und Marmor ausgekleidet sind. In den heißen Sommern war dies der kühlste Platz im Palast. Ausgestellt ist dort u. a. ein prähistorisches Einbaumschiff. Einen Höhepunkt bildet zu guter Letzt die **Galleria degli Arazzi** mit sechs riesigen flämischen Wandteppichen, die man vor dem Ausgang in den Garten durchquert. In nicht leicht zu verstehender Symbolik zeigen sie in allegorischen Bildern, die ausschließlich in einer fantastischen Tierwelt spielen, dass die Menschheit das Böse überwinden kann.

Die üppigen **Gärten** sind mit Statuen, Brunnen und abgezirkelten Beeten aus Azaleen, Magnolien und Kamelien in zehn Terrassen übereinander angelegt. An der Spitze prunkt ein reich verzierter Steinbau mit Grotten, Muscheln und bizarren Plastiken aus der Mythologie, darunter das Einhorn, das Wappentier der Borromäer. Dahinter liegt

der schöne **Giardino d'Amore,** so genannt nach den niedlichen Cupido-Figuren. Vier Großstatuen stellen hier mit ihren unterschiedlichen Accessoires die Jahreszeiten dar. Der Name des Gartens bezieht sich aber auch auf das romantische Stelldichein im August 1797 von Napoleon mit der sechs Jahre älteren Joséphine de Beauharnais, die er im Jahr zuvor geheiratet hatte, aber bereits zwei Tage nach der Hochzeit wegen seines Italienfeldzugs verlassen musste – allerdings soll auch eine der (zahlreichen) Geliebten anwesend gewesen sein, die Sängerin Giuseppina Grassini ...

Eine besondere Attraktion der Insel sind die weißen Pfauen, die die Borromäer hier ansiedelten und die auch heute noch unbefangen zwischen den Besuchern umherlaufen.

◾ Ende März bis Ende Okt. tägl. 9–17.30 Uhr (letzter Einlass); Eintritt ca. 17 €, Kinder (6–15 J.) 9 €, Sammelticket für Isola Bella und Isola Madre ca. 24 €, Kinder 14 €. ✆ 0323-933478, www.isoleborromee.it.

Reiches Innenleben:
der Barockpalast der Borromäer

Isola dei Pescatori

Die einzige der drei Inseln, die nicht den Borromäern gehört, besitzt keinen Palast, sondern ein wahrhaft idyllisches Fischerdorf, das sämtliche romantischen Vorstellungen erfüllt, allerdings die Grenze zum Kitsch schon überschritten hat.

Touristenmassen strömen zwischen bunten Souvenirshops, Snackbars, Cafés und Restaurants mit teils schönen Seeterrassen durch die engen Gassen. Ein Besuch lohnt tagsüber nur, wenn man so etwas mag – abends wird es dagegen still und romantisch auf der Insel der Fischer. Und wer sich nicht mehr losreißen kann, findet sogar zwei Hotels. Ansehen kann man an der Ostseite die kleine Ausstellung „Mostra della Pesca" zur traditionellen Fischerei sowie im Ortskern das Wohnhaus und Atelier des Malers Andrea Ruffoni. Ein schöner Platz zum Relaxen ist die mit Pinien bestandene Landzunge im Inselnorden, genannt „Coda" (Schwanz), von der sich ein herrlicher Blick nach Norden bietet.

Eigentlich heißt die Insel „Isola Superiore dei Pescatori" (im Gegensatz zur Isola Inferiore = Isola Bella). Sie war die erste, auf der sich Menschen ansiedelten, und heute gibt es etwa 60 ganzjährige Bewohner – allerdings fischen nur noch einige von ihnen und dies auch nur im Nebenerwerb bzw. als Hobby. Nach heftigen Regenfällen in Frühjahr und Herbst wird die Inselpromenade oft überschwemmt, doch die Hauseingänge sind hoch gelegt, sodass das Wasser nicht eindringen kann.

PLZ 28838

Öffnungszeiten Mostra della Pesca, tägl. 10–17 Uhr; **Museo Andrea Ruffoni,** Di–So 10.30–12.30, 14–17 Uhr (mit Führung), Mo geschl.

Einkaufen Concreta Laboratorio di Ceramica Rakú 4 Seit 1987 formt die frühere Literaturprofessorin Wanda Patrucco Keramikobjekte in der jahrhundertealten Rakú-Brenntechnik aus Japan. Via di Mezzo/Ecke Via del Forno, 0323-30354, www.adhikara.com/wanda.

Veranstaltungen/Feste Größtes Inselfest ist **Ferragosto** am 15. August, dann gibt es eine Lichterprozession mit Fischerbooten um

Reger Bootsverkehr zur „Insel der Fischer"

Isola dei Pescatori

50 m

die Insel, die die Statue der „Maria Assunta" (Mariä Himmelfahrt) mit sich führt. Am Vorabend großes Feuerwerk auf der Coda.

Übernachten/Essen Selbstverständlich sind alle Einrichtungen auf der Insel auf Touristen eingestellt, in der Regel mit den entsprechenden Preisen.

*** Verbano 8 Seit 1895 an der Südspitze der Insel, Blick hinüber zur Isola Bella. Schöne Restaurantterrasse, geschmackvoll eingerichtete Zimmer, abends kostenloser Bootsservice nach Stresa. Die Romantik hat ihren Preis. DZ/F ca. 140–160 €. Via Ugo Ara 2, ✆ 0323-30408, www.hotelverbano.it.

*** Belvedere 2 Beliebte Herberge im Nordosten der Insel. 19 schicke, neu renovierte Zimmer mit Sat-TV (viele Programme), die meisten mit Seeblick, einige davon mit Balkon bzw. Panoramaterrasse, Blick zur Isola Madre. Restaurant ebenfalls mit großer Terrasse und wunderbarem Blick. DZ/F mit Seeblick ca. 120–160 €. ✆ 0323-32292, www.belvedere-isolapescatori.it.

La Pescheria 7 Das schöne Terrassenlokal liegt unmittelbar südlich der Anlegestelle. Täglich frischer Fisch, z. B. Felchen, Seeforellen

und Barsch, Portionen nicht immer üppig. Via Lungolago 6, ✆ 0323-933808.

Mein Tipp **Pizzeria La Rondine 3** Besonders schöne Lage an der Ostseite, Tische direkt am Wasser, schöner Blick, nicht so überlaufen und preislich im angenehmen Rahmen. Via Ugo Ara 46. ✆ 0323-32530.

Chez Manuel 5 Kleines Lokal an der Hauptgasse, nette Atmosphäre, freundliche Bedienung und authentische, nicht zu teure Küche (kein Coperto), Innenhof und Minibalkon mit zwei Tischen im ersten Stock. Via Ugo Ara 34, ✆ 339-3615793.

Osteria Ara 36 6 Kleines Terrassenlokal mit gepflegtem Gedeck, gute, teils sizilianisch geprägte Fischküche (Koch aus Sizilien), kleine Portionen. Für Abendessen Vorbestellung erwünscht. Via Ugo Ara 36, ✆ 392-9994883.

Mein Tipp **Italia 1** Das große Restaurant im nördlichsten Haus der Insel gehört einer alteingesessenen Fischerfamilie. Die Qualität des Essens wird allgemein gelobt, Spezialität sind die *ravioli al profumo di pesce con pomodoro*. Via Ugo Ara 58, ✆ 0323-30456.

Isola Madre

Weit draußen im See liegt die größte und ruhigste der drei Inseln. Auch hier steht ein eleganter, allerdings im Gegensatz zur Isola Bella deutlich kleinerer Palast der Borromäer, dessen Ursprünge bis ins 16. Jh. zurückgehen, umgeben von einer wunderschönen Gartenanlage.

Nach der Landung genießt man zunächst den Spaziergang durch den prachtvollen **botanischen Park** bis zum alten Hafenbecken an der Ostseite der Insel und steigt dann zum Palast hinauf. Auf mehreren Terrassen gedeihen Libanonzedern, chinesische Teebäume, prächtige Zypressen und Palmen, Azaleen, Magnolien, Rhododendren und 150 verschiedene Kamelienarten, dazwischen tummeln sich weiße Pfaue, Papageien und Fasane. Einzigartig ist die über 150 Jahre alte **Kaschmirzypresse** vor dem Palast, die größte Europas – ihr Samen stammt aus dem Himalaya und gerne wird sie als „Schönster Baum der Welt" bezeichnet. 2006 hat ein Tornado die Vegetation der Isola Madre schwer geschädigt, die Zypresse wurde dabei fast vernichtet, konnte aber in einer einzigartigen Operation gerettet werden. Sie wird aber nie mehr so groß sein wie früher.

Der **Palast** besitzt eine elegante offene Loggia, die sich über zwei Stockwerke zieht. Eine breite Treppe mit einer Gemäldegalerie der Familien Borromeo und Arese (im 17. Jh. eingeheiratet) führt hinauf ins Obergeschoss, wo man den Rundgang durch die Räume des Palastes beginnt. Für die Ausstattung wurden zahlreiche Stücke aus anderen Residenzen der Borromäer zusammengetragen: historisches Mobiliar von Barock bis Empire, zahllose Gemälde, prächtige Kronleuchter, Porzellan und Keramik. Schaufensterfiguren mit historischen Kostümen beleben die Szenerie. Vor allem aber kann man hier eine große **Marionetten- und Puppensammlung** bewundern, die in ihren Ursprüngen bis ins 17. Jh. zurückreicht, als die theaterbegeisterten Borromäer im Palast das bedeutendste Marionettentheater der Lombardei einrichteten.

Neben dem Palast steht die ehemalige Familienkapelle mit Cafeteria und Bookshop in der einstigen Orangerie, bei der Anlegestelle gibt es eine Bar, das einzige Restaurant liegt am Westufer.

◾ Zeiten wie Isola Bella, Eintritt ca. 13,50 €, Kinder (6–15 J.) 7 €. ✆ 0323-933478, www.isole borromee.it.

Übernachten/Essen **La Piratera.** Gutes Restaurant am Westufer, eigener Bootsanleger und schöne Terrasse (reservieren, oft sehr voll), leckere See- und Meeresküche, dazu reiche Weinauswahl. ✆ 0323-31171.

Die Familienkapelle der Borromäer

Von Stresa nach Arona

Südlich von Stresa wird die Küste weitgehend flach. Landeinwärts liegen die bewaldeten Hügel des Vergante, Stammland des Adelsgeschlechts der Visconti, die zum See hin sanft abfallen und Terrassen bilden, auf denen kleine Dörfer liegen.

Die Villenorte Belgirate, Lesa, Sólcio und Meina entlang der Strada Statale Sempione sind reine Wohnregionen mit stolzen, mauerbewehrten Villen, vom Massentourismus werden sie nur wenig beachtet. Selbst in der Hochsaison ist es hier oft erholsam und beschaulich, während in Stresa das Leben pulsiert. An Wochenenden kommen allerdings gerne Kurzurlauber aus der Poebene herauf.

Italienisches Westufer → Karte S. 166

Belgirate

Ruhiges Örtchen mit schöner Uferpromenade, etwa 8 km südlich von Stresa. Im Zentrum gibt es noch mittelalterliche Häuser mit Loggien und Bogengängen, im Umkreis steht eine Reihe stilvoller Villen mit Parkanlagen, die bezeugen, dass es im 18. und 19. Jh. hier mehr Touristen gab als heute.

Während der Epoche des Risorgimento war die Lombardei von den Österreichern besetzt. Patriotisch gesinnte Lombarden reisten deshalb oft ins Piemont. Wie im nahen Lesa trafen sich auch in Belgirate viele Aristokraten und Intellektuelle, so hielt sich z. B. der französische Schriftsteller Stendhal (eigentlich Marie Henri Beyle) gerne hier auf, sein Werk „Die Kartause von Parma" wurde von Goethe und Balzac überschwänglich gelobt.

An der Uferpromenade in der Nähe vom Informationskiosk ist eine Kröte (*sciatt*) aus Granit zu bewundern – heute das Symbol der Stadt, das auf den früheren Spitznamen der Einwohner Belgirates zurückgeht. In Richtung südlichem Ortseingang passiert man die repräsentative **Villa Conelli** mit stolzem Wohnturm, erbaut Mitte des 19. Jh. Daneben erstreckt sich der öffentliche **Parco Pubblico Villa Conelli** mit einigen Kunstobjekten, nett für einen kleinen Bummel. Schräg gegenüber liegt der **Lido Comunale**, eine gemütliche Bademole mit Kiesfläche und der Pizzeria/Bar „La Spiaggetta" (→ Essen & Trinken).

Oberhalb vom Ort steht die romanische **Chiesa Vecchia di Santa Maria** mit Panoramablick auf den See und Fresken aus dem 16. Jh., die Schülern des berühmten Bernardo Luini zugeschrieben werden (→ S. 126). Man kann hinauffahren oder auch die etwa 500 m vom Hotel Milano steil zu Fuß hinaufgehen, sollte aber vorher die aktuellen Öffnungszeiten im Infobüro erfragen.

PLZ 28832

Information **Pro Loco.** Kiosk bei der Anlegestelle, gegenüber vom Hotel La Terrazza. ℡ 338-9904221, prolocobelgirate@gmail.com.

Übernachten **★★★★ Villa Carlotta.** Der großzügige Palast steht am nördlichen Ortsende direkt an der Uferstraße. 1952 wurde er in ein Hotel mit 130 Zimmern und Restaurant umgebaut, u. a. ist hier schon Brigitte Bardot abgestiegen. Hervorzuheben ist der große Park mit dem schönen Pool. Zimmer nur z. T. modernisiert, es besteht noch Renovierungsbedarf. DZ/F mit Seeblick ca. 100–140 €. Via Giuseppe Mazzini 121/125, ☎ 0322-76461, www.villacarlottalagomaggiore.it.

mein Tipp ***** Relais Casali della Cisterna.** Hinter dem nördlichen Ortsausgang landeinwärts (beschildert: Villa Claudia) und dann rechts abbiegen, das letzte Stück ist eine schmale Schotterpiste. Die Adelsvilla aus dem 18. Jh. liegt versteckt in einem großen Park mit hohen, alten Bäumen, direkt dahinter verläuft die Bahnlinie. Große, schöne Zimmer und gepflegte Apartments im Nebenhaus, alles mit gehobener Ausstattung, sehr sauber, herrlicher Blick auf den See, gutes Frühstück. Freundlich geführt von Simona und ihrem Mann Alberto, es wird auch etwas Deutsch gesprochen. Kleiner Privatstrand am See. DZ/F ca. 130–180 €. Strada Statale del Sempione (km 76)/Strada Vecchia alle Sale 8, ☎ 340-3650136, www.casalidellacisterna.it.

* La Terrazza. Einfaches, günstiges Albergo gegenüber der Fähranlegestelle direkt an der Straße, deshalb nicht ganz leise, schlichte Zimmer mit kleinen Balkonen und Seeblick. An der Seeseite ordentliches Restaurant mit Terrasse. DZ/F ca. 70 €. Via Giuseppe Mazzini 83, ☎ 0322-7493, www.hotelristoranteterrazza.it.

B & B Torre Lara. Etwas erhöht stehende Jugendstilvilla, innen renoviert, hübsche, kleine Zimmer mit Seeblick, gutes Frühstück im Garten, von Jane und Mauro freundlich geführt. Bahnlinie direkt hinter dem Haus. DZ/F ca. 85–90 €. Via Per Lesa 1, 0322-096838, www.bedandbreakfasttorrelara.com.

Essen & Trinken   **La Bruma sul Lago.** Schöne Lage direkt an der Promenade, prächtiger Seeblick. Tipp: Zum Essen kann man hier eine ganze Reihe von Craftbieren kosten. Mo geschl. Via Giuseppe Mazzini 65, ☎ 0322-7489.

La Spiaggetta. Einfache Pizzeria am südlichen Ortsausgang unterhalb der Straße, tolle Lage mit einer Plattform direkt am Wasser, netter Service. ☎ 334-3909665.

Bar Charlie Brown. Beim Hotel Milano an der Straße, der nette Besitzer spricht Deutsch, auch Tische an der Promenade. Do geschl. Via Giuseppe Mazzini 51.

Anelli Coffee, Wine & Food. Ein paar Schritte weiter, ebenfalls Sitzgelegenheiten an der Seeseite. Von morgens bis abends bietet diese große, moderne Bar mit gut sortiertem Feinkostladen alles Erdenkliche, viele Produkte stammen aus der Region. Via Giuseppe Mazzini 51.

Die Kröte ist das Symbol von Belgirate

Lesa und Umgebung

Am Nordende der Schwemmlandhalbinsel des Flusses Erno liegt dieser weitgehend untouristische Ort, dessen Centro storico aus engen, kieselgepflasterten Gassen besteht. Entlang der Durchgangsstraße verläuft eine baumbestandene Uferpromenade mit mehreren Cafés/Restaurants, landeinwärts flankiert von einem kühlen Laubengang.

Zu den lombardischen Reisenden, die sich hier im 19. Jh. gerne aufhielten, zählte auch der Dichter *Alessandro Manzoni* (1785–1873) aus Lecco am Comer See, Autor des in Italien sehr bekannten Buches „I Promessi Sposi", der wegen zahlreicher Abhandlungen über italienische Geschichte und Sprache den Ruf eines Nationaldichters genoss. Er verbrachte regelmäßig die Sommerfrische in der **Villa Stampa** seiner Ehefrau, einer verwitweten Gräfin. Heute gehört das Gebäude am nördlichen Ortseingang zu einer Bank, ist aber auch Sitz des **Museo Manzoniano,** wo man in der „Sala Manzoniana" Bücher, Manuskripte und Dokumente sowie Originalmobiliar aus der Zeit des Dichters betrachten kann. Ein berühmtes Porträt des Dichters von Francesco Hayez entstand in dieser Villa.

▪ Eingang von einem schmalen Weg hinter dem Haus. Nur mit Voranmeldung, ✆ 0322-76421, 339-8513219.

Die große **Halbinsel** südlich von Lesa ist weitgehend bebaut. Enge Gassen führen zwischen Mauern zu zwei kiesigen Stränden (ab Durchgangsstraße ausgeschildert) – der eine namens **Madonna di Campagna** mit Parkplätzen, abgestuften Rasenflächen und Duschen, der andere, am Ende der Via Castello, ohne Einrichtungen und oft menschenleer. Außerdem gibt es hier ein Sportzentrum mit Tennisclub, Wellnesscenter und olympischem Schwimmbad.

PLZ 28040

Information **Pro Loco.** Zentral bei der Anlegestelle. Di–Sa 9.30–12.30, 16.30–19.30, So 9.30–12.30 Uhr, Mo geschl., Winter Mi 16–19, Do u. Sa 9.30–12.30, Fr 9.30–12.30, 16–19 Uhr, So–Di geschl. Zeiten können variieren. Via Vittorio Veneto 2, ✆ 0322-772078, www.proloco lesa.com.

Übernachten **B & B Villa Margherita.** Historische Villa im Grünen, zwei Minuten vom Strand Madonna di Campagna. Zimmer mit alten Stilmöbeln, nostalgisches Ambiente, schöner Garten, sehr ruhig. Von den Brüdern Raffaelo und Alfredo Visentin sehr freundlich geführt. DZ/F ca. 80–100 €. Via Davicini 8, ✆ 0322-7392, www.bedbreakfastvillamarghe rita.com.

B & B Casabella. Mit großer Sorgfalt eingerichtetes Haus in der Nähe des Sportzentrums. Enrico Mercatali ist Architekt, aber auch ein aufmerksamer Gastgeber. Nettes Frühstück auf der Terrasse, zum Strand ca. 800 m die Via Castello entlang. DZ/F ca. 100–130 €. Via Rosmini 35/Ecke Via Castello, ✆ 0322-76957, www.bbcasabella.com.

Essen & Trinken **Il Rapanello.** Beim Museo Manziano, hier sitzt man gemütlich an der Promenade und genießt die leckere Fischküche. Tipp: Erfragen Sie die Spezialitäten, die nicht auf der Karte stehen ("fuori menu"). Mo geschl. Piazza Matteotti 8, ✆ 0322-7496.

Battipalo. Bei der Anlegestelle, verglaste Terrasse direkt am See, ebenfalls gute Küche. Di–Do nur abends, sonst auch mittags, Mo geschl. Via Vittorio Veneto 2, ✆ 0322-76069.

Borgo San Giovanni. Das beliebte Lokal der Familie Piccione liegt direkt an der Straße zwischen Lesa und Sólcio, gute Fischküche, leckere Pizza, freundlicher Service, nur Innenplätze (Acrylstühle sind Geschmackssache).

Eine Enoteca ist angeschlossen. Di geschl. Via Sempione 70, ☎ 0322-7083.

*mein*Tipp **Al Camino.** Familiär geführtes Restaurant an der Straße nach Comagno, schöne Lage am Hang mit Terrasse und herrlichem Seeblick, leckere piemontesische Küche, z. B. *brasato al Barolo* oder Polenta mit Schnecken, im Sommer aber auch Fisch, dazu gute Weine. Mi geschl. Via per Comagno 30, ☎ 0322-7471.

Sólcio

Der Vorort von Lesa am Südende des Erno-Schwemmlands besitzt zahlreiche Villen und die große Kuppelkirche San Rocco, ist aber auch Standort der bekannten Werft „Cantieri Nautici Solcio" (www.solcio.it).

Südlich von Sólcio thront direkt oberhalb der Straße die **Villa Cavallini**.

Monte San Salvatore: Der See von oben

Eine Serpentinenstraße führt von Lesa ins hübsche *Massino Visconti* mit einer der Stammburgen der Visconti (Privatbesitz, Besichtigung nur von außen). Weiter geht es auf schmaler und steiler Straße auf den *Monte San Salvatore* (794 m). Am Ende der Straße liegt im Wald die namensgebende Wallfahrtskirche. Schon um das Jahr 1000 errichteten Benediktiner eine Abtei, Jahrhunderte später wurden sie von den Augustinern abgelöst. In den beiden Kapellen *San Quirico und Santa Maria Maddalena* links unterhalb der Hauptkirche sind noch mittelalterliche Fresken erhalten.

Hinter der Kirche hat in den Räumlichkeiten des angeschlossenen ehemaligen Klosters die Trattoria „San Salvatore" ihren Sitz – ein populäres Ausflugsziel mit einer großartigen Panoramaterrasse, wo einem unter dichtem Grün der Süden des Lago Maggiore zu Füßen liegt! Serviert werden auf schönem Gedeck z. B. „risotto con i funghi" und „polenta con misto di carni" (Juni bis Aug. mittags und abends geöffnet, So-Abend u. Mo geschl.; März bis Mai u. Sept. bis Dez Di–So mittags, abends nur Fr und Sa, ebenfalls So-Abend u. Mo geschl. Um Reservierung wird gebeten, ☎ 0322-219301, www.trattoriasansalvatore.it).

Das mächtige, schlossartige Gemäuer ist stark baufällig und abgesperrt, das Tor zum verwilderten Park direkt an einer Straßenkurve steht aber offen und die gigantischen Baumriesen, alten Treppen und verwitterten Skulpturen sind einen ausgedehnten Bummel wert.

Camping **Camping Sólcio,** baumbestandener Platz mit Kiesstrand direkt am See. Mitte März bis Mitte Okt. Via Al Campeggio 1, 28040 Sólcio di Lesa, ℘ 0322-7497, www.camping solcio.it.

Essen & Trinken **Hostaria La Speranza.** In Sólcio, landeinwärts der Durchgangsstraße (beschildert). Ein sehr spezielles Lokal mit individueller Note, aufwändig-nostalgisch eingerichtet mit zahllosen Details. Es gibt keine Speisekarte, sondern das Menü richtet sich nach dem aktuellen Marktangebot. Man bekommt eine Reihe von Antipasti, danach Fleisch oder Fisch und Dessert. Interessantes Erlebnis, preislich allerdings sehr gehoben (Bewertungen lesen). Mi geschl. Via alla Cartiera 11, ℘ 0322-77803.

Weitere Adressen siehe oben unter **Lesa.**

Meina

Der kleine Ort nördlich von Arona ist bekannt für seine zahlreichen Villen aus dem 18. und 19. Jh., vor allem vom Schiff aus sind sie bestens zu sehen. Im Zentrum liegt ein kleiner Park mit Bar und Sitzgelegenheiten direkt am See.

Sehr dekorativ wirkt die **Villa Eden** im neopalladianischen Stil in einem üppigen Palmenpark am südlichen Ortsausgang. Bei einem Parkplatz schräg gegenüber liegt ein Kiesstrand unter Bäumen.

Prachtvoll ist auch weiter südlich die große neoklassizistische **Villa Faraggiana** mit zwei Marmorlöwen am Eingangsportal des Gartens.

Museo Meina: Auf dem Gelände der Villa Fraggiana ist dieses interaktive

Italienisches Westufer ↓ Karte S. 166

Blickfang in Meina: die Villa Eden

Museumsprojekt eingerichtet, das den Besuchern vor allem die Natur der Umgebung näher bringen will. Mit seinen zahlreichen multimedialen Spielereien wendet es sich vor allem an Familien und Schulklassen. In den Räumen sind diverse Themen an die Wände projiziert, die einstigen Gewächshäuser der Villa sind restauriert, sehr beliebt bei Jung und Alt ist auch die „Schatzsuche".

■ Di–Fr 10.30–12.30 Uhr, Sa/So 15–18 Uhr. Eintritt ca. 5 €, Kinder bis 5 J. gratis. 0321-231655, museomeina.it.

PLZ 28046

Übernachten **** Bel Sit, direkt zwischen Straße und See, zum Wasser hin ruhig, kleine Rasenfläche mit Liegen und Badesteg, moderne Zimmer mit Sat-TV, im ersten Stock schöne Terrasse. Tiefgarage gratis, gute Bademöglichkeiten direkt ab Hotel. DZ/F mit Seeblick ca.

150–160 €. Via Sempione 76, ☎ 0322-660880, www.bel-sit.it.

Residence Antico Verbano. Großer Ferienwohnungskomplex mit Pool zentral am See, vermietet werden Studios und Apartments (auch für längere Zeiträume), Kajaks können gemietet werden. Tipp: Nur zur Seeseite buchen, hinter dem Haus verläuft die viel befahrene Straße. Zu mieten über diverse Buchungsportale.

Essen & Trinken **Meina Beach Club.** Im südlichen Ortsbereich, Loungeatmosphäre in toller Lage am See, viel besuchter Abendtreff, auch mittags geöffnet, warme Küche, auch Pizza. Mo geschl. Via Sempione 46, ☎ 0322-65163.

Mein Tipp Bellavista. Interessante Location im Gebäude einer ehemaligen Seidenraupenzucht, schöne Terrasse direkt über dem See, leckerer und stets frischer Seefisch. Große Spielecke für Kinder. Mo-Abend u. Di geschl. (im Winter nur Fr/Sa und So-Mittag geöffnet). Via Sempione 130, ☎ 0322-660472.

Das erste Massaker

Überschattet wird die prunkvolle Vergangenheit von einem Massaker, das sich im ehemaligen Hotel Meina abspielte. 1943 flüchteten 16 griechische Juden ins Hotel Meina, das damals in Besitz einer türkischstämmigen jüdischen Familie war. Außerdem hielten sich auch einige italienische Juden und die in Deutschland geborene Jüdin Lotte Mazzucchelli Fröhlich im Hotel auf. Nach dem Separatfrieden von Italien mit den Alliierten (Waffenstillstand von Cassibile) kam eine deutsche SS-Einheit im September nach Meina. Einheimische Denunzianten verrieten das Versteck und die SS-Leute erschossen alle 20 Hotelgäste, die sie als Juden identifizieren konnte, und warfen die Leichen in den See. Dies war das erste Massaker der Nazis in Italien.

Liaty Pisani, die sich als Autorin von Spionagethrillern einen Namen gemacht hat, nahm die Ereignisse als Sujet für einen Roman (→ Lesetipps), 2007 wurde er unter dem Titel „Hotel Meina" verfilmt. Das Gebäude stand noch bis vor einigen Jahren an der Nordseite des Parkplatzes bei der Residence Antico Verbano (→ Übernachten), wurde lange als Hotel Victoria geführt, aber mittlerweile wegen Baufälligkeit abgerissen. Die Verantwortlichen für das Massaker wurden 1968 in Deutschland vor Gericht gestellt, zu lebenslänglicher Haft verurteilt, aber wenige Jahre später wegen Verjährung entlassen.

Piazza del Popolo mit Palazzo di Giustizia

Arona und Umgebung

Größerer Ort und wichtigstes Wirtschaftszentrum im Süden des Sees, nicht in erster Linie touristisch, sondern ein unverfälschtes italienisches Städtchen mit Atmosphäre. Herrlich ist der Blick auf die imposante Burg von Angera am gegenüberliegenden Ostufer.

Nördlich der Altstadt liegt direkt am See die großzügige **Piazza del Popolo,** einst der Hafen der Stadt, der 1988 aber zugeschüttet wurde (die Umrisse sind noch im Boden markiert) und an die Südseite des Zentrums verlegt wurde. An der Landseite der Piazza steht die Renaissancekirche **Chiesa di Santa Maria di Loreto** mit einer Kopie der „Santa Casa" von Loreto, die fast den gesamten Innenraum einnimmt. Nördlich davon fällt der **Palazzo di Giustizia** vom Ende 14. Jh. mit seinem ästhetischen Arkadengang und den Backsteinmedaillons auf, auf denen Büsten der Visconti abgebildet sind.

Von der Piazza aus durchquert die lange, schmale **Via Cavour** als Fußgängerzone das Centro storico. Im Oktober 1868 überschwemmte ein verheerendes Hochwasser die Altstadt. Unter einer Holzstatue des San Carlo an der Ecke zur Via Botelli zeigt eine Markierung, wie unglaublich hoch das Wasser damals reichte. Die heutige Statue ist eine Kopie, das Original wurde 1630 als Dank für die Verschonung vor der Pest gestiftet und befindet sich nun im Palazzo della Città.

An der Seeseite der Altstadt verläuft der **Lungolago Marconi,** eine Autostraße mit hübschem Fußweg, der z. T.

überdacht und schön berankt ist – beliebter Treffpunkt für Romantiker, frisch Verliebte und Seegucker. Am Grund der Straße wurden Teile der mittelalterlichen Stadtmauer freigelegt.

Sehenswertes

Museo Archeologico: Das Museum an der etwas oberhalb der Via Cavour liegenden Piazza San Graziano mitten in der Altstadt zeigt Stücke der Golasecca-Kultur, u. a. von den nahen Lagoni di Mercurago (→ S. 247).

▪ Di 10–12, Do 9–12, Sa/So 15.30–18.30 Uhr, Eintritt frei.

Museo Mineralogico: Wenige Meter entfernt vom archäologischen Museum, kleine Sammlung lokaler Mineralien, hauptsächlich aus dem Raum Baveno und Ossola.

▪ Sa/So 15-30–18.30 Uhr, Eintritt frei.

Rocca di Arona: Auf einem markanten Steilfelsen über der Stadt thronen die Ruinen einer einstigen Festung, Pendant zur bestens restaurierten Rocca von Angera auf der anderen Seeseite (→ S. 145). Zusammen kontrollierten sie den Süden des Lago Maggiore. 1439 überließen die Visconti die Burg den Borromäern, die sie stark erweiterten. 1538 wurde hier Kardinal Carlo Borromeo geboren, einer der entschiedensten Verfechter der Gegenreformation (→ Kasten). Napoleon ließ die Festung schleifen. Ein Jahr lang wurde mit Sprengstoff alles dem Erdboden gleichgemacht, die Bürger Aronas mussten die Kosten übernehmen. Die Steine wurden anschließend für den Bau der Simplon-Straße Mailand-Paris verwendet. Erhalten geblieben sind nur einige Mauer- und Turmreste sowie ein romanisches Oratorium und einige Gebäudeteile.

Heute ist das Gelände des Kastells ein schöner grüner Park mit herrlichem Blick auf Arona und den Süden des Sees, genannt **Parco della Rocca Borromee.** Es gibt einen Schildkrötenteich, einen botanischen Rundweg, eine Taverne/Bar (→ Essen & Trinken) und einen Kinderspielplatz.

▪ Mai bis Okt. 10–20 Uhr (Fr/Sa bis 22 Uhr), Mitte März/April bis 19 Uhr (Fr/Sa bis 21 Uhr), übrige Zeit nur am Wochenende bis 17 Uhr, jeweils Mo geschl.

Im Park der Rocca di Arona über der Stadt

Hin & Weg Eine schmale Straße führt hinauf, vor dem Eingang gibt es einige wenige Parkplätze.

Von Juni bis Sept fährt außerdem das Touristenbähnlein **Arona Express** ab Corso Repubblica 60 zur Rocca hinauf (ca. 5 € hin u. zurück, mit Statue „San Carlone" 8 €, www.trenino diarona.it).

Baden

Im südlichen Stadtbereich liegt der schöne Sand-/Kiesstrand **Lido di Arona** im Grünen. Es gibt eine Bar (eigene Verpflegung mitzubringen ist nicht gestattet), Liegen- und Sonnenschirmverleih, Toilette und Dusche. Kostenloser Parkplatz in der Nähe.

Nördlich der Piazza del Popolo findet man den „Club Nautica" mit Lounge-Bar, Hochterrasse und kleinem Kiesstrand (kostenpflichtig) unterhalb der Uferstraße und der Felswand der Rocca.

Italienisches Westufer → Karte S. 166

Basis-Infos

PLZ 28041

Information **Ufficio Turistico.** Gegenüber vom Bhf., tägl. 9.30–12.30, 15.30–18.30 Uhr. Piazzale Duca d'Aosta, ℘ 0322-243601, www. comune.arona.no.it.

Hin & Weg **Eigenes Fahrzeug.** Großer kostenfreier Parkplatz „Aldo Moro" beim Strand Lido di Arona direkt am See, südlich der Fähranlegestelle.

Bahn. Bahnhof am Piazzale Duca d'Aosta, südlich der Altstadt (gegenüber der Fähranlegestelle). Stündlich Verbindungen nach Stresa und Verbania und zum Flughafen Malpensa (mit Umsteigen in Busto Arsizio).

Bus. SAF fährt etwa stündlich über Stresa nach Verbania sowie 2 x tägl. nach Mailand, **Alibus** 6 x tägl. über Arona zum Flughafen Malpensa. Abfahrt vor dem Bahnhof und an der Piazza de Filippi.

Schiff. Anlegestelle unmittelbar südlich der Altstadt, häufig Verbindungen ins gegenüberliegende Angera sowie nach Stresa, Verbania, Luino und Cannobio, außerdem 1 x tägl. nach Ascona und Locarno.

Einkaufen **Markt** jeden Dienstag auf der Piazza del Popolo, **Antiquitätenmarkt** jeden ersten Sonntag im Monat auf der Uferstraße Lungolago.

Übernachten

**** Aparthotel Arona. Apartments für bis zu 4 Pers. mit guter Ausstattung in prächtiger Lage an der Piazza del Popolo, direkt am Wasser. Preise auf Anfrage. Anwohnerparkausweis für ca. 10 €/Tag wird ausgestellt. Piazza del Popolo 36, ℘ 345-8344017, www.apart hotelarona.com.

**** Concorde. Etwas in die Jahre gekommenes Großhotel beim nördlichen Ortsausgang oberhalb der Uferstraße. Herrlicher Blick auf den See und die Burg von Angera, Zimmer mit Balkonen, Ausstattung okay, großer, heller Frühstücksraum mit Blick, Fitnessgeräte, Gratisfahrräder, Parken kostenlos, Badebucht des Club Nautica zu Sonderpreisen. DZ/F ca. 95–140 €. Via Verbano 1, ℘ 0322-249321, www. concordearona.com.

*** Giardino. Zentral am See gelegen, allerdings an einer lauten Straße, Zimmer mit Klimaanlage, teilweise Seeblick, ein wenig in die Jahre gekommen. Unten gutes Ristorante/ Pizzeria mit großer Auswahl. DZ/F ca. 75–120 €. Corso Repubblica 1, ℘ 0322-45994, www. giardinoarona.com.

*** Florida. Bestlage an der Piazza del Popolo mit schönem Blick auf die Burg von Angera gegenüber, allerdings ein Haus aus Opas Zeiten mit 25 schlichten, aber sauberen Zimmern, familiär geführt. Parken kann man wenige Meter entfernt. DZ/F ca. 60–80 €. ℘ 0322-46212, www.hotelflorida-arona.it.

*** San Carlo. Ein paar Meter nördlich von der Statue des heiligen Karl (→ S. 245), herrlicher Blick von der Restaurantterrasse und den schönen, modernen Zimmern. DZ/F mit Seeblick ca. 100–140 €. Via Verbano, 4, ℘ 0322-45315, www.hotelristorantesancarlo.it.

MeinTipp **Cascina Incocco.** Zehn Autominuten landeinwärts von Arona, ein ehemaliger kirchlicher Landsitz im Grünen, sechs Zimmer, alles bestens renoviert, sehr ruhig und friedlich, gutes Frühstück in der ehemaligen Kirche. Die kanadisch-italienischen Gastgeber Marjie und Fiorenzo sind sehr aufmerksam. DZ/F ca. 110–130 €. Via per Incocco 1 (Anfahrt mit Navi: Via Sant'Eufemia 22, Paruzzaro NO), ☎ 338-3793167, www.incocco.com.

Camping Ein halbes Dutzend **Campingplätze** liegt südlich von Arona um Dormelletto, wird aber hauptsächlich von Dauercampern und italienischen Wochenendgästen frequentiert (→ S. 248).

Wohnmobile. Beim Parkplatz am Piazzale Aldo Moro beim Strand Lido di Arona werden Womos toleriert.

Essen & Trinken

Arona besitzt eine Vielzahl von Restaurants, von denen sich ein Großteil um die zentrale Piazza del Popolo angesiedelt hat – wegen der schönen Seelage sind dort die Preise allerdings nicht die niedrigsten. Intimer isst man in den engen Gassen der Altstadt.

Piazza del Popolo Taverna del Pittore. Elegant-verglastes Verandarestaurant direkt am See, aber auch ein Risto-Bistro mit Plätzen auf der Piazza. Die feine und sorgfältig zubereitete Küche von Renato Bacchetta war Michelin eine Auszeichnung wert, gehobene Preise. Mo geschl. Piazza del Popolo 39, ☎ 0322-243366.

Dekorativ verziert:
die Fußgängerzone von Arona

La Piazzetta di Arona. Schöne Lage an der Seeseite der großen Piazza mit Tischen im Freien und Blick auf die Burg von Angera. Neben Seegerichten auch mediterrane Meeresküche, Preise wegen der Lage recht hoch, Qualität wird unterschiedlich beurteilt. Mo geschl. Piazza del Popolo 35, ☎ 0322-243316.

Hostaria al Vecchio Porto. Hübsch im Laubengang neben der Kirche, gute, kreative Küche und aufmerksamer Service zu gehobenen Preisen. Di geschl. Piazza del Popolo 14, ☎ 0322-240108.

Da Aldo. Die viel besuchte Pizzeria an der Landseite der Piazza del Popolo ist der Platzhirsch in Arona, an den schönen Außenplätze ist an Sommerabenden kein Platz frei, aber auch in den gemütlichen Innenräumen geht es oft hoch her. Frühzeitig kommen. Piazza del Popolo 32, ☎ 0322-243195.

Nautica. Das große Restaurant mit Loungebar nördlich der Piazza del Popolo ist ein echter Logenplatz direkt am See – schöne Terrasse, außerdem romantische Plätze auf einem Turm aus dem 16. Jh. Essen und Service werden allerdings eher kritisch beurteilt. Piazza Gorizia 1, ☎ 0322-243283.

Altstadt Anticogallo. Hübsch aufgemachte Osteria mit kleiner, feiner Speisekarte. Eine Spezialität ist petto d'oca affumicato (geräucherte Gänsebrust). Nur abends (außer Sa/So), Mo geschl. Via Bottelli 13, ☎ 0322-46746.

MeinTipp **Il Grappolo.** Am Südende der Piazza del Popolo den Hang hinauf. Geschmackvoll gestaltete Osteria mit etwa zehn Tischen und sehr aufmerksamem Gastgeber – große Auswahl an Piemontweinen, dazu Käse und Wurstplatten, aber auch ganze Menüs, alle Produkte stammen aus der Region. Di geschl. Via Pertossi 7, ☎ 0322-47735.

L'Angolo di Vino. Wenige Meter von den Museen an der Piazza San Graziano, uriges Bistro/Weinbar und Verkaufsshop mit ausgewählten kulinarischen Produkten, die auch zum Essen serviert werden – leckere *taglieri*, aber auch Fisch und Fleisch. Nur eine Handvoll Sitzgelegenheiten. Mo geschl. Via Cesare Battisti 26, ☎ 345-3933553.

Osteria degli Acrobati. Urgemütliches Lokal an der Piazza San Graziano (Museum), spezialisiert auf Fleisch vom Grill, z. B. Fiorentina Steak. Nicht ganz billig. Nur abends, Mi geschl. Piazza San Graziano 30, ☎ 0322-240395.

Uferpromenade   **Osteria del Triass.** Osteria/Pizzeria mit gläsernem Vorbau an der seeseitigen Umgehungsstraße um den alten Stadtkern, schöner Blick nach Angera, neben Pizza auch See- und Meublesküche. Di geschl. Lungolago Marconi 59, ☎ 0322-243378.

mein Tipp **Marconi Beach.** Gegenüber der Osteria del Triass, super Location auf einer Plattform direkt am See, die Füße plantschen fast im Wasser. Pizza, Pasta, Cocktails, bequeme Stühle und Liegestühle. Lungolago Marconi 41, ☎ 0322-040109.

Außerhalb   **La Corte della Rocchetta.** Nettes Plätzchen im Park der einstigen Burg von Arona, serviert werden z. B. *taglieri* (kalte Platten) mit leckeren Käse- und Wurstwaren nach der Tradition der Marken (Mittelitalien), von wo die Pächter stammen. Schöner Platz auch zum abendlichen Aperitivo. Mai bis

Mitte Okt. tägl. bis 20 Uhr, Fr/Sa bis 22 Uhr. Mittags 11–12.30, abends 18–20 Uhr. ☎ 348-7279473.

Glicine al Lago. Bei der Statue des San Carlone über die Straße, Terrasse mit herrlichem Seeblick. Di geschl. Piazzale San Carlo 7, ☎ 0322-218123.

mein Tipp **Castagneto.** Schönes, familiengeführtes Restaurant im Weiler Montrigiasco, etwa 7 km landeinwärts von Arona. Ausgezeichnete piemontesische Küche, Blumengarten, Terrasse mit Blick ins Grüne, trotz Michelinempfehlung touristisch nur wenig bekannt und nicht teuer. Mo/Di geschl. Via Vignola 14, ☎ 0322-57201.

Eis   **MAG Gelato.** Die „Maestri Artigiani del Gelato" haben ihre große Eisdiele zwischen Altstadt und Bhf., Corso Genova 26.

Unterhaltung   Bars liegen vor allem an der Uferstraße Lungolago Marconi.

049. Schlauchförmig-schmales Lounge-Restaurant neben dem Restaurant Triass, Pizza und Burger, spätabends Treff der Einheimischen. Di geschl. Lungolago Marconi 67, ☎ 338-8600636.

Jimmy's Keiler. Außerhalb der Altstadt, um die Ecke der Eisdiele MAG Gelato, solide Bierkneipe mit Würzburger Keiler Bier, dazu Burger und Pommes. Via Giacomo Mattotti 38.

San Carlone (Colosso di San Carlo)

Ein ungewöhnlicher Anblick ist das allemal: Fährt man nördlich von Arona nach Ghevio hinauf, sieht man sich auf einmal hoch über dem See einer mächtigen Kupferstatue gegenüber.

Ende des 17. Jh. hat man hier auf diese Weise den in der Rocca von Arona geborenen Kardinal **Carlo Borromeo** verewigt (1538–1584), den einzigen der borromäischen Adelsfamilie, der die kirchliche Laufbahn eingeschlagen hatte (→ Kasten).

Die Höhe der Statue beträgt 23 m (mit Sockel 34,50 m), der Arm ist 9 m lang, der Daumen 1,40 m, der Zeigefinger 1,95 m. Der Heilige hebt segnend die rechte Hand und hält mit der linken die 4,20 m hohe Schlussakte des Konzils von Trient (1545–1563).

Man kann bequem bis zur Aussichtsplattform auf dem Sockel hinaufsteigen und – weniger bequem und nichts für Leute mit Platzangst – auf steiler Leiter im Inneren der Statue bis zum Kopf klettern und aus den Augen auf den See blicken. Bis zum Bau der Freiheitsstatue in New York galt „San Carlone" als größte von innen begehbare Statue der Welt.

■ März bis Okt. tägl. 9–12.20, 14–18.15 Uhr übrige Zeit nur So 9–12.30, 14–16.30 Uhr, Jan./Febr. geschl. Eintritt ca. 6 €, nur Aussichtsplattform 4 €, Kinder bis 6 J. frei. ☎ 0322-249669.

Italienisches Westufer → Karte S. 166

In der benachbarten **Chiesa di San Carlo** sind hinter dem Altarbereich zahlreiche Devotionalien, Reliquien, Dokumente und Bilder zu San Carlo ausgestellt, darunter Spuren seines Blutes und ein Holzgesicht, das seiner Totenmaske nachgeformt wurde.

Hin & Weg Die Auffahrt zweigt am Nordende von Arona beim **Hotel Concorde** ab (Parkplatz oben gebührenpflichtig), von dort führt auch ein beschilderter Fußweg hinauf.

Von Juni bis Sept fährt außerdem das Touristenbähnlein **Arona Express** ab Corso Republica 60 zur Statue (ca. 5 € hin u. zurück, mit Rocca di Arona 8 €, www.treninodiarona.it).

San Carlone: Der heilige „Riesenkarl" über der Stadt

Carlo Borromeo wurde als gräflicher Sohn in der Festung von Arona geboren und war einer der entschiedensten, wenn nicht fanatischsten Gegner der Reformation. Stark beeinflusst vom Konzil von Trient (1545–1563), das als Fanal der Gegenreformation in die Geschichte einging, ließ er Protestanten bis in die höchsten Alpentäler verfolgen. Außerdem war er der wichtigste Förderer der „Sacri Monti" (Heilige Berge), u. a. bei Varese und bei Orta (→ dort), wo dem Protestantismus in Dutzenden über die Berghänge verteilten Kapellen mittels lebensgroßer Skulpturengruppen und bunter Hintergrundfresken anrührende Szenen aus der Bibel und den Heiligengeschichten entgegengestellt wurden. Durch seine inquisitorische Strenge und die Forderung nach kompromissloser Klosterzucht machte er sich so verhasst, dass 1569 sogar ein Mordanschlag auf ihn verübt wurde, doch der von Mön-

chen gedungene Schütze verfehlte sein Ziel. Andererseits hatte er in den Jahren 1576 bis 1578, als die Pest am Lago Maggiore wütete, keine Berührungsängste und setzte sich unermüdlich für die Kranken ein, was ihn gesundheitlich stark angriff. 1584 starb er mit nur 46 Jahren an der Malariaerkrankung „Febbre delle acque nere". Sein Leichnam wurde über den Ticino und die Navigli bis Mailand verschifft, wo er an zentraler Stelle im Mailänder Dom beigesetzt wurde. Schon 1610 sprach ihn Papst Paul V. heilig, seitdem war er „San Carlo Borromeo". Sein Fest wird am 4. November gefeiert.

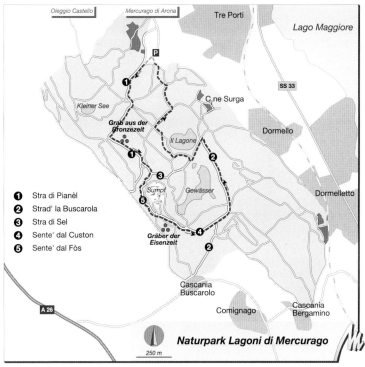

① Stra di Pianèl
② Strad' la Buscarola
③ Stra di Sel
④ Sente' dal Custon
⑤ Sente' dal Fòs

Naturpark Lagoni di Mercurago

250 m

Italienisches Westufer → Karte S. 166

Naturpark Lagoni di Mercurago

Das gut ausgeschilderte Erholungsgebiet mit zahlreichen Spazier-möglichkeiten liegt oberhalb von Mercurago, wenige Kilometer süd-westlich von Arona.

Über eine Fläche von 470 ha erstreckt sich der stille, weitgehend bewaldete Naturpark mit archäologischen Fund-stätten der eisenzeitlichen Golasecca-Kultur (→ S. 149) und kleinen Seen, in denen es Nistgebiete von über hundert Vogelarten gibt. Auf dem Grund des größten Sees namens **Lagone** hat man zahlreiche Reste einer Pfahlbausied-lung aus der Bronzezeit entdeckt (18.–13. Jh. v. Chr.), darunter einige Holz-räder, die zu Transport- und Kriegswa-gen gehörten, sowie Gegenstände aus

Metall, Keramik und Stein. Einige der Fundstücke kann man im Archäologi-schen Museum von Arona besichtigen.

Fußweg durch das Gebiet der Lagoni: Für den folgenden Weg entlang der ar-chäologischen Fundstätten und des größten Sees braucht man etwa 2:30 Std., Startpunkt ist der Parkplatz am nördlichen Eingang. Die Stra di Pia-nèl führt über mehrere Kreuzungen hin-weg etwa 1 km weit bis zu einem Grab-fund aus der Bronzezeit. Der Kurzauf-stieg links hinauf zu den restaurierten

Gräbern ist sehr zu empfehlen. Weiter geht es die Stra di Pianèl etwa 400 m geradeaus, dann links in die Stra di Sèl, an der zweiten Kreuzung rechts in den Sente dal Fòs, der am Rand eines Sumpfgebietes verläuft. Nach etwa 300 m beginnt rechts der Aufstieg zu einer archäologischen Fundstelle (römische Gefäße) und führt weiter hinauf (podesti) zu Gräbern aus der Eisenzeit. Nun geht es zurück und rechts in den Sente dal Cus-

tón. Nach 300 m führt links die Strà d'la Buscarola durch Weideland zum See „il Lagone". Den See umgeht man links herum und biegt dann rechts in die Stra dal Mot ein, die durch Waldgebiete zurück zum Parkplatz führt.

■ Ab **Arona** die SS 142 Richtung Torino nehmen, dann den braunen Hinweisschildern **Parco Naturale di Lago di Mercurago** folgen. In Mercurago rechts ab zum Parkplatz am Eingang zum Park.

Südliches Seeende

Südlich von Arona säumen Supermärkte, Autohändler, Tankstellen und Fastfood-Imbisse die viel befahrene Straße, der Sog von Mailand ist spürbar.

Allerdings sind die Seeufer davon nur wenig betroffen und weitgehend üppig grün. Um **Dormelletto** und weiter südlich gibt es einige gute Strände, zu denen beschilderte Zufahrten hinunterführen, z. B. die besandete **Spiaggia di Cicognola** direkt am Südufer mit großer Liegewiese, Liegestuhlverleih und Strandbar (Parken ca. 6 €/Tag). Und auch mehrere Campingplätze liegen hier am See, die ebenfalls gute Bademöglichkeiten bieten (Eden, Smeraldo, Italia Lido, La Quercia, Lago Azzurro u. a.).

An der Spiaggia di Cicognola

Eine altertümliche Stahlbrücke führt über den Ticino nach **Sesto Calende** (→ S. 149), an Sommerwochenenden kommt es hier oft zu langen Staus.

Parco Faunistico La Torbiera

Familien mit Kindern können bei Agrate Conturbia südlich vom Lago Maggiore diesen kleinen Tierpark in einem Sumpf- und Wassergebiet besuchen. Neben den natürlichen Bewohnern der Region, die z. T. frei im Park leben, werden hier Tiere aus aller Welt gehalten, darunter ein Tiger, Leoparden und Gibbons. Allerdings muss man die Tiere teilweise etwas suchen und nicht alle Gehege sind besetzt. Danach lohnt eine Einkehr im angeschlossenen Restaurant „La Torbiera", wo qualitätsvolle Küche zu angenehmen Preisen serviert wird – auch und gerade mit Kindern ein Tipp (Via Borgoticino 11, 28010 Agrate Conturbia, ✆ 340-3610539).

■ April bis Sept. tägl. 10–18 Uhr, März, Okt. u. Nov. nur Sa/So 10–17 Uhr. Dez. bis Febr. geschl. Eintritt ca. 12 €, Kinder (4–11 J.) 8 €. ✆ 0322-832135, www.latorbiera.it.

Ausflug zum Lago d'Orta

Der 13 km lange See – nach den ersten Siedlern, den Usii, auch Cusio genannt – versteckt sich westlich vom Lago Maggiore hinter hohen Hügelketten.

Eine durchgehende Küstenstraße verläuft ausschließlich am Ostufer entlang, dort findet man auch einige gute Bademöglichkeiten. Das Westufer ist teils dicht bewaldet und steil. Im Süden des Sees gibt es keinen Abfluss – ein Unikum unter den oberitalienischen Seen.

Der Hauptort **Omegna** liegt am Nordufer. Das benachbarte **Crusinallo** ist ein Ballungsraum für Hersteller hochwertiger Küchengeräte, die hier Fabrikverkauf betreiben – ein begehrtes Ziel für Schnäppchensucher.

Schönster Ort ist **Orta San Giulio** auf einer weit in den See ragenden Halbinsel am Ostufer – ein kleines Juwel, das aber auch entsprechend überlaufen ist.

Hin & weg **PKW.** Vom Lago Maggiore entweder über Verbania in der Seemitte, über Stresa oder über Arona im Süden zu erreichen.

Bahn. Der Orta-See liegt an der Strecke von Brig über Domodossola nach Novara, Stationen gibt es u. a. in Omegna und Orta San Giulio.

Bus. SAF (www.safduemila.com) verkehrt mehrmals tägl. zwischen Stresa (Bhf.) und Orta San Giulio (Piazzale Prarondo).

Schiff. Die kleinen Fährboote der **Navigazione Lago d'Orta** pendeln tägl. mehrmals von Omegna nach Orta und fahren auch häufig hinüber zur Isola San Giulio. Tickets gibt es an Bord. ☎ 345-5170005, www.navigazionelagodorta.it.

Omegna

An der Nordspitze liegt die größte Stadt am See – geschäftig, industriell und stark vom motorisierten Verkehr geprägt, obgleich der Durchgangsverkehr mittlerweile durch einen langen Straßentunnel geleitet wird. Doch gibt es auch ein paar Fußgängergassen im Zentrum.

Am See verläuft eine Promenade, dort verlässt das Flüsschen Nigoglia den See und fließt in den Lago Maggiore. Den Flusslauf landeinwärts führt ein hübscher Fußweg zwischen blumengeschmückten Häuserfronten.

Omegna ist seit langem ein Zentrum der Herstellung von hochwertigen Haushaltsgeräten und Kücheneinrichtungen. Hervorgegangen ist dieser weltweit erfolgreiche Industriezweig aus Stahlwerken, die hier im 19. Jh. u. a. Armierungen für Beton produzierten. Die meisten Unternehmen, z. B. Alessi (www.alessi.com), Lagostina (www.lagostina.it), Piazza (www.piazza.it) und Bialetti (www.bialetti.com), haben sich nördlich der Stadt angesiedelt, sodass Omegna heute mit dem benachbarten **Crusinallo** praktisch eine Einheit bildet. Im Fabrikverkauf kann man hier die begehrten Produkte z. T. günstig erstehen, außerdem gibt es ein großes Shopping Center im nahen Gravellona Toce → S. 208.

„Die Nigoglia fließt aufwärts und wir machen unsere eigenen Regeln", so lautet der stolze Sinnspruch der Bewohner von Omegna. Tatsächlich tritt hier die kleine Nigoglia aus dem Orta-See und fließt als einziger Fluss Norditaliens in Richtung Norden, um später im Lago Maggiore zu münden.

Sehenswertes

Wer sich für Design und Entstehung der weltberühmten italienischen Küchengeräte interessiert, sollte dem **Forum di Omegna** einen Besuch abstatten. In einer umgebauten Fabrikanlage (ab Durchgangsstraße beschildert mit „Forum Museo", etwas undeutliche Einfahrt an einem Kreisverkehr) wird die Entwicklung ab 1900 dokumentiert – ausgestellt sind Kaffeemühlen, Dampfkochtöpfe, elektrische Küchengeräte u. Ä., darunter auch die legendäre, 1933 von Alfonso Bialetti erfundene „Bialetti Moka Express", quasi der Prototyp aller Kaffeekocher und mit über 300 Millionen Exemplaren der meistverkaufte Aluminium-Espresso-kocher der Welt. Ein ganz witziges Café gehört auch dazu.

■ Di–So 15–18 Uhr, Mo geschl., Eintritt frei. Parco Pasquale Maulini 1, ✆ 0323-866141, www.forumomegna.org.

Quarna Sotto/Sopra: Von Omegna zieht sich eine schmale, gewundene Straße etwa 8 km hinauf in den Bergort mit verwitterten Schindeldächern, in dem Musik eine große Rolle spielt und der sich selbst „Un paese per la musica" nennt. An der Durchgangsstraße in Quarna Sotto kann man das **Museo Etnografico e dello Strumento Musicale a Fiato** besuchen (Via Roma 7, Parkplatz benachbart). Im Untergeschoss liegt die völkerkundliche Abteilung, in der eine alte Küche, ein Schlafzimmer

Im Stadtzentrum von Omegna

und eine Milchküche rekonstruiert und mit traditionellen Landwirtschafts-, Haushalts- und Handwerksgeräten ausgestattet sind, sogar eine alte, restaurierte Wassermühle gehört dazu. Im oberen Stockwerk kann man über 300 verschiedene Blasinstrumente bewundern (Oboen, Fagotte, Hörner, Posaunen, Flöten, Saxophone u. m.), die in Quarna seit dem 19. Jh. hergestellt werden.

■ Mitte Juni bis Mitte Sept. Di–Fr 14–19, Sa/So 10–12, 15–19 Uhr, Mo geschl., sonst nach tel. Vereinbarung. ✆ 338-5622191.

Praktische Infos

PLZ 28887

Information **Pro Loco.** Im Palazzo della Città, im Sommer Mo–Fr 10–13, 14–17, Sa 10–13 Uhr. Piazza XXIV Aprile 17, ✆ 0323-61930.

Einkaufen Donnerstags findet ein großer **Markt** auf der Seepromenade statt.

Alessi. Geschmackvoll aufgemachtes Outlet im Fabrikgelände von Alessi – Kochtöpfe und -pfan-nen, Küchengeräte, Porzellan, Pfeffer- und Salzmühlen, Espressokocher usw., alles im edlen Design. Preisgünstig sind allerdings nur Stücke zweiter Wahl. Anfahrt: Von Gravellona die Via IV Novembre in Richtung Omegna, etwa 500 m nach dem Ortsschild Crusinallo im spitzen Winkel schräg rechts in die Via Casale hinein (Achtung: etwas unbequemer Abzweig). Mo–Fr 9.30–18.30, Sa 10–18 Uhr. Via Privata Alessi 6, Crusinallo di Omegna, ✆ 0323-868611.

Lagostina. An der Straße zwischen Crusinallo und Omegna, neben dem Lidl-Markt. Pfannen, Töpfe, Staubsauger, Küchenaccessoires, alles 20–50 % reduziert. Mo 14–19, Di–So 10–13, 14–19 Uhr. Via IV Novembre 37, ✆ 0323-865058.

Pastificio Viganò. An einer kleinen, dreieckigen Piazza mitten in der Altstadt, schräg gegenüber vom Tourist Info, frische Pasta, z. B. Gnocchi, Ravioli und Lasagne, das Pesto gleich dazu. Mo geschl. Piazza XXIV Aprile 7.

Eis **Gelateria Vecchia Omegna.** An einer Piazza an der Uferpromenade, hausgemachtes Eis, Joghurt und Crêpes. Piazza Salera 8.

Italienisches Westufer ↓ Karte S. 166

Orta San Giulio

An der Spitze einer lang gestreckten, grünen Halbinsel ein Meer von grauen Schindeldächern, unmittelbar davor eine runde Insel mit schlossartigen Gemäuern – Orta San Giulio ist ein Bilderbuchstädtchen und hat sich zum populären Tagesausflugsziel entwickelt. Im Sommer schwärmen oft hunderte von Tagesausflüglern durch die Gassen.

Über Treppen steigt man hinunter in den Ort – ein hübscher Spaziergang durch enge, dunkle Gassen mit Kieselsteinpflaster und hohen barocken Gemäuern, die oft erstaunliche Innenhöfe und Säulengänge verbergen. Plötzlich steht man auf der weiten, offenen Piazza Mario Motta mit dichten Baumreihen am See, umgeben von malerischen alten Patrizierhäusern mit Blick auf die geheimnisvolle Insel gegenüber. Landeinwärts kann man hier zur Pfarrkirche und zum berühmten Sacro Monte di San Francesco aufsteigen.

Kurz vor Orta San Giulio liegt neben dem Campingplatz Orta unterhalb der Durchgangsstraße eine attraktive Badezone mit Wiese, schattigen Bäumen und der Bar/Pizzeria „Luci sul Lago" (→ Essen & Trinken).

Sehenswertes

Blickfang an der zentralen Piazza Mario Motta ist der freistehende **Palazzo della Comunità** aus dem 16. Jh., das ehemalige Rathaus, mit verblassten Wandmalereien. Im Untergeschoss besitzt er eine nach allen vier Seiten offene Loggia, über eine Außentreppe kommt man in den Versammlungssaal im ersten Stock, in dem im Sommer häufig Ausstellungen stattfinden. An der Seeseite der Piazza starten die Motorboote zur gegenüberliegenden Isola San Giulio, landeinwärts thront am Ende einer steilen Pflastergasse die Pfarrkirche **Santa Maria Assunta** voll barockem Zierrat.

Sacro Monte d'Orta: Überragt wird Orta San Giulio vom Heiligen Berg, zu erreichen am besten im Rahmen eines halbstündigen Spaziergangs ab Piazza Motta, zunächst zur Pfarrkirche, dann rechts die Via Gemelli hinauf (es gibt auch eine steile, vor der Ortseinfahrt beschilderte Zufahrt, Parkplätze sind aber oben äußerst knapp).

Die bekannte Wallfahrtsstätte wurde im Zuge der erstarkenden Gegenreformation errichtet und hat nur einen einzigen Bezugspunkt: Franz von Assisi (1181–1226). Auf einem Andachtsweg mit 21 Kapellen wird die Vita des Ordensgründers in zum Teil frappierend lebendig wirkenden Skulpturentableaus und hunderten von plakativen Fresken nachgestellt. Ein großer Teil der insgesamt 376 Skulpturen stammt von Dionigi Bussola, der auch mit zahlreichen Werken im Mailänder Dom vertreten ist. Die weniger auffälligen, jedoch nicht minder meisterlichen Fresken malten u. a. die Brüder Fiamminghini und Giuseppe Nuvolone.

Den krönenden Abschluss bildet die **Chiesa di San Nicolao** mit ihren schönen Altargemälden neben der XX. Kapelle. Beinahe 200 Jahre vergingen zwischen Beginn und Fertigstellung des Ensembles (1590–1785), neben dem hagiografischen Aspekt vermittelt der Sacro Monte d'Orta so einen interessanten Überblick über die verschiedenen Kunstepochen von Spätrenaissance bis Klassizismus, die hier mit ihren ganz spezifischen Mitteln das gleiche Thema bearbeiteten.

Es gibt auf dem Berg natürlich auch ein Franziskanerkloster, in dem einige schon recht betagte Minoriten nach den Regeln des Franz von Assisi leben. Wegen seines einzigartigen alten Baumbestandes ist der Sacro Monte außerdem als Naturreservat eingestuft.

▪ **Andachtsweg** mit Kapellen tägl. 8.30–18.30 Uhr (Winter 9–16.30 Uhr), **San Nicolao** 10–12 und 14.30–17 Uhr, Eintritt frei.

Pendelverkehr zur Isola San Giulio

Aufstieg zum Sacro Monte

Italienisches Westufer → Karte S. 166

Basis-Infos

PLZ 28016

Information Pro Loco. Kiosk bei der Villa Crespi rechts (→ Übernachten), kurz vor den Parkplätzen. Tägl. 10.30–13, 14–18 Uhr. Via Panoramica 1, ☏ 0322-905163, http://www.comune.ortasangiulio.no.it.

Ein weiteres Büro ist in der Via Ettore Bossi 11, kurz vor der zentralen Piazza.

Hin & weg PKW müssen oberhalb von Orta auf einem der großen Parkplätze (ca. 2–2,50 €/Std. bzw. 12 €/Tag). In wenigen Minuten gelangt man von dort zu Fuß in den Ortskern. Wer ein Hotel im Centro storico gebucht hat, sollte sich vorher nach der Zufahrt erkundigen.

Der **Bahnhof** liegt etwa 2 km außerhalb. Die **Busse** fahren ab Piazzale Prarondo, wo auch die PKW-Parkplätze liegen.

Einkaufen Jeden Mittwoch findet auf der Piazza Motta ein **Markt** statt.

Gleich drei hübsche Lebensmittelgeschäfte liegen am kleinen Platz Largo de Gregori, kurz vor dem Hauptplatz am See, alle in der Hand der **Fratelli Rovera** – luftgetrocknete Schinken, großes Angebot an Salami von Pferd und Esel, diverse Grappa-Sorten etc.

Il Buongustaio. Etwa 20 m vor der Piazza Motta, eine bunte Vielfalt an Brot, dazu lokale Käse, Schinken und Wurst, Aceto balsamico, Wein, Grappa usw. Via Olina 8.

Arte del Gelato. Bestes hausgemachtes Eis. Via Olina 30.

Feste/Veranstaltungen Festival Cusiano di Musica Antica. Konzerte mit mittelalterlicher und barocker Musik im Juni in Pella, Orta San Giulio und auf der Isola San Giulio (www.amicimusicacocito.it).

Übernachten

→ Karte S. 255

Die Hotels direkt am See werden trotz ihrer schönen Lage eher weniger empfohlen, hier besteht Renovierungsbedarf.

★★★★ Villa Crespi **13** Die große Villa eines Textilunternehmers aus dem 19. Jh., ein fantastisch-origineller Bau im orientalischen Stil, steht mit ihrem minarettähnlichen Turm unübersehbar an der Zufahrtsstraße in den Ort, gleich nachdem man von der SS 229 abzweigt. Das Innenleben ist äußerst komfortabel und museal anmutend, vermietet werden üppig ausgestattete Zimmer und Suiten im hochpreisigen Bereich, dazu gibt es ein First-Class-Restaurant und einen Wellnessbereich. Via Fava 18, ☎ 0322-911902, www.villacrespi.it.

mein Tipp ***** La Bussola 1** Modernes Haus oben bei den Parkplätzen, herrlicher Blick, gepflegte Zimmer, freundlicher Service, Restaurant mit schöner Terrasse, Pool, kostenloser Parkplatz. DZ/F mit Seeblick ca. 150–200 €. Via Panoramica 24, ☎ 0322-911913, www.hotel bussolaorta.it.

*** Aracoeli 6 Stadtpalazzo an der Nordseite der zentralen Piazza, komplett modernisiert, sechs individuell eingerichtete und leicht avantgardistisch angehauchte DZ und eine Suite, Seeblick. DZ/F ca. 100–130 €. Piazza Motta 34, ☎ 0322-905173, www.orta.net/aracoeli.

Piazza und historisches Rathaus von Orta San Giulio

B & B Villa Pinin 17 Schöne Lage an der Südseite der Halbinsel, mehrere ordentliche Zimmer und ein gemeinsames Wohnzimmer, herrlicher Seeblick, gutes Frühstück und sehr nette Betreuung durch die Eigentümerin. Kleine Badestelle benachbart, 10 Fußminuten in den Ort. DZ/F ca. 70–100 €, die Villa kann auch als Ganzes gemietet werden. Via Giuseppe Fava 12, ☎ 0322-905505, www.villapinin.com.

mein Tipp **B & B Al Dom 16** südlich vom Zentrum, geschmackvoll renovierte Villa mit Garten in Bestlage am Seeufer, schöne moderne Zimmer mit Balkon und Seeblick, ruhiger Innenhof. Via Giovanetti 57, ☎ 335-249613, https://aldom57.com.

Ortalakeflats 12 Ferienwohnungen und Villen kann man über Signora Orlandini in der Via Giovanetti 34 buchen. ☎ 340-1591031, www.ortalakeflats.com.

Außerhalb ** La Genzianella 15 Ordentliches Albergo in Pisogne, landeinwärts von Miasino, im Ristorante wird gute, authentische Küche serviert. DZ/F ca. 70–80 €. Via per Armeno 10, ☎ 0322-980051, http://lagenzianellahotel.it.

Agriturismo Il Cucchiaio di Legno 15 Landeinwärts oberhalb von Orta San Giulio im Grünen, schöne moderne Zimmer, alles sehr sauber, nettes Personal und hochwertiges Frühstück. Auch zum Essen ein Tipp (→ Essen & Trinken). DZ/F ca. 90–100 €. Località Legno, Via Prisciola 10, ☎ 345-6713306, www.ilcucchiaio dilegno.com.

Camping ** Orta 10 Großes, terrassenförmig angelegtes Wiesengelände mit Bäumen am Beginn der Halbinsel von Orta San Giulio, ca. 1,5 km nördlich vom Ort. Ein Teil mit schönem Badestrand direkt am See, der andere auf der Landseite der SS 229 (Fußgängertunnel). 1959 gegründet und damit der älteste Platz am See. Ende März bis Ende Dez. Via Domodossola 28, ☎ 0322-90267, www.campingorta.it.

** Cusio 14 Kleiner Platz am Hügel landeinwärts von Orta San Giulio (vom Kreisel bei der Villa Crespi der Beschilderung folgen), schattig und sehr ruhig. Mit kleinem Pool und Bar/ Restaurant. 15 Fußminuten in den Ort. Geöffnet Ende März bis Ende Nov. Via Don Bosco 5, ☎ 0322-90290, www.campingcusio.it.

Area Attrezzata. Ruhiger Wohnmobilstellplatz im Parco del Sacro Monte (beschildert). ☎ 0322-90155.

Weitere Zeltplätze liegen bei **Pettenasco** und an der **Punta di Crabbia.**

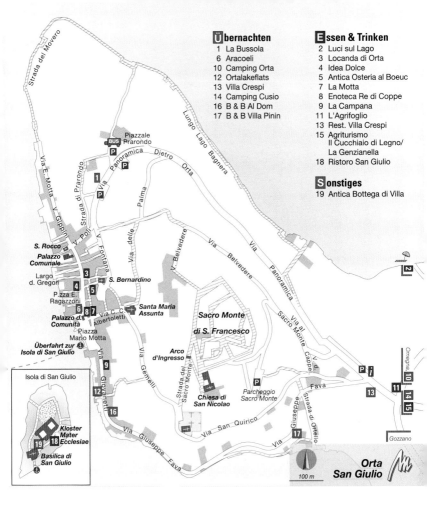

Übernachten

1 La Bussola
6 Aracoeli
10 Camping Orta
12 Ortalakeflats
13 Villa Crespi
14 Camping Cusio
16 B & B Al Dom
17 B & B Villa Pinin

Essen & Trinken

2 Luci sul Lago
3 Locanda di Orta
4 Idea Dolce
5 Antica Osteria al Boeuc
7 La Motta
8 Enoteca Re di Coppe
9 La Campana
11 L'Agrifoglio
13 Rest. Villa Crespi
15 Agriturismo
   Il Cucchiaio di Legno/
   La Genzianella
18 Ristoro San Giulio

Sonstiges

19 Antica Bottega di Villa

(Essen & Trinken

Villa Crespi 13 Im gleichnamigen Hotel (→ Übernachten), Restaurant der edlen Sorte mit Deckenmalereien, Stuck und Parkettböden, fantasievolle mediterrane Küche, von Michelin mit zwei Sternen ausgezeichnet, entsprechend die Preise. Degustationsmenü ca. 150 € (ohne Getränke). Di-Mittag u. Mo geschl., Nov./Dez. Mo/Di geschl., Jan./Febr. ganz geschl. Via Fava 18, ☎ 0322-911902.

Locanda di Orta 3 Gourmet-Restaurant im ersten Stock, gerade mal ein halbes Dutzend Tische, zwei davon am Balkon mit schönem Blick über die Dächer, dazu Tische auf einer

großen Dachterrasse. Kreative Küche und beste Weinauswahl, ein Michelin-Stern (ein Koch der Villa Crespi hat sich hier selbständig gemacht), viel Lob. Mit Zimmervermietung. Via Olina 18, ☎ 0322-905188.

La Motta 7 Kleines Terrassenrestaurant am Weg zur Pfarrkirche hinauf, feine Küche und schöne Atmosphäre, allerdings etwas teurer. Di geschl. Via Caire Albertoletti 13, ☎ 0322-905049.

La Campana 9 Einfache und recht günstige Pizzeria an der Gasse südlich vom Hauptplatz. Di geschl. Via Giacomo Giovanetti 41, ☎ 0322-90211.

Direkt am See: die Pizzeria „Luci sul Lago"

Außerhalb Luci sul Lago 2 Ristorante/ Pizzeria/Bar bei der Badezone direkt am See, herrliche Terrasse direkt am See. Mo geschl. (Barbetrieb geöffnet). Via Domodossola 21, Località Bagnera, ☎ 0322-068260.

meinTipp **Agriturismo Il Cucchiaio di Legno** 15 Etwas außerhalb im Grünen (→ Übernachten), zum Festpreis von 32 € wird abends ein qualitativ hervorragendes und reichliches Menü gereicht, dazu gibt es einige kleine Kostproben auf Kosten des Hauses und die passende Weinbegleitung (ca. 15 € aufwärts), alles mit bestem Service. ☎ 339-5775385.

Enoteche Enoteca Re di Coppe 8 Schöne, alte Osteria am Beginn der Piazza, einige Tische vor der Tür, drinnen ein gemütlicher Raum, hinter der Theke ein Lager für Rotwein.

So richtig geschaffen für ein Gläschen zu zweit. Mo/Di geschl. Piazza Motta 32, ☎ 0322-915871.

Antica Osteria al Boeuc 5 Ein wenig versteckt in einem Parallelgässchen zur Hauptgasse (Hinweisschild beachten). Urig und uralt ist dieses Weinlokal, dessen Entstehung bis ins Mittelalter zurückreicht. Zur großen Weinauswahl lässt man sich *bruschette* und *taglieri* schmecken. Via Bersani 28, ☎ 339-5840039.

Café Idea Dolce 4 Kurz vor der Piazza Motta, bemerkenswerte Auswahl an Qualitätsschokolade, Kaffee, Tee und Kakao, kleiner, schattiger Innenhof zum Sitzen. Via Olina 7.

Eis L'Agrifoglio 11 „Agrigelateria" mit leckerem Eis bei der Zufahrt nach Orta, schräg gegenüber der Villa Crespi (→ Übernachten).

Isola San Giulio

Die kleine, ovale Insel ist fast vollständig bebaut, durch schmale Gassen kann man einmal rundum schlendern, begleitet von viersprachigen Sinnsprüchen, die hauptsächlich von Stille und Selbsterkenntnis handeln – „Via del Silenzio" wird dieser Rundweg treffend genannt. An einigen Stellen gelangt man dabei ans Wasser und kann den Blick über den See genießen.

Die Inselsilhouette wird beherrscht vom einstigen Bischofspalast, der im 19. Jh. als Priesterseminar genutzt wurde und heute sechzig Benediktinerinnen als **Kloster Mater Ecclesiae** dient. An ihrem hohen Glockenturm und der Kuppel erkennt man die **Basilica di San Giulio,** deren Gründung auf eine wundertätigen Griechen namens Julius zurückgeht, der die Insel im 4. Jh. von Drachen und Schlangen befreit haben soll. Später wurde die Insel zur schweren Festung ausgebaut, die aber im Lauf der Jahrhunderte verfiel.

Tipp: 2016 kam der Film „The Correspondence" mit Jeremy Irons und der Musik von Ennio Morricone (Spiel mir das Lied vom Tod) in die Kinos, der teilweise in Schottland, teilweise auf der Isola San Giulio spielt.

Basilica di San Giulio: Die vollständig ausgemalte, romanische Basilika ist üppig barock ausgestattet, aber auch ältere Freskenreste mit teils martialischen Themen der Märtyrergeschichte sind noch erhalten. Eindrucksvoll thront vor der Altarschranke die prächtige romanische Kanzel aus schwarzem Marmor, die mit großen Reliefs verziert ist: kämpfende Fabeltiere, Adler und Heiligenfiguren. In der Krypta ruht

Santo Giulio mit Goldmaske in einem gläsernen Schneewittchensarg. In einem Nebenraum sind Fundstücke einer vorchristlichen Kirche und anderer Vorgängerbauten ausgestellt.

▪ April bis Sept. Mo 12–18.45, Di–So 9.30–18.45, übrige Zeit Mo 14–17, Di–So 9.30–17 Uhr.

Hin & weg In der Saison fahren ständig **Motorboote** von der Piazza Mario Motta zur Insel, ca. 4,50 € hin/zurück (www.navigazione orta.it). Günstiger sind die regulären Fähren der **Navigazione Lago d'Orta** (ca. 3,20 €), die ebenfalls häufig verkehren.

Einkaufen Antica Bottega di Villa 19 (→ Karte S. 255). Maria Antonietta Villa wurde vor über siebzig Jahren auf der Insel geboren. Seit vier Jahrzehnten schon führt sie mit viel Liebe ihren bunten Souvenir- und Kunsthandwerksladen. Am Beginn des Rundgangs um die Insel kommt man daran vorbei.

Essen & Trinken Ristoro San Giulio 18 (→ Karte S. 255). Kurz nach der Antica Bottega rechter Hand, Ristorante mit Terrasse am See, nach Vereinbarung Abendtransport vom Festland. Fr u. Sa bis 22 Uhr, sonst bis 15 Uhr, Di geschl. ☎ 0322-90234.

Italienisches Westufer ↓ Karte S. 166

Nördlich von Orta San Giulio

Pettenasco

Der kleine Ort erstreckt sich auf einer Schwemmlandhalbinsel mit zwei Badeständen am Südende. Ein Spazierweg („Passeggiata al Lago") führt nah am Ufer entlang. Drei Hotels und zwei Zeltplätze bestehen durch ihre gute Seelage, ein weiterer Platz liegt nördlich vom Ort oberhalb der Landzunge **Punta di Crabbia,** auch dort gibt es eine Badewiese.

Museo dell'Arte della Tornitura del Legno: In einer restaurierten Holzfabrik wird die handwerkliche Bearbeitung von Holz mitsamt Werkzeugen und dazugehörigen Gerätschaften doku-

mentiert – einer der traditionellen Wirtschaftszweige rund um den Cusio.

▪ Mitte Juni bis Ende Aug. Mi–Fr 10–12, Sa/So auch 16–18 Uhr. Erste Juni- und erste Sept.-Hälfte nur Sa/So. ☎ 0323-89622.

Übernachten ** L'Approdo.** Großes Badehotel direkt am See, 64 Zimmer mit Seeblick, große Wiese zum Sonnen, Pool und zwei Tennisplätze, Restaurant mit Seeterrasse. Anlegestelle der Seeschifffahrt. DZ/F mit Seeblick ca. 120–190 €. Corso Roma 80, 28028 Pettenasco, ☎ 0323-89345, http://approdohotelorta.com.

*** Giardinetto. Das größere Haus steht etwas nördlich von Pettenasco direkt am Ufer, schönes Restaurant, Pool und kleine Badefläche am See, für den Aperitivo eine Dachterrasse, herrlicher Blick (nur Zimmer zum See buchen). DZ/F mit Seeblick ca. 110–150 €. Via

Provinciale 1, 28028 Pettenasco, ☎ 0323-89118, www.giardinettohotel.com.

*** Riviera. Kleineres Haus direkt am See, Zimmer schon etwas älter, aber sehr nette Gastgeber, gutes Frühstück, hübsche, kleine Badezone mit Grasterrasse. Ähnliche Preise wie in den beiden Vorgenannten. Via Legro 35, 28028 Pettenasco, ☎ 0323-1991015.

Mein Tipp **B & B Aurora.** Wunderbare Lage oberhalb vom See und sehr freundlich geführt, Tina und Walter vermieten eine schöne Junior Suite, dazu gibt es eine große Terrasse und einen Garten, wo man das ausgezeichnete Frühstück einnehmen kann. DZ/F ca. 100–120 €. Via Ai Monti 8, 28028 Pettenasco, ☎ 349-6259897, http://bbaurora.beepworld.it.

Camping **** Camping Verde Lago.** Schattiger Wiesenplatz mit sandigem Strand direkt am See. April bis Mitte Okt. Corso Roma 76, 28028 Pettenasco, ☎ 0323-89257, www.campingverdelago.it.

** Allegro. Kleiner Platz neben Hotel Riviera, nette Badewiese davor. April bis Mitte Okt. Via Legro 29, ☎ 0323-89324, www.campeggioallegro.it.

** Punta di Crabbia. Campingplatz direkt über der Straße, Badeplatz, günstige Preise in der NS. Febr. bis Nov., ☎ 0323-89117, www.campingpuntacrabbia.it.

Essen & Trinken **Sant'Antonio.** Mit Terrasse in schöner Lage direkt am See, herrlicher Blick und nicht zu teuer. Di geschl. Via Domodossola 1, ☎ 0322-911963.

Berimbao. Pizzeria etwas oberhalb vom See, Terrasse mit Seeblick. Nur abends, Sa/So auch mittags. Via Francisca 12, ☎ 0323-89367.

Dolphins. Bar mit Außenplätzen und ein wenig Seeblick nahe der Anlegestelle, auch warme Küche. Via Passeggiata al Lago 50, ☎ 366-2189377.

Südlich von Orta San Giulio

Vacciago

In diesem kleinen Ort hat die **Collezione Calderara** ihren Sitz in der Villa, in der der Maler *Antonio Calderara* (1903–78) lebte. Er malte hauptsächlich wunderschöne Seeansichten, sammelte aber auch die Werke von über 130 anderen Künstlern der Moderne, die nun hier zusammen auf zwei Stockwerken ausgestellt sind, hauptsächlich aus den 50er und 60er Jahren (Konkrete Kunst, Kinetik, Op Art u. a.).

■ Mitte Mai bis Mitte Okt. Di–Fr 15–19, Sa/So 10–12, 15–19 Uhr, Mo geschl. Eintritt frei, Spende erwartet. ☎ 02-76281211, www.fondazionecalderara.it.

Lido di Gozzano

Viel besuchter, schön sandiger Badestrand am südlichen Seeende. Es werden Sonnenschirme und Liegen vermietet (optional), der Eintritt kostet 6 €.

Torre di Buccione

Der weithin sichtbare, gut 20 m hohe langobardische Wachturm aus dem 4. Jh. steht südlich vom See bei **Gozzano**. Man kann durch ein Naturschutzgebiet in etwa 15 Min. hinaufsteigen und den herrlichen Seeblick genießen. Seine Glocken sollen so laut gewesen sein, dass er bei Gefahr die gesamte Bevölkerung um den Lago d'Orta warnen konnte.

Convento di Monte Mesma

Südlich von **Lortallo** führt ein Weg hinauf zu diesem Franziskanerkloster mit herrlichem Seeblick. Eine Besichtigung ist auf Anfrage möglich, angemessene Kleidung ist dabei obligatorisch (☎ 0322-998108).

Übernachten/Essen **Al Sorriso.** In Sorriso. Wenige Kilometer westlich von Gozzano liegt dieser klassisch-elegante Feinschmeckertempel von Familie Vallanza. Zwei Michelinsterne kann Luisa Vallanza stolz vorweisen (jahrelang waren es sogar drei). Menü ab ca. 120 €. Mo/Di geschl. (außer Aug.). Vermietet werden auch einige behaglich-komfortable Zimmer. DZ/F ab ca. 160 €. Via Roma 18, 28010 Sorriso, ☎ 0322-983228, www.alsorriso.com.

Westliches Seeufer

Am dünn besiedelten Westufer liegt das Städtchen Pella und nördlich davon das Dorf Ronco. Hier ist der Lago d'Orta am ruhigsten,
von der hübschen Uferpromenade mit mittelalterlichem Turm
blickt man auf die gegenüberliegende Isola San Giulio. Selbst im
Hochsommer findet man hier kaum Touristen.

Kurz vor Pella zweigt eine Straße ab, die sich hoch hinauf zur **Wallfahrts-kirche Madonna del Sasso** aus dem 18. Jh. windet, von ihrem hohen Granitfels bietet sich ein fantastisches Seepanorama. Von Pella fährt im Sommer auch das kleine Touristenzüglein „Trenino di Pella" hinauf.

Entstanden ist die markante Felsklippe durch Granitabbau, der hier bis vor wenigen Jahrzehnten stattfand. Noch heute sind davon zahlreiche Spuren zu erkennen, teilweise sind diese Stellen von der Hauptstraße aus touristisch erschlossen.

Das Innere der Kirche ist mit Fresken von Lorenzo Peracino ausgeschmückt. Verehrt werden hier die Reliquien des Märtyrers San Donato (gest. um 200), die im 18. Jh. aus der Callisto-Katakombe in Rom hierher gebracht wurden.

Auch die Abfahrt in Richtung Omegna bietet viel fürs Auge, die pittoreske Isola San Giulio ist dabei immer im Blickfeld.

Museo dello Scalpellino: Das Steinmetzmuseum in Boleto di Madonna del Sasso widmet sich mit Werkzeugen, Dokumenten und einem ausführlichen Videofilm diesem jahrhundertelang wichtigen Beruf in der Region.

▪ Juli/Aug. Sa/So 14.30–18.30 Uhr, Eintritt frei. ℰ 0322-981177.

Übernachten/Essen   ***** Panoramico.**
Der Logenplatz schlechthin am Ortasee, zehn ordentliche Zimmer und wunderbare Restaurantterrasse mit fürstlichem Seeblick. Die Straße daneben ist nur wenig befahren. 28894 Madonna del Sasso. DZ/F ca. 75–90 € (Seeblick verlangen). Via Frua 31, ℰ 0322-981313, www. hotelpanoramico.it.

Mein Tipp **Imbarcadero.** Ausgezeichnetes Ristorante an der Anlegestelle von Pella. Außer Juni bis Okt. Di-Abend und Mo geschl. Piazza Motta, ℰ 0322-918003.

Mein Tipp **Antica Torre.** Viel gelobte Gelateria an der Uferpromenade von Pella, geschmückt mit historischen Fotos zu den Steinbrüchen der Umgebung, sehr leckeres, hausgemachtes Eis. Via Lungolago 8/10.

Italienisches Westufer → Karte S. 166

Überfahrt nach Pella am Westufer

Abstecher nach Mailand

Als Ziel eines Tagesausflugs bietet sich die lombardische Metropole vor allem für Urlauber im Süden des Lago Maggiore an. Wer die Autofahrt scheut oder Angst um seinen fahrbaren Untersatz hat, kann bequem mit dem Zug fahren.

Die 1,3-Millionen-Stadt – Industrie- und Geschäftsmetropole, Banken-, Mode- und Medienzentrum des Landes – ist die wohlhabendste und kosmopolitischste Stadt Italiens und gilt in vielerlei Hinsicht als heimliche Hauptstadt. Vor allem in Sachen Mode werden hier internationale Trends gesetzt und mit Effizienz vermarktet.

Die Innenstadt zeigt sich großzügig und imposant, die zentralen Boulevards und Fußgängerzonen sind stets voller Leben. Ein grandioses Schauspiel bietet vor allem die weite Piazza del Duomo mit der himmelstürmenden Gotik des Doms und der triumphbogenähnlichen Öffnung der Galleria Vittorio Emanuele II. Nicht weit entfernt – um die Via Montenapoleone, zwischen Piazza della Scala und Stadtpark – liegt das elegante Modeviertel mit den Läden weltberühmter Designer. Ganz in der Nähe findet man das ehemalige Künstlerviertel Brera mit der berühmten gleichnamigen Pinakothek. Doch Top-Sehenswürdigkeit Mailands ist zweifellos Leonardo da Vincis Fresko „Das letzte Abendmahl", das durch den Bestseller „The Da Vinci Code" („Sakrileg") neue weltweite Aufmerksamkeit gefunden hat.

Mailand hat sich in den letzten Jahrzehnten zum ethnischen Schmelztiegel entwickelt. Schon seit den 1950er Jahren ist an der Peripherie ein weiter Ring von Betonvorstädten entstanden, um den gewaltigen Strom von Arbeit suchenden Zuwanderern aus dem Süden Italiens aufzunehmen – was nicht ohne Einfluss geblieben ist, denn Pizzerien „alla Napoli" findet man inzwischen überall. Heute prägen aber auch vielerorts Schwarzafrikaner das Straßenleben, auf dem Bahnhofsvor-

Schon mal auf Stierhoden getanzt? In der Galleria Vittorio Emanuele II bringt das Glück, heißt es.

platz hört man oft mehr osteuropäische als italienische Laute und im Gebiet um die Via Paolo Sarpi hat sich eine der größten Chinatowns Europas etabliert.

Für einen schönen Abend in der Großstadt bieten sich die malerischen Navigli (Kanäle) im Süden der Stadt an. Tür an Tür liegen dort zahlreiche Restaurants, Kneipen, Osterien und Musikbars, die allabendlich tausende von Mailändern und Touristen anziehen.

Was anschauen?

Mailänder Dom: Die viertgrößte Kirche der Welt ist ein gotisches Gesamtkunstwerk. → S. 262

Abendmahl von Leonardo da Vinci: Im Refektorium der Kirche Santa Maria delle Grazie ist Leonardos bedeutendstes Fresko zu sehen. → S. 267

Pinacoteca di Brera: eine hochkarätige Sammlung norditalienischer Kunst, ergänzt durch europäische Spitzenkünstler. → S. 266

Pinacotaca Ambrosiana: in 24 Sälen Kunst von Tizian, Raffael, Botticelli und vielen anderen. → S. 265

Castello Sforzesco: eine mächtige, museal aufbereitete Festung mitten in der Stadt. → S. 266

Was unternehmen?

Galleria Vittorio Emanuele II: Die größte Passage Europas ist ein architektonisches Meisterwerk, erbaut u. a. mit Granit vom Lago Maggiore. → S. 264

Fußgängerzonen: Ein Großteil der Innenstadt ist für den Verkehr gesperrt, großzügige und breite Fußgängerzonen machen das Bummeln zum Vergnügen. → S. 264/265

Chinatown: ein Abstecher in eine andere Welt, nach Paris und London hat Mailand das größte chinesische Viertel Europas. → S. 269

Wo essen und ausgehen?

Navigli: Das bunte Ausgehviertel Mailands an den Kanälen bietet für jeden etwas, gute Restaurants, Livemusik, Pubs und immer viel Stimmung. → S. 269

Corso Buenos Aires: Abseits vom teuren Zentrum treffen sich hier die Mailänder in urigen Pizzerias, oft geführt von süditalienischen Einwanderern. → S. 269

Wo shoppen?

Quadrilatero della Moda: Die bedeutendsten Modenamen der Welt sind in diesem zentrumsnahen Viertel versammelt. → S. 265

Märkte und Flohmärkte: Vom Mercato Papiano bis zur Fiera di Senigallia, Mailands Märkte sind zahlreich und meist alteingesessen. → S. 279

Der Dom

Sehenswertes

Die Altstadt liegt innerhalb zweier konzentrischer Straßenzüge, Mittelpunkt zu jeder Tages- und Nachtzeit ist natürlich der Domplatz, sehenswert und voller buntem Leben sind aber auch die Fußgängerzonen und Hauptgeschäftsstraßen: Via Dante, Corso Vittorio Emanuele II, Via Torino, Corso Magenta u. a.

CitySightseeing Milano. Tägliche Rundfahrten mit roten Open-Air-Bussen auf drei verschiedenen Routen, Ein- und Aussteigen bei jeder Station möglich, Busse kommen etwa alle 30 Min. (Linie C nur 7 x tägl.). Tickets gibt es an Bord, Ein-Tages-Ticket ca. 22 €, 48-Std.-Ticket 25 €, 72-Std.-Ticket 28 € (Kind 5–15 J. jeweils 10 €). ☎ 02-867131, www.city-sightseeing.it/it/milano.

Tourist MuseumCard. Mit dieser 3-Tages-Karte für 12 € erhält man freien Zutritt zu den Musei Civici von Mailand, Details auf www.wheremilan.com/guide/milan-tourist-museum-card.

Domplatz und Umgebung

Der weite Platz wird dominiert von der himmelstürmenden Gotik des strahlend weißen Doms und der triumphbogenähnlichen Öffnung der Galleria Vittorio Emanuele II. Gegenüber vom Dom erhebt sich das imposante Bronzedenkmal für König Vittorio Emanuele II.

Dom: Ein Werk der Superlative – der größte gotische Bau Italiens und die viertgrößte Kirche der Welt (nach dem Petersdom, seiner Kopie an der Elfenbeinküste und der Kathedrale von Sevilla). Seitdem ein Visconti-Fürst im Jahre 1386 den Baubeginn verfügte, arbeitete man über 500 Jahre an der Fertigstellung. Der gesamte Baukörper bietet mit seinen Tausenden von Spitzen, Verzierungen und Skulpturen einen faszinierenden Anblick. Fast 160 m ist er lang, der Turm mit der 4 m großen, vergoldeten **Madonnina** misst exakt 108,50 m, 3400 Statuen wurden geschaffen.

Die vollständig aus Marmor gefertigte **Fassade** bietet eine großartige Mischung aus Gotik und Barockelementen, die prächtigen Skulpturen lohnen das nähere Hinsehen, z. B. die gequälten Menschlein auf den Sockeln. Auch die fünf Bronzetore sind prall gefüllt mit lebensfrohen und realistischen Reliefs christlicher und stadtgeschichtlicher Thematik.

Im gewaltigen fünfschiffigen Innenraum herrscht zwischen turmhohen Säulen ein geheimnisvolles, grünlich-diffuses Licht. Faszinierend ist gleich nach dem Haupteingang der lange **Meridian** im Boden – durch ein winziges Loch fällt das Sonnenlicht darauf und man sieht den Strahl fast in Sekundenschnelle wandern. Die langen, schmalen **Kirchenfenster** sind die schönsten Italiens und gehören zu den größten der Welt. Teilweise sind riesige Einzelbildnisse dargestellt, z. T. sind auf den Flächen zahlreiche Einzelszenen zusammengefasst. Schaurig-faszinierend wirkt im rechten Querschiff die Statue des **heiligen Bartolomäus**, geschaffen 1562 von Marco d'Agrate, der seine vom Körper abgeschälte Haut wie eine Toga um sich geschlungen hat, sodass Muskeln, Adern und Knochen sichtbar sind.

Hoch in der Apsis hängt ein **Kreuz**, das die wertvollste Reliquie des Doms umschließt, einen Nagel vom Kreuz Christi. Alljährlich am zweiten Sonntag im September lässt sich der Erzbischof mit einem von Leonardo da Vinci konstruierten Aufzug, der so genannten **Nivola**, hinauffahren und holt den Nagel herunter, um ihn zwei Tage lang öffentlich auszustellen.

Unter dem Chor befindet sich die kreisförmige **Krypta** mit Marmorsäulen und üppigen Stuckverzierungen. In der Mitte steht ein gläserner Behälter mit den Reliquien mehrerer Heiligen und Märtyrer. Von dort gelangt man zum **Scurolo di San Carlo**, einer achteckigen Kapelle, die in einer Kristallurne die sterblichen Überreste des Carlo Borromeo enthält. Der in Arona am Lago Maggiore geborene Adlige war im 16. Jh. Erzbischof von Mailand und wurde schon 16 Jahre nach seinem Tod heiliggesprochen (→ S. 246).

An der Innenfassade gibt es einen Zugang zu den Ausgrabungen unter der Piazza mit Resten der Vorgängerkirche **Santa Tecla** und des Baptisteriums **San Giovanni alle Fonti** (4. Jh.), in dem der Kirchenvater Augustinus getauft wurde.

Die zweifellos originellste „Fußgängerzone" der Stadt ist das **Dach** des Doms (Treppe/Aufzug an der linken Außenseite des Doms). Oben findet man sich hautnah im filigranen Dschungel von gotischen Spitzen, Verzierungen und Ornamenten und genießt den herrlichen Blick über die Stadt.

Dom. Tägl. 8–19 Uhr (letzter Eintritt 18 Uhr), Eintritt ca. 3,50 €, Kind 6–11 J. 2,50 €. Fast immer muss man Schlange stehen.

Krypta und Scurolo. Mo–Fr 11–17.30, Sa 11–17, So 13.30–15.30 Uhr.

Details am Domportal

Abstecher nach Mailand → Karte S. 274/275

Archäologische Zone. Tägl. 9–19 Uhr (letzter Eintritt 18 Uhr).

Dach. Tägl. 9–19 Uhr (letzter Eintritt 18 Uhr). Eintritt mit Treppe ca. 10 €, mit Fahrstuhl ca. 14 €, Schnellzugang mit Lift 23 €, Kind 6–11 J. jeweils die Hälfte.

> **Dompässe.** Besichtigt werden können mit den nachfolgend genannten Pässen der Dom, die Krypta/Scurolo, das nahe gelegene Museo del Duomo mit der Chiesa di San Gottardo in Corte und gegebenenfalls das Dach. Die Pässe sind drei Tage gültig, Kauf online oder im Info Point Duomo, Piazza del Duomo 14/a, ☏ 02-72023375, www.duomomilano.it.
>
> **Duomo Pass Culture.** Zutritt zu allem ohne Dach 8 €, Kind 6–11 J. 4 €.
>
> **Duomo Pass Lift.** Zutritt zu allem und Dach mit Lift 17 €, mit Lift und Schnellzugang 25 €, Kind 6–11 J. 9 bzw. 13 €.
>
> **Duomo Pass Stairs.** Zutritt zu allem und Dach ohne Lift 13 €, Kind 6–11 J. 7 €.

Grande Museo del Duomo: Das 2013 neu eröffnete Dommuseum an der Piazza del Duomo 12 (rechts neben der Domapsis) zeigt in architektonisch anspruchsvoller Gestaltung in 26 Räumen in chronologischer Folge die jahrhundertlange Geschichte des Dombaus – Skulpturen, Glasfenster, Tapisserien, Kunstwerke etc. Angeschlossen ist die jüngst restaurierte **Chiesa di San Gottardo in Corte,** ursprünglich die Kapelle des einstigen Königspalastes (Palazzo Reale).

▪ Do–Di 10–18 Uhr (letzter Eintritt 17.10 Uhr), Mi geschl., Eintritt ca. 3 €, 6–11 J. 1 €.

Museo del Novecento: Vom Palazzo dell'Arengario seitlich vom Dom hielt einst Mussolini seine Reden, heute ist hier ein umfassendes Museum der italienischen Kunst des 20. Jh. untergebracht. Vom Bistro im Art Déco-Stil (dritter Stock) hat man einen herrlichen Blick auf den Dom.

▪ Mo 14.30–19.30, Di–So 9.30–19.30 Uhr (Do u. Sa bis 22.30 Uhr), letzter Eintritt 1 Std. vor Schluss, Eintritt ca. 5 €, 18–25 J. u. über 65. J. 3 €, unter 18 J. frei.

Corso Vittorio Emanuele II: Die mondänste Fußgängerzone der Stadt beginnt hinter dem Dom und führt breit und bequem zur **Piazza San Babila**. Die hohen, modernen Laubengänge sind ein Eldorado für Modefreaks, ein schicker Laden drängt sich an den anderen.

Galleria Vittorio Emanuele II: Am Domplatz liegt der Haupteingang zur größten, mit einer Glas- und Eisenkonstruktion überdachten Passage Europas – der „Salon" Mailands. Die elegante kreuzförmige Halle mit riesiger Zentralkuppel und Ein-/Ausgang in jeder Himmelsrichtung wurde in der zweiten Hälfte des 19. Jh. als Prunkstück des modernen Mailand erbaut und beherbergt elegante Geschäfte, Buchhandlungen und teure Cafés. Mal hingucken: Wenn man sich auf den Hoden des Stiers im Bodenmosaik des zentralen Oktagons auf den Hacken einmal um die eigene Achse dreht, soll das Glück bringen.

Piazza della Scala: Der Nordausgang der Galleria führt zum **Teatro alla Scala,** dem berühmtesten Opernhaus der Welt. Nach der gewaltigen Galleria wirkt das 1778 eröffnete Haus ziemlich unscheinbar, ist aber bekannt für seine exzellente Akustik.

Museo Teatrale alla Scala: Das Museum der Oper besitzt eine umfangreiche Sammlung von Erinnerungsstücken, Gemälden, Dokumenten, Fotografien und Instrumenten zur Geschichte der Oper und des Opernhauses.

▪ Tägl. 9–17.30 Uhr, Eintritt ca. 9 €, Stud. u. über 65 J. 6 €.

Museo Manzoniano: Das Museum in der Via Cerolamo Morone 1 dokumentiert Leben und Schaffen des bedeutenden Mailänder Schriftstellers Alessandro Manzoni aus dem 19. Jh., der in diesem Haus lebte.

▪ Di–Fr 10–18, Sa 14–18 Uhr, Eintritt ca. 5 €, Stud. bis 25 J. 3 €.

Museo Poldi Pezzoli: Das ausgezeichnete Museum in der Via Manzoni 12 be-

Sich drehen bringt Glück!

herbergt in 25 Räumen eine umfassende Kunstsammlung vom 15. bis 19. Jh. – Tapisserie, Glas, Möbel und Schmuck, aber vor allem wertvolle Gemälde, u. a. von Mantegna, Botticelli, Bellini und Piero della Francesca, darunter auch das berühmte „Porträt einer jungen Frau" von Pollaiolo.

▪ Mi–Mo 10–18 Uhr, Di geschl., Eintritt ca. 14 €, über 65 J. 10 €, 11–18 u. Stud. bis 26 J. 6 €.

Chiesa di San Satiro: Ein Meisterwerk von Bramante am Beginn der Via Torino, südwestlich vom Domplatz. Typischer Renaissancebau, Mittelschiff und Querhaus mit Tonnengewölben, der Chor mit illusionistischen Mitteln geschickt verlängert.

▪ Di–Sa 9.30–17.30, So 14–17.30 Uhr, Mo geschl., Eintritt frei.

Biblioteca e Pinacoteca Ambrosiana: Im Palazzo dell'Ambrosiana westlich vom Domplatz (Piazza Pio XI 2) wurde 1607 von Kardinal Federico Borromeo eine Bibliothek eröffnet, die der Kunst liebende Kirchenmann mit Bildern aus seiner Privatsammlung ausstattete – Grundstock für die heutige Gemälde-

sammlung vom 14. bis zum 20. Jh. Die **Pinakothek** zeigt in 24 Sälen Werke von Caravaggio, Tizian und Botticelli, das Gemälde „Porträt eines Musikers" von Leonardo da Vinci, den Entwurfskarton Raffaels für seine berühmte „Schule von Athen" (heute in den Vatikanischen Museen/Rom) sowie Skulpturen von Canova und Thorvaldsen. Ein Prunkstück ist der „Codice Atlantico" (so genannt wegen seiner Atlasform), eine gebundene Sammlung von mehr als tausend Blättern mit Zeichnungen, Skizzen und Notizen Leonardo da Vincis. Die **Bibliothek** besitzt über 850.000 Drucke (Bücher, Briefe, historische Dokumente), dazu 10.000 Zeichnungen und 30.000 Stiche.

▪ Di–So 10–18 Uhr, Mo geschl., Eintritt ca. 15 €, unter 18 u. über 65 J. 10 €. ✆ 02-806921, www.ambrosiana.it.

Quadrilatero della Moda

Das teuerste und exklusivste Modeviertel Europas ist das „Goldene Dreieck" zwischen **Via Montenapoleone**, **Via della Spiga** und **Via Sant'Andrea**, das vollständig Fußgängerzone ist.

In den Palazzi aus dem 18./19. Jh. haben sich die berühmtesten Designer des 20./21 Jh. niedergelassen – Versace, Armani, Valentino, Ungaro, Krizia, Gaultier, Saint Laurent, Kenzo ... Besuchenswert ist z. B. der kühl-futuristisch wirkende **Armani Megastore** mit Café in der Via Manzoni 31.

Museo Bagatti Valsecchi: Das Museum in einem Palazzo mit zwei eleganten, mosaikgeschmückten Innenhöfen ist eigentlich ein „Museum im Museum", denn auch der Palast selber ist sehenswert. Die Gebrüder Bagatti Valsecchi haben hier im 19. Jh. eine reichhaltige Sammlung von Renaissancestücken zusammengetragen.

▪ Di–So 13–17.45 Uhr, Mo geschl., Eintritt ca. 10 €, Stud. und über 65 J. 7 €, Mi für alle 7 €, 6–18 J. 2 €.

Brera

Das ehemalige Künstlerviertel um die Via Brera ist heute ein elegantes Wohnviertel mit ruhigen Seitengassen, vielen Galerien, kleinen Läden und Lokalen.

Pinacoteca di Brera: In einem prachtvollen Palazzo in der Via Brera ist diese Gemäldesammlung untergebracht, die zu den bedeutendsten Italiens gehört. Vor allem Werke der lombardischen, venezianischen und mittelitalienischen Schule hängen hier, u. a. von Raffael, Tizian, Tintoretto, Mantegna, Bellini und della Francesca. Berühmte Europäer wie El Greco, Rubens, Rembrandt und Van Dyck ergänzen die Sammlung, eine kleine moderne Abteilung schafft Abwechslung. Zwei besondere Attraktionen: „Sposalizio della Vergine" (Hochzeit der Jungfrau) von Raffael und „Cena in Emmaus" (Abendmahl in Emmaus) von Caravaggio.

▪ Di–So 8.30–19.15 Uhr (Do bis 22.15 Uhr), Mo geschl., Eintritt ca. 12 €, 18 und 25 J. ca. 2 €, EU-Bürger unter 18 J. frei. Erster So im Monat frei, dritter Do im Monat 18–22.15 Uhr 3 €, am Wochenende über 65 J. 1 €.

Castello Sforzesco und Umgebung

Die mächtige Backsteinfestung wurde Mitte des 15. Jh. erbaut und ab 1911 in fast 20-jähriger Arbeit restauriert. Durch den eigenwillig geformten Turm gelangt man in den schön begrünten **Haupthof.** Dahinter liegen zwei weitere Höfe (einladend: das erfrischende Was-

Trutzige Stadtburg: Castello Sforzesco

serbecken für erschöpfte Füße!), in deren Flügel die weitläufigen **Musei Civici Castello Sforzesco** untergebracht sind, die eine Vielfalt von Stücken zeigen. U. a. sind hier archäologische Funde von der Prähistorie bis zur Antike ausgestellt, darunter auch vieles aus Ägypten, außerdem zahlreiche Skulpturen aus diversen Epochen – ein Höhepunkt ist die unvollendete „Pietà Rondanini" (Saal 15), das letzte Werk Michelangelos. Weiterhin gibt es Keramik, Waffen, Möbel, Wandteppiche und Musikinstrumente zu sehen, im ersten Stock eine Pinakothek mit Werken von Bellini, Mantegna und Tintoretto, außerdem eine wertvolle Briefmarkensammlung, Münzen etc.

▪ Di–So 9–17.30 Uhr (letzter Eintritt 17 Uhr), Mo geschl., Eintritt ca. 10 €, 18–25 u. über 65 J. 8 €, erster So im Monat 5 € (Eintritt frei erster und dritter Di im Monat ab 14 Uhr).

Parco Sempione: Hinter dem Kastell liegt ein weitläufiger Park mit zahlreichen Spazierwegen. Im schönen Art-Nouveau-Gebäude des **Acquario Civico** an der Via Gadio 2 gibt es mehrere Dutzend Becken mit 75 Fisch- und Amphibienarten.

▪ Di–So 9.30–17.30 Uhr (letzter Eintritt 17 Uhr), Mo geschl., Eintritt ca. 5 €, 18–25 u. über 65 J. 3 € (erster u. dritter Di im Monat ab 14 Uhr und jeder erste So im Monat frei).

Museo Archeologico: Griechische, etruskische und römische Funde in einem ehemaligen Nonnenkloster am Corso Magenta 15.

▪ Di–So 9–17.30 Uhr (letzter Eintritt 16.30 Uhr), Mo geschl., Eintritt ca. 5 €, ermäß. 3 €, über 65 J. frei.

Santa Maria delle Grazie: Die sehenswerte Kirche steht am Corso Magenta, einen knappen Kilometer vom Kastell (vom Dom mit Tram 24 ab Via Mazzini oder Piazza Cordusio). Der ursprünglich gotische Bau wurde ab 1492 nach Entwürfen von Bramante verändert – der hohe überkuppelte Chor lässt viel Licht in den hellen Innenraum. Angeschlossen ist ein schöner Kreuzgang.

Abendmahl (Cenacolo Vinciano): Im Refektorium neben der Kirche kann man die Top-Sehenswürdigkeit von Mailand erleben: das weltberühmte Abendmahl-Fresko von Leonardo da Vinci, entstanden 1495–98. Es hält den Moment fest, als Jesus seinen Jüngern verkündet: „Einer von euch wird mich verraten" und gilt als besonders tiefgründige Interpretation dieser Schlüsselstelle.

Das Fresko war von Anfang an gefährdet, denn Leonardo hatte mit einem Gemisch aus Tempera- und Ölfarben auf die trockene Wand gemalt anstatt in den feuchten Putz, wie es in der echten Freskotechnik üblich war. Schon wenige Jahre nach seiner Entstehung blätterte deshalb bereits die Farbe durch Nässe ab, es bildeten sich Schimmelflecken und die Leuchtkraft schwand. Seitdem erlebte das Abendmahl eine 500 Jahre lange Leidensgeschichte. 1978 begann man mit einer umfassenden Restaurierung, die 21 Jahre lang dauerte. Das Ergebnis spaltete zwar die Fachwelt (während die einen die überaus sorgfältige Restaurierung lobten und die Sicherung des Werks für lange Zeit sahen, sprachen andere von einer endgültigen Zerstörung des Gemäldes), doch seit nunmehr zwanzig Jahren ist es wieder in voller Schönheit zu sehen.

▪ Di–So 8.15–19 Uhr (letzter Eintritt 18.30 Uhr); Eintritt ca. 10 €, 18 bis 25 J. 2 €, unter 18 J. frei (jeweils zzgl. 2 € für Reservierung).

Wegen etwaiger Schäden durch die Feuchtigkeit des menschlichen Atems werden nur 30 Pers. gleichzeitig für jeweils 15 Min. eingelassen und man darf das Bild nur aus großer Entfernung betrachten. Reservierung ist in der Hochsaison obligatorisch: direkt an der Kasse, unter ✆ 02-800360 (Mo–Sa 8–18.30 Uhr) oder online unter https://cenacolovinciano.vivaticket.it. Man lässt sich eine verbindliche Besichtigungszeit geben und muss 20 Min. vorher erscheinen, sonst verfällt der Termin. Achtung: So früh wie möglich reservieren, Wartezeiten von einigen Wochen sind in der warmen Jahreszeit keine Seltenheit!

Abstecher nach Mailand → Karte S. 274/275

Jesus als Papa?

Der Bestseller „The Da Vinci Code" („Sakrileg") hat das Fresko weltweit in den Fokus der Aufmerksamkeit gerückt. Autor Dan Brown behauptet darin, die weiblich anmutende Person links neben Jesus (vom Betrachter aus gesehen) wäre Maria Magdalena, mit der Jesus Kinder gehabt haben soll, deren Nachkommen bis heute leben. Diese mehr als abenteuerliche Spekulation wird allerdings von keinem Fachmann geteilt.

Basilica Sant'Ambrogio: Die mittelalterliche Basilika wurde gegründet als Märtyrerkirche der für ihren Glauben hingerichteten römischen Soldaten Gervasius und Protasius, die beide in der Krypta begraben liegen. Sie war Vorbild für zahlreiche ähnliche lombardische Kirchenbauten und fungierte über Jahrhunderte hinweg als Krönungskirche zahlreicher Kaiser des Römisch-Deutschen Reiches, die sich hier zu Königen der Lombardei weihen ließen.

Durch ein arkadengesäumtes **Atrium** gelangt man in den mächtigen dreischiffigen **Innenraum** mit Vierungskuppel und großem Chor. Im Hauptschiff links vorne sieht man die prächtige romanische Kanzel. Über dem Hochaltar mit wertvollem Reliefvorsatz aus Gold und Silber thront ein säulengestützter Baldachin, in der Apsis sind frühmittelalterliche Mosaike von einem Vorgängerbau erhalten. Vom rechten Seitenschiff kommt man in das **Sacello di San Vittore in Ciel d'Oro** aus dem 4. Jh., das mit frühchristlichen Mosaiken und Fresken ausgestattet ist. Ans linke Seitenschiff ist der **Portico della Canonica** angeschlossen, ein unvollendeter Kreuzgang von Bramante. Auch ein Kirchenmuseum kann besichtigt werden.

■ Mo-Sa 7.30–12.30, 14.30–19. So 7.30–13, 15–20 Uhr, Museum Mo-Sa 10–12, 14.30–17.30, So 15–17 Uhr.

Casa di Riposo per Musicisti: Verdis Herzensanliegen

Die Casa di Riposo ist ein Altersheim für verarmte Musiker an der Piazza Buonarroti 29 (Metro: M1 Buonarroti), westlich vom Parco Sempione. Sein Gründer ist der weltbekannte Opernkomponist Giuseppe Verdi, der am 27. Januar 1901 als gefeierter Künstler im „Grand Hotel et de Milan" (Via Manzoni 29) in Mailand starb. Wie wichtig ihm dieses Heim war und wie solidarisch er sich mit den ehemaligen Opernsängern, Pianisten und Dirigenten fühlte, die hier eine Heimat fanden, wird daran ersichtlich, dass er in einer Krypta im Innenhof an der Seite seiner zweiten Frau Giuseppina Strepponi begraben liegt. Sein Grab ist täglich zu besichtigen. Da Verdi dem Heim Aufführungsrechte seiner Opern vermacht hat, kann es mit den Einnahmen noch heute existieren.

■ Tägl. 8.30–18 Uhr, Eintritt frei, Spende erbeten, Hausmuseum nur für Gruppen nach Anmeldung. ☎ 02-4996009, www.casaverdi.it

Museo Nazionale della Scienza e della Tecnica (Via San Vittore 21): Riesiges Technikmuseum mit zahlreichen Abteilungen verschiedenster Art – von den Erfindungen Leonardo da Vincis bis zu modernen Elektroloks und Luftschiffen.

■ Di–Fr 9.30–17, Sa/So 9.30–18.30 Uhr (letzter Eintritt jeweils 30 Min. vorher), Mo geschl., Eintritt ca. 10 €, bis 26 u. über 65 J. 7,50 €.

Bahnhofsviertel

Der **Bahnhof** ist eine imposante Konstruktion der 1920er und 30er Jahre mit deutlichen Anleihen bei der klassischen Antike. Ansonsten dominieren hier wuchtige Hochhausklötze, der größte ist mit über 127 m das windschnittig geformte **Pirelli-Haus,** Sitz der lombardischen Regionalregierung. Der breite **Corso Buenos Aires** ist ein geschäftiger Großstadtboulevard mit Läden aller Art, in dessen Seitenstraßen man Restaurants und Pizzerien findet. Das Südende markiert die große **Porta Venezia,** wo der Stadtpark beginnt. Am Nordende liegt der **Piazzale Loreto,** dort wurde 1945 der Leichnam des am Comer See von Partisanen erschossenen „Duce" zusammen mit seiner Geliebten Claretta Petacci mit dem Kopf nach unten an einer Tankstelle aufgehängt.

Chinatown und Umgebung

Die **Via Paolo Sarpi** liegt nördlich vom Parco Sempione. In ihrer Umgebung leben mittlerweile mehr als fünfzehntausend Chinesen, Mailand ist damit nach London und Paris die europäische Stadt mit dem höchsten chinesischen Bevölkerungsanteil. Wer einkaufen will, findet hier deutlich niedrigere Preise als im teuren Zentrum, auch das Straßenleben ist den Abstecher wert.

Cimitero Monumentale: Nur wenig nördlich von Chinatown liegt der städtische Friedhof. Er wurde im 19. Jh. außerhalb der Stadtmauern angelegt und ist ein wahrhaftes Gesamtkunstwerk mit architektonisch imponierenden Grabbauten, darunter z. B. das Grab des Schriftstellers Alessandro Manzoni.

■ Di–So 9–17 Uhr, Mo geschl.

Ticinese und Navigli

In diesem Stadtteil im Südwesten (M2: Porta Genova) findet man noch am

Milano Centrale: monumentaler Bahnhof aus faschistischer Zeit

Abstecher nach Mailand → Karte S. 274/275

An den Navigli gehen die Mailänder gerne aus

ehesten Spuren des „alten" Mailand und sogar ein wenig „Amsterdam-Feeling", denn auf den beiden langen Kanälen **Naviglio Grande** und **Naviglio Pavese** ankern Hausboote und hier und dort führen kleine Brücken über die „Grachten". In diesem noch weitgehend volkstümlichen Stadtteil hat sich das Vergnügungsviertel Mailands etabliert – viele Kneipen, stilvolle Osterie und Musiklokale, Secondhand-Shops, Kunsthandwerker etc. Siehe dazu unsere Kapitel „Essen & Trinken" und „Nachtleben".

Hauptachse des Viertels ist der Corso di Porta Ticinese. An der Piazza XXIV Maggio steht der **Arco di Porta Ticinese,** ein Triumphbogen, der zu Ehren Napoleons errichtet wurde.

Sant'Eustorgio: Diese mittelalterliche Kirche steht ein Stück die Straße hinauf in Richtung Zentrum. Ihre **Cappella Portinari** ist reich mit Fresken geschmückt ist und birgt das Mar-

morgrab des Märtyrers Petrus aus Verona (13. Jh.).

■ Tägl. 10–18 Uhr, für die Cappella Portinari Eintritt ca. 6 €, Stud. u. über 6–18 J. 4 €.

Weiter in Richtung Stadtmitte durchquert man das Stadttor **Porta Ticinese** und erreicht kurz darauf die Kirche San Lorenzo Maggiore.

San Lorenzo Maggiore: Die harmonische Anlage aus dem 16. Jh. besteht aus einem Zentralkuppelbau mit Ecktürmen. Malerisch beleuchtet sind allabendlich die römischen Tempelsäulen an der Straße unmittelbar davor – beliebter Treff, bevor man sich ins Nachtleben stürzt. Eine Straßenbahn kurvt mitten durch das Gelände. Die **Cappella di San Aquillino** besitzt wertvolle spätantike Mosaiken, hinter dem Altar führt eine Treppe hinunter zu den Ruinen eines römischen Amphitheaters.

■ Mo–Fr 8–18.30, Sa/So 9–19 Uhr, für die Cappella di San Aquillino Eintritt ca. 2 €.

Basis-Infos

PLZ 20121–20162

Information Yesmilano. Wenige Schritte vom Domplatz in Richtung Kastell. Mo–Fr 9-18.30, Sa/So 13.30–17.30 Uhr. Via dei Mercanti 8. ✆ 02-85155931, www.yesmilano.it;

Infomilano. Südlich seitwärts vom Dom, hier kann man die Eintrittskarten zum Dom kaufen. Mo–Fr 9–19, Sa/So 10–13 Uhr. Piazza del Duomo 14, ✆ 02-88455555, www.turismo. milano.it.

PKW   Park & Ride. Es gibt die Möglichkeit, das Fahrzeug auf günstigen Parkplätzen an einer der Metrohaltestellen abzustellen und sich ein Tagesticket für die Metro zu kaufen. Auf der Autobahn vom Lago Maggiore kommend, ist das die Ausfahrt **Viale Certosa.** Dort parkt man am großen Parkplatz **Lampugnano** und fährt mit der U-Bahn M1 (Linea Rossa) direkt zum Domplatz. Leider gilt dieser Parkplatz als unsicher, PKW werden dort häufig gewaltsam aufgebrochen, in der Urlaubszeit mehrmals täglich.

Tipp: Über www.myparking.eu kann man einen Stellplatz in einem der Parkhäuser Mailands reservieren (ca. 20–25 €/Tag, 3–4 €/Std.). In der Nähe vom Domplatz liegen z. B. **Autosilo Diaz,** Piazza Armando Diaz 6 (tägl. 7–2 Uhr), und **Duomo Parking,** Via Olmetto 9 (24/7 offen).

Klimaschutz   In einem Großteil der Stadt ist die Einfahrt für Euro Diesel 1, 2, 3 und 4 ohne Partikelfilter verboten. Diese Zone umfasst 70 % des Stadtgebiets und wird **AreaB** genannt. 187 Kameras überwachen das Einfahrverbot.

Das innere Stadtgebiet ist die **AreaC.** Hier muss Mo–Fr 7.30–19.30 Uhr eine **Tagesmaut** von 5 € bezahlt werden.

Die mit **ZTL** (Zona Traffico Limitato) gekennzeichneten Zonen dürfen nur von autorisierten Fahrzeugen befahren werden.

Aktuelle Infos bei **www.milano24ore.de**

Bahn   Wegen der o. g. Schwierigkeiten empfehlen wir vom Lago Maggiore aus die Anreise mit der Bahn. Züge fahren von Stresa und Arona (Westufer) sowie Sesto Calende und Laveno Mombello (Ostufer), Fahrtdauer in der Regel nicht mehr als 1:30 Std.

Bahnhöfe (Auswahl): **Stazione Porta Garibaldi.** Hier kommen die FS-Züge vom Lago Maggiore an. Mit der U-Bahn M1 (in der Station Cadorna in die M2 umsteigen) erreicht man den Domplatz.

Stazione Cadorna (**Milano Nord**). Die Gesellschaft FerrovieNord (FNM) startet in Laveno Mombello am Ostufer und fährt über Varese zu diesem Bhf. südlich vom Parco Sempione (M1/M2: Cadorna). Von hier pendeln Züge auch halbstündlich zum Flughafen Malpensa.

Stazione Centrale. Der Hauptbahnhof beeindruckt in seiner Monumentalität. Das typische Beispiel protziger Faschistenarchitektur wurde 1931 fertiggestellt. Gepäckaufbewahrung im Erdgeschoss auf der Seite der Piazza Luigi di Savoia, Ticketbüro für Flughafenbusse in der östlichen Außenfront (Piazza Luigi di Savoia). Die U-Bahn M3 in Richtung San Donato fährt zum Domplatz.

Flug   Der Großflughafen **Malpensa** liegt 45 km nordwestlich der Stadt bei Gallarate, nicht weit vom Südende des Lago Maggiore, der kleinere Airport **Linate** nur etwa 6 km östlich vom Zentrum. ℃ 02-232323, www.milanomalpensa-airport.com & www.milanolinate-airport.com.

Weitere Infos zu beiden Flughäfen siehe Anreise, S. 300/301.

Unterwegs in Mailand

Die **MilanoCard** kostet 11 € für 24 Std., 17 € für 48 Std. und 19 € für 72 Std. Man kann damit alle öffentlichen Verkehrsmittel kostenlos nutzen und erhält Rabatt in Museen und Restaurants. Verkauf online unter www.milanocard.it, dort sind außerdem die Verkaufsstellen vor Ort aufgelistet.

U-Bahn, Busse & Trams   Die U-Bahn **Metropolitana Milano** (MM) der Verkehrsbetriebe ATM (www.atm.it) besteht aus den vier Linien **M1** (rot), **M2** (grün), **M3** (gelb) und **M 5** (blau) und ist ein ideales Verkehrsmittel, um die großen Entfernungen in der Stadt schnell zu überbrücken. Fahrtzeiten von etwa 6.15 Uhr

bis kurz nach Mitternacht. Außerdem gibt es **Busse** und ein gutes **Tramsystem.**

Ein Einzelticket kostet ca. 2 €, es gilt 90 Min. in allen öffentlichen Verkehrsmittel, man darf damit auch die Fahrt unterbrechen und innerhalb der 90 Min. Hin- und Rückfahrt antreten. Ein Carnet für zehn Fahrten kostet ca. 18 €, erhältlich ist es in Zeitungs-/Tabacchi-Läden und in den Automaten der Metrostationen. Zu empfehlen sind die preiswerten **24-Std.-** (ca. 7 €) und **72-Std.-Karten** (ca. 12 €), die in allen öffentlichen Verkehrsmitteln gelten und in vielen Metrostationen erhältlich sind, z. B. Duomo, Cadorna, Loreto, Romolo und Stazione Centrale.

Taxi   Funktaxi z. B. über ℃ 02-4040 (www.taxiblu.it) oder 02-6969 (www.026969.it).

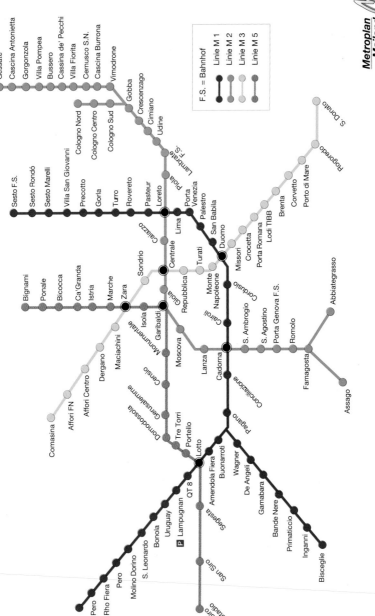

Metroplan Mailand

F.S. = Bahnhof

Linie M 1
Linie M 2
Linie M 3
Linie M 5

Zu den Milaneser Spezialitäten zählt natürlich das weltberühmte *costoletta alla milanese*, aber auch Risotto in verschiedensten Abwandlungen, besonders gerne mit Safran, außerdem *ossobuco* (Kalbshaxen). Am allerschönsten isst man in Mailand im Viertel **Ticinese** im Südwesten, wo sich vor allem im Umkreis des langen Kanals **Naviglio Grande** zahlreiche stimmungsvolle Osterien und Ristoranti angesiedelt haben und jährlich neue eröffnet werden (M2: Porta Genova). Typisch für Mailand sind ansonsten die zahlreichen volkstümlichen Pizzerien, wo man an langen Tischen hautnah zwischen Familien und Freundesgruppen sitzt. Achtung: An Wochenenden sind zahlreiche Lokale überfüllt, rechtzeitig kommen! (→ auch Nachtleben, Stichwort „Aperitivo"!

Zentrum Antica Trattoria dei Magnani „Al Cantinone" 19 Altes Mailänder Lokal mit langer Theke und mehreren Speiseräumen, trotz der unmittelbaren Domnähe gute lombardische Küche zu fairen Preisen, z. B. *ossobuco* und Risotto. Via Agnello 19 (Seitengasse des Corso Vittorio Emanuele), ☎ 02-863015.

Al Mercante 28 Stimmungsvolle Sitzplätze auf der mittelalterlichen Piazza Mercanti, wenige Schritte vom Domplatz. Entsprechend der Lage allerdings sehr touristisch und höhere Preise. ☎ 02-8052198.

La Brisa 25 Südlich vom Corso Magenta, elegantes Lokal mit schönem Garten in der Nähe der Börse, gute Mailänder Küche zu etwas höheren Preisen, von Michelin empfohlen. So-Mittag und Sa geschl. Via Brisa 15, ☎ 02-86450521.

Flash 30 Unauffälliges Lokal 2 Min. südlich vom Dom. Hier gibt es die echte neapolitanische Pizza in umfassender Auswahl und beachtlicher Größe (die größten im Zentrum!), gutes Preis-Leistungs-Verhältnis. Via Larga/Ecke Via Bergamini, ☎ 02-58304489.

Antica Osteria del Laghetto 31 In der Straße hinter dem „Flash". Trotz der zentralen Lage ganz ruhige Ecke. Freundliches Lokal mit hausgemachten Nudeln und großer Auswahl an Fisch. Mi geschl. Via Festa del Perdono 4, ☎ 02-58307404.

Cantina Piemontese 32 Wenige Schritte weiter, seit 1908 bei der Uni südöstlich vom Domplatz. Gemütliches Lokal, im Sommer kann man unbelästigt vom Straßenverkehr vor dem

Haus sitzen. Gute Küche zu etwas höheren Preisen, viele Einheimische. Via Laghetto 2, ☎ 02-784618.

Paper Moon 16 Zentrale Lage im Shoppingviertel, schick und angesagt, abwechslungsreiche Karte, auch Pizza, teuer. So geschl. Via Bagutta 1, ☎ 02-76022297.

MeinTipp **Nerino Dieci 33** Vom Domplatz aus in Richtung Navigli, exzellente Trattoria im modernen, aber gemütlich-eleganten Stil – hervorragende Küche, flotter Service und dabei wirklich faire Preise. Besonders empfehlenswert: Pasta, die am Tisch heiß durch einen Parmesan-Laib geschwenkt und serviert wird. Ausgezeichnet sind aber auch alle Fischgerichte. Frühzeitige Reservierung ist angebracht. Sa-Mittag u. So geschl. Via Nerino 10, ☎ 02-39831019.

Brera-Viertel (Via Brera, Corso Como, Corso Garibaldi) Leider warten hier viele Touristenfallen, nicht alles, was schön aussieht, ist auch wirklich gut.

Alla Cucina della Langhe 6 Gepflegte und etwas teurere Trattoria in der angesagten Nachtmeile, lombardische und piemontesische Küche, beste Risotti und *costoletta alla milanese*. Corso Como 6, ☎ 02-6554279.

Pizzeria di Porta Garibaldi 4 Gleich benachbart, seit über sechzig Jahren bekannt gute Pizza aus dem holzbefeuerten Ofen. Tägl. geöffnet, Sa/So durchgehend bis spätnachts. Corso Como 6, ☎ 02-6551926.

Restaurants im Brera-Viertel

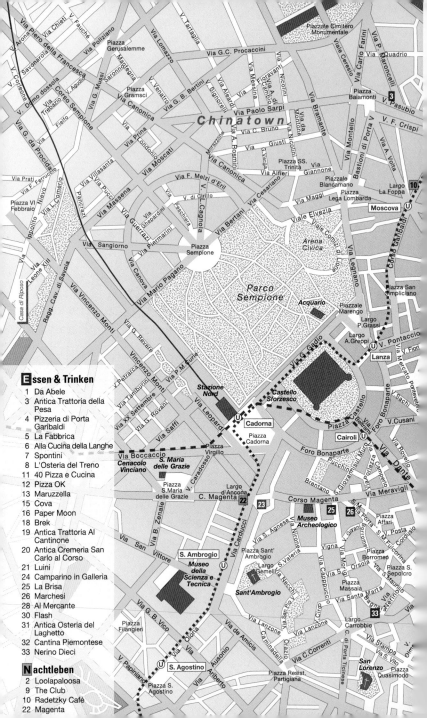

Essen & Trinken

1 Da Abele
3 Antica Trattoria della Pesa
4 Pizzeria di Porta Garibaldi
5 La Fabbrica
6 Alla Cucina della Langhe
7 Spontini
8 L'Osteria del Treno
11 40 Pizza e Cucina
12 Pizza OK
13 Maruzzella
15 Cova
16 Paper Moon
18 Brek
19 Antica Trattoria Al Cantinone
20 Antica Cremeria San Carlo al Corso
21 Luini
24 Camparino in Galleria
25 La Brisa
26 Marchesi
28 Al Mercante
30 Flash
31 Antica Osteria del Laghetto
32 Cantina Piemontese
33 Nerino Dieci

Nachtleben

2 Loolapaloosa
9 The Club
10 Radetzky Café
22 Magenta

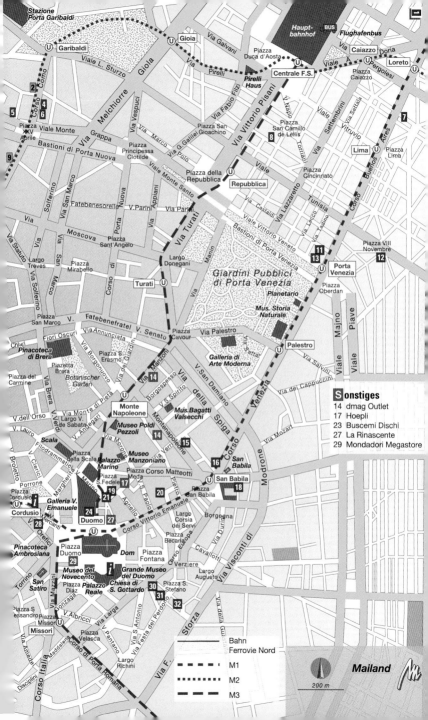

La Fabbrica 🔢 Pizza-„Fabbrica" mit kleinen und großen Marmortischen, an Wochenenden bilden sich oft lange Schlangen. Die Pizza wird gelobt. Filiale auch an den Navigli (→ unten). Viale Pasubio 2 (M2: Moscova), ☎ 02-6552771.

Antica Trattoria della Pesa 🔢 Seit 1880 und damit eins der ältesten Lokal der Stadt, die schöne Osteria hat in dieser Zeit bereits so berühmte Gäste wie Maria Callas, den Regisseur Visconti und Ho Chi Minh gesehen. Typische Mailänder Küche, z. B. *risotto alla milanese* oder *ossobuco*, allerdings zu deutlich gehobenen Preisen. Keine Plätze im Freien. So geschl. Viale Pasubio 10 (M2: Moscova), ☎ 02-6555741.

Bahnhofsviertel und Corso Buenos Aires **L'Osteria del Treno** 🔢 Die einstige Kantine der Eisenbahner hat sich zum geschätzten In-Treff entwickelt. Mo- bis Fr-Mittag speist man hier günstig (Self-Service), abends zu höheren Preisen regionale Spezialitäten. Im Sommer kann man auch im Freien sitzen. Reservierung abends empfohlen. Sa-Mittag u. So geschl. Via San Gregorio 46, ☎ 02-6700479.

Mein Tipp **Da Abele** 🔢 Nordöstlich vom Bahnhof. Traditionelle Trattoria mit freundlicher Atmosphäre, viel gerühmte Spezialität ist Risotto, das es täglich in mehreren Variationen gibt (wird frisch gemacht, etwas Wartezeit einplanen), dazu reiche Weinauswahl. Preis-Leistungs-Verhältnis in Ordnung. Nur abends. Mo geschl. Via Temperanza 5 (M1: Pasteur), ☎ 02-2613855.

Spontini 🔢 Seit 1953, populäre und erlebenswerte Pizzastube, nur Pizza Margherita vom laufenden Band, oft großer Andrang mit Wartezeiten, da preislich sehr günstig. Hinten sitzt man an langen Holztischen. Hat inzwischen eine Reihe von Filialen, aber hier begann alles. Corso Buenos Aires 60/Ecke Via Gaspare Spontini (dort liegt auch der Eingang). ☎ 02-2047444.

40 Pizza e Cucina 🔢 Nähe Porta Venezia. Süditalienisch anmutende Pizzastube, man sitzt auf Hockern an langen Tischen und speist zu günstigen Preisen in lockerer Atmosphäre Lasagne und Pizza. Mi geschl. Via Panfilo Castaldi 40, ☎ 02-29400061.

Pizza OK 🔢 Diese einfache Trattoria serviert hauchdünne und knusprige Pizzen in fast hundert, teilweise sehr originellen Geschmacksrichtungen. Via Lambro 15/Ecke Piazza Otto Novembre 1917, ☎ 02-34537919.

Mein Tipp **Maruzzella** 🔢 Direkt bei der Porta Venezia. Seit 1978, großes, fröhliches Lokal mit umfangreicher Speisekarte, auch leckere Pizza, fast immer brechend voll (Schlange stehen!), preislich korrekt. Mi geschl. Piazza Giuglielmo Oberdan 3, ☎ 02-29525729.

Naviglio Grande (Ticinese) Hier ballen sich die Restaurants und Lokale. Die Via Alzaia Naviglio Grande verläuft rechts vom Kanal, Ripa di Porta Ticinese links davon.

Bummel zur Piazza del Duomo

Officina 12. Angesagte Pizzeria ganz in Rot, vorne eine kleine, lauschige Terrasse, dahinter ein sehr schicker und erstaunlich großer Innenbereich mit Hinterhaus und überdachtem Hof. Interessantes Ambiente und höhere Preise, Service und Qualität werden recht unterschiedlich beurteilt. Di-Mittag geschl. Alzaia Naviglio Grande 12, ✆ 02-89422261.

El Brellin. Stilvoll eingerichtetes Ristorante in einem prächtig restaurierten historischen Gutshaus. Im Sommer auch Sitzplätze an einem schmalen, überdachten Seitenkanal, in früheren Zeiten Waschplatz der Frauen. Vicolo dei Lavandai, ✆ 02-58101351.

L'Altro Luca e Andrea. Nett zum Sitzen an den Außentischen, bis abends hat man hier Sonne. Das Essen ist durchschnittlich, mittlere Preise. Alzaia Naviglio Grande 24. ✆ 02-89415771.

Fabbrica. Pizzaabfütterung über zwei Stockwerke in einer früheren Fabrikhalle, laut und fröhlich geht es hier immer zu. Via Alzaia Naviglio Grande 70, ✆ 02-8358297.

Mein Tipp **Pizzeria La Tradizionale.** Am Beginn der Straße auf der linken Kanalseite, gemütlicher Speiseraum, leckere Pizza und Focaccia, aber auch Fisch- und Fleischgerichte, Preise moderat. Mi-Mittag geschl. Ripa di Porta Ticinese 7, ✆ 02-8395133.

Mein Tipp **Al Pont de Ferr.** Wie der Name sagt, kurz vor der Eisenbrücke über den Kanal. Hübsche Osteria mit hohen Räumen, nostalgisch-gemütlich eingerichtet. Persönliches Ambiente, kreativ-gehobene Küche und ausgezeichnete Weinauswahl. Auch schön zum draußen Essen, schattige Tische auf der Straße. Reservierung empfohlen. Ripa di Porta Ticinese 55, ✆ 02-89406277.

Self-Services & Snacks   Brek 🔢**18** Gute Self-Service-Kette mit mehreren Filialen, z. B. Piazzetta Umberto Giordano 1 (bei Piazza San Babila).

Luini 🔢**21** In und vor diesem winzigen Laden, 1949 gegründet, treffen sich die Mailänder nach dem Einkaufsbummel oder Kinobesuch. Spezialität sind die gefüllten Teigtaschen namens *panzerotti*, eine Art Mini-Calzone. Mo ab 15 Uhr u. So geschl. Via Radegonda 16, neben dem Kaufhaus La Rinascente.

Traditionelle Cafés   Ganz stilvoll sitzt man zu hohen und höchsten Preisen in den Freiluftcafés der eleganten Galleria Vittorio Ema-

Mit der Tram durch Milano

nuele II. Abends trifft man sich dann an den Kanälen im Stadtteil Ticinese (→ Nachtleben).

Camparino in Galleria 🔢**24** Ein Klassiker am Eingang zur Galleria, hier wurde der *Campari* erfunden. Im ersten Stock Jugendstilsalon mit wunderbarem Blick auf Dom und Galleria.

Antica Cremeria San Carlo al Corso 🔢**20** Schöne Sitzgelegenheiten an einem kleinen Platz vor der gleichnamigen Kirche, direkt an der Fußgängerzone Corso Vittorio Emanuele, leider reichlich teuer.

Cova 🔢**15** 1817 eröffnet, der österreichisch-ungarische k.u.k.-Charme des 19. Jh. wurde hier bis heute konserviert, teuer und elegant. Via Montenapoleone 8.

Mein Tipp **Marchesi** 🔢**26** Eine der ältesten Pasticcerien Mailands, seit 1824, große Auswahl an leckeren Pasticcini (Törtchen). Man steht an der Bar, denn Sitzgelegenheiten gibt es keine, aber auch keine Touristen. Mo geschl. Via Santa Maria alla Porta 11 (östliche Verlängerung des Corso Magenta). Filialen auch in der Galleria Vittorio Emanuele II (neu eröffnet) und in der Via Montenapoleone 9, dort auch Sitzgelegenheiten.

Eis   Grom. „Öko"-Eis, garantiert ohne chemische Zusatzstoffe und mit besten Zutaten. Fünf Filialen in Mailand, z. B. Via Santa Margherita 16 (100 m vom Teatro alla Scala), Corso Buenos Aires 13 und Corso di Porta Ticinese 51 (bei den Säulen von San Lorenzo).

Abstecher nach Mailand → Karte S. 274/275

La Bottega del Gelato. In einer Seitengasse des Corso Buenos Aires, Riesenauswahl und ausgefallene Geschmacksrichtungen mit Schwergewicht auf exotischen Früchten. Via Pergolesi 3.

La Rinomata. Nostalgisches Ambiente am Beginn des Naviglio Pavese. Kunstvoll türmen sich die Eiswaffeln in Glasvitrinen, das Eis wird aus traditionellen Deckelbehältern der 50er Jahre geschöpft, dazu gibt es leckere Crêpes. Ripa di Porta Ticinese 1.

RivaReno. Das exzellente Eis wird täglich frisch gemacht, verwendet werden dafür ausschließlich Milch und Sahne aus dem Valle Stura in Piemont, höherpreisig. Filialen: Viale Col di Lana 8 und Via Mercato 20.

Nachtleben → Karte S. 274/275

Zahllose Nachtkneipen, Osterien und Clubs findet man an den **Navigli** (Kanäle) im Viertel Ticinese (M2: Porta Genova), im Zentrum ist der **Corso Como** eine beliebte Nachtmeile. Zur „Happy Hour" (ca. 18–22 Uhr) gibt es fast überall günstiges Essen vom Buffet, genannt „Aperitivo" – man zahlt ein Getränk (ca. 8–10 €) und kann so viel essen, wie man will. Eintritt in Clubs ca. 15–30 €, Drink ca. 8–12 €. Tipp: Für (Erasmus-)Studenten ist fast täglich in einem der Clubs der Eintritt frei. Veranstaltungskalender täglich in der Zeitung „Corriere della Sera" und donnerstags im Magazin „TuttoMilano" der Zeitung La Repubblica.

Brera-Viertel (Via Brera, Corso Como, Corso Garibaldi) **Radetzky Café**  Beliebtes In-Café, coole Einrichtung, schon morgens zum Frühstück geöffnet, bis 1.30 Uhr nachts, Wochenende bis 2 Uhr. Corso Garibaldi 105.

The Club Angesagter Discoclub, nicht ganz einfach reinzukommen. Di–Sa bis 23.30 bis 4 oder 5 Uhr früh. Mo geschl. (www.theclub milano.it). Corso Garibaldi 97.

Loolapaloosa Nähe Stazione Garibaldi, fröhlicher, oft extrem voller Treff, alles tanzt auf den Tischen. Tägl. bis 5 Uhr morgens (www. loolapaloosa.com). Corso Como 15.

Zentrum Magenta Jugendstilbar mit nostalgischem Flair, Sitzplätze auch im Freien, gutes Mittags- und Abendbuffet. Wenn es drinnen zu voll wird, steht man draußen vor der Tür. Ganztägig bis 2.30 Uhr nachts, Wochende bis 4.30 Uhr, Aperitivo 17.30–21.30 Uhr. Mo geschl. Via Giosue Carducci 13/Corso Magenta (M1/M2: Cadorna).

Navigli (südlich vom Zentrum) **Le Trottoir à La Darsena.** Viel besuchte Kneipe an der zentralen Piazza im Navigli-Viertel, geschmückt mit Kunstwerken, am späteren Abend häufig Livemusik. Geöffnet bis in den frühen Morgen. Piazza XXIV Maggio 1, www.letrottoir.it.

La Bodeguita del Medio. Seit fast vierzig Jahren im Viertel Ticinese. Kubanische Kneipe mit kreolischer Küche und fantasievollen Cocktails, fröhliche Stimmung, DJs legen auf, auch Livemusik. Geöffnet bis 2 Uhr. Viale Col di Lana 3, http://labodeguitadelmediomilano. blogspot.it.

Blues Canal. Großer Pub mit Restaurant im Südstaatenstil, mehrmals wöch. ab 22.30 Uhr Livemusik – Folk, Reggae, Jazz, Coverrock. Via Casale 7, Naviglio Grande.

Im Freien An den Säulen von **San Lorenzo Maggiore** (→ Sehenswertes) treffen sich allabendlich hunderte von Jugendlichen.

Einkaufen

Märkte Mercato Papiano. Am Viale Papiano im Viertel Ticinese findet jeden Di und Sa am Vormittag einer der größten Märkte Mailands statt, hauptsächlich Lebensmittel und Textilien (M2: Sant'Agostino).

Fiera di Sinigallia. Altehrwürdiger Flohmarkt jeden Sa 8–18 Uhr am Kanal Naviglio Grande im Navigli-Viertel.

Mercatone del Naviglio Grande. Pittoresker Antiquitätenmarkt beim Naviglio Grande, jeden letzten So im Monat zwischen Viale Goria und Via Valenza (www.navigliogrande.mi.it).

Mercatino di Brera. Antiquitätenmarkt um die Via Fiori Chiari im Brera-Viertel, jeden dritten So im Monat 9–18 Uhr.

Mode Das Teuerste, was die Designer weltweit zu bieten haben, findet man im „Goldenen Dreieck" der Straßen **Via Montenapoleone, Via della Spiga** und **Via San Andrea** (→ Sehenswertes), außerdem am mondänen **Corso Vittorio Emanuele.** Preiswerter kann man in der **Via Torino** und am 2 km langen **Corso Buenos Aires** kaufen.

Einige Modehäuser verkaufen Designer-Textilien der letzten Saison in den sog. „Stocks" um einiges billiger, z. B. **dmag Outlet 14**, Via Manzoni 44 (📞 02-36514365) und Via Bigli 4 (📞 02-36643888), beide tägl. 10–19.30 Uhr (www.dmag.eu).

> Schnäppchen sind in Mailand zur Zeit des **Sommerschlussverkaufs** *(soldi)* im Juli zu machen.

Sonstiges La Rinascente 27. Elegantes Riesenkaufhaus an der Piazza del Duomo 3, täglich 9–22 Uhr. Auf sieben Stockwerken Designerstücke, Wohnaccessoires und Textilien aller bekannten Labels, ganz oben die Gourmet-Abteilung mit großartigem Blick auf Dom und Stadt.

Mondadori Megastore 29. Auf mehreren Etagen Software, Games, DVDs, Handys, Bücher, E-Books u. v. m. Tägl. 9–22 Uhr. Piazza del Duomo 1.

Hoepli 17. Größte Buchhandlung der Stadt, vier Stockwerke, unter Schweizer Leitung. Mo–Sa 10–19.30 Uhr, Via Ulrico Hoepli 5. Ebenfalls zu empfehlen: **Rizzoli Galleria** in der Galleria Vittorio Emanuele, Nähe Ausgang zur Piazza della Scala, tägl. 9–20 Uhr.

Buscemi Dischi 23. Riesenauswahl an CDs und Schallplatten. 10–13, 15–19,30 Uhr, Mo-Vormittag u. So geschl. Corso Magenta 31, Eingang Via Terragio (www.buscemidischi.it).

In der Galleria Vittorio Emanuele II

Abstecher nach Mailand ↓ Karte S. 274/275

Nachlesen

& Nachschlagen

Panoramablick vom nördlichen Ostufer des Lago Maggiore

Geografie

Der Lago Maggiore ist nach dem Gardasee der zweitgrößte See Italiens, seine Ufer sind insgesamt 166 km lang. Seine Oberfläche beträgt 212 qkm (Gardasee 370 qkm), 80 % davon gehören zu Italien, die restlichen 20 % zur Schweiz. Der Seespiegel liegt etwa 195 m ü. M., die Länge beträgt 66 km, die Breite schwankt zwischen 2 km (bei Arona) und 12 km (bei Baveno), die mit 372 m tiefste Stelle liegt zwischen Ghiffa und Porto Valtravaglia.

Wie die anderen großen italienischen Voralpenseen ist auch der Lago Maggiore durch die Ausschürfungen mächtiger Eiszeitgletscher entstanden. Verursacht durch das starke Absinken der Durchschnittstemperaturen wälzten sich vor einer Million Jahren gewaltige Eismassen durch die Täler des Alpenkamms in Richtung Poebene, hobelten dabei breite und steile Einschnitte aus und bedeckten sie bis in über 1000 m Höhe mit Eis. Noch mehrere Eisschübe folgten, dann bildeten sich vor etwa 10.000 Jahren die Gletscherzungen zurück und hinterließen die Seen, darunter auch den Lago Maggiore. Dank der großen Wassermassen wirken sie klimatisch ausgleichend und erzeugen in ihrer nach Norden geschützten Lage am Südrand der Alpen ein Mikroklima, das teilweise subtropische Vegetation begünstigt.

Der Ticino, die Maggia und die Verzasca bilden die drei großen Zuflüsse am nördlichen Seeende. Die Maggia schuf zwischen Locarno und Ascona ein großes Flussdelta und der am Gotthard entspringende Ticino eine weite Ebene, den Piano di Magadino. Dieses frühere Sumpfland wurde Anfang des

20. Jh. durch die Kanalisierung des Ticino trocken gelegt. Hochwasserdämme verhindern, dass er über die Ufer tritt. Im Mündungsbereich liegt das Naturschutzgebiet Bolle di Magadino mit ruhigen Wasserarmen, Schilf und artenreicher Vegetation (→ S. 60).

Ein weiteres Biotop erstreckt sich an der Mündung des Toce, der aus dem breiten Valle d'Ossola kommend am mittleren westlichen Seeufer mündet, genannt **Riserva Naturale Fondotoce** (→ S. 206).

Am Südende des Lago Maggiore tritt der Ticino wieder aus dem See und mäandert durch das ausgedehnte Naturschutzgebiet **Parco Naturale della Valle**

Ruhe am See

del Ticino (→ S. 152) weiter in die Poebene, wo er bei Pavia in den Po mündet.

Regio Insubrica: grenzüberschreitende Kulturidentität im Seengebiet

„Regio Insubrica" nannten die Römer die Region zwischen Lago Maggiore, Luganer See, Comer See und den Gebirgszügen Monte Rosa und Adamello. Namensgeber war der keltische Stamm der Insubrer, der seit etwa 400 v. Chr. die Region besiedelte und auch Mailand gründete. Regio Insubrica nennt sich heute auch eine grenzüberschreitende Arbeitsgemeinschaft, in der die italienischen Provinzen Sondrio, Novara, Lecco, Como, Varese, Verbano Cusio Ossola sowie der Schweizer Kanton Tessin vertreten sind. Sie verstehen sich als Kultureinheit – eine so genannte „Euroregion" –, in der Italienisch und der insubrische Dialekt gesprochen werden (Slogan: „Eine Grenze, die zwei befreundete Länder vereinigt"). Man kümmert sich zusammen um Kultur- und Bildungsprojekte und natürlich auch um den Ausbau des Tourismus. In Como und Varese gibt es sogar eine Università dell'Insubria mit etwa 11.000 Studenten (www4.uninsubria.it).

Insubrica bzw. Insubria ist aber leider auch – ähnlich wie „Padania" im Nordosten Italiens – ein Schlagwort der rechtslastigen italienischen Regionalpartei Lega Nord geworden. Abgrenzung gegen den wirtschaftlich schwachen Süden Italiens, Überbetonung regionaler Eigenheiten und Ausländerfeindlichkeit vermischen sich darin zu einem populistischen Gebräu, mit dem Legachef Matteo Salvini mittlerweile ganz Italien überzieht. Sein Versuch, eine Alleinherrschaft der Lega herbeizuführen, scheiterte 2019, die Lega trat daraufhin aus der nationalen Regierung aus. Aufgegeben hat Salvini indes noch lange nicht. Er tingelt weiter durch die Provinzen, macht Werbung für sich und die Lega – derzeit mit erschreckendem Erfolg.

Flora

„Insubrische" Flora – nach dem Keltenstamm, der einst an den Ufern des Lago Maggiore siedelte – nennen Botaniker die einzigartige Pflanzenwelt mit 1900 Blütenpflanzen zwischen Kastanie und Kaktus, Bergblume und Palme, die es auf so engem Raum in Europa sonst nicht gibt.

An den Ufern des Lago Maggiore hat der Eingriff des Menschen allerdings die Pflanzenwelt seit Hunderten von Jahren nachhaltig verändert: Aufgrund landwirtschaftlicher Interessen sind Weinreben und Obstbäume, Getreide und Tabakpflanzen heimisch geworden, zwei Drittel der ursprünglichen Waldflächen fielen dieser Kultivierung zum Opfer. Dazu kam, dass das einzigartig milde Mikroklima des Sees zur Verschönerung mit zahlreichen farbenprächtigen subtropischen und sogar tropischen Pflanzen führte – „Garten Europas" wird der Lago Maggiore seitdem genannt.

Insubrische Flora: Unterhalb der 1000-Meter-Marke ist die **Edelkastanie** die vorherrschende Pflanze. Die mächtigen Bäume, von den Römern um Christi Geburt eingeführt, dominieren vor allem auf der Tessiner Seite des Sees und werden seit dem Mittelalter intensiv genutzt. Ihre mehligen Früchte dienen den Menschen als Nahrung, die Schösslinge als Winterfutter für Ziegen und das Holz als Bau- und Brennmaterial. Den Unterwuchs im Kastanienwald bilden neben Ginster vor allem die zur Mittelmeervegetation zählenden **Zistrosen,** deren Blätter an Salbei erinnern. Neben sich duldet die Kastanie selten andere Bäume, nur sehr vereinzelt mischen sich Birken und Eschen in den Wald. Außerdem räubert die Kastanie in anderen Vegetationen, so ist der Eichengürtel fast vollständig von der Kastanie verdrängt worden.

Auch der von Edellaubhölzern (vornehmlich Linde, Ulme, Nussbaum und Stechpalme) gebildete **Laubmischwald-Gürtel** zählt zur insubrischen Flora. Kalkhaltige Hänge verschaffen ihm im Sommer die nötige Wärme und Feuchtigkeit und verschonen ihn im Winter weitgehend vom Frost. Überall wo Sonne und Wärme nicht ausreichen, löst die Hopfenbuche die Edellaubhölzer ab. Doch die Licht liebenden, weit verstreut wachsenden Bäume werden seit alters her zur Holzgewinnung genutzt und kommen daher nur noch selten vor.

Die Symbolblume des Lago Maggiore ist die Kamelie, die im Spätwinter bzw. zeitigen Frühjahr blüht und dann am See alljährlich im Mittelpunkt zahlreicher Ausstellungen steht. Im Kamelienpark von Locarno finden sich über 900 Arten, für die Turiner Winterspiele von 2006 wurde sogar eine eigene Art namens „Ice Lake" gezüchtet.

Inneralpine Vegetation: Der Zwergstrauchgürtel mit Alpenrosen und Zwergwacholder oberhalb der Waldgrenze wurde von der Weidewirtschaft weitgehend zerstört. Die Waldgrenze selbst ist in den letzten 50 Jahren von 2300 auf 1900 m zurückgegangen; bis auf 1600 m dominieren **Lärchen,** nur vereinzelt von den kiefernähnlichen Zirben durchsetzt. Die größte Walddichte besitzt der kontinental geprägte **Buchen-Weißtannen-Gürtel** zwischen 1000 und 1600 m. Allerdings handelt es sich nicht um einen Mischwald, denn neben der Buche, die nährstoffreiche Böden liebt, kann sich kaum ein Nadelbaum behaupten.

Christrose, Akelei und Pfingstrose, die den Unterwuchs in Buchenwäldern ausmachen, gehören bereits zu den insubrischen Arten. Nur an überwiegend trockenen Standorten übernimmt die Wärme liebende Föhre die Waldzusammensetzung; sie wird jedoch häufig abgeholzt und durch schnell wachsende Fichten ersetzt. Bei beiden Nadelbäumen bilden überwiegend Alpenrosen und Woll-Riedgras den dürren Unterwuchs.

Eingeführte Pflanzen: Seit dem 19. Jh. wurden von Adel und Großbürgertum im Seegebiet Blumen- und Pflanzenarten aus aller Welt in prachtvollen botanischen Gärten und Parks heimisch gemacht – Agaven, Araukarien und Azaleen, Magnolien und Dahlien, Geranien und Kamelien, Bananen und Rhododendren, Hibiskus, Tulpen und Hortensien, Palmen und Kakteen, Zypressen, Zedern u. v. m. Allein im Park der **Villa Taranto** (→ S. 192) gedeihen 20.000 Pflanzenarten, davon über 500 Rhododendron- und 300 Dahlienarten. Mittlerweile haben viele die artifiziell angelegten Grundstücke überwunden und genießen an den Hängen des Lago Maggiore und in der Locarner Bucht das fast schon mediterrane Klima. Die Blumenzucht ist mittlerweile ein bedeutender Wirtschaftsfaktor, man exportiert in viele Länder Europas.

Es grünt und blüht am See

Fauna

Ja, es gibt Schlangen, giftige sogar. Sonst aber ist die artenreiche Fauna in ihrer Mehrzahl ungefährlich.

Vor allem finden sich einige Tierarten, die im übrigen Europa als ausgestorben gelten, z. B. einige Fledermaus- und Vogelarten. Ansonsten gilt leider auch am Lago Maggiore und in den umliegenden Tälern: Zahlreiche Tierarten sind vom Aussterben bedroht und etliche, die einst zum Schmuck der Fauna gehörten, mussten wieder angesiedelt werden. Dazu zählt der König der Alpentiere, der **Steinbock.** Seit dem 17. Jh. ausgestorben, wurde er Anfang des 20. Jh. wieder eingeführt und hat es mittlerweile zu einer stolzen Population gebracht. Man braucht nicht einmal besonderes Glück, um im Verzascatal nördlich von Locarno einen dieser gewandten Kletterer zu entdecken.

Auch **Rehe** wurden in den 1930er Jahren ausgesetzt, sind aber bis heute nicht besonders häufig. Anders **Rothirsch** und **Wildschwein,** die in der Mitte des 20. Jh. aus dem Osten zuwanderten und es mittlerweile auf einen Bestand von über 2000 Stück gebracht haben. Verschwunden sind die einst dominierenden Raubtiere wie Braunbär und Otter; lediglich die zwischenzeitlich ebenfalls ausgerotteten Wölfe und Luchse kommen von Osten und Süden vereinzelt wieder. Stark verbreitet sind dagegen **Murmeltiere. Fledermäuse** sind mit über 20 Arten vertreten, darunter die Bulldoggfledermaus, die sonst nur noch in Nordafrika vorkommt. Achten Sie abends am See und an Flussläufen auf die Nachtjäger, die knapp über der Wasseroberfläche ihre Beute suchen. Die reiche Insektenwelt bietet vielfältige Nahrung, für ausreichend Unterschlupf sorgen die Waldgebiete an den umliegenden Berghängen.

Fische: Schon im vorigen Jahrhundert war der See stark überfischt, und man behalf sich frühzeitig mit der Aufzucht importierter Fische. So machen heute **Felchen** aus dem Bodensee und **Barsche** aus Amerika den Großteil des Fischbestandes aus. Von den natürlich vorkommenden Arten haben nur Restbestände der **Laube** (eine Karpfenart) überlebt sowie die **Finte** (Alosa fallax lacustris), die zur Ordnung der Heringsartigen gehört – ein einstiger Mee-

Wieder heimisch am Lago Maggiore: der Steinbock

resfisch, der sich ursprünglich nur zum Laichen in Süßwasser begab, dann aber dort sesshaft wurde. In Bergbächen finden sich **Forellen** (ebenfalls ausgesetzt), vereinzelt **Elritzen** (kleine Karpfenfische) und **Koppen,** eine Unterart der winzigen, wirtschaftlich unbedeutenden Groppen, sowie der rar gewordene **Bachsaibling.** Die Fischereirechte kontrolliert auf italienischer Seite schon seit Jahrhunderten die Adelsfamilie Borromeo. Weitere Hinweise zur Fischpopulation im Kapitel „Essen & Trinken" (→ S. 311).

Vögel: Die artenreichste Wirbeltiergruppe ist die der Vögel. 40 % aller europäischen Vogelarten kommen im Umkreis des Lago Maggiore vor, mehr als die Hälfte von ihnen brütet auch hier. An den Seeufern wimmelt es nur so von Stockenten, Schwarzkehlchen, Reihern, Höckerschwänen und Haubentauchern. Seltener sind Blässrallen, Zwerg-Rohrdommeln und Flussregenpfeifer, und insgesamt deutlich unterrepräsentiert sind Raubvögel. Auch einige Absonderlichkeiten der Vogelwelt sind zu bestaunen: Der **Halsbandschnäpper,** in Süditalien weit verbreitet, kommt so weit im Norden nur noch im Kastanienwald des Malcantone (Südtessin) vor.

Reptilien: Eidechsen und Schlangen machen das Heer der Reptilien aus. Während Smaragd-, Ruinen- und Mauereidechsen possierlich und gänzlich ungefährlich sind, gibt es unter den acht im Gebiet des Lago Maggiore heimischen Schlangenarten drei giftige: die **Kreuzotter,** die in felsigen Gegenden vorkommt, und zwei dunkelblau bis schwarz gefärbte **Aspisvipernarten,** die im Verzascatal leben. Vor den übrigen Schlangen, die vornehmlich in Auen und an den Seeufern anzutreffen sind, brauchen Sie keine Angst zu haben, auch nicht vor der **Äskulapnatter,** die mit bis zu 1,80 m Länge furchterregend wirken mag.

Kröten haben es auch am Lago Maggiore schwer, Autos walzen alljährlich Tausende der nützlichen Insektenfresser platt und viele schaffen die alljährliche Wanderung zu ihren Laichplätzen nicht mehr. Kaum besser ist es dem Alpensalamander ergangen, der seit Jahrzehnten nicht mehr gesichtet wurde. Der **Feuersalamander** hingegen ist in Laubwäldern weiter aktiv.

Achtung: Gegen Schlangengifte helfen Seren, die in jeder Landapotheke erhältlich sind. Sie können sich vor längeren Gebirgswanderungen vom Arzt oder Apotheker beraten lassen.

Loch Ness in Italien: das Ungeheuer des Lago Maggiore

Gibt es ein Monster im See? Badespaß mit Nervenkitzel kann erleben, wer daran glaubt ... Tatsache ist, dass es seit über hundert Jahren mit schöner Regelmäßigkeit „beobachtet" und in den örtlichen Medien jedes Mal mit größtmöglicher Aufmerksamkeit behandelt wird.

Schon zu Anfang des 20. Jh. soll ein Fischer einen Riesenfisch bemerkt haben, der bei Meina sein Boot rammte, sodass es fast kenterte. Schlagzeilen in aller Welt machte dann ein Bericht vom Januar 1934 über eine „Seeschlange mit Pferdekopf, die sich von Fischen ernährt", die in der Mündung des Ticino am Nordende des Sees aufgetaucht sei. In den 1940er Jahren wurde mehrmals von großen und ungewöhnlichen Fischen erzählt, aber erst am 11. Juli 1962 kam es zur ersten konkreten Sichtung. Damals ging der Ingenieur Leonello Boni am Ufer des italienischen Teils des Lago Maggiore entlang, als er eine Schaumspur im Wasser bemerkte, die sich parallel zum Ufer fortbewegte. Darunter schwamm „eine große und dunkle Masse, die einem Wal glich". Kurioserweise hielt Boni das nicht für ein Seeungeheuer, sondern für ein Unterwasser-UFO! Ein Jahr später soll dann „ein geheimnisvolles großes Tier" bei Golasecca im Ticino südlich des Sees gesehen worden sein. Der Name des Zeugen allerdings – Donald und seine drei Neffen – verrät, dass es sich nur um eine Comicgeschichte handelt, „Peperino e il terrore di Golasecca" (Onkel Donald und der Schrecken von Golasecca), eine Story in der italienischen Ausgabe der „Micky Maus".

Ab dem 13. Juli 1994 waren dann tatsächlich große Meerestiere im Lago Maggiore unterwegs: zwei Seelöwen, die aus einem Zirkus bei Ascona ausgerissen waren. Die letzte der beiden Robben kam am 21. Juli 1994 in Golasecca an Land. Ein Kaiman, der angeblich Anfang Juni 2000 im See bei Verbania gesucht wurde, hat dagegen nie existiert: Die Carabinieri lösten damals eine illegale Zucht bei Fondotoce auf, und die Bevölkerung fürchtete, dass einzelne Exemplare in den See gelangt sein könnten. Gesehen wurde ein solches Reptil aber nie, obwohl die Presse das berichtete.

Im Zeitalter des Internets folgte eine wahre Sichtungswelle. In deutschen und italienischen Diskussionsforen über unidentifizierte Tiere werden mit schöner Regelmäßigkeit Berichte über Monsterbegegnungen im Lago Maggiore veröffentlicht. So will eine Frau 2002 beim Baden in einer Bucht mit ihrem Mann und Kindern plötzlich „etwas wie der Rücken von einem Fisch kurz aus dem Wasser" tauchen gesehen haben. „Es war riesig! Das Tier befand sich von uns aus gesehen mitten im See und der See ist groß, aber es machte gewaltige Wellen, selbst als es nicht mehr zu sehen war. Also, ich hab mal einen Wal im Mittelmeer vor Korsika auf einem Segelboot gesichtet, und dieses Tier war bestimmt nicht kleiner. Ich schätze, 4–5 m Meter bestimmt." Andere Diskussionsteilnehmer konnten eigene Berichte beitragen, so eine Sichtung eines ähnlichen Rückens im Jahr 2000 oder 2001 oder die Geschichte eines Bootsbesitzers, der etwa 1990 aus „etwas ganz Großes" vorbeischwimmen sah: Es war „halb unter Wasser, sehr schnell und riesengroß, hat aber nicht viel Lärm gemacht. Es soll nicht fischähnlich ausgesehen haben, er hat einen Hals gesehen. Die Farbe war grünlich, es wirkte nicht schuppig."

Der Schweizer Ungeheuerforscher Andreas Trottmann sichtete am 26. Juni 2003 von Ronco sopra Ascona aus „ein längliches Objekt knapp unter der Wasseroberfläche, welches sich ungefähr 500 m vom Ufer entfernt sowie ca. 200 m nördlich der Brissagoinseln in Richtung Ascona befand. Das Objekt war stationär, hell und manchmal schienen sich die Wellen darüber zu brechen. Obwohl ein Motorboot in unmittelbarer Nähe vorbeifuhr, bewegte sich das Objekt nicht." Er hielt es für ausgeschlossen, dass es sich um einen treibenden Baumstamm gehandelt habe. Nach 30 Minuten verschwand der Spuk. Das Objekt selbst war angeblich circa 8–10 m lang und an der breitesten Stelle circa 80 cm breit.

Der jüngste Bericht stammt vom 22. August 2004. Der italienische Zeuge machte einen Bootsausflug bei Luino und bemerkte etwa 100 m entfernt „einen dunklen Streifen vor dem Boot, bei dem es sich um eine Welle handeln konnte. Es war aber seltsam, dass sie nicht normal war, sondern sich in der gegensätzlichen Richtung zu den anderen Wellen bewegte, sie schien am Platz zu bleiben (es war also kein Kielwasser). Als nach 20, 30 Sekunden das Schiff die Stelle passierte, war die Welle nicht mehr da. Aber an ihrer Stelle sah man eine Reihe von kleinen konzentrischen Ringen mit Luftbläschen im Zentrum. Es war der typische Strudel, der erzeugt wird, wenn etwas untertaucht."

Seitdem hat niemand mehr Spuren eines Monsters gesehen. Aber immerhin gibt es ein Denkmal für das Ungeheuer – an der Seepromenade von Baveno am Westufer ringelt sich die 20 m lange Statue einer Seeschlange aus dem in der Region abgebauten Granit über einen Kinderspielplatz.

Text und Recherche: Ulrich Magin

Seeschlange in Baveno

Wirtschaft

Das Land um den Lago Maggiore ist keine ländliche Idylle, sondern punktuell auch stark industriell geprägt. Die landwirtschaftlichen Nutzflächen sind in den letzten Jahrzehnten stark geschrumpft. Haupteinnahmequelle ist der Fremdenverkehr.

Die Statistik des Kantons Tessin beispielsweise ordnet 74 % der arbeitenden Bevölkerung dem tertiären Sektor (Dienstleistung) zu, 24 % dem sekundären (Industrie) und nur knapp 2 % dem primären (Landwirtschaft). Für die Gegend um den Lago Maggiore und die Seitentäler dürfte die Prozentzahl für den tertiären Sektor, dem auch das Hotel- und Gaststättengewerbe zugerechnet wird, noch höher liegen. Die Zeiten, als die Tabakfabrik von Brissago mit 700 Angestellten noch der größte Industriebetrieb im Kanton war, sind längst passé, heute arbeiten dort nur noch einige Dutzend Menschen, vorwiegend Grenzgängerinnen aus Italien. Etwas Industrie – meist mittlere oder kleine Betriebe, vornehmlich im

Granitabbau:
Wandbild in Baveno

Zusammenhang mit der Energiewirtschaft – findet man in der Magadino-Ebene und in der Industriezone Zandone von Losone.

Auf der italienischen Seite waren es in den vergangenen Jahrhunderten vor allem die **Granitsteinbrüche** beim Lago di Mergozzo, die für Arbeit sorgten. Über den Lago Maggiore, den Ticino und das Kanalsystem der Navigli wurden die schweren Blöcke in die Poebene und nach Mailand transportiert, wo sie für das Bau- und Kunstschaffen von großer Bedeutung waren.

Am Ostufer des Sees produzierten währenddessen Glasbläsereien und Keramikmanufakturen. Im 20. Jh. traten dann die am nahen Lago d'Orta produzierten **Haushalts- und Küchengeräte** dank ihres eleganten Designs einen Siegeszug um die Welt an – bekanntester Vertreter ist sicherlich Alessi, aber auch die Firma Bialetti hat es mit ihrem legendären „Moka Express" zu großem Ruhm gebracht.

Die italienische **Textilbranche** hat ebenfalls wichtige Standorte im Seegebiet und im Süden des Lago Maggiore locken zahlreiche Fabrik-Outlets mit Direktverkauf und Rabatten. Ein wichtiger und stetig expandierender Wirtschaftsfaktor ist außerdem die **Blumenzucht** im „Garten Europas", die mittlerweile gut 30 % des Exportumsatzes der Seeregion ausmacht. Größter Züchter am See ist die Genossenschaft „Flor Coop Lago Maggiore" aus Nebbiuno im Südwesten des Sees (www.flor coop.com).

Sauberes Wasser am Lago

Umwelt

Der Niedergang der Waldwirtschaft hat die Erosion und damit die Zahl der Erdrutsche, aber auch die Überschwemmungsgefahr vergrößert. Zudem drohen alljährlich Waldbrände – im Tessin gilt deshalb ein striktes Verbot für offenes Feuer.

Immense Probleme schaffen seit vielen Jahren die starken **Überschwemmungen,** die den See nach langen Regenperioden heimsuchen und deren Abstände in den letzten Jahrzehnten immer kürzer geworden sind. Zu den jüngsten Flutkatastrophen kam es in den Jahren 1993 und 2000, das Pegelmaximum stieg bis auf 2 m über der Schadensgrenze, viele Häuser, Wohnungen und Geschäfte am See wurden zerstört. Da staatliche Wiederaufbauhilfen kaum gewährt wurden, bedeutete das für nicht wenige Betroffene das wirtschaftliche Aus. Im Argen liegt bisher die Zusammenarbeit der schweizerischen und italienischen Behörden: Wenn die Zuflüsse im oberen und mittleren Lago Maggiore große Wassermengen in den See tragen, müssten bei Sesto Calende am unteren Seeende die Schleusen stärker geöffnet werden, um einen höheren Abfluss zu erreichen. Dies wird von den Behörden des Untersees jedoch abgelehnt, weil befürchtet wird, dass dann der Ticino und der Po über die Ufer treten könnten, die gegen Hochwasser nicht ausreichend befestigt sind. Der Interessenkonflikt ist bislang ungelöst.

Doch die Badeurlauber am Lago Maggiore interessiert natürlich in erster Linie die **Wasserqualität.** Ist der See dem sommerlichen Ansturm gewachsen, reichen die vorhandenen Einrichtungen wie Kanalisation, Kläranlagen etc. aus? Die italienische Umweltorganisation „Legambiente" untersucht alljährlich an verschiedenen Stellen die Wasserqualität. 2019 hat sie am Ostufer eine starke bakterielle Belastung wie auch erhöhte Einspeisung von Mikroplastik um Luino, Laveno Mombello, Ispra und Brebbia ermittelt, am Westufer gilt das für die Gegend um Arona und Dormelletto im äußersten Süden. Das liegt vor allem daran, dass die Kläranlagen am See veraltet und zu klein sind. So gelangt nach wie vor ungeklärtes Abwasser in den See.

Aber natürlich gibt es am Lago auch viele saubere Badestellen. So wehte 2019 in den beliebten Badeorten **Cannero Riviera** und **Cannobio** am nördlichen Westufer die blaue Flagge (Bandiera blu) der „Stiftung für Umwelterziehung (Fee)" – eine Auszeichnung für sehr gute Wasserqualität und Umweltfreundlichkeit. Und auch die Umweltorganisation Legambiente hat Cannero Riviera und Cannobio mit „4 vele" (4 Segeln) gute Noten erteilt, ebenso wie Orta San Giulio am benachbarten Orta-See. Der Südwesten des Sees musste sich wegen der Abwasserprobleme allerdings mit drei Segeln begnügen.

Historische Hochwassermarke in Arona am Südwestufer

Gravierend: Umweltschäden durch Straßenbau

Die Gotthard-Autobahn durch die Valle Leventina, die unmittelbar hinter dem Gotthardpass beginnt, wird heute nur noch von Ewiggestrigen als gelungene Verbindung von Natur und Technik bezeichnet. In Wirklichkeit hat die meistbefahrene Alpenstraße das einstmals beschauliche Tal grundlegend zerstört. Im Februar 2016 befürwortete eine Mehrheit der Schweizer Stimmbürger den Bau einer zweiten Gotthardröhre, um die notwendige Sanierung des bestehenden Tunnels in Ruhe durchführen zu können. Die Alpenschützer waren dagegen und plädierten für eine „weiche" Lösung (sukzessive Sanierung bis ca. 2035), die Autolobby war dafür und siegte. Bis 2027 soll die zweite Röhre fertiggestellt sein, dann die Sanierung des alten Tunnels beginnen, und ab 2030 sollen beide Tunnels befahrbar sein. Selbst wenn, wie vorgesehen, beide Tunnels nur einspurig befahren werden, dürfte die Gotthardroute damit an Attraktivität zunehmen (weniger Stau), das Verkehrsaufkommen wird sich also verstärkt erhöhen. Seit der Eröffnung des Straßentunnels 1980 hat sich der Personenverkehr durch den Gotthard mehr als verdoppelt, der Güterverkehr mehr als verdreifacht – Tendenz steigend. 2017 zählte man im Tagesdurchschnitt 15.600 Motorfahrzeuge (PKW, Bus, Motorrad) und rund 2200 Lastwagen. Schlimmste Folge dieser Entwicklung ist natürlich die erhebliche Luftverschmutzung – je nach Wind- und Wetterlage noch verstärkt durch die verpestete Luft des Ballungsraums Mailand.

Blick von der Rocca di Angera auf den Süden des Lago

Geschichte – kleine Chronik

Bronzezeit: Die Gegend um Locarno war bereits in der Bronzezeit bewohnt und ist damit das früheste nachgewiesene Siedlungsgebiet im Tessin. Auch im Lagone di Mercurago am südlichen Seeende entdeckte man Reste einer Pfahlbausiedlung der Bronzezeit (18.–13. Jh. v. Chr.).

900–400 v. Chr.: Ligurer siedeln am Lago Maggiore und bauen Getreide an.

Um 400 v. Chr.: Die keltischen Insubrer überqueren die Alpen, gründen Mediolanum, das spätere Mailand.

196 v. Chr. – 450 n. Chr.: Römer kolonisieren das Land und bauen erste Befestigungsanlagen, z. B. in Angera im Südosten des Lago Maggiore.

Um 520: Ostgoten und später Langobarden setzen sich in den Territorien des zerfallenen Römischen Reiches um den See fest. Die Langobarden errichten ein Herzogtum mit Zentrum Angera.

774: Karl der Große erobert das Langobardenreich und etabliert eine Grafschaft in Angera, die fast den ganzen Lago Maggiore umfasst.

Ab 900: Bischöfe aus Como und Mailand dehnen ihren Machtbereich über Locarno bis nach Bellinzona und ins Maggiatal aus.

Um 1100: Die Urner bauen den ersten Übergang (Säumerpfad) über den Gotthardpass.

12. Jh.: Der Lago Maggiore steht weitgehend unter dem Einfluss der Adelsfamilie della Torre („Torriani"), die wiederum in Angera residieren. Die Adelsfamilie der Visconti herrscht über Mailand und expandiert in der ganzen Lombardei. Mit den Torriani kommt es zu schweren Kämpfen um den Lago Maggiore.

1182: Bauern aus dem Bleniotal und der Leventina rebellieren gegen die Vögte und geben im „Schwur von Torre" das Startsignal zum Kampf gegen den Kaiser und seine Vasallen.

1242: Die papstfreundlichen Guelfen (Gegenspieler der kaiserfreundlichen Ghibellinen) erobern Bellinzona. Die guelfischen Visconti bauen die strategische Talsperre zur mächtigen Grenzfestung aus (heute Teil des Weltkulturerbes der Unesco).

1277: Die Visconti unterwerfen in der Schlacht von Desio bei Mailand die kaisertreuen Torriani und sind nun uneingeschränkte Herrscher am See, kommen aber im Norden in Konflikt mit den Urnern, die um den Zugang zum See kämpfen.

1342: Die Visconti nehmen Locarno ein.

1441: Francesco Sforza heiratet die einzige Tochter von Filippo Maria Visconti und erhält die Zusage zur Nachfolge im Herzogtum von Mailand. Damit ist der Lago Maggiore im Besitz der Sforza.

1499: Locarno wird durch französische Truppen besetzt.

1503: Für die militärische Unterstützung der Franzosen im Feldzug gegen Mailand bekommen die Eidgenossen Bellinzona zugesprochen.

1516: Nach den Mailänderkriegen anerkennen sowohl Frankreich als auch Mailand das Gebiet des heutigen Kantons Tessin (mit Ausnahme des Mendrisiotto) im Ewigen Frieden als eidgenössisches Untertanengebiet.

16. Jh.: Die Borromäer, die zunächst Lehensleute der Sforza sind, beherrschen die Region um den südlichen und mittleren Lago Maggiore. Kernbesitz sind die Burgen von Arona und Angera.

Ab 1632: Die Borromäer beginnen die Isola Inferiore, später Isola Bella, im Borromäischen Golf zu einer prachtvollen Palast- und Garteninsel auszubauen. In der Folge entdeckt der lombardische Adel das klimatisch verwöhnte Westufer des Sees, Villen werden gebaut und es entsteht ein erster Edeltourismus.

18. Jh.: Das Westufer des Lago Maggiore fällt an das Königreich Sardinien-Piemont unter savoyischer Regierung, Mailand und das Ostufer des Sees stehen unter der Herrschaft der österreichischen Habsburger, der Seenorden ist schweizerisch.

1798: Nach der Eroberung der Lombardei schafft Napoleon die Cisalpinische Republik. Doch die Tessiner entscheiden sich für die Helvetische Republik; erstmals gibt es ein Staatsgebilde „Tessin".

1800–1805: Napoleon baut eine Heerstraße über den Simplon, um Truppen schnell von Paris nach Mailand verlegen zu können. Dies erleichtert später die touristische Anreise zum See.

1803: Napoleons Mediationsakte wandelt die Schweiz wieder in einen föderativen Staatenbund um; das Tessin wird einer von 19 Kantonen.

1817–1830: Der Postweg über den St. Gotthard wird zur Straße ausgebaut.

1830: Eine gewählte Volksvertretung verabschiedet die erste freiheitliche Verfassung der Schweiz – Volkssouveränität, Gewaltenteilung, Pressefreiheit, demokratische Rechtsprechung werden garantiert.

1848: Während des italienischen „Risorgimento" (= Wiedererstehen) gehört das Ostufer des Lago Maggiore zu Österreich, der Westen ist in Besitz des Königreichs Sardinien-Piemont. Es kommt zu Kämpfen auf dem See, der Nationalheld Giuseppe Garibaldi führt dabei wiederholt die italienischen Truppen an. Am Mailänder Aufstand gegen die österreichische Besatzung nehmen auch viele Tessiner teil. Zahlreiche italienische Freiheitskämpfer finden ihrerseits Asyl im Tessin.

1861: Das Königreich Italien unter Vittorio Emanuele II wird ausgerufen, bis auf die Tessiner Nordspitze ist der Lago Maggiore italienisch.

Zweite Hälfte des 19. Jh.: Der europäische Adel und das Großbürgertum entdecken den Lago Maggiore als Reiseziel.

1868: Der Lago Maggiore erlebt das schwerste Hochwasser in seiner jüngeren Geschichte, viele Orte stehen meterhoch unter Wasser.

1882: Die Eröffnung der St.-Gotthard-Bahn beschert dem Tessin einen bescheidenen Wirtschaftsaufschwung.

1900: Der belgische Industrielle van Oedenkoven und die Münchener Pianistin Ida Hofmann gründen auf dem Monte Verità über Ascona eine reformerische Kolonie, die sich der gesunden Ernährung und der Freikörperkultur verschreibt.

1898–1905: Seit Anfang des 20. Jh. kann die Eisenbahn von der Schweiz durch den knapp 20 km langen Simplontunnel nach Stresa am Westufer des Lago Maggiore und weiter nach Mailand fahren.

Erster Weltkrieg: Die zur Abwehr einer erwarteten deutsch-österreichischen Invasion durch die Schweiz errichtete Cadorna-Verteidigungslinie verläuft im Gebiet des Lago Maggiore durch den heutigen Parco Nazionale della Val Grande (bei Verbania).

1919–1940: Der berühmte Simplon-Orient-Express fährt auf seiner Reise von Paris nach Istanbul am südlichen Westufer des Lago Maggiore entlang und hält in Stresa. Die großen Hotels der Belle Époque erleben ihre Blütezeit.

1925: Die Außenminister von Frankreich, Großbritannien und Deutschland (Briand, Chamberlain und Stresemann) schließen den Locarnopakt, in dem u. a. der wechselseitige Verzicht auf eine gewaltsame Revision der deutschen Westgrenze zu Belgien und Frankreich vertraglich festgeschrieben wird. Briand und Stresemann erhalten dafür 1926 den Friedensnobelpreis.

1935: In der Konferenz von Stresa verständigen sich Frankreich, Großbritannien und Italien über (letztendlich zu schwache) Maßnahmen gegen die drohende Expansions- und Kriegspolitik des Deutschen Reichs. Tagungsort ist der Borromeopalast auf der Stresa vorgelagerten Isola Bella.

Zweiter Weltkrieg: Nach der Kapitulation Italiens am 8. September 1943 erstarkt die Partisanenbewegung in Oberitalien. Ein Kerngebiet des Widerstands liegt um das Val Grande im Bereich des mittleren Lago Maggiore. Vom 10. September bis zum 23. Oktober 1944 kann sich kurzzeitig die Partisanenrepublik Ossola (Repubblica dell'Ossola) mit Zentrum Domodossola konstituieren. Die Deutschen schlagen die Aufstände

Garibaldi-Denkmal in Luino (Ostufer)

nieder und erst im April 1945 kommt die endgültige Befreiung.

1969: Die Tessiner Frauen erhalten das allgemeine Wahlrecht auf kantonaler Ebene.

1980: Der Gotthard-Straßentunnel wird nach achtjähriger Bauzeit dem Verkehr übergeben; seit 1987 ist auch die Autobahn N 2 von Basel über Bellinzona bis Chiasso durchgehend befahrbar.

1993: Der Lago Maggiore tritt über seine Ufer und überschwemmt weite Teile des Seegebiets, besonders betroffen ist Locarno.

1999–2016: Bau des Gotthard-Basistunnels im Rahmen der Neuen Eisenbahn-Alpentransversale (NEAT), mit 57 km der längste Eisenbahntunnel der Welt. Der fahrplanmäßige Betrieb wird im Dezember 2016 aufgenommen.

2016: Das Schweizer Stimmvolk beschließt eine zweite Röhre des Gotthard-Straßentunnels, um die bestehende sanieren zu können. Ab 2030 sollen beide Röhren je einspurig befahren werden.

Kurvenreiche Strecke

Anreise

Der Lago Maggiore ist von Süddeutschland aus per Auto, Bahn oder Flugzeug in wenigen Stunden zu erreichen. Von der deutsch-schweizerischen Grenze sind es gar nur drei Fahrstunden – egal, ob Sie sich mit voll gepacktem Automobil über die Pässe quälen oder lässig die Beine im Großraumwagen der Schweizer Bundesbahn ausstrecken.

Bei der Anreise von süddeutschen Metropolen unterscheiden sich Auto- oder Bahnfahrt zeitlich nur wenig. Mit dem Auto fährt man in viereinhalb Stunden von Stuttgart via Zürich oder in der gleichen Zeit von München über St. Margrethen nach Locarno, staufreie Fahrt vorausgesetzt. Die Bahnfahrt dauert, seit der neu gebaute Gotthard-Basistunnel in Betrieb ist, höchstens eine Stunde länger.

Zeitlich am günstigsten ist aber sicherlich der – ökologisch allerdings kaum vertretbare – Flug zum Großflughafen Malpensa bei Mailand, von wo es gute Bus- und Zugverbindungen zum See gibt.

Mit Auto oder Motorrad

Mehrere Alpenpässe stehen Auto- und Motorrad-Touristen zur Verfügung. Ganzjährig zu befahren sind allerdings nur die beiden Autobahnstrecken durch den St.-Gotthard- und den San-Bernardino-Tunnel, die Passstraßen sind, je nach Schneeverhältnissen, etwa von November bis April geschlossen.

Für die Benutzung von Autobahnen (auf grünen Schildern angekündigt) benötigen Sie in der Schweiz alljährlich eine neue **Vignette,** die bei Automobilclubs, aber auch an Grenzstationen für 40 CHF (36,50 €) erhältlich ist. Die Vignette muss deutlich sichtbar an der Windschutzscheibe angebracht werden.

Achtung: Der Gotthard-Tunnel ist stau-gefährdet, vor allem an Feiertagen. Zu Ferienbeginn und bei plötzlich einsetzendem Schneefall sind bis zu 20 km lange Schlangen keine Seltenheit. Dann bietet sich ein Ausweichen über die San-Bernardino-Route an, die zwar auch Staus produziert, aber weniger lange. Jeweils zur vollen Stunde gibt das Schweizer Radio SRF nach den politischen Nachrichten und dem Wetterbericht Staumeldungen durch.

San-Bernardino-Pass (A 13/E 43): Touristen aus Bayern, den östlichen Bundesländern und aus Österreich reisen am günstigsten über **Bregenz** und **Chur** zum San-Bernardino-Pass. Dort nutzt man entweder den 6,5 km langen Tunnel oder die sehr viel schönere Passstraße, um durch die 43 km lange Valle Mesolcina (noch in Graubünden) nach Bellinzona zu kommen – von dort ist es nur noch ein Katzensprung zum See. Seit die Westumfahrung Zürichs fertiggestellt ist, erweist sich diese Alpenpassage auch für Urlauber aus Baden-Württemberg als schnelle, stauarme Route. Vom Grenzübergang **Konstanz/Kreuzlingen** bis zum Lago Maggiore sind es rund drei Fahrstunden.

Hinweis: Auch in Österreich besteht auf den Autobahnen Vignettenpflicht, das gilt seit der Freigabe der zweiten Röhre des Pfändertunnels im Jahr 2013 auch für den extrem kurzen Transit im Raum Bregenz. Die Städte Lindau und Bregenz leiden seitdem unter erheblichen Staus durch Fahrer, die der Maut entgehen wollen. Auf dieser Strecke erreicht man in St. Margrethen die A 13.

St.-Gotthard-Pass (A 2/E 35): Die Gotthardroute von **Basel** über **Luzern**, den 2108 m hohen St.-Gotthard-Pass (17 km langer Straßentunnel sowie alternativ zwei Passstraßen) und durch die **Valle Leventina** nach Italien ist der meistbefahrene Schweizer Alpentran-sit: Über 6 Millionen Fahrzeuge zählt man jährlich auf diesem Übergang. Deshalb ist trotz der bequemen, kostenlosen Tunneldurchfahrt mit Staus zu rechnen. Die gut ausgebaute Autobahn bleibt jedoch für eilige Reisende aus West- und Norddeutschland die optimale Route zum Lago Maggiore.

Lukmanierpass (N 19): In Reichenau (erste Ausfahrt nach Chur-Süd) verlässt man die Autobahn und fährt auf der N 19 durch das Vorderrheintal aufwärts bis **Disentis**. Dort biegt man in die Lukmanier-Straße Richtung Süden ab, überquert den Pass und gelangt durch das 34 km lange Bleniotal schließlich nach **Biasca**, einige Kilometer nördlich von Bellinzona. Vor allem Motorradfahrer bevorzugen diesen mit 1940 m Höhe relativ niedrigen Alpenübergang mit seinen weit geschwungenen Kurven und geringen Steigungen. Für Wohnwagengespanne ist die nur zwischen Mai und Oktober befahrbare zweispurige Passstraße allerdings problematisch – einfacher ist die Passage über die größeren Pässe **Bernardino** oder **Gotthard.**

Im Sommer ist als Alternative ab Disentis auch die Weiterfahrt über den Oberalp-Pass nach Andermatt und von dort über den Gotthard denkbar.

Grimselpass/Nufenenpass/Simplonpass (A 6, A 8): Wer aus dem Norden Deutschlands kommt und den verkehrsreichen Gotthardpass meiden will, fährt über **Bern** bis **Spiez** auf der Autobahn, dann über Interlaken und Meiringen zum Grimselpass (2165 m) hoch. Knapp nach dem Grimsel zweigt man rechts ins Wallis ab. Beim Dörfchen Ulrichen führt eine Straße über den landschaftlich beeindruckenden, 2478 m hohen Nufenenpass ins 25 km lange Val Bedretto und bei Airolo am Fuß des Gotthards in die obere Leventina. Die Grimsel-Nufenen-Route ist zeitaufwendig, bei Motorradfahrern aber beliebt.

Alternative: Man fährt nach dem Grimsel weiter ins Wallis hinunter, wählt ab Brig die gut ausgebaute Straße über den **Simplonpass** (2005 m) und erreicht auf der italienischen Seite Domodossola (→ S. 213); von hier aus entweder über die schmale SS 337 ins Centovalli und nach Locarno oder auf der bequem ausgebauten SS 33 durch das breite Val d'Ossola (→ S. 212) nach Verbania bzw. Stresa. Allerdings sind die Pässe nur im Sommer befahrbar, die Nufenen-Straße ist für Gespanne schwierig und die Straße ins Centovalli ist für Anhänger gesperrt.

Spartipp: Kalkulieren Sie bei Hin- und Rückreise Ihren Tankvorrat so, dass Sie in der Schweiz (etwas günstiger als in Italien) oder in Österreich (deutlich günstiger als in Italien) tanken können. Diesel wiederum ist in Italien günstiger (und in Österreich wesentlich günstiger) als in der Schweiz.

Mit der Bahn

Ohne Staustress, umweltverträglich und mit vorzüglichem Service bringen Sie die ICE-Großraumwagen der Schweizerischen Bundesbahnen (SBB bzw. FFS, Ferrovie Federali Svizzere) an den See.

Die wichtigste Linie ist die Gotthardbahn zwischen Zürich und Mailand. Der neue **Gotthard-Basistunnel,** der seit 2017 eine alpenquerende Verbindung ohne größere Steigungen ermöglicht, verkürzt die Fahrzeit auf 3:40 Std. – mit 57,1 km ist er der längste Bahntunnel der Welt. Reisende zum Lago Maggiore müssen auf dieser Strecke in Bellinzona umsteigen.

Der **Lötschberg-Basistunnel** ist eine weitere Option für den Alpentransit. Man gelangt von Basel über Bern durch den fast 35 km langen Tunnel ins Wallis und weiter durch den fast 20 km langen Simplontunnel über Domodossola zum Lago Maggiore, den man bei Stresa erreicht. In Domodossola kann man auch in die berühmte Centovalli-Bahn (Ferrovia delle Centovalli) umsteigen und durch das Centovalli nach Locarno fahren (→ S. 32 und S. 214).

Wichtig: Die deutsche Bahncard sowie die österreichische Vorteilscard gelten beim grenzüberschreitenden Verkehr auch in der Schweiz und bringen eine Preisminderung von ca. 25 %. Sehr bequem ist die Anreise im Nachtzug nach Zürich: Man kommt dort am frühen Morgen an und genießt am Tag die Erlebnisreise durch die Berge. Nachdem die DB 2016 die „City-Night Line" eingestellt hat, hat die österreichische Bundesbahn mit dem „ÖBB Nightjet" die Lücke gefüllt (www.nightjet.com), auch mit Abfahrten aus Deutschland.

Ausflugszüge: Über den regulären Fahrplan hinaus verkehren in der Schweiz auch einige Ausflugszüge. Für eine Fahrt zum Lago bietet sich der **Gotthard Panorama Express** an, der von Luzern über Flüelen durch den St. Gotthard nach Bellinzona fährt, wobei die Strecke Luzern–Flüelen auf dem Raddampfer (seltener auf dem Motorschiff) über den Vierwaldstätter See führt. Der Zug verkehrt Mitte April bis Mitte Oktober täglich außer Montag (Preis Luzern–Bellinzona: ab 84 CHF). In Bellinzona umsteigen, und in einer halben Stunde ist man in Locarno.

Information Deutsche Bahn AG (DB), ☏ 0180-6996633, www.bahn.de

Österreichische Bundesbahnen (ÖBB), ☏ 05-1717, www.oebb.at

Schweizerische Bundesbahnen (SBB) ☏ 0848-446688, www.sbb.ch

Trenitalia, ☏ 06-68475475 (Ausland), ☏ 199-892021 (Inland), www.trenitalia.com

Tipps und Tricks für Bahnreisende in Italien

- Aus den Fahrplänen sollte man sich den geeigneten Zug heraussuchen: Nahverkehrszüge **Locale** (L) bzw. **Regionale** (R) und **Interregionale** (IR) sind langsam und halten an jeder Station. Etwas flotter bewegen sich **Diretto** (D) und **Interregionale** (IR), die aber ebenfalls häufig halten. Der **Espresso** (E) ist dagegen durchweg schnell. die **Intercity** (IC) und /**Eurostar-Züge** (ES), die allerdings deutliche Zuschläge kosten. Am schnellsten (in der Spitze bis 300 km/h) fahren die komfortablen Inter/Eurocity-Züge (IC/EC) **Frecciarossa, Frecciabianca und Frecciargento,** allerdings mit teils erheblichen Zuschlägen und nur auf bestimmten Hauptstrecken.

- Am Fahrkartenschalter sagt man: „**Un biglietto (due biglietti) per Milano (Locarno, Stresa, Laveno...), solo andata (andata/ritorno)"** – „einen Fahrschein (zwei Fahrscheine) nach Mailand (Locarno, Stresa, Laveno...), einfache Fahrt (hin und zurück)."

- Wichtig: Bevor man den Bahnsteig betritt, muss man das Zugticket an einem der Automaten **entwerten,** die an den Zugängen aufgestellt sind. Andernfalls gilt man als potenzieller „Schwarzfahrer" – und das kann einiges kosten!

- **Nachlösen im Zug** ist in Italien nur möglich, wenn der Schalter des Abfahrtsbahnhofes geschlossen ist. Sollte das nicht der Fall sein, zahlt man beim Schaffner mehr als das Doppelte des regulären Fahrpreises!

- **Zuschlagspflichtige Züge** sind auf den aushängenden Fahrplänen mit gestrichelter Linie gekennzeichnet (Zuschlag = supplemento).

- Auf den Fahrplänen immer die Spalte „Servizi diretti e annotazioni" beachten, dort ist vermerkt, ob der betreffende Zug nur **werktags** („si effetua nei giorni lavorativi") oder nur **feiertags** („si effetua nei festivi") fährt.

- Wenn der Fahrkartenschalter geschlossen ist, gibt es die Zugtickets in der Regel in der **Bahnhofsbar** oder im **Zeitschriften- bzw. Tabacchi-Laden.** Immer häufiger ersetzen allerdings auch **Automaten** die Schalter (Anweisungen auch in Deutsch vorhanden).

- Auf kleineren Bahnhöfen hängen oft zusätzlich die Abfahrts-/ Ankunftszeiten der **nächstgrößeren Bahnhöfe** bzw. Städte aus – nicht verwechseln!

- Oft werden noch in letzter Minute die **Gleise gewechselt.** Bis zuletzt auf **Durchsagen** und Mitwartende achten, außerdem immer noch einmal fragen, bevor man einen Zug besteigt.

- Gut zu wissen: **partenza** = Abfahrt, **arrivo** = Ankunft, **binario** = Gleis, **coincidenza** = Anschluss, **orario** = Fahrplan, **prezzo del biglietto** = Fahrpreis.

Mit dem Flugzeug

Norditalien ist seit Jahren ein bevorzugtes Ziel für Billigfluglinien – so mancher Urlauber steigt deshalb vom Auto auf den Flieger um. Auch Kurztrips von wenigen Tagen sind dadurch populär geworden, weil finanziell erschwinglich. Vom ökologischen Standpunkt her stehen diese Flüge allerdings im Kreuzfeuer der Kritik.

Wichtig ist eine frühzeitige Buchung, denn je näher der Abflugtag rückt, desto teurer wird das vermeintliche Schnäppchen. Falls man nicht mit öffentlichen Verkehrsmitteln unterwegs sein will, muss außerdem die Anmietung eines Leihwagens in die Kosten einbezogen werden (→ S. 307).

Tipp für Freunde der Luftfahrt und Technik-Liebhaber: Das **Luftfahrtmuseum Volandia** zeigt in einstigen Werkshallen am Flughafen Malpensa mit vielen Exponaten (Hubschrauber, Propeller- und Strahlenflugzeuge) die Luftfahrtgeschichte Italiens. Dazu kommen eine eigene Drohnen- und Weltraumabteilung sowie die vor einigen Jahren integrierte Transportfahrzeugsammlung von Professor Francesco Ogliari, die bislang ihren Platz in Ranco am Lago Maggiore hatte: In dem sehenswerten Sammelsurium finden sich Lokomotiven, Zahnradbahnen, der erste mit Benzin fahrende Autobus und sogar eine U-Bahnstation.

Di–Fr 10–19, Sa/So 10–19.30 Uhr (Nov. bis Febr. nur Sa/So bis 18 Uhr), Eintritt ca. 14 €, über 65 J. u. 12–18 J. 12 €, Kind 3–11 J. 6 €. ☎ 0331-230642, http://volandia.it.

Besonders häufig wird der Mailänder Großflughafen **Malpensa** angeflogen, der nur wenige Kilometer südlich vom Lago Maggiore liegt und mit dem See per Bus und Bahn verbunden ist. **Linate**, der zweite Mailänder Airport, liegt östlich der Stadt. Und auch der Flughafen **Orio al Serio** bei Bergamo ist ein beliebtes Drehkreuz für Low Cost Carrier, liegt allerdings östlich vom Comer See, also relativ weit entfernt (ca.1–2 Autostunden).

Flüge werden u. a. angeboten von Easy Jet (www.easyjet.com), Eurowings (www.eurowings.com), Lufthansa/Air Dolomiti (www.lufthansa.com, www.airdolomiti.de), Ryanair (www.ryanair.com) und TUIfly (www.tuifly.com).

Flughäfen im Umfeld des Lago Maggiore

Mailand Der Flughafen **Malpensa** liegt etwa 10 km vom Südende des Lago Maggiore entfernt. Alibus fährt von April bis Sept. 6 x tägl. zu allen Orten zwischen Arona und Verbania Intra am Westufer des Lago Maggiore (obligatorische Reservierung online einen Tag vorher). Zur Stazione Centrale (Hauptbahnhof) von Mailand und umgekehrt fahren Busse von Malpensa Shuttle (10 €, www.malpensashuttle.it), Malpensa Bus Express (8 €, https://airportbusex-

CO₂-Kompensation durch atmosfair

Im Zuge der derzeitigen Klimadiskussion ein bedenkenswerter Ansatz: Flugpassagiere zahlen freiwillig einen Klimaschutzbeitrag, den die Organisation „atmosfair" (www.atmosfair.de) dafür verwendet, erneuerbare Energien auszubauen. Atmosfair hat in den letzten Jahren seinen Umsatz erheblich gesteigert, viele machen also mit.

press.it) und Terra Vision (8 €, www.terravision.eu), außerdem pendelt der Malpensa Express regelmäßig zum Hauptbahnhof und zur Stazione Milano Cadorna (13 €, www.malpensa express.it). Von beiden Stationen gibt es häufig Zugverbindungen zum See. ☎ 02-232323, www.milanomalpensa-airport.com.

> **Tipp:** Die Linie S 40 der Tilo-Bahn (= Ticino-Lombardei-Bahn), einer Kooperation der SBB mit der lombardischen TreNord (www.tilo.ch), fährt von Malpensa/Terminal 1 und 2 im Zweistundentakt nach Gallarate, dort hat man Anschluss an die S 30 nach Laveno Mombello, Caldé, Porto Valtravaglia, Luino und Maccagno am Ostufer des Lago Maggiore.

Flug über die Alpen nach Mailand

Der kleinere Airport **Linate** liegt etwa 6 km östlich vom Mailänder Zentrum. ATM-Bus 73 (www.atm.it) fährt für 2 € von etwa 6 Uhr bis Mitternacht alle 10 Min. zum Dom (Metrostation M1 und M3), der Linate Shuttle Bus für 5 € zum Hauptbahnhof. ☎ 02-232323, www.milano linate-airport.com.

Bergamo Der Flughafen **Orio al Serio** liegt in unmittelbarer Stadtnähe. Airport Busse von ATB (www.atb.bergamo.it) fahren regelmäßig alle 20 Min. zum Hauptbahnhof von Bergamo (Dauer ca. 15 Min., ca. 3 €), außerdem fährt der Orio Shuttle (www.orioshuttle.com) alle 50 Min. zum Hauptbahnhof von Mailand (ca. 7 €), von wo es per Zug zum Lago Maggiore weitergeht. ☎ 035-326323, www.orioaeroporto.it.

Weitere Anreisemöglichkeiten

Fernbus: Zeitaufwendig, aber preislich kaum zu unterbieten sind die Fahrten per Fernbus (www.flixbus.de). Verbindungen gibt es z. B. tägl. von München nach Mailand (ab ca. 20 €).

Mitfahrzentralen: Preisgünstige Lösung für Fahrer und Mitfahrer – Ersterer spart Benzinkosten, Letzterer kommt ein ganzes Stück billiger als mit der Bahn über die Alpen. Infos bei www.mifaz.de, www.blablacar.de u. a.

Fahrradmitnahme: Die Gegend um den Lago Maggiore ist sicherlich ein Traum für sportliche Radfahrer. Aber wie schafft man seinen Drahtesel ins Urlaubsgebiet, wenn man nicht mit dem eigenen Auto unterwegs ist? Bei guter Organisation ist das kein Problem, denn in vielen **Zügen** kann man seinen Drahtesel grenzüberschreitend mitnehmen, vom Bummelzug bis zum IC. In durchgehenden Zügen mit Fahrradmitnahme nach Italien muss man dafür eine **internationale Fahrradkarte** erwerben (ca. 10 €), verbunden ist damit die Reservierung für einen Radstellplatz. Achtung: Hin- und Rückreise kann im Fall Italien nicht zusammen gebucht werden, die Rückreise muss in Italien gebucht werden (nur Nachtzüge möglich, ca. 15 €). Die Deutsche Bahn bietet auf ihrer Internetseite (www.bahn.de) unter „Reise & Services" Informationen für Radfahrer und unterhält außerdem die Hotline ☎ 01806-996633.

Eine weitere komfortable Alternative bietet die Anreise mit dem **Flugzeug.** Die Billigflieger berechnen dafür ca. 50–65 € pro Flug, rechtzeitige Anmeldung ist obligatorisch. Das Rad muss gut verpackt sein: Lenker nach innen drehen, Pedale entfernen und das Rad in Plastikfolie, Pappe etc. einwickeln.

Man gönnt sich ja sonst nichts

Verkehrsmittel vor Ort

Sommerzeit ist Urlaubszeit, aber auch Ausflugszeit für die Tessiner, Piemontesen und Lombarden. Die engen Straßen am Lago sind dann permanent überlastet, besonders hektisch wird es an den Wochenenden, wenn Zehntausende von Städtern den See aufsuchen.

Während sich ganze Großfamilien im Auto zum Picknick am Seeufer aufmachen, donnern waghalsige, meist junge Leute auf ihren schicken Motorrädern risikobereit über die kurvigen Sträßchen im Hinterland und schneiden rasant die Kurven – äußerst vorsichtige und defensive Fahrweise ist dann eine absolute Notwendigkeit. Am Sonntagnachmittag setzt schließlich der Rückreiseverkehr ein, und auf den wichtigen Straßenverbindungen steht man nicht selten stundenlang im Stau. Tipp: antizyklisch fahren, d. h. an den Anreisetagen Freitag und Samstag möglichst in Richtung zu den großen Metropolen Novara und Mailand und ab Sonntagnachmittag immer in Gegenrichtung, wo dann die Fahrspuren nahezu autofrei sind.

Die vom See abzweigenden Nebenstraßen bilden aber nicht nur wegen der verwegenen Zweiradakrobaten eine Herausforderung, oft steigen die Berghänge extrem steil an und es geht auf schmaler Spur in abenteuerlichen Haarnadelkurven sehr eng hinauf – langsam und mit Bedacht fahren ist hier angesagt. Dies gilt ebenso für die Verkehrsführungen in den verwinkelten Ortschaften oberhalb des Sees, wo man sich nicht selten in Zentimeterarbeit zwischen den alten Häusern hindurchmanövrieren muss.

Hinweis: Am Westufer herrscht auf der Strecke von Cannobio nach Locarno an Werktagen morgens und abends regelmäßiger Pendlerstau. Rund 2000 „Frontalieri", wie die in Italien wohnenden und in der Schweiz arbeitenden Personen genannt werden, befinden sich dann auf dem Weg zur Arbeit bzw. auf dem Heimweg.

Rund um den Verkehr

Italienische Verkehrsschilder **accendere i fari** = Licht einschalten; **attenzione uscita veicoli** = Vorsicht Ausfahrt; **deviazione** = Umleitung; **divieto di accesso** = Zufahrt verboten; **rallentare** = langsam fahren, z. B. wegen **lavori in corso** (Bauarbeiten) oder wegen **pericolo** (Gefahr, oft vor Steigungen und Kreuzungen); **inizio/fine cantiere** = Beginn/Ende der Baustelle; **inizio zona tutelata** = Beginn der Parkverbotszone; **parcheggio** = Parkplatz; **rotatorio** = Kreisverkehr; **senso unico** = Einbahnstraße; **strada interrotta** = Straße gesperrt; **strada senza uscita** = Sackgasse; **temporamente limitato al percorso** = Durchfahrt vorübergehend verboten; **tornante** = Steilkehre; **tutti direzioni** = alle Richtungen; **zona a traffico limitato** = Bereich mit eingeschränktem Verkehr; **zona disco** = Parken mit Parkscheibe; **zona pedonale** = Fußgängerzone; **zona rimorchio** = Abschleppzone.

Pannenhilfe Sowohl in Italien wie auch in der Schweiz gilt die **Europäische Notrufnummer: 112.**

Der Straßenhilfsdienst des italienischen Automobilclubs ACI (www.aci.it) ist in ganz Italien rund um die Uhr unter ☏ 803-116 zu erreichen (aus den Mobilfunknetzen mit 800116800). Die Pannenhilfe ist kostenpflichtig, auch für Mitglieder von Automobilclubs; besondere Konditionen gelten für die „ADAC PlusMitgliedschaft".

Deutschsprachiger Notrufdienst des ADAC ☏ 0049-89-222222.

Weitere **Notrufnummern** siehe S. 328.

Parken Eine kostenintensive Angelegenheit ist das Parken vor allem im Hochsommer – gratis kann man dann oft nur weit außerhalb der Ortszentren parken, gebührenpflichtige Parkplätze findet man zentral an den Uferstraßen (beschildert). Preise: auf italienischer Seite ca. 1,50–2,50 €/Std., auf Schweizer Seite zahlt man ca. 2–4 CHF/Std. Die Siestazeit ist erfreulicherweise manchmal ausgenommen. Kostenpflichtig sind in Italien blau umrahmte Stellplätze, weiß umrahmte Flächen sind kostenfrei. Parkverbot besteht an schwarz-gelb gekennzeichneten Bordsteinen sowie auf gelb markierten Parkflächen.

Manche Altstadtzentren sind zeitweise oder ständig für den Autoverkehr gesperrt, „**zona a traffico limitato**" **(ZTL)** heißen diese Zonen. Die Einfahrt wird häufig elektronisch überwacht: Wenn die Einfahrt verboten ist, erscheint auf den Displays der Hinweis: „Varco Attivo", beim Hinweis „Varco non attivo" ist die Einfahrt gestattet.

Urlauber dürfen mit dem PKW vor Altstadthotels einmalig vorfahren und ausladen. Man muss sich jedoch vorher beim Hotel anmelden, damit die Autonummer registriert wird. Nicht alle Hotels verfügen über eigene Garagen und Parkplätze. Manchmal bekommt man vom Hotel einen **Anwohner-Parkausweis** ausgehändigt, in teureren Hotels wird auch **Valet Parking** (Parkservice durch Angestellte) angeboten.

Tanken Die Preise liegen auf der italienischen Seite des Sees höher als in Deutschland, etwas günstiger als in Italien (Diesel ausgenommen) tankt man in der Schweiz. Tankstellen sind in Italien an den Autobahnen 24 Std. durchgehend geöffnet, in Ortschaften meist Mo–Sa 8–12.30 und 15–19 Uhr, Sonntag ist Ruhetag. An vielen Zapfautomaten können Sie während der Schließzeiten im „Self-Service"-Verfahren mit unzerknitterten Euroscheinen oder mit Kredit- oder Bankkarte tanken. Auch in der Schweiz findet man, wenn das Personal schläft, im Regelfall an den Tankstellen Schlitze für Frankenscheine (nur 10 oder 20 CHF) und Kreditkarten.

Schattiger Parkplatz

Wer LPG-Gas tankt, kann sich unter **www.gas-tankstellen.de** über die Standort der Zapfstellen informieren.

Unfälle An der Windschutzscheibe eines in Italien zugelassenen Wagens ist ein Aufkleber mit der Adresse der Versicherungsgesellschaft und der Versicherungsnummer angebracht. Diese sollte man unbedingt notieren und Zeugen ermitteln. Außerdem sollte das Formular **Unfallbericht** im Auto mitgeführt werden, auf Italienisch **CID** genannt. Dieses wird vor Ort ausgefüllt und von beiden Parteien unterschrieben, wobei die Beschreibung des Unfalls im Idealfall die Schuldfrage klärt.

Versicherung Die **Grüne Versicherungskarte** wird in Italien trotz anderslautender EU-Regelung noch immer gelegentlich bei Unfällen verlangt, Versicherer empfehlen die Mitnahme.

Wichtige Verkehrsvorschriften in Italien Abblendlicht ist auch tagsüber auf allen Autobahnen und Überlandstraßen vorgeschrieben, für Zweiräder gilt generell „Licht an";

privates Abschleppen auf Autobahnen ist verboten;

die **Promillegrenze** liegt bei 0,5;

das Telefonieren während der Fahrt ist nur mit einer **Freisprechanlage** gestattet (Handytelefonate können den Führerschein kosten!)

sehr viele Kreuzungen im Seengebiet sind als **Kreisverkehr** ausgelegt, damit vermeidet man Ampeln und der Verkehr läuft deutlich flüssiger. Ist der Kreisverkehr mit Verkehrschild als solcher ausgewiesen, hat der im Kreis Fahrende Vorfahrt vor den Einfahrenden – fast alle Kreisverkehre sind deshalb mit Stoppmarkierungen für die Einfahrenden versehen. Generell ist am Kreisverkehr erhöhte Vorsicht anzuraten.

Motorräder unter 150 ccm sind auf italienischen Autobahnen verboten;

Dachlasten und Ladungen, die über das Wagenende hinausragen, müssen mit einem reflektierenden, 50 x 50 cm großen, rot-weiß gestreiften **Aluminiumschild** (kein Kunststoff!) abgesichert werden (erhältlich im deutschen Fachhandel, in Italien an Tankstellen).

Für den Fall, dass man z. B. wegen Unfall oder Panne auf einer Autobahn das Auto verlässt, muss im Auto eine reflektierende **Sicherheitsweste** (DIN EN 471) zur Hand sein. Erhältlich ist sie in Tankstellen, Baumärkten etc.

Wichtige Verkehrsvorschriften in der Schweiz Anschnallpflicht gilt auch auf den Rücksitzen.

Telefonieren während der Fahrt ist verboten.

Auf allen Straßen muss **auch tagsüber mit Licht** (Abblendlicht oder Tagfahrlicht) gefahren werden.

Auf Bergstraßen ist der **bergauf Fahrende** bevorrechtigt.

Gelbe Markierungen auf der Fahrbahn reservieren Fahrspuren für Busse, Taxis und Fahrräder, die von anderen Verkehrsteilnehmern nicht benutzt werden dürfen, gelbe Linien am Bordstein bedeuten „Halteverbot".

Die **Promillegrenze** liegt bei 0,5.

Achtung: Die italienischen und schweizerischen Bußgelder gehören zu den höchsten in Europa (www.bussgeld kataloge.eu), Parkverstöße (in Italien Mindestgebühr 40 €, in der Schweiz 40 CHF) und Geschwindigkeitsüberschreitungen werden deutlich strenger geahndet als in Deutschland, letztere auch in Österreich. Ein Knöllchen sollte man in Italien nach Möglichkeit innerhalb der vorgegebenen Frist bezahlen, sonst zahlt man mehr. 2016 ist eine EU-Verordnung in Kraft getreten, wonach Verkehrsverstöße ab 70 € ins Heimatland zurückverfolgt werden können. Weitere Informationen unter www.bussgeld katalog.org/ausland.

Mit dem Fahrrad

Für den Fitnessaufenthalt per Mountainbike ist das abwechslungsreiche Terrain um den Lago Maggiore wie geschaffen. Von brettflachen Talebenen über ausgedehnte Hügelzonen bis zu schweißtreibenden alpinen Pisten ist hier auf engem Raum alles versammelt. Gemächliches Familienradeln mit Kind und Kegel funktioniert dagegen eher schlecht, da das Verkehrsaufkommen hoch ist und oft geeignete Radwege fehlen.

Schifffahrt

Sicherlich das schönste und entspannendste Verkehrsmittel am See sind die 25 Personenfähren und Tragflügelboote der staatlichen „Navigazione sul Lago Maggiore", die mehrmals täglich alle wichtigen Orte im schweizerischen und italienischen Teil des Sees anlaufen. Ihr Standort ist eine Schiffswerft in Arona, die aus dem 19. Jh. stammt. Am 25. Februar 1826 wurde hier der erste Dampfer aus Holz auf dem Lago Maggiore vom Stapel gelassen – der Beginn der Dampfschifffahrt auf dem See.

Neben den Fahrten seeaufwärts und -abwärts gibt es aber auch eine Verbindung zwischen beiden Seeufern mit **Autotransport:** In der Seemitte zwischen Laveno (Ostufer) und Intra (Westufer) verkehren von 5 bis 24 Uhr 2–3 x stündlich Autofähren, sodass man sich den mühsamen Umweg über das Seeende sparen kann (PKW je nach Länge 7,80–12,80 €, Wohnmobil 16,30 €, Motorrad 6–7,80 €, Fahrrad 5 €, Fahrer 3,40 €, Mitfahrer 2,80 €, Kind 4–12 J. 1,70 €), Dauer der Überfahrt ca. 20 Min.

Mit dem nostalgischen Schaufelraddampfer „Piemonte" (erbaut 1904), der zwei Jugendstilsalons besitzt, werden im Juli und August Kreuzfahrten veranstaltet. Auch nächtliche Fahrten mit Abendessen, Musik und Tanz werden dann angeboten.

Informationen **Fahrpläne** gibt es an allen Anlegestellen mit Ticketverkauf sowie in vielen touristischen Informationsbüros.

Neben den normalen Tickets kann man auch **Ein-Tagespässe** („Biglietto di Libera Circolazione") erwerben, die auf Strecken zwischen zwei ausgewählten Häfen gültig sind, in den Zwischenstationen kann man dabei beliebig aus- und zusteigen. Für Hydrofoils und Katamarane muss ein Zuschlag gezahlt werden.

Gratisfahrten/Ermäßigungen: Kinder unter 4 J. (Schweiz: unter 6 J.) fahren gratis, Ermäßigung gibt es von 4–12 J. (Schweiz: 6–16 J.), außerdem Mo–Fr für Senioren ab 65 J.

Weitere Infos unter ☏ 0322-233200 oder 800-551801 (gratis, aber nur in Italien), www.navigazionelaghi.it.

Mit dem Bus

Das Busnetz auf der italienischen Seite des Lago Maggiore ist relativ dicht, allerdings verkehren die Busse nicht

▲ Beliebter Freizeitsport auf den Uferstraßen

▼ Mit Fähre, Aliscafo (Tragflügelboot) und Motorboot über den See

besonders häufig und viele kleine Orte werden nur wenige Male täglich angefahren (sonntags eingeschränkter Verkehr). Tickets gibt es meist in den Tabacchi-Läden um die Busstationen. Im Bus kann man gegen einen kleinen Aufpreis ebenfalls zahlen.

Auf der lombardischen Seite des Sees verkehrt die Gesellschaft **Autolinee Varesine** (www.autolineevaresine.it), die zum Consorzio Trasporti Pubblici Insubria gehört (CTPI, www.ctpi.it).

Am nördlichen Piemontufer fährt **VCO** (www.vcotrasporti.it), in der Mitte und im Süden **SAF** (www.safduemila.com). Außerdem pendelt **Alibus** (www.safduemila.com/linee/alibus-malpensa-lagomaggiore) etwa 6 x täglich in beiden Richtungen auf der Strecke vom Flughafen Malpensa zu allen Orten zwischen Arona und Verbania Intra am Westufer des Lago Maggiore (obligatorische Online-Reservierung einen Tag vorher).

Über **PostAuto** (www.postauto.ch), den Busbetrieb der schweizerischen Post, lässt sich nur Gutes sagen – allzeit pünktlich, mit Anschlüssen selbst in das entlegenste Dorf und zu annehmbaren Preisen. Fahrkarten sind sowohl im Bus wie auch in allen Postämtern zu bekommen, bei denen der Postbus in der Regel auch hält, gelegentlich findet man auch eine PostAuto-Verkaufsstelle. In den Postämtern gibt es aktuelle Fahrpläne und weitere Informationen über alle Linien, manche Ermäßigung und sommerliche Ausflugsfahrten. Locarno und Ascona verfügen über eigene Busnetze, die auch umliegende Orte und Täler bedienen (→ „Verbindung" in den jeweiligen Ortsbeschreibungen).

Mit der Bahn

Am mittleren Westufer trifft die **internationale Linie** durch den Simplontunnel (→ Anreise) bei Baveno und Stresa auf den Lago Maggiore, begleitet ihn bis zum Südende und führt weiter bis Mailand.

Von Bellinzona nordöstlich vom Lago Maggiore verläuft am Ostufer des Sees eine Bahnlinie der **SBB** und der italienischen **Trenitalia.** In Laveno Mombello spaltet sie sich in zwei Linien, eine führt weiter in Seenähe über Sesto Calende nach Novara, die andere über Gallarate und Busto Arsizio nach Mailand (Stazione Centrale) bzw. als S 30/S 40 der **Tilo-Bahn** (www.tilo.ch) zum Flughafen Malpensa und umgekehrt. Zusätzlich fährt **FerrovieNord** von Laveno über Varese nach Mailand (Stazione Milano Cadorna).

Eine weitere Bahnlinie führt von Bellinzona nach Locarno und endet dort. Am Bahnhof von Locarno kann man umsteigen in die **Centovalli-Bahn**, die für ihre Panoramen berühmt ist und bis nach Domodossola fährt (→ S. 213).

Bahnlinie am Ostufer

Die **Schweizerischen Bundesbahnen** bieten einen Service, der in Europa seinesgleichen sucht. Nirgends sitzen Sie in Eisenbahnen so bequem, nirgends ist die Information via Lautsprecher so verlässlich, nirgends der Transport Ihres Fahrrades so problemlos. Viele Bahnhöfe sind Servicecenter: Man kann Fahrräder und Autos mieten, Geld wechseln und eine Menge nützlicher Informationsbroschüren bekommen.

Bergbahnen

Unersetzliche Verkehrsmittel für Touristen sind Bergbahnen, denn ohne Gondel-, Kübel-, Zahnrad-, Standseilbahn oder Sessellift käme man kaum in den Genuss der schönen Panoramagipfel. Alles über Fahrpläne, Preise und Besonderheiten erfahren Sie im Informationsteil der jeweiligen Ortskapitel.

Mietwagen

Mit einer vorab getätigten Online-Buchung bei einem so genannten „Produkt-Vergleicher" (www.billiger-miet wagen.de, www.autovermietung.de) kann man die Angebote diverser Broker und Direktverleiher vergleichen und buchen. So fährt man oft günstiger als mit einer Anmietung vor Ort. Wichtig: Alle Verleiher verlangen bei der Anmietung eine Kaution, dafür ist immer eine Kreditkarte nötig, Bargeld wird nicht akzeptiert. Prüfen Sie genau den gebotenen Versicherungsschutz, Vollkasko ohne Selbstbeteiligung ist zu empfehlen (Tipp: bei Anmietung über www.billiger-mietwagen.de wird eine etwaige Selbstbeteiligung zurückerstattet, allerdings erst nach aufwändigem Papierkrieg, Polizeibericht etc.).

Den See erleben: Besondere Angebote

Unterwegs mit dem „Lago Maggiore Express": eine ein- oder zweitägige Rundreise im Seegebiet – per Schiff nach Locarno, dann mit der Centovalli-Bahn nach Domodossola und von dort mit der staatlichen Eisenbahn wieder zurück nach Verbania, Baveno, Stresa oder Arona am Westufer des Lago. Es gibt dafür spezielle Tickets für Fähren und Centovalli-Bahn. Die eintägige Tour kostet 34 €, für Kinder 17 €, die zweitägige Tour 44 €, für Kinder 22 €. Die Fahrt kann an zahlreichen Orten gestartet werden. Fahrpläne und weitere Informationen unter www.lagomaggioreexpress.com.

Der See von oben: Rundflüge über dem See mit Centovalli und Parco Nazionale della Val Grande per Helikopter – nicht ganz billig (ca. 300 € pro Pers.), aber ein spektakuläres Erlebnis. Der 50-Min.-Flug startet und endet am kleinen Flughafen von Locarno, bis zu 4 Pers. können mitfliegen. Alle Piloten sprechen Deutsch und fungieren als erfahrene und ortskundige Führer. Lago Maggiore Expressissimo, Martin Grözinger, Weil-Im-Dorferstr. 177, D-70469 Stuttgart, ✆ (0049)-0711-882234-3, www.lago-rundflug.de.

Reisen zum Nulltarif – das „Ticino Ticket": Ob in einem Tessiner Hotel, in einer Tessiner Jugendherberge oder auf einem Tessiner Campingplatz: Wer im Tessin nächtigt, erhält beim Check-in das „Ticino Ticket", das bis Mitternacht des Abreisetags gültig ist. Mit diesem Ticket sind Bahn und Bus im ganzen Kanton gratis, Bergbahnen in der Regel 30 %, Schiffsfahrten 20 % billiger, dazu gewähren zahlreiche Museen Preisnachlass.

Dachpool am Hotel La Palma in Stresa

Übernachten

Am Lago Maggiore finden sich Unterkünfte aller Art – vom herrschaftlichen Grandhotel im Belle-Époque-Stil über die historische Villa mit Seeblick bis zur einfachen Pension im alten Stadthaus, vom schlichten Agriturismo-Betrieb in den Bergen bis zum mondänen Vier-Sterne-Hotel im prächtigen Landschaftsgarten, vom altehrwürdigen Klosterbau bis zum tristen Betonkasten. Am viel besuchten Westufer ist dabei die Auswahl deutlich größer als an der ruhigen Ostseite, sowohl im Tessiner Gebiet wie auch im südlich benachbarten Piemont.

In unseren Empfehlungen unter den jeweiligen Orten haben wir versucht, hauptsächlich ruhig gelegene Quartiere zu finden, falls möglich, direkt am See oder in Panoramalage. Die meisten Häuser sind von Ostern bis Oktober geöffnet, einige ganzjährig. So gut wie alle kann man auf der hauseigenen Homepage oder über Reiseportale online buchen. Problemmonate für individuell Reisende sind Juli und August. Vor allem im August, dem traditionellen Reisemonat für Familienferien, sind in den Seeorten viele Betten und Stellplätze ausgebucht. Eine frühzeitige Reservierung ist für diese Zeit ratsam.

Andererseits gibt es in besucherarmen Zeiten nicht selten deutliche Rabatte.

In den Informationsbüros vor Ort dort erhält man oft Unterkunftslisten, auch Privatzimmer, Ferienwohnungen und Campingplätze sind darin meist enthalten.

Hotels und Pensionen

Vielfältig ist das Angebot vor allem am Westufer, so in **Locarno, Ascona, Cannobio, Stresa** und **Baveno**, am viel ruhigeren Ostufer gibt es deutlich weniger Unterkünfte. Die Häuser sind in Kategorien von * (einfach) bis ***** (luxuriös) eingeteilt. Viele der Unterkünfte mit drei und vier Sternen verfügen über Swimmingpools (teils mit Kinderbecken), die allerdings nur selten beheizt sind (Achtung, Prospektsprache: „beheizbar" heißt nicht unbedingt beheizt!). Weitere Qualitätsmerkmale sind Garten/Park, Sat-TV, kostenloser WLAN-Zugang, Klimaanlage, direkte Seelage oder Panoramablick auf den See, Wellnessangebote, Sauna, Solarium, Hallenbad und/oder Tennisplatz. Frühstücksbuffet wird in aller Regel angeboten.

> Die **Hotelpreise** im praktischen Reiseteil dieses Buches sind Zirkapreise und beziehen sich auf ein **Doppelzimmer mit Bad und Frühstück (DZ/F)**. **Zimmer mit Etagendusche** sind als solche kenntlich gemacht. Wenn eine Preisspanne angegeben ist, meint die erste Zahl den Zimmerpreis in der **Nebensaison,** die zweite bezieht sich auf die **Hauptsaison** (Juli/August). **Halb- bzw. Vollpensionspreise** (HP/VP) sind pro Person angegeben.

Bed & Breakfast (B & B)

Eine gute Alternative zu den großen Seehotels bieten die immer zahlreicher werdenden privaten Vermieter, die oft nur über wenige Zimmer verfügen, aber dementsprechend persönlichen Service bieten und auch preislich meist nicht überzogen sind. Infos z. B. bei www.bed-and-breakfast.it (Italien) oder www.bnb.ch (Schweiz) und natürlich im praktischen Reiseteil dieses Führers.

Ferienhäuser und -wohnungen

Gibt es zahlreich im ganzen Seegebiet, besonders schön sind die steinernen Rustici im Tessin. Anbieter findet man in großer Zahl im Internet oder über Tages- und Wochenzeitungen. Eine umfassende Auswahl am Lago Maggiore besitzen z. B. www.ciaolagomaggiore. com, www.lago-reisen.de, www.lago-maggiore-urlaub.de und www.reisefeuh-

rer-lagomaggiore.de. Viele Optionen bieten außerdem www.fewo-direkt.de, www.interchalet.com und www.inter home.de.

Agriturismo

Die immer populärer werdenden Bauernhöfe mit Unterkunft und Essen kann man im Internet abfragen und buchen, z. B. über www.agriturismo.farm/de, www.agriturismo.com, www.agriturist.it oder www.turismoverde.it. Die Zimmer sind meist funktional ausgestattet, bestechen aber häufig durch die schöne Lage und Aussicht – und die hauseigene Küche ist fast immer erfreulich.

Camping

Besonders zahlreich sind Zeltplätze bei **Tenero** östlich von Locarno (Tessin), um **Cannobio** im Nordwesten des Lago, in der westlichen Seemitte bei **Fondotoce** (zwischen Verbania und Stresa) und im Südwesten, südlich von **Arona.** Geöffnet sind sie in der Regel etwa April/ Mai bis September/Oktober, gelegentlich auch ganzjährig. Speziell die 5-Sterne-Plätze bei Tenero gehören zu den besten Europas.

> **Achtung**: Leider sind viele Plätze von Dauercampern belegt. Vor allem im Hochsommer sind die Plätze häufig restlos ausgebucht, eine frühzeitige Vorbuchung ist dann unbedingt notwendig.

Wohnmobile

Nicht wenige Orte am See besitzen ausgewiesene Stellplätze, allerdings oft ohne Ver- und Entsorgungsmöglichkeiten. Hilfe bieten z. B. die Websites www.touristinfo.it/wohnmobillagomaggiore und http://stellplatz.info.

Jugendherbergen

Hostels gibt es direkt am Lago nur in **Locarno** und **Verbania Pallanza** (Westufer), sonst liegen die nächsten in Bellinzona, Lugano und Mailand. Infos unter den jeweiligen Orten.

Gemütliche Osteria in Luino

Essen und Trinken

Der Lago Maggiore ist eine kulinarische Schnittstelle zwischen dem Tessin (nördliches Seegebiet), der Lombardei (Ostufer) und dem Piemont (Westufer). Doch ob im Norden, im Osten oder im Westen – verbindendes Element ist immer der Fisch.

Für die traditionell armen Alpentäler der Region bildete der Lago über viele Jahrhunderte die Grundlage ihrer Ernährung. Im Zeitalter des Massentourismus ist die Seefischerei allerdings fast völlig ausgestorben, denn wegen der hohen Nachfrage werden die Fische schon lange nicht mehr ausschließlich aus dem See geholt, sondern in großen Anlagen rundum gezüchtet oder importiert.

Während die Tessiner sehr viel lieber Kartoffeln als Teigwaren essen, erhält man auf italienischer Seite vielfältige Pasta, die in guten Restaurants noch häufig hausgemacht ist. Die „Polenta" begegnet einem dafür überall, der gelbe Maisbrei bzw. -kuchen ist sowohl im Tessin wie auch in Oberitalien heimisch. Ansonsten ist Reis ein Kennzeichen der lombardischen wie auch der

piemontesischen Küche, die riesigen Reisfelder am Po sorgen in beiden Regionen für ununterbrochenen Nachschub, was sich in den variantenreichen Risotti niederschlägt. Auch im Tessin wird Risotto geschätzt, dort ist während des Karnevals die „Risottata di Carnevale" beliebt: In großen Kesseln werden im Freien Risotto, Gnocchi oder Polenta mit Würsten gekocht. Auch die *castagne* (Kastanien), das einstige „Brot der Armen", haben in der Tessiner Küche wieder an Bedeutung gewonnen und stehen im Mittelpunkt mancher Gerichte.

Leider verleitet der deutschsprachige (Massen-)Tourismus viele Wirte am See dazu, das „Essen von der Stange" zu perfektionieren – vor allem in der Hochsaison sind in den Zentren der Urlaubsorte überschaubare Portionen, mäßige Qualität und hohe Preise leider nicht unüblich. Tipp: Setzen Sie sich ins Auto und fahren Sie in die Umgebung, dort erhält man bessere Qualität in größerer Menge für weniger Geld, zudem sind die regionalen Kochtraditionen in den Tälern um den See eher bodenständig und authentisch geblieben. Einen Versuch wert sind auch die ländlichen Lokale, die unter dem Stichwort „Agriturismo" firmieren – diese besitzen durchgängig ein recht hohes Qualitätsniveau bei relativ kulanten Preisen. Generell: Verlassen Sie sich nicht nur auf die standardisierte Speisekarte des Hauses, sondern lassen Sie sich beraten, wählen Sie die Spezialitäten des Hauses und seien Sie experimentierfreudig.

Kulinarisches Erlebnis: Fisch vom See

Im Mittelpunkt der typischen Gerichte stehen am Lago Maggiore natürlich die Fische. Eine besonders beliebte Zubereitungsart ist „Pesce in carpione", dabei wird der Fisch in eine mit fein gehacktem Gemüse und Kräutern aromatisierte Essigmarinade eingelegt – je länger die Verweildauer, desto zarter und köstlicher mundet er.

Der aus Amerika eingeführte *pesce persico* (Flussbarsch) stammt aus der Familie der Lachse und wird wegen seines feinen, weißen Fleisches sehr geschätzt. Er wird gerne in Butter gegart und mit Risotto serviert. Der *lavarello* (Blaufelchen/Renke), in manchen Gebieten auch als *coregone* bekannt, ein Süßwasserfisch mit festem weißem Fleisch und wenig Gräten, wurde erst Anfang des 19. Jh. vom Bodensee importiert, ist aber heute einer der meistverlangten Fische am See, besonders lecker z. B. als „lavarello al cartoccio" (in Folie), aber auch als Tatar oder gegrillt. Weit verbreitet sind Forellen, z. B. die *trota fario* (Bachforelle), die *trota iridea* (Regenbogenforelle), die große *trota marmorata alpina* (Marmorataforelle) und die begehrte *trota salmonata* (Lachsforelle), ein typischer Zuchtfisch, den man an der rötlichen Farbe des Fleisches erkennt, hervor-

Traditioneller Fischfang

gerufen durch den von einer Alge produzierten Futterzusatzstoff Astaxanthin. *Luccio* (Hecht) wird gerne als Vorspeise mit Polenta gereicht, ebenso die gesalzenen und an der Luft getrockneten *aole* (kleine Süßwassersardinen) sowie die *agone* (Finten), die man sonnengetrocknet und gepresst als „Missoltini" genießen kann. Die karpfenartige und grätenreiche *alborella* (Ukelei, auch Laube genannt) wird in Mehl gewendet und in Öl frittiert. Nur noch selten zu finden ist wegen der hohen Ansprüche an die Wasserqualität der zu den Lachsfischen zählende *salmerino* (Bachsaibling).

Küche im Tessin

Die traditionelle Tessiner Küche, die „cucina nostrana", ist eine typische Arme-Leute-Küche. Tessiner Bauernfamilien ernährten sich früher von Milchprodukten, Hirse, Buchweizen und Gerste, im Herbst kamen Pilze und Kastanien hinzu. Fleisch und Fisch gab es nur zu besonderen Anlässen.

Manches aus der traditionellen Küche hat bis heute überlebt, freilich in verfeinerter Form und gepaart mit der Pfiffigkeit der italienischen und den Besonderheiten der soliden Schweizer Küche. Überbleibsel der bäuerlichen Küche sind z. B. Gemüsesuppen und Eintöpfe: *Minestrone* ist nichts anderes als sommerliche Resteverwertung – Saisongemüse, Kartoffeln und Teigwaren sowie als Würze geriebener Tessiner Käse gehören dazu. Im Winter kommen Kutteln in die Suppe, die dann *busecca* heißt. Ein eher deftiger Eintopf aus Wurstresten, Wirsing und Kartoffeln ist die *cazzöla*, auf der lombardischen Seite des Sees als „casoeula" bekannt (→ unten). Die häufigsten Hauptgerichte sind neben Fisch italienisch angehauchte Fleischgerichte wie *costine*, gegrillte Schweinskoteletts, *capretto*, im Backofen zubereitetes Zicklein, und seltener auch das Fohlenfleisch *puledro*. Ab Herbst bieten die jagdverliebten Tessiner Gems-, Reh- oder Hirschpfeffer an. Ein Hauptnahrungsmittel waren früher die *castagne* (Kastanien). Sie wurden in den Wäldern geerntet, dann getrocknet, gemahlen und anschließend zu Pasta, Brot und auch Kuchen verarbeitet. In den Zeiten des Wirtschaftsbooms nach dem Zweiten Weltkrieg wurde das so genannte „Brot der Armen" dann vernachlässigt und findet erst heute wieder Verwendung, z. B. in Süßspeisen oder als g*nocchi di castagne*.

Grotto – das typische Tessiner Lokal

Ursprünglich waren *grotti* Felsenkeller und Höhlen, in denen ein findiger Bauer seine „Besenwirtschaft" am Wochenende öffnete – ein paar einfache Stühle um den klobigen Tisch. Mit dem Siegeszug des Tourismus sind die Grotti zu stimmungsvollen Freiluft-Gaststätten geworden, meist von April bis Oktober in Betrieb, meistens außerhalb der Ortskerne am Waldrand oder Felshang. Traditionelle Grotti sind keine Feinschmeckerlokale, oft wird nicht einmal gekocht, und es kommen kalte Platten und trockene Weine auf den Tisch. Der Wein wird meist aus einem Steingutbecher mit Henkel und Schnabel geschlürft, dem „boccalino", in dem 0,2 l Wein Platz haben. Kehrseite der schönen Grotto-Tradition: Längst nicht alles, was Grotto heißt, ist Grotto. Kneipenwirte wollen am Trend verdienen und nennen ihre Resopal-Osteria kurzerhand Grotto. Wir haben uns bemüht, bei unseren gastronomischen Empfehlungen solche Trend-Gewinner zu übersehen: Haben Sie jedoch Nachsicht, wenn die Trennungslinie nicht immer klar verläuft.

Ristorante auf der Isola dei Pescatori

Küche in der Lombardei

Vor allem in den bergigen Regionen ist die Küche recht „fleischlastig", in den Ebenen spielt dagegen Reis eine große Rolle.

Eins der bekanntesten Gerichte der Lombardei ist *ossobuco* bzw. *stinco di vitello* – Kalbshaxen mit Knochen, meist in Brühe, *aceto balsamico* (Balsamessig) oder Wein geschmort und mit Reis serviert. Das berühmte *costoletta alla milanese* entspricht in etwa dem Wiener Schnitzel, allerdings wurde das Rezept nicht aus Österreich importiert, sondern gerade umgekehrt – der Feldmarschall Radetzky war es angeblich, der das Gericht in Mailand entdeckte und nach Hause mitbrachte. *Bollito misto* ist in ganz Oberitalien verbreitet und meint verschiedene gekochte Fleischsorten wie Rind, Huhn und Kalb, die zusammen mit Gemüse geschmort und zubereitet werden. Als besondere Spezialität gelten außerdem Spießgerichte, z. B. die *spiedini di vitello* (Kalbfleischspießchen) sowie *agnello* (Lamm) und *por-*

chetta (Spanferkel). Weiterhin gibt es *vitello tonnato*, das ist dünn aufgeschnittenes, mit Weißwein und Gemüse gekochtes Kalbsfleisch, das mit einer Thunfischsauce überzogen als Antipasto serviert wird, die Kuttelsuppe *busecca* und schließlich den *zampone alla milanese*, ein vollständig entbeinter Schweinsfuß, gefüllt mit dem Haxenfleisch selbst, Wurstbrät und anderen zerkleinerten Schweineteilen sowie verschiedenen Gewürzen. Ein fester Bestandteil der lombardischen Hausmannskost ist schließlich die *casoeula*, ein Eintopf aus Würstchen, verschiedenen Stücken vom Schwein (Rippchen, Schwarten, Füße, Ohren), Wirsing, Karotten, Sellerie und Zwiebeln, dessen Ursprung bis in die Zeit der spanischen Besetzung der Lombardei zurückreichen soll.

Essen gehen in Italien

Der volle Reiz der italienischen Küche entfaltet sich besonders, wenn man sich an die traditionelle Speisenfolge hält. Zunächst stimmt man den Magen mit *antipasti* (Vorspeisen) ein, z. B. geräucherter Schinken mit Melone, zartes Carpaccio (hauchdünne Scheiben rohes Rinderfilet) oder „polenta con luccio" (Polenta mit Hecht). Dann folgt der *primo piatto* (erster Gang), meist Nudeln oder Reis, z. B. Gnocchi, Strangolapreti oder Tortellini. Alternativ kann man auch eine *minestra* (Suppe) wählen. Jetzt erst kommt der *secondo* (Hauptgang) auf den Tisch, entweder Fleisch oder Fisch. Traditionellerweise wird er ohne *contorni* (Beilagen) serviert, diese müssen extra bestellt werden. Mancherorts hat man sich aber den mitteleuropäischen Essgewohnheiten angepasst und bietet das Hauptgericht mit Beilagen an (auf der Karte meist vermerkt). Zu guter Letzt kann man noch ein *desserto* (Nachtisch) wählen, doch meist ist man zu diesem Zeitpunkt bereits satt. In jedem Fall ist aber ein kleiner schwarzer Espresso (kein Cappuccino!) ein schöner Abschluss: Man nennt ihn einfach „Caffè" oder „Caffè licio", kann ihn aber auch mit einem Schluck Grappa abrunden (Caffè corretto) oder als „Caffè macchiato" mit geschäumter Milch trinken.

Caffè d'orzo Barley coffee ....
Caffè al ginseng Ginseng coffee ....
Caffè americano American coffee ......
Caffè decaffeinato Decaffeinated coffe
Latte in bicchiere Warm milk ....
Cappuccino Cappuccino ...
Caffè marocchino Moroccan coffee (s
Caffè corretto Coffee laced ....
Cioccolata classica Dark hot chocolat
Cioccolata bianca White hot chocolate
Cioccolata classica con panna Dark
Latte macchiato Milk with dash of coff
The caldo Breakfast tea ....
Infusi Instilled ....
Camomilla Camomile tea ....
Caffè con panna Coffee with whippec
Caffè shakerato Shakered coffee .....
Cappuccino decaffeinato Decaffeina
cappuccino d'orzo Barley cappuccin
ciocap (cappuc. e ciocc.) Hot capp
Cappuccino con panna Cappuccino

Wer sich auf ein solch üppiges Menü einlässt, muss keine Angst haben, hungrig wieder aufzustehen. Doch es hat seinen Preis. Essen gehen ist in Italien kein ganz billiger Spaß. Man kann deshalb natürlich immer nur einen primo piatto oder einen secondo wählen, also z. B. ein Nudelgericht oder Fisch, dazu Salat o. Ä. Auch viele Einheimische verhalten sich so, und vor allem mittags wird in vielen Lokalen ein Primo als einfaches Tagesgericht angeboten. Pizza gibt es traditionell nur abends, doch viele Lokale befeuern ihre Holzöfen auch schon mittags und machen darauf mit „Pizza anche mezzogiorno" aufmerksam. Sparsame können in Touristenorten auch häufig ein so genanntes Festpreismenü ordern, „menu a prezzo fisso" oder „menu turistico". Dieses ist weitaus günstiger als Speisen à la carte, allerdings nicht immer von erfreulicher Qualität.

Vorsicht bei der Preiskalkulation anhand aushängender Speisekarten – der Preis der einzelnen Gerichte sagt noch nichts über den tatsächlichen Endpreis aus, denn bei jeder Mahlzeit werden pro Person noch zwischen 1,50 und 3 € für *coperto* (Gedeck) aufgeschlagen. *Servizio* (Bedienung) ist dagegen meist im Preis enthalten – vor allem in gehobeneren Lokalen muss man dafür jedoch oft noch zusätzlich 10–15 % Aufpreis in Kauf nehmen. Und noch ein Hinweis zum Bezahlen: Immer häufiger ist es in Italien üblich, zum Begleichen der Rechnung nicht auf die Bedienung zu warten, sondern selbst an die Kasse zu gehen – das spart Zeit für alle. Vor allem, wenn die Tische nummeriert sind und/oder eine Liste der georderten Speisen angelegt wurde, wird erwartet, dass man selbst tätig wird.

Der berühmte *risotto alla milanese* ist mit Safran gewürzt bzw. gefärbt – die Entstehungslegende erzählt von einem Glaserlehrling, der bei der Restaurierung der Glasfenster des Mailänder Doms stets Safran in die Farben mischte und dies dann auch bei einer Hochzeitstafel seines Meisters ausprobierte. *Minestrone alla milanese*, eine Gemüsesuppe nach Mailänder Art, wird ebenfalls mit Reiseinlage (anstatt der üblichen Pasta) gereicht und das *risotto alla luganiga* besitzt eine kräftige Wursteinlage.

Küche im Piemont

Die piemontesische Küche ist entsprechend der meist bergigen Landesnatur alpenländisch herzhaft, wurde aber durch französische Einflüsse und die lange aristokratische Tradition der Turiner Savoyen-Herrscher immer wieder verfeinert.

Getreide wird in großen Mengen angebaut. Die *grissini* genannten kleinen Brotstangen werden zu jeder Mahlzeit gereicht und sind mittlerweile in ganz Italien verbreitet. Neben *risotto* und anderen Reisgerichten gibt es zahlreiche Pasta-Varianten, dazu zählen etwa die mit Fleisch gefüllten Nudeltäschchen *agnolotti* und die Bandnudeln namens *tajarin*. Am See werden die Teigtaschen natürlich gerne mit Fisch gefüllt, bekannt z. B. als *ravioli al profumo di pesce con pomodoro*.

Von den piemontesischen Fleischgerichten sollte man einmal *finanziera* versuchen, ein Ragout aus verschiedenen Fleischstücken, hauptsächlich aber aus Innereien. Genannt wird das Gericht so, weil es angeblich früher die Finanzbeamten besonders gerne aßen. Nach einer anderen Version bezieht sich der Name auf den Zehnten, den die Bauern in Naturalien an den Stadttoren abgeben mussten, wenn sie ihre Waren auf dem städtischen Markt verkaufen wollten. Dafür wählten sie in erster Linie die weniger wertvollen Innereien

aus. Ein weiterer piemontesischer Leckerbissen ist *brasato al Barolo*, Schmorbraten in Barolo-Wein. Oft wird auch Wild serviert. *Petto d'anatra all'aceto balsamico*, Entenbrust in Balsamessig, sollte man ebenfalls einmal kosten. *Bagna caôda* schließlich, ein Allerlei aus rohem und gekochtem Gemüse, getunkt in eine Sardellen-Knoblauch-Soße, wird vor allem in der kalten Jahreszeit zubereitet.

Die bekannteste und teuerste Spezialität Piemonts sind jedoch die begehrten *tartufi* (Trüffeln). Diese Pilze wachsen unterirdisch im Wurzelgeflecht von Bäumen. Speziell abgerichtete Hunde oder Schweine können diese Stellen aufspüren – die vom Besitzer streng geheim gehalten werden, da dort immer wieder neue Trüffeln wachsen. Zur Erntezeit im Herbst kommen Kenner von weither. Trüffeln werden, meist geschnitten oder gerieben, als Geschmacksanreger für viele Gerichte verwendet. Die Preise sind allerdings in der Regel hoch bis astronomisch.

Sonstige Spezialitäten

Käse: Die Region um den Lago Maggiore ist vor allem auch für ihre Käsespezialitäten bekannt, die hauptsächlich von der intensiven Rinderwirtschaft herrühren. Viele davon sind mit DOP-Siegel ausgezeichnet (vergleichbar mit

DOC bei Weinen), z. B. der Hartkäse *Grana padano*, der lombardische Weichkäse *taleggio*, der mild-süßliche *ossolano* aus Val d'Ossola und Val Vigezzo und der berühmte *toma*, der in zahlreichen Orten um den See hergestellt wird, z. B. als „Toma del Mottarone". Eine begehrte Rarität ist der Bergkäse *Bettelmatt DOP* aus der Valle Antigorio und dem Val Formazza nördlich von Domodossola, der nur von Juli bis September hergestellt wird, wenn die Herden das frische Futter der hoch gelegenen Almweiden fressen. Weiter gibt es den fetten und intensiv schmeckenden Schimmelkäse *Gorgonzola DOP* aus dem südlichen Seebereich, der gerne mit Polenta gereicht wird, den *crodo* aus dem gleichnamigen Ort im Valle Antigorio und den schmackhaften Ziegenweichkäse *formagella di Luino*. Auch Schmelzkäse steht als *fontina* oder *fondue alla valdostana* gerne auf der Speisekarte, gelegentlich sogar mit Trüffeln angereichert. Im Tessin wird aus Ziegenmilch der *büscion* gemacht, der Bergkäse wiederum ist Käse aus Kuhmilch, und im Käse des Maggiatals kommen Ziege und Kuh zusammen.

Wurst und Schinken: Ihre Herstellung hat in den Tälern um den See eine jahrhundertealte Tradition. Im Tessin wird die Mortadella mit Leber vermischt, beliebt sind auch die Schweinswürste namens *luganighe*. Ein besonderes Vorzeigeprodukt auf piemontesischer Seite ist der vierzig Tage lang in einer Salzlake konservierte und anschließend mit Wacholder geräucherte *Vigezzino-Schinken*. Geschätzt werden zudem Salami und Mortadella aus dem Val d'Ossola, die aus Rinderkeulen hergestellte *mocetta ossolana*, *Duja-Salami* aus Novara und Gänsesalami vom Ortasee. Weit verbreitet ist außerdem die *bresaola delle valli dell'Ossola*, eine Variante des Bündner Fleischs. Einen Höhepunkt der Gaumenfreuden stellt schließlich der *violino di capra* dar, ein luftgetrockneter Schinken aus der Keule der Ziege, der fein aufgeschnitten mit Roggenbrot oder Pilzen serviert wird.

Frisch und vielfältig: Verkauf aus dem Marktwagen

In der Osteria

Süßspeisen: Eine typische Tessiner Nachspeise ist *torta di pane*, ein Brotkuchen aus altbackenem Brot mit Milch, Kakao, Amaretto und Sultaninen. Den berühmten Mailänder *panettone*, einen Kuchen mit kandierten Früchten und Rosinen, isst man vor allem zur Weihnachtszeit, traditionell wird er mit einem eingeritzten Kreuz gesegnet. Eine besondere Spezialität von Stresa am Westufer sind die mit Puderzucker bestäubten Butterteigkekse namens *margheritine di Stresa*, die erstmals für Königin Margherita von Savoyen zubereitet wurden. Zahlreiche weitere Köstlichkeiten stammen aus der Region um den See, darunter das süße, mit Äpfeln und Nüssen zubereitete und mit Zucker bestäubte Brot namens *Cradenzin* (auch: *Crescenza*) aus dem Val d'Ossola, die *fügascina*, eine süße Focaccia-Variante aus Mergozzo, und der Buchweizenkuchen *stinchett* aus Santa Maria Maggiore im Val Vigezzo.

Die Weine der Seeregion

Jeder größere Ort besitzt mindestens eine Weinstube, „Cantina", „Osteria" oder „Enoteca" genannt. Dort können Sie in meist angenehmer Atmosphäre die besten Weine der Region kennen lernen, dazu oft auch die traditionelle örtliche Küche.

Am Lago Maggiore steht eine breite Palette norditalienischer Weine zur Auswahl, darunter natürlich die renommierten Rotweine Barolo und Barbaresco und der weiße Gavi, die alle aus der Weinregion Piemont stammen. In vielen Restaurants kann man einen offenen „vino della casa" (Wein des Hauses) bestellen, dieser ist preiswerter als Flaschenwein und in der Regel gut –

gerne wird der leichte rote Barbera angeboten, der weiße Tischwein kommt dagegen häufig aus Venetien.

Tessin: Im Tessin wird die rote Merlot-Traube angebaut, die durchaus beachtliche Weine hervorbringen kann. Am häufigsten wird der *Merlot del Ticino* serviert, der aus einer roten Bordeaux-Traube gewonnen wird. Aber auch *Merlot rosato*, ein kühl getrunkener Rosé-Wein, und seltener der ebenfalls aus der roten Traube gewonnene weiße *Merlot bianco* gehören durchaus zur europäischen Spitzenklasse. Vom herben Landwein, dem einfachen *Nostrano*, der aus den einheimischen Trauben Bondola und Freisa oder aus der Uva americana gewonnen wird, kann man das nicht unbedingt behaupten.

Piemont: Das Piemont ist eine der führenden Weinbauregionen Italiens, allerdings stammen die besten Weine aus den südlich von Turin gelegenen Anbaugebieten Monferrato und Langhe um Asti und Alba. Man hat die Wahl zwischen den hochklassigen, aus der Nebbiolotraube gewonnenen Rotweinen *Barolo* und *Barbaresco*, dem etwas süffigeren „Allerweltswein" *Barbera*, von dem es aber auch exzellente, im Barrique (Eichenfass) ausgebaute Varianten gibt, dem fruchtig-frischen *Dolcetto* und dem leichten trockenen *Nebbiolo* mit seinem typischen Veilchenaroma. Im Gebiet des Lago Maggiore selber wird vor allem südwestlich des Sees Wein produziert, außerdem in den Ossola-Tälern westlich des Sees. Einige dieser Weine besitzen sogar ein DOC-Siegel, z. B. die aus Ghemme, Boca, Sizzano und Fara Novarese, ca. 20 km südwestlich von Arona.

Lombardei: Die lombardischen Weine genießen bisher keinen sonderlich hohen Bekanntheitsgrad. Zu den besten Anbaugebieten zählen die *Valtellina* östlich vom Comer See und die *Franciacorta* südlich vom Iseo-See – letztere Region ist bekannt für ihren Spumante, z. T. mit DOCG-Klassifizierung. Am Lago Maggiore produzieren lediglich einige Weingüter um Angera im Südosten Rot- und Weißweine unter dem Namen „Ronchi Varesini", die eine „Indicazione Geografica Tipica" besitzen, also keine DOC-Weine sind.

Wer einen guten Tropfen kosten will, muss auswählen. Achten Sie immer auf die Ursprungsbezeichnung eines Weines: Qualitätsweine werden ausgezeichnet mit DOC („denominazione di origine controllata" = kontrollierte Ursprungsbezeichnung), die allerbesten mit DOCG („denominazione di origine controllata e garantita" = kontrollierte und garantierte Ursprungsbezeichnung). Weine, die mit „Indicazione geografica tipica" (IGT) ausgezeichnet sind, stammen ebenfalls aus einer bestimmten Herkunftsregion. Den einfachen Tafelwein nennt man „Vino da tavola".

Die Magie des ratafià

Die Nüsse für den weltweit gerühmten Tessiner Nusslikör – *nocino* oder *ratafià* genannt – müssen in der Nacht vom 24. auf den 25. Juni noch grün gesammelt werden. So will es die Tradition. Ansonsten gibt es so viele Rezepte wie Produzenten: Die Nüsse werden mit *grappa nostrana* begossen, dazu kommen Vanille, Zimt und Nelken; alles in der Sonne stehen lassen und nach vier Monaten absieben. Oder doch ein, zwei Jahre ruhen lassen und Muskat statt Nelken verwenden? Oder lieber rühren und Zucker hinzufügen? Oder vielleicht doch ...

Wissenswertes von A bis Z

Ärztliche Versorgung

Die meisten niedergelassenen Ärzte behandeln nur gegen Barzahlung, die heimische Krankenkasse erstattet die Kosten jedoch gegen detaillierte Rechnung ganz oder anteilig zurück (je nach Kasse verschieden), Zahnarztkosten werden allerdings nicht übernommen. Mit der „European Health Insurance Card", EHIC genannt (meist die Rückseite der elektronischen Gesundheitskarte), werden Urlauber in staatlichen italienischen Krankenhäusern kostenfrei behandelt und auch bei einigen Ärzten, die dem staatlichen italienischen Gesundheitssystem angeschlossen sind, ist die Behandlung gratis. Im Tessin wird die EHIC ebenfalls akzeptiert.

In den Sommermonaten wird in den größeren Urlaubsorten auf der italienischen Seite des Sees eine Sanitätsstation betrieben, die **Guardia Medica Turistica.** Mit EHIC kostet eine ambulante Behandlung dort ca. 21 €, ein Hausbesuch 31 € (ohne EHIC 26 bzw. 36 €). Auf der schweizerischen Seite gibt es solche Stationen nicht.

Der zusätzliche Abschluss einer privaten **Auslandskrankenversicherung** (Jahresbeitrag oft nicht höher als 20 €) ist sinnvoll, wenn Sie gegen die hohen Kosten eines unfall- oder krankheitsbedingten Rücktransports abgesichert sein wollen.

Einkaufen

Shoppen am Lago macht Spaß. Die kleinen, urigen Tante-Emma-Läden sind hier noch nicht ausgestorben, und beim Stöbern in den engen Altstadtgassen wird man manche Entdeckung machen können. Dazu kommen große, bunte Wochenmärkte, riesige Outlet-Shops und trendige Designerläden.

Vor allem die kulinarischen Produkte sind es, die einen Urlaub am Lago in höchst erfreulicher Weise abrunden. Prall gefüllt und farbig präsentieren sich die Theken der Feinkostläden mit frischem Obst und vielfältigem Gemüse, dazu gibt es Wein, Salami und Käse, Olivenöl, Grappa und Liköre in ansprechenden Flaschen, wertvollen Essig, getrocknete und frische Pilze, eingelegte Früchte, Honig verschiedener Blüten, Gewürze …

Unbedingt lohnt die Mitnahme eines guten Tropfens aus einer der zahlreichen „Enoteche" (Weinhandlung mit Verkostung), z. B. die exzellenten roten Piemontweine Barolo und Barbaresco oder auch eine Flasche guten Merlots aus dem Tessin. Raucher finden vielleicht Geschmack an den langen Zigarillos aus der berühmten „Fabbrica Tabacchi Brissago" im gleichnamigen Ort südlich von Ascona.

Einkaufen in Italien: Der Lago Maggiore ist nicht nur Urlaubsgebiet, sondern auch von traditionell gewachsenen Zentren handwerklicher und industrieller Produktion umgeben. **Outlet Stores** bekannter Modemarken findet man am Südende des Lago Maggiore bei Arona. Nördlich vom nahen Orta-See haben Alessi und andere Hersteller von hochwertigen **Haushaltsgeräten** und **Kücheneinrichtungen** ihren Sitz. Como am gleichnamigen See ist ebenfalls nicht weit und ein Weltzentrum der **Seidenverarbeitung**. **Designermöbel** findet man im Städtchen Cantù südlich vom Comer See und um Biella im Piemont liegt das Zentrum der italienischen **Textilindustrie,** wo in mehr als 50 Fabrikshops hochwertige Stoffe angeboten werden. Und schließlich ist auch die Modemetropole **Mailand** nur einen Katzensprung entfernt, wo man entweder – mit dem nötigen Kleingeld ausgestattet – direkt bei Versace kauft oder aber in Second-Hand-Outlets (so genannte „Stocks") auf die Suche geht.

Auch Märkte gibt es reichlich. Fliegende Händler besuchen reihum die großen Uferstädte, und an jedem Wochentag findet in einem anderen Ort ein großer **Straßenmarkt** statt, der sich oft die ganze Uferpromenade entlangzieht oder mehrere Straßenzüge in Beschlag nimmt. Zwar ist das Angebot – abgesehen von den ausgezeichneten Kulinaria – nicht unbedingt originell, doch kann man Schnäppchen machen. Fälschungen von Markenartikeln sind allerdings gängige Handelsware und in Italien ist es strafbar, offensichtliche Plagiate zu Dumpingpreisen zu erwerben, Schweizer Zöllner haben das Recht, eine gefälschte Versace-Tasche ganz einfach zu konfiszieren. Größter Markt am See ist der fast 500 Jahre alte und am ganzen Lago Maggiore berühmte Mittwochsmarkt von **Luino** (Ostufer), zu dem es Sonderfahrten aus allen Badeorten gibt (→ S. 120). Ebenfalls groß, aber weniger touristisch geprägt ist der Markt von **Verbania Intra** (→ S. 190).

Interessant und vielseitig sind auch die **Antiquitäten- und Flohmärkte**

(Mercatini di Antiquariato/Mercatini delle pulci), die ein- bis mehrmals monatlich in verschiedenen Orten am See abgehalten werden, aber auch in den nahen Städten.

Schließlich haben sich auch viele **Kunsthandwerker** und Künstler, kreative Boutiquen und Galeristen am Lago niedergelassen: Aquarellisten und Keramiker, Seidenmaler und Schmuckmacher, Textildesigner und Fotografen. Sie alle schätzen das milde Klima, die betörende Vielfalt und die Farbenpracht des Sees – und nicht zuletzt das Geschäft mit den Urlaubern.

Einkaufen im Tessin: Sie fahren in ein teures Land – mit Norwegen ringt die Schweiz alljährlich um den ersten Platz auf der europäischen Hitliste der Verbraucherpreise. Allerdings ist die Hochpreisinsel Schweiz auch eine Hochlohninsel. Relativ preisgünstig sind die beiden Supermarktketten des Schweizer Lebensmittelmarkts, die 1925 gegründete **Migros,** die weder Tabakwaren noch Alkoholika verkauft (die kauft man beim Billig-Konkurrenten **Denner,** der 2007 von der Migros übernommen wurde), und der **Coop,** der in den letzten Jahren den Abstand zur Migros stark verringert hat. Seit 2011 drängen auch die deutschen Preisdrücker Lidl und Aldi auf den Tessiner Markt.

Traditionelle Web- und Wollwaren, Flecht- und Holzarbeiten sowie Filzhüte „tipico" bekommen Sie – mit etwas Glück – nur in den versteckten Läden der abgeschiedenen Bergdörfer um den See.

■ Kaufen Sie Lebensmittel bevorzugt auf **der italienischen Seite** des Sees ein, dort zahlt man fast immer weniger als in der Schweiz. Das lohnt sich meist sogar, wenn man die Spritkosten einberechnet.

■ **Samstag** ist Einkaufstag, vor allem nachmittags fallen die Einheimischen in Scharen in den größeren Orten ein. Wer in Ruhe vergleichen und wählen will, sollte sich einen anderen Tag aussuchen. Am Montagvormittag sind in Italien die meisten Läden allerdings geschlossen.

■ Einkauf direkt bei der **Fabrik** ist beliebt und kann deutlich Geld sparen helfen. Manche Firmen bieten ihre Produkte in großen Outlets direkt an. Schilder „Punto vendita diretta", "Direktverkauf" o. Ä. weisen den Weg.

■ Der **Schlussverkauf** (*saldi*) im Juli/August und Februar bringt Preisnachlässe von 50 % und mehr.

Feiertage

An folgenden gesetzlichen Feiertagen bleiben Geschäfte, Banken, Ämter und Schulen geschlossen.

Italien 1. Januar (*Capodanno*/Neujahr); 6. Januar (*Epifania*/Dreikönigstag); *Lunedì dell'Angelo*/Ostermontag (Achtung: Karfreitag ist kein Feiertag!); 25. April (*Festa della Liberazione*/Tag der Befreiung vom Faschismus); 1. Mai (*Festa dei Lavoratori*/Tag der Arbeit); 15. August (*Assunzione di Maria Vergine/Ferragosto*/Mariä Himmelfahrt); 1. November (*Ognissanti*/Allerheiligen); 8. Dezember (*Immacolata*/Mariä Empfängnis); 25. Dezember (*Natale*/Weihnachten); 26. Dezember (*Santo Stefano*/Tag des heiligen Stephanus).

Tessin 1. Januar (*Capodanno*/Neujahr); 6. Januar (*Epifania*/Dreikönigstag); 19. März (*San Giuseppe*/St. Josephstag); *Lunedì di Pasqua*/Ostermontag (Karfreitag ist kein Feiertag); 1. Mai (*Festa del Lavoro*/Tag der Arbeit); *Ascensione*/Christi Himmelfahrt, *Lunedì di Pentecoste*/Pfingstmontag, *Corpus Domini*/Fronleichnam; 29. Juni (*SS. Pietro e Paolo*/Peter und Paul); 1. August (*Festa nazionale della Svizzera*/Schweizer Nationalfeiertag); 15. August (*Assunzione*/Mariä Himmelfahrt); 1. November (*Ognissanti*/Allerheiligen); 8. Dezember (*Immacolata Concezione*/Mariä Empfängnis); 25. Dezember (*Natale*/Weihnachten), 26. Dezember (*Santo Stefano*/Stephanstag).

Feste und Veranstaltungen

Zum Beginn der Urlaubssaison im Frühjahr ist es vor allem die üppige Vegetation, die im Mittelpunkt vieler Feste steht. Besonders die Kamelie, die in hunderten von Arten am See blüht, wird mit großen Ausstellungen gefeiert, z. B. in Locarno, Cannero Riviera und Verbania Pallanza.

Im März wird die **Sagra del Pesce** (Fischfest) in Muralto (Locarno) gefeiert. Zur Tulpenblüte im April findet im berühmten botanischen Garten „Giardini di Villa Taranto" bei Verbania die große **Festa dei tulipani** (www.villataranto.it, Stichwort: Eventi) statt. Weitere Ereignisse sind im Mai die **Sagra del Pesce** (Fischfest) von Brissago sowie im Juni die **Internationalen Segelregatten** in Ascona und Verbania.

Der Sommer ist von einigen musikalischen Großereignissen geprägt, allen voran Ende Juni/Anfang Juli **JazzAscona** (www.jazzascona.ch), eins der weltweit bedeutendsten Festivals für traditionellen Jazz. Ende Juli bis Anfang August findet das **Festival LagoMaggiore Musica** (www.jeunesse.it) in den Orten des südlichen Lago Maggiore statt. Danach bietet von Mitte Juli bis in die erste Septemberwoche das angesehene **Stresa Festival** (www.stresafestival.eu) in Stresa und anderen Seeorten klassische Musik auf hohem Niveau, im Jahr 2021 wird es zum 60. Mal soweit sein.

Weitere stimmungsvolle Sommerfeste sind im Juli in Cannero Riviera das Lichterfest **Madonna del Carmelo** und im September in Verbania Pallanza der **Corso fiorito**, ein großer, bunter Umzug mit blumengeschmückten Wagen.

„Festa dell'Uva" – Weinfest in Angera (Südostufer)

Ein ungewöhnliches Stelldichein findet außerdem seit über dreißig Jahren am ersten Septemberwochenende in Santa Maria Maggiore statt, dem Hauptort des Val Vigezzo (zu erreichen von Cannobio): Zum **Raduno Internazionale dello Spazzacamino** (www.museospazzacamino.it, Stichwort: Eventi) treffen sich dort Schornsteinfeger aus aller Welt und geben Einblick in ihre Arbeit.

Im Tessin wird am 1. August der **Schweizer Nationalfeiertag** gefeiert, denn an diesem Tag im Jahr 1291 schlossen sich die drei Urkantone Uri, Schwyz und Unterwalden zum „Ewigen Bund" zusammen. In Locarno und Ascona enden die Festivitäten mit eindrucksvollen Seefeuerwerken und auf den Bergen werden weithin sichtbare Höhenfeuer gezündet. Ebenfalls im August findet seit 1946 alljährlich das berühmte internationale **Locarno Film Festival** (www.locarnofestival.ch) statt, das mit Cannes, Venedig und Berlin zu den großen europäischen Filmfestivals zählt. Die wichtigsten Filme werden auf der zentralen Piazza Grande auf einer Großbildleinwand gezeigt, das einmalige Ambiente zieht jedes Jahr Tausende von Besuchern an. Im September/Oktober kommt während der **Musikwochen** (www.settimane-musicali.ch) in Ascona die klassische Musik zu Ehren.

Ebenfalls im Herbst werden im Tessin Kastanienfeste, **Castagnate** genannt, gefeiert, die oft mit Weinfesten einhergehen.

> Weitere Feste und Veranstaltungen finden Sie unter den jeweiligen Orten.

Zur Weihnachtszeit werden in vielen Seeorten liebevoll gestaltete Krippen aufgestellt, oft sogar mit lebenden Figuren, genannt „Presepi viventi". Auch Weihnachtsmärkte gibt es in vielen Orten, z. B. in Ascona, Cannero Riveria und Verbania Pallanza. Am letzten Wochenende im Januar wird beim **Rogo della giubiana** eine große Puppe verbrannt und damit symbolhaft der Winter vertrieben. Karneval wird mit ausgelassenen Umzügen gefeiert – auf der italienischen Seite des Sees, aber auch in einigen Tessiner Dörfern länger als anderswo, denn nach dem hier gültigen ambrosianischen Ritus beginnt die Fastenzeit erst am Sonntag nach Aschermittwoch. Im Tessin gibt es dabei die sogenannten **Risottate di Carnevale:** in großen Kübeln werden Risotto, Gnocchi oder Polenta mit Würsten zubereitet und an alle Anwesenden verteilt.

Geld

In Italien gilt der **Euro** (€), in der Schweiz bezahlt man mit **Schweizer Franken** (franco svizzero (gebräuchliche Abkürzungen: Fr. und CHF). 1 € entspricht 1,06 CHF, umgekehrt 1 CHF 0,94 € (Stand Februar 2020). Mit Girokarte (Bankkarte) und Geheimnummer müssen Sie keine einzige Bank betreten, um an Geld zu kommen, denn in allen größeren Orten gibt es Banken mit **Geldautomaten** (Bedienungsanleitung auch in Deutsch). Pro Abhebung zahlt man allerdings in der Regel ca. 4–6 €, z. T. auch mehr, bei einigen Banken ist dieser Service kostenlos (erkundigen Sie sich bei Ihrem Institut).

Information

Das staatliche italienische Fremdenverkehrsamt ENIT (Ente Nazionale Industrie Turistiche) betreibt in Deutschland und Österreich je ein Informationsbüro. Für Anfragen aus der Schweiz ist die deutsche Niederlassung zuständig.

In Italien besitzt jede Provinz ein Verkehrsamt, das für die gesamte Provinz Auskünfte gibt, genannt **APT** (Azienda di Promozione Turistica) oder **IAT** (Ufficio Informazioni e di Accoglienza Turistica). Zusätzlich verfügen alle Städte und touristisch bedeutsamen Orte über eigene Informationsstellen. Oft wird dort Deutsch gesprochen.

Die Schweizer Tourismusbehörde **Schweiz Tourismus** besitzt in Deutschland, Österreich und der Schweiz jeweils eine Zentrale. Im Tessin erhalten Sie touristische Informationen bei den Informationsbüros von **Ascona-Locarno Tourism.**

Schweizer und Tessiner Fremdenverkehrsbüros

Deutschland Schweiz Tourismus Mendelssohnstr. 87, D-60325 Frankfurt/M.

Österreich Schweiz Tourismus, Schwindgasse 20, A-1040 Wien.

Schweiz Schweiz Tourismus, Morgartenstr. 5a, CH-8004 Zürich.

> **Schweiz Tourismus** ist europaweit gratis zu erreichen unter ☎ 00800-100-200-29, www.myswitzerland.com. Die o. g. Adressen sind reine Postadressen, kein Publikumsverkehr.

Tessin Ticino Tourismo, Via Canonico Ghiringhelli 7, Casella Postale 1141, CH-6501 Bellinzona, ☎ 091-8257056, www.ticino.ch.

Ascona-Locarno Tourism, Stazione FFS, CH-6600 Locarno-Muralto, ☎ 0848-091091, www.ascona-locarno.com.

Weitere Büros in Ascona, Brissago, Vira (Gambarogno), Tenero und Avegno (Valle Maggia).

Italienische Fremdenverkehrsbüros

Deutschland, Barckhausstr. 10, D-60325 Frankfurt am Main, ☎ 0049-69-237434, frankfurt@enit.it, www.enit-italia.de; Mo–Fr 9.15–17 Uhr, Sa/So geschl.

Österreich, Mariahilfer Str. 1b/XVI, A-1060 Wien, ☎ 0043-1-5051639, vienna@enit.it, www.enit.at; Di, Mi und Do 9–12.30 Uhr.

Lago Maggiore (Lombardei) **Agenzia del Turismo della Provincia di Varese,** Piazza Libertà 1, I-21100 Varese, ☎ 0332-252412, turismo@provincia.va.it, www.vareselandof tourism.com.

Lago Maggiore (Piemont) **Distretto Turistico dei Laghi,** Corso Italia 26, I-28838 Stresa, ☎ 0323-30416, infoturismo@distretto laghi.it, www.distrettolaghi.it.

> Detaillierte Hinweise zu den **lokalen Informationsbüros** finden Sie in den jeweiligen Ortstexten.

Internet

Die meisten Hotels, viele Campingplätze und Restaurants bieten gratis die Nutzung ihres WLAN-Netzes an. Internetcafés sind in den größeren Städten vorhanden, aber nicht allzu dicht gesät. Öffentlich zugängliche Terminals finden sich auch oft in den Stadtbibliotheken (Biblioteca comunale), dort meist umsonst, dafür mit beschränkten Öffnungszeiten. In Verbania Intra hat die Stadt ein kostenloses "Public WiFi" für die gesamte Innenstadt eingerichtet (Zugangscode kostenlos in der Bibliothek).

> Informationsreiche Websites zum Lago Maggiore sind www.derlagomaggiore.de (Webportal der Reiseregion Provinz Verbano Cusio Ossola/Piemont), www.lago-maggiore.de, www.ciaolagomaggiore.com, www.distrettolaghi.it, www.lagomaggiore.net, www.ascona-locarno.com, www.ticino.ch, www.reisefuehrer-lagomaggiore.de, www.campinglagomaggiore.com, www.lago-maggiore-urlaub.de und www.reise ziel-tessin.de.

Klima und Reisezeit

Das Klima am Lago Maggiore ist noch nicht so ausgeprägt mediterran wie in Mittelitalien. Doch an der „Sonnenseite der Alpen" ist alles ein bisschen üppiger als im germanischen Norden, und wenn es nördlich der Berge noch eisig kalt ist, öffnen hier bereits die Kamelien ihre Blüten. Nicht von ungefähr hat der Dichter Petrarca schon im 14. Jh. das Seeklima als „saluberrimo" (äußerst heilsam) bezeichnet.

Generell sind die Temperaturen am Lago Maggiore ganzjährig mild, denn die Berge halten die kalten Nordwinde ab und die großen Wassermassen wirken zusätzlich ausgleichend. Im kurzen und meist ausgesprochen trockenen Winter fällt das Thermometer kaum unter Null Grad, in den niedrigeren Lagen zieht der Frühling schon im Fe-

Klimadaten für Verbania

	Ø Lufttemperatur (Min./Max. in °C)		Ø Niederschlag (in mm)	Ø Tage mit Niederschlag ≧ 1 mm
Jan.	0,0	6,0	79	6
Febr.	1,1	8,4	88	7
März	4,0	12,2	127	8
April	7,2	16,1	144	9
Mai	10,9	19,6	154	12
Juni	14,7	24,0	153	10
Juli	17,3	26,9	109	8
Aug.	16,7	25,9	143	10
Sept.	13,8	22,4	164	8
Okt.	9,0	17,2	186	8
Nov.	4,2	10,5	162	9
Dez.	0,9	6,7	55	5
Jahr	**8,3**	**16,3**	**1564**	**100**

Daten: Servicio Meteorologico Italia

bruar mit seiner Blütenpracht ein (etwa sechs Wochen vor Mitteleuropa) und noch der Oktober zeigt sich mild und warm – ideale Voraussetzungen für die Anlage zahlreicher botanischer Gärten, in denen eine erstaunliche Pflanzenvielfalt aus aller Welt gedeiht: „Garten Europas" wird der Lago Maggiore deshalb auch gerne genannt.

Zu Ostern beginnt die Saison, im **April** und **Mai** grünt und blüht alles in fast subtropischem Überschwang, die Temperaturen sind mild und Windsurfer finden dank der stabilen Windverhältnisse ideale Bedingungen. Zum Baden ist es allerdings noch zu kühl. Der Mai ist eine wunderbare Zeit für Aktivurlauber, Kultur- und Landschaftsreisende, ebenso die **erste Junihälfte** – es ist warm, aber nicht zu warm. Doch schon zu Beginn des Monats kann man spüren, wie es Tag für Tag heißer wird, die Badesaison beginnt. Hin und wieder kann es im Seegebiet aber auch zu heftigen Gewitterschauern kommen. Ab der **zweiten Julihälfte** bis zur **dritten Augustwoche** ist die Zeit der Schulferien – die Badeorte sind dann überfüllt und die Campingplätze bis auf den letzten Platz belegt. Staus auf den Uferstraßen, ständig belegte Restaurants und gestresstes Personal gehören dann zum Alltag. Andererseits finden in dieser Zeit fast an jedem Wochenende Feste und Festivals statt.

Im **September** beginnt vielerorts wieder die Schule und am noch badewarmen See kehrt wieder Ruhe ein. Allerdings kann es in dieser Zeit auch zu lang andauernden und heftigen Regenfällen kommen, die im Gebiet der Oberitalienischen Seen oft besonders intensiv ausfallen und am Lago Maggiore schon zu heftigen Überschwemmungen geführt haben (→ S. 207 und 291) – die wunderbar klare Luft und die damit verbundene optimale Fernsicht können nach solchen Tagen aber reich entschädigen. Der **Oktober** ist meist trockener, die Weinernte wird vielerorts mit Festlichkeiten begangen, aber auch die Pilze sind jetzt reif, die Speisekarten locken mit Wildgerichten. Die Schweizer genießen jetzt ihre zweiwöchigen Herbstferien, und Bergwanderer freuen sich über die letzten schönen Tage, die bis in den **November** hinein anhalten können.

> **Wassertemperaturen des Lago Maggiore**: Im Frühjahr (März bis Mai) beträgt die Wassertemperatur 10–16 Grad. Von Juni bis August steigen sie von 20 Grad bis zum Spitzenwert von 26 Grad. Im September kommt man noch auf die angenehmen Werte von 17–22 Grad, im Oktober/November fallen sie auf 10–15 Grad.

Lesetipps

Der Lago Maggiore steht nur selten im Focus literarischer Bemühungen, das tun eher die Landschaften des Tessin. Von Erich Maria Remarque bis Erich Mühsam, von Gräfin Reventlow bis Max Frisch haben viele Literaten, denen die Gegend zur zweiten Heimat wurde, über das Tessin geschrieben.

Der Stammbaum (im Original „Albero genealogico") von Piero Bianconi, 2017, Limmat Verlag Zürich. Eine berührende Chronik des Tessins, der 1984 verstorbene Autor erzählt die Geschichte seiner Vorfahren, die wie so viele andere Tessiner Familien aus dem Verzascatal nach Amerika auswanderten.

Als lebender Besen im Kamin. Einer vergessenen Vergangenheit auf der Spur von Elisabeth Wenger, 2010, Books on Demand. Die Autorin hat sich auf die Suche nach den letzten noch lebenden „Spazzacamini" gemacht, Kinder aus den Tessiner Tälern und dem Val Vigezzo, die noch bis 1950 vor allem nach Norditalien, aber auch in andere Länder „vermietet" wurden, um dort unter miserablen Lebens- und lebensgefährlichen Arbeitsbedingungen als lebende Besen in den Kaminen hochzuklettern und den Ruß abzukratzen. Eine erschütternde Dokumentation (siehe auch S. 177).

Ascona Monte Verità von Robert Landmann, 2009, Huber Verlag. Wer sich für die „ersten Aussteiger" des 20. Jh. interessiert, ist mit diesem bereits 1930 erschienenen und neu aufgelegten Rückblick auf das Leben am „Schicksals"-Berg gut beraten. Der Autor war damals selbst dabei und von 1923–25 sogar Mitbesitzer am Monte Verità. Sein Buch schildert die in viele Fraktionen zerfallene Szene der damaligen Welt- und Lebenserneuerer.

In einem anderen Land (im Original „A Farewell to Arms") von Ernest Hemingway, Rowohlt 2018. Der erste große Roman des späteren Erfolgsautors und Nobelpreisträgers, geschrieben 1929, jetzt neu übersetzt. Hemingway verarbeitet darin seine Erfahrungen als kriegsfreiwilliger Sanitäter im Ersten Weltkrieg. Er beschreibt die Liebe des verwundeten amerikanischen Offiziers Frederic Henry und der englischen Krankenschwester Catherine Barkley. Nach seinem Lazarettaufenthalt desertiert Frederic und flieht mit Catherine über den Lago Maggiore in die neutrale Schweiz, wo ihnen die Ausweglosigkeit ihrer Lage bewusst wird.

Die Partisanenrepublik Ossola 1944 von Hubertus Bergwitz, 1972, Verlag für Literatur und Zeitgeschehen. Der Historiker Bergwitz hat die einzige wissenschaftliche Abhandlung in deutscher Sprache über die kurzlebige Partisanenrepublik im Val d'Ossola verfasst (siehe auch S. 215). Für sein wichtiges Buch über die Resistenza (italienische Widerstandsbewegung) im Bereich des westlichen Lago Maggiore hat er vor Ort Zeitzeugen befragt und konnte im Archiv des Historischen Instituts der Widerstandsbewegung in Mailand sowie im Schweizerischen Bundesarchiv in Bern recherchieren. Vergriffen und auch antiquarisch kaum noch zu bekommen.

Die Bargada. Dorf an der Grenze von Aline Valangin, 2002, Limmat Verlag. Die 1986 verstorbene Autorin war nicht nur die Muse von James Joyce und Elias Canetti, sondern auch selbst eine ausgezeichnete Autorin. Sie erwarb 1929 in Comologno (Onsernone) den Palazzo La Barca, wo später zahlreiche von Hitler und Mussolini Verfolgte Unterschlupf fanden. In ihrem Roman schildert sie das Leben im Dorf im Zweiten Weltkrieg. Partisanen und jüdische Flüchtlinge stehen an der Grenze, der Schmuggel blüht, und ängstliche Schweizer fürchten, in den Strudel der Geschichte zu geraten. Letzteres ist wohl der Grund dafür, dass der zweite Teil des 1946 geschriebenen Buchs erst 1982 erschien. Derzeit nur antiquarisch erhältlich.

Schon im 19. Jahrhundert zog der Lago Maggiore viele Literaten an

Der Mensch erscheint im Holozän von Max Frisch, 1981, Suhrkamp. Es regnet und regnet und regnet im Onsernone. Ein 73-jähriger Rentner mit zunehmendem Gedächtnisschwund unternimmt einen Ausbruchsversuch und fragt sich warum. Er kehrt zurück. Vor dem Hintergrund einer Naturkatastrophe setzt sich der berühmte Autor in seinem Spätwerk mit Sterben und Tod auseinander.

Ein Balkon über dem Lago Maggiore von Jonny Rieger, 2015, Fischer Taschenbuch. Das Tessiner „Reise-Verführbuch" schildert den Lago Maggiore vor dem Einsetzen des Massentourismus. Nur noch antiquarisch erhältlich oder als E-Book (Fischer Taschenbuch) erhältlich.

Reise ins Tessin. Kulturkompass fürs Handgepäck, Hg. Franziska Schläpfer, 2009, Unionsverlag. Eine Anthologie mit Texten über das Tessin. Neben Tessiner Autoren (u. a. Piero Bianconi, Plinio Martini) kommen auch Wahltessiner (u. a. Alfred Andersch, Max Frisch) und Besucher zu Wort. Zu letzteren gehört der von den Nazis 1934 ermordete Publizist und Anarchist. Er beschreibt, wie ihm die Rohkost auf dem Monte Verità (Ascona) bekam.

Urchuchi. Tessin und Misox von Martin Weiss, 2006, Rotpunktverlag. „Urchuchi" ist Schweizerdeutsch und meint Urküche. Der Autor geht der authentischen Tessiner Küche nach und stellt 45 Restaurants und 27 Grotti vor. Jedes Lokal eine Geschichte für sich und

diese stets süffig erzählt, und jeder Koch verrät ein Rezept. Dazwischen Texte aus allen kulinarischen Regalen: Risotto und Polenta, Merlot und Mazze, Ziegenkäse, Kräuter und Kaffee. Reich bebildert, gewichtig und hervorragend.

Lago Maggiore. Land, Leute und Küche in Piemont, Tessin, Lombardei von Edith Gerlach, 1997, Walter Hädecke Verlag. Ein kulinarisches Seeporträt, die Autorin beschreibt amüsant und detailliert die Esskultur rund um den See, authentische Rezepte runden das Reisetagebuch für den Lago-Maggiore-Gourmet ab. Nur noch antiquarisch erhältlich.

Hörbuch „Bella Ciao" von Diether Dehm, Das Neue Berlin Verlags GmbH (Eulenspiegel Verlagsgruppe): Der packende Roman von Diether Dehm zum Partisanenkampf zwischen Val d'Ossola und Lago Maggiore ist 2017 als Hörbuch erschienen. Sprecher ist Peter Sodann, bundesweit bekannt als Tatort-Kommissar, die Musik stammt u. a. von Konstantin Wecker – ein Hörvergnügen besonderer Art, z.B. bei der Anreise zum Lago.

Bella ciao von Diether Dehm, 2015, Das Neue Berlin Verlags GmbH (Eulenspiegel Verlagsgruppe). Das Lied „Bella Ciao" ist das bekannteste Lied der italienischen Partisanen im Zweiten Weltkrieg. In der Endphase des Kriegs neigt sich Mussolinis Herrschaft dem Ende entgegen, Faschisten und Partisanen bekämpfen sich erbittert, einstige Freunde und Schulkameraden sind Feinde geworden. Als Abenteuerroman mit dokumentarischem Hintergrund erzählt Diether Dehm sachkundig und spannend die Geschichte der Partisanenrepublik Ossola von 1944 zwischen Val d'Ossola und Lago Maggiore (→ S. 202).

Das Tagebuch der Signora von Liaty Pisani, 2009, Diogenes Verlag. Die Autorin, die sich mit Spionagethrillern einen Namen gemacht hat, ist in ihrem spannenden Krimi dem Neofaschismus in Italien auf der Spur. Ausgangspunkt ist eine wahre Begebenheit, nämlich ein Massaker in Meina am Lago Maggiore, bei dem im September 1943 hierher geflüchtete Juden getötet wurden. Die Titelheldin Signora Brandini war damals 17 und musste alles mit ansehen. Die Schuldigen wurden nie verurteilt, lebten unter falschem Namen weiter und verbreiten ihr faschistisches Gedankengut bis in heutige Zeit weiter. Die Signora will deshalb ihr Tagebuch veröffentlichen, doch bald kommen ihr die darin Genannten auf die Spur und wollen das Vorhaben vereiteln. Ein spannender Krimi mit präzise recherchiertem historischem Hintergrund und leider bedrückender Aktualität (siehe auch S. 240).

Briefe aus der Nacht von Robert Dessaix, 1997, Fischer Krüger. Briefe eines todkranken jungen Australiers, der vom Lago Maggiore nach Venedig reist – ein Roman, der sich um die Suche nach Glück, das Leben und seine Vergänglichkeit dreht. Das Buch wird viel gelobt, die Übersetzung leider nicht. Nur noch antiquarisch erhältlich.

Europa Erlesen Lago Maggiore von Heiner Boehnke u. Johannes Beck (Herausgeber), 2011, Wieser Verlag. Eine literarische Spurensuche am See, Geschichten, Geschichtchen und Zitate von einheimischen Literaten und solchen auf Besuch.

Die Tote am Lago Maggiore: Ein Fall für Matteo Basso von Bruno Varese, 2016, KiWi Verlag. Ein Ferienkrimi mit etwas schleppender Handlung, aber schönen Landschaftsbeschreibungen – als Urlaubslektüre am See okay. Auch Mailand spielt eine Rolle.

Weitere Matteo-Basso-Bände von Bruno-Varese: **Intrigen am Lago Maggiore**, **Totenstille über dem Lago Maggiore** und **Wenn es Nacht wird am Lago Maggiore**.

Notrufe

Der **Euronotruf** ☎ **112** ist in Italien wie in der Schweiz gültig. Die Zentrale leitet blitzgeschwind an die richtige Instanz weiter: Polizei, Rettungsdienst oder Feuerwehr. Oft spricht die zuständige Person auch Deutsch. Der Anruf

Die Promenaden laden zum Lesen ein

ist gratis und funktioniert vom Festnetz wie vom Mobiltelefon aus.

Italien: Allgemeiner Notruf (europaweit) ☎ 112, Ambulanz (*pronto soccorso*) ☎ 118, Polizeinotruf Polizei ☎ 113, Pannenhilfe (*soccorso stradale*) ☎ 803 116 (vom Handy 800116800), Feuerwehr (*pompieri*) ☎ 115.

Schweiz: Allgemeiner Notruf (europaweit) ☎ 112, Ambulanz: ☎ 144, Polizeinotruf ☎ 117, Pannenhilfe, ☎ 140, Feuerwehr ☎ 118.

Post

Die italienische Post genoss früher nicht den besten Ruf. Doch mittlerweile werden Briefe und Postkarten ins Ausland mit „Posta Prioritaria" verschickt, damit liegt die Versanddauer bei nur noch drei Tagen. Eine Briefmarke kostet dabei innerhalb Europas ca. 1 €, ins übrige Ausland ca. 3,50 € aufwärts.

In der Schweiz wird bei der Versendung von Briefen und Ansichtskarten nach Bestimmungsland und Beförderungsdauer unterschieden. Für den Standardbrief ins europäische Ausland zahlt man 1,40 CHF, in alle übrigen Länder 1,70 CHF. Schneller geht es mit der „Priority"-Variante, für den Standardbrief ins europäische Ausland 1,50 CHF, in alle übrigen Länder 2 CHF. Die Beförderungsdauer bei der Priority-Variante hängt allerdings vom Empfängerland ab, die Schweizer garantieren Geschwindigkeit nur bis zur Grenze.

Öffnungszeiten: In Italien meist Mo–Fr 8.15–14, Sa 8–13 Uhr, in Städten aber oft auch durchgängig bis 19 oder 20 Uhr. Im Tessin in der Regel Mo–Fr 7.30–12 Uhr und 13.45–18.30 Uhr, Sa 8–11 Uhr.

Briefmarken: „Francobolli" kann man nicht nur bei der Post erstehen, sondern auch in vielen Tabacchi-Läden und Souvenirshops, die Postkarten verkaufen.

Reisepapiere

Für den Aufenthalt in Italien und in der Schweiz genügt der **Personalausweis**

(*carta d'identità*). Wer auf Nummer Sicher gehen will, nimmt außerdem seinen **Reisepass** (*passaporto*) mit, zusätzlich Kopien beider Papiere. Kinder unter 16 Jahren benötigen einen *Kinderausweis* mit Lichtbild, Eintragungen im Reisepass der Eltern werden nicht mehr anerkannt.

Kinder und Jugendliche, die ohne Erwachsene reisen, sollten außer ihrem Ausweis eine **schriftliche Vollmacht** der Erziehungsberechtigten mitnehmen, sie könnten sonst an der Grenze zurückgewiesen werden (Reisevollmacht zum Ausdrucken z. B. unter www.forium.de/redaktion/jugendreisen-sicher-im-urlaub-ohne-eltern).

Für Autofahrer empfiehlt es sich, die **grüne Versicherungskarte** mitzunehmen.

Ihr **Haustier** (Hund oder Katze) darf nur mit, wenn Sie ein tierärztliches Impfzeugnis gegen Tollwut vorlegen können, neuerdings im „Hundepass" notiert. Die Impfung darf nicht jünger als 30 Tage und nicht älter als ein Jahr sein.

Seit 1998 gibt es beim Transit von Deutschland über Österreich nach Italien keine Grenzkontrollen mehr (im Zuge der Flüchtlingsproblematik können sich hier allerdings Änderungen ergeben). Bei der Anreise über die Schweiz, die kein EU-Land ist, aber dem Schengener Raum beigetreten ist, finden Personenkontrollen nur bei „begründetem Verdacht" statt. Waren hingegen können jederzeit kontrolliert werden.

Sprache

Amtssprache ist am ganzen See, also auch im Tessin, Italienisch. Einzige Sprachinsel ist das Dörfchen Bosco Gurin in einem Nebental der Valle Maggia, wo seit dem 13. Jh. ein walserdeutscher Dialekt gesprochen wird. Mit Deutsch (aber auch Englisch und Französisch) kommt man vor allem in der nördlichen Seehälfte leidlich bis gut zurecht.

In den Hochburgen wie Locarno und Ascona wohnen mittlerweile bald so viele Deutschsprachige (Deutschschweizer, Deutsche) wie Italienischsprachige.

Auch wenn Sie Italienisch verstehen, so sind Sie vielleicht ratlos, wenn Sie die Einheimischen in einem Bergdorf sprechen hören. Das lombardische Italienisch, zu dem auch der Tessiner Dialekt gehört, hat neben den vielen „ö" und „ü" noch andere Eigenarten. Umgekehrt aber wird jeder Einheimische Ihr halbwegs korrektes Italienisch verstehen und Ihre Bemühungen, Italienisch zu sprechen, würdigen.

Strom

Die quadratischen deutschen Stecker mit ihren dicken Polen passen nicht in ältere italienische und in keine Schweizer Steckdosen. Deutscher Föhn und deutsches Notebook brauchen also unter Umständen einen Adapter *(spina di adattamento)*, den man in jedem Supermarkt oder in einschlägigen Fachgeschäften findet. Oft hält auch das Hotel das nötige Zwischenstück bereit. Die deutschen flachen Schukostecker passen jedoch zur italienischen Norm.

Telefon

Öffentliche Telefone funktionieren in Italien mit Münzen oder **magnetischen Telefonkarten** (carta telefonica), erhältlich für 5 bzw. 10 € in Tabak- und Zeitschriftenläden (allerdings nur noch selten). Als Alternative dazu gibt es **internationale Telefonkarten** (scheda telefonica internazionale), die etwa 10 € kosten. Damit fährt man deutlich günstiger als mit den normalen Telefonkarten. Man führt sie jedoch nicht ins Telefon ein, sondern wählt eine kostenlose Nummer (numero verde), die auf der Karte vermerkt ist. Danach gibt man die Geheimnummer ein, die ebenfalls auf der Karte vermerkt ist, und kann erst dann die Teilnehmernummer wäh-

len. Vor jedem Gespräch wird das Guthaben angesagt.

Mobiltelefon: Sobald sich das Handy in eines der italienischen und schweizerischen Handynetze eingebucht hat, kann man fast überall problemlos telefonieren und Anrufe entgegennehmen, Funklöcher treten nur vereinzelt in den Bergen auf. Man zahlt dann die Tarife des jeweiligen Netzbetreibers.

Für Schweizer Handynummern werden zusätzlich für jeden Anruf so genannte **Roaming-Gebühren** des Mobilfunk-Providers fällig. In den EU-Ländern wurden die Roaming-Gebühren 2017 zwar abgeschafft, jedoch – Achtung – nur für Mobiltelefonate (mit deutscher SIM-Karte) aus dem Ausland ins Heimatland – ein Anruf aus Deutschland nach Italien mit einer deutschen SIM-Karte kann deshalb nach wie vor ordentlich teuer werden!

Zoll

Innerhalb der EU dürfen Waren zum eigenen Verbrauch unbegrenzt ein- und ausgeführt werden. Es existiert allerdings ein Katalog über Richtmengen von Waren. Überschreitet man diese, muss man im Fall einer Stichprobenkontrolle glaubhaft machen, dass diese Mengen nicht gewerblich genutzt werden, sondern nur für den persönlichen Verbrauch bestimmt sind. Erfreulich: Für den Import von Wein aus anderen EU-Mitgliedstaaten wurde in Deutschland keine Richtmenge festgelegt. Man kann also Wein in unbegrenzter Menge für die Verwendung zu privaten Zwecken mitbringen.

Richtmengenkatalog (Warenmenge pro Person ab 17 Jahre): 800 Zigaretten, 400 Zigarillos, 200 Zigarren, 1 kg Rauchtabak, 10 l Spirituosen, 10 l alkoholhaltige Süßgetränke (Alkopops), 20 l Zwischenerzeugnisse (z. B. Sherry, Portwein), 60 l Schaumwein, 110 l Bier, 10 kg Kaffee und 10 kg kaffeehaltige Waren.

Telefonvorwahlen und mehr

- Wenn Sie **aus Italien** oder **aus der Schweiz** ins Ausland anrufen, muss erst die Landesvorwahl eingegeben werden: Deutschland = 0049; Österreich = 0043; Schweiz = 0041. Dann jeweils die Null der Ortsvorwahl weglassen.

- Wenn Sie aus dem Ausland **nach Italien** anrufen, muss erst die italienische Landesvorwahl 0039 eingegeben werden. **Danach muss die Null der Ortsvorwahl mitgewählt werden!**

- Anrufe aus dem Ausland **in die Schweiz:** erst schweizerische Landesvorwahl 0041, dann die Null der Ortsvorwahl weglassen. Im Tessin beginnen alle Nummern mit der **Ortsvorwahl 091** (auch bei Telefongesprächen innerhalb des Kantons mitwählen). Wenn Sie aus dem Ausland anrufen, lassen Sie die Null weg, wählen also zusätzlich zur Schweizer Landesvorwahl nur noch die 91. Bei einem Anruf aus dem Ausland in einen beliebigen Ort im Tessin beginnt die Nummer also stets mit 0041-91.

- Wenn Sie in Italien oder in der Schweiz **innerhalb eines Fernsprechbereichs** (Provinz, Großstadt etc.) telefonieren, müssen Sie die Ortskennziffern mitwählen – also z. B. innerhalb der Stadt Verbania 0323, in Angera 0331, in Locarno 091 etc.

- Werktags zwischen 22 und 8 Uhr (Schweiz: zwischen 19 und 7 Uhr) und an Sonntagen von 0 bis 24 Uhr telefoniert man billiger.

- Italienische **Mobiltelefonnummern** beginnen statt mit einer Null mit einer „3". Schweizerische Mobiltelefonnummern beginnen meistens mit "075", "076, "078" oder "079".

Einfuhr von Waren in die Schweiz: Die Schweiz ist nicht in der EU, deshalb sind die schweizerischen Einfuhrgesetze zu beachten. Die Grenzbeamten haben jederzeit das Recht, Warenkontrollen vorzunehmen. Zu beachten sind folgende Limits:

5 l alkoholische Getränke bis 18 % Vol. und 1 l alkoholische Getränke über 18 % Vol.; 250 Stück/Gramm Zigaretten, Zigarren oder andere Tabakprodukte; Der Gesamtwert der Waren darf den Wert von 300 CHF nicht übersteigen, andernfalls wird er mehrwertsteuerpflichtig. Für die Einfuhr von Alkohol und Tabak gilt eine Altersgrenze von 17 Jahren.

Ausfuhr von Waren aus der Schweiz: Hierbei sind die Einfuhrgesetze der EU zu beachten: Sofern Ihr Wohnsitz außerhalb des Zollgrenzbezirks (15 km von der Grenze entfernt) liegt, dürfen Sie beim Verlassen der Schweiz 200 Zigaretten, 1 l Spirituosen mit mehr als 22 % Vol. oder 2 l alkoholische Getränke bis 22 % Vol. sowie 4 l nicht schäumende Weine und 16 l Bier, außerdem sonstige Waren im Wert von 300 € (unter 15 J. 175 €) mitnehmen.

Transit durch die Schweiz: Eine freiwillige Deklaration der mitgeführten Waren ist fällig, wenn die in der Schweiz geltenden Freimengen für die Einfuhr (siehe oben) überschritten werden. Für Waren mit einem Gesamtwert über 5000 CHF muss eine Kaution in Landeswährung hinterlegt werden, die man bei der Ausreise zurückerhält.

Am Wanderweg von Cannero Riviera nach Cannobio

Wandern

um den Lago Maggiore

GPS-kartierte Touren sind mit dem Symbol GPS gekennzeichnet. Download der GPS-Tracks inkl. Waypoints unter https://mmv.me/47270

Übersicht der
Wanderungen

6 km

Kleiner Wanderführer

Die Wanderwege im bergigen Seengebiet sind zahlreich, wobei sie im Tessin deutlich besser ausgeschildert sind als die auf der italienischen Seite.

Tatsächlich ist das Tessin ohne Übertreibung ein Wanderparadies – immerhin 2000 km an markierten Wegen locken, und selten in Europa findet man derart großartige Panoramen auf vergleichsweise leichten Touren. Die Anfahrt ist in aller Regel mit dem Bus möglich, außerdem stehen zahlreiche Seilbahnen zur Verfügung, sodass man die Touren nicht unbedingt mit einem mühevollen Aufstieg beginnen muss (und sich bisweilen auch den Abstieg sparen kann). Zudem finden Sie auf jeder noch so einsamen Tour eine Hütte oder sogar einen Gasthof.

Folgende Markierungen signalisieren in der Schweiz die unterschiedlichen Schwierigkeitsgrade: gelb = Wanderwege, leicht; weiß-rot-weiß = Bergwanderwege, mittelschwer (Bergschuhe und wetterfeste Kleidung); weiß-blau-weiß = Alpinwanderwege, schwer (mit Gletscherpassagen oder Steilstufen).

Auf italienischer Seite gibt es ebenfalls exzellente Wanderregionen, allen voran das imposante *Val Grande* hinter Verbania, aber auch die Region um *Cannobio* und *Cannero Riviera* mit dem *Valle Cannobina* am oberen Westufer und das Hinterland von *Maccagno* mit Val Veddasca und Lago d'Elio am Ostufer. An den Wegen stehen in der Regel rot-weiß gehaltene, pfeilförmige Richtungsschilder.

Informationen/Führungen Treil-Montagna. Geführte Wanderungen im Tessiner Gebiet des Lago Maggiore. Via ai Monti 4, Locarno, ✆ 091-7511194.

Piemont-Trekking. Tim Shaw veranstaltet geführte Touren im Nationalpark Val Grande und am Monte Rosa (www.piemont-trekking.de).

Club Alpino Italiano (CAI). Niederlassungen u. a. in Arona, Baveno, Stresa und Verbania am Westufer sowie in Germignaga, Laveno und Luino am Ostufer. Infos unter www.cai.it.

Wanderkarten Cartine Zanetti (www.zanettieditore.it) hat mehrere Karten zur italienischen Seite des Sees veröffentlicht: **Cannobio/Cannero Riviera**, **Golfo Borromeo**, **Parco Nazionale Val Grande**, **Arona** und **Lago d'Orta** (alle 1:30.000), zu bestellen bei www.mapfox.de.

Für die Täler des Locarnese bieten sich die wasser- und reißfesten Wanderkarten von **Hallwag (Outdoor Map)** an: **Blatt 20 (Verzascatal)** und **Blatt 21 (Maggiatal, Centovalli und Onsernone)**, beide 1:50.000.

Die im folgenden Wanderführer beschriebenen **zwölf Touren** sind im Allgemeinen höchstens in einzelnen Abschnitten mittelschwer, sonst leicht und für jeden Wanderer geeignet. Mit Kindern sind die Wanderungen 1, 2, 3 und 9 gut machbar. Aber auch auf den leichten Routen sollte Schutzkleidung gegen Regen und Wind nicht fehlen; Sonnenbrille, -hut und -creme sind ein Muss in der südlichen Sommersonne, Teleskopstöcke können gerade bei Abstiegen (auch bei leichten Touren) eine große Hilfe sein und Wanderstiefel sind für jeden noch so harmlosen Weg immer zu empfehlen. Denken Sie auch stets an ausreichenden Flüssigkeitsvorrat und Notproviant und informieren Sie sich bei längeren Touren, ob die Hütten auf Ihrer Route bewirtschaftet sind.

Von der Alpe di Neggia nach Indemini

Charakter: Die Wanderung verläuft meist im schattigen Wald und erfordert keine besondere Kondition. **Route:** Alpe di Neggi bis Indemini. **Dauer:** rund 3 Std. **Ausgangspunkt:** Passhöhe der Alpe di Neggia an der Straße, die von Vira aus ins abgeschiedene Bergnest Indemini führt. Von Vira aus ist die Passhöhe auch mit dem Postbus erreichbar (4 x tägl., Fahrtzeit wegen der vielen Kurven und Haltestellen knapp 1 Std.).

Wegbeschreibung: Auf der Passhöhe der *Alpe di Neggia* sorgt ein Bergrestaurant notfalls für eine letzte Verpflegung. Mehrere Wanderwege kreuzen sich hier oben, das Gros der Wanderer nimmt sich den *Monte Gambarogno* (1734 m) zum Ziel, wir haben eine andere Route vor und wandern von der *Passhöhe* **1** erst ein paar Schritte auf der Straße in Richtung Indemini und gehen auf der Höhe des Ortsschilds den nur schlecht ausgewiesenen Pfad die

Klares Wasser für den Wanderer, über Indemini

Wiese hinunter. Bald gelangt man in den Wald und steht nach einer knappen Viertelstunde wieder auf der *Straße* **2**. Diese hier direkt überqueren, ein paar Steinstufen markieren die Fortsetzung. Sie führt auf einem weiter nicht mehr markierten, kaum erkennbaren Weg an ein paar Häusern vorbei, nach 10 Min. steht man bei der Siedlung *Monti Idacca* **3** erneut auf der Straße. Sie wird wieder überquert, die Bruchstelle des Geländers weist den Weg. Mitten durch die Siedlung gehen, bis man zum dritten Mal die Straße erreicht (wir haben uns drei ihrer Schlaufen erspart), dann ein paar Meter hoch zur Bushaltestelle **4** und dort dem Schild rechts in den Wald folgen. Es folgt ein angenehmer Wiesenweg bis zur *Querung eines Bachs* **5**, bald darauf gabelt sich der Wanderweg **6**. Links würde man nach einigen Stunden Wanderzeit auf den Monte Lema gelangen (ebenfalls sehr schön), aber wir halten uns an Monti Sciaga.

Der Weg führt bald durch einen idyllischen Buchenwald zu einem *Bach* **7** hinunter. Danach wird der Wald noch idyllischer, aber der Weg ist nur noch schlecht erkennbar. Also der Nase nach bis zur nächsten *Bachquerung* **8**, die notfalls mit Halteseilen überstanden wird (auf der Karte ist das Tälchen als *Val della Grassa di Dentro* verzeichnet). Ein angenehmer, ebener Waldweg führt nach 10 Min. zum nächsten *Bach* **9** – Bäche gibt es hier wahrlich zuhauf.

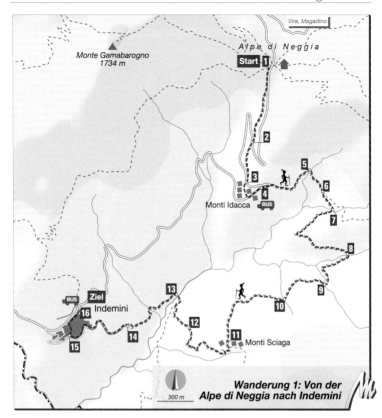

Wanderung 1: Von der Alpe di Neggia nach Indemini

Ein leichter Anstieg, aber stets im schattigen Buchenwald, wir stehen schon wieder vor einem *Bach* **10**, diesmal eher ein Rinnsal.

Nach weiteren 10 Min. erreicht man den Waldrand und gelangt über eine Wiese nach *Monti Sciaga* **11** – unterwegs erhascht man einen Blick auf den Lago Maggiore und, rechts am gegenüberliegenden Hang, auf das Ziel der Wanderung, Indemini, und seinen Nachbarort Biegno. Monti Sciaga (1342 m) ist eine Alp mit mehreren, meist verfallenen Steinhäusern und einem hübschen, in Granit gefassten Brunnen, für dessen Wasserqualität die Gemeinde Gambarogno leider nicht bürgen mag. Ein altes Schild (Indemini Chiesa, 1 Std.) weist hier geradeaus hinunter und konkurriert mit einem neuen Schild (Indemini mit Bussymbol, 1:20 Std.), das den Weg linker Hand vorschlägt. So oder so, die beiden Wege führen unterhalb der Siedlung zusammen. Von hier aus geht es auf einem fotogenen, befestigten Säumerpfad weiter, ideal für Maultiere, für Zweibeiner wegen den Unebenheiten der Steine ziemlich anstrengend. Im Zickzack gelangt man, an einigen Steinhäusern, Ruinen und an einem *Wegstock* **12** vorbei, in den Wald zurück und weiter auf dem alten Säumerweg hinunter in ein schluchtartiges Tal, das *Val Grona*.

Bei der Gabelung, noch vor dem Bach, halten wir uns an die Richtungsangabe „Indemini". Das darauffolgende handgeschriebene Schild „Lido, Badi" (Badi ist das schweizerdeutsche Wort für Schwimmbad) weist rechts hoch, wo vermutlich Badegumpen sind (vom Verfasser angesichts dräuender Wolken nicht überprüft). Nach der Brücke **13** geht der steinige Säumerweg in einen weicheren Waldweg über, der später auf einen breiteren Forstweg stößt **14**. Diesen bergan gehen, er wird noch breiter und mutiert schließlich zum Asphaltsträßchen, das zum unteren Dorfrand von *Indemini* führt. Hier einfach die Steintreppe **15** zwischen den Häusern hoch steigen zur Straße, dort rechts am „Ristorante Indeminese" vorbei zur *Bushaltestelle* **16**. Der letzte Postbus zur Alpe di Neggia und weiter nach Vira fährt um 17.35 Uhr.

GPS-Wanderung 2

Von Ponte Brolla nach Gordevio

Charakter: Die Wanderung führt größtenteils am waldreichen Abhang auf der orografisch rechten Talseite entlang. Sie erfordert keine alpinistischen Erfahrungen und ist auch mit Kindern möglich. **Route:** Bahnhof Ponte Brolla bis Bushaltestelle Gordevio. **Dauer:** knapp 4 Std.

Wegbeschreibung: Vom *Bahnhof Ponte Brolla* **1** sucht man erst den Weg zur Maggia: hinter dem Restaurant „Centovalli" am Restaurant „Da Enzo" vorbei bis zum Grotto „Americano", wo Autofahrer auch einen kleinen Parkplatz finden. Beim Grotto erst das Asphaltsträßchen an der Maggia entlang (Badebecken!) bis zu Ende gehen, dann gabelt sich der Weg **2**. Wir folgen dem Schild „Gropp" und gehen links hinauf, der anfängliche Treppenweg geht nach den letzten Rustici in einen mauergesäumten Waldweg über. Bei den Rustici von *Gropp* **3** der Beschilderung nach „Aurigeno" folgen; der Weg führt sanft aufwärts, sanft abwärts. Durch die Bäume blickt man auf Avegno auf der anderen Talseite.

Ungefähr 45 Min. nach Gropp gehen wir an einer Stromleitung entlang ins Tal hinunter. Der Abstieg – weiß-rotweiß markiert – wurde 2010 neu befestigt. Bald überquert man auf einer kleinen *Holzbrücke* **4** ein Wildwasser, und gleich befindet man sich an der Maggia, die hier zum Schwimmen meist nicht tief genug ist, aber für ein Erfrischungsbad ausreicht. Zudem ist der Platz ideal für ein Picknick.

Nach einem kurzen Spaziergang an der Maggia entlang erreicht man ein großes Wiesengelände mit Gehöft und Hundegebell, *Torbeccio* genannt, wo eine *Fußgängerbrücke über die Maggia* **5** führt. Der Fluss reicht hier allenfalls für ein Fußbad. Die Brücke lässt man rechts liegen und folgt weiter dem Weg nach Aurigeno (Schild). Hinter dem zweigeteilten Wiesengelände steigt der Weg an. Erst geht man um einen großen Felsblock herum, dann zwischen zwei Felsen eine steile Treppe hoch; bei diesem anstrengendsten Stück der Wanderung helfen im Felsen verankerte Ketten. Oben angelangt **6**, blickt man hinunter auf die Wiese von Torbeccio und talabwärts auf Avegno. Nur ein paar Schritte weiter, und im Tal unten zeigt sich Gordevio mit dem TCS-Camping „Gordevio-Vallemaggia". Gleich darauf folgt eine *Abzweigung*

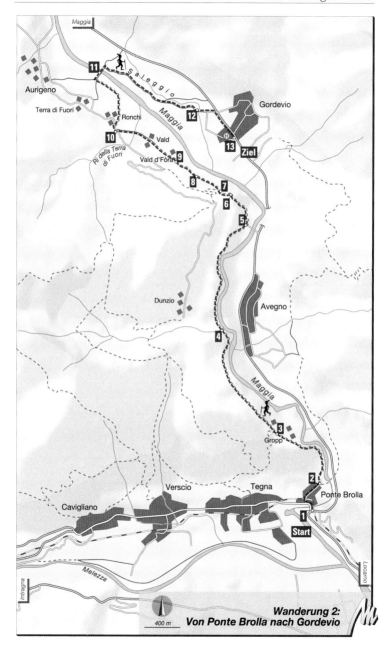

Maggia

Aurigeno

Terra di Fuori

11

Ronchi

10

Ri della Terra di Fuori

Vald

Vald d'Foren

9

8 **7**

6

5

Saleggio

Maggia

12

Gordevio

13

Ziel

Dunzio

Avegno

4

Maggia

Verscio

Cavigliano

Tegna

Ponte Brolla

2

1

Start

Gropp

3

Melezza

Intragna

Locarno

Wanderung 2:
Von Ponte Brolla nach Gordevio

400 m

nach Dunzio **7**, aber wir halten uns stets in Richtung Aurigeno. Der Weg führt sanft zwischen Eichen, Buchen und vereinzelten Birken hinunter, vorbei an zwei verfallenen *Rustici* **8** im Wald, von denen eines allenfalls noch als Stall tauglich wäre, und weiter zum Weiler *Vald d'Fòra* **9**. Hier betreibt ein Ostschweizer eine ökologische Aufzucht von Yaks, schottischen Hochlandrindern und Wollschweinen. Auf einer befahrbaren Naturstraße spaziert man zum Weiler *Vald*, wo vornehmlich Deutschschweizer ein Rustico unterhalten. Vielleicht ihren Autos zuliebe ist das nächste Stück asphaltiert, das über die Brücke **10** des Maggia-Zuflusses *Ri della Terra di Fuori* zu den Häusern von Ronchi führt. Statt nach Ronchi zu gehen, zweigen wir jedoch nach der Brücke rechts in Richtung Gordevio ab, verlassen bei der ersten Straßenkurve den Asphalt und schlagen rechts den gelb markierten „Sentiero" ein. Zwischen malerischen Steinmäuerchen führt der Weg hinunter zu einer Gabelung, dort links (schlecht markiert!) gehen. Durch ein Wäldchen gelangt man zur Maggia hinunter, geht an dieser ein Stück entlang und wechselt über eine *Fußgängerhängebrücke* **11** ans andere Ufer.

Dort führt rechter Hand ein breiter, gelb markierter „Sentiero" in bequemen 20 Min. quer durch den wunderschönen Auenwald von *Saleggio* (Alternative: nach der Brücke gleich ganz rechts an der Maggia entlang talabwärts gehen, man trifft später wieder auf den Hauptweg). Am *Waldrand* **12** angekommen, steht man vor den ersten Häusern von Gordevio. Das Sträßchen führt hoch zur Talstraße, diese geht man talabwärts: nach der Abzweigung „Gordevio Paese" befindet sich die *Haltestelle des Postautos* **13**.

GPS-Wanderung 3

Vom Monte di Comino nach Costa

Charakter: Die Wanderung, oft auf alten Maultierpfaden, führt immer wieder durch schattige Wälder. Sie ist nicht besonders anstrengend und auch mit Kindern zu bewältigen. **Route:** Bergstation der Gondelbahn Verdasio – Monte Comino bis Bergstation Costa – Intragna. **Dauer:** rund 3 Std.

Wegbeschreibung: Bei der *Bergstation der Gondelbahn* **1** folgen wir dem Wegweiser nach Dröi, erst am orografisch linken Bachufer ein kurzes Stück eine Wiese hoch, bei einem Rustico wird dann die Bachseite gewechselt. An einem Ferienhäuschen vorbei gelangt man zu einer kleinen *Rusticosiedlung* **2**, bei der sich der Weg gabelt: rechts den Wanderweg nach Intragna wählen. Wer die Wanderung ausweiten will, kann beim kommenden *Tälchen* **3** links den „Sentiero Panoramico" wäh-len. Wir ziehen es vor, rechts zu gehen, in den Schatten versprechenden Wald hinein: Buchen, Birken, Nadelholz. Auf dem Maultierpfad, der hier am Berghang entlangführt, erhascht man ab und zu einen Blick auf die gegenüberliegende Seite des Centovalli und entdeckt dort die Dörfer Rasa, Palagnedra und Bordei. Gleich hinter einem malerischen *Wegstock* **4** stehen wir erneut vor der Wahl und begeben uns auf den Weg nach Dröi, laut Wegweiser in 35 Min. zu erreichen, es werden aber

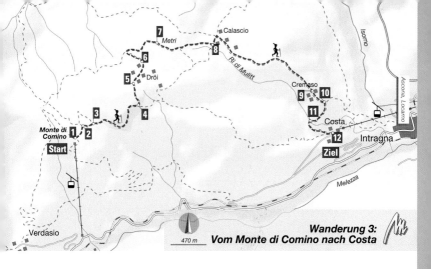

eher 45 Min. sein. Der Weg führt zum oberen Teil der *Siedlung* **5**, weit unten sieht man den nördlichen Abschnitt des Lago Maggiore mit Locarno.

Hinter Dröi folgt ein kurzer Anstieg, dann ein ebener Weg im Wald. Nach ca. 900 m, bei einer Linkskurve scharf rechts abzweigen, dem *Schild* **6** nach Calascio – Intragna folgen. An bester Stelle lädt unterwegs ein Bänkchen zur Rast ein, der Blick schweift über das Onsernone und seine Dörfer. Der weitere Weg führt bergab zu einer Lichtung mit der Ruine eines *Rusticos* **7**, auf der Karte als „Metri" verzeichnet, und rechts an einem weiteren Rustico vorbei in einen Birken-Buchen-Wald hinein. Über einen kleinen Bach, der auch im Hochsommer noch Wasser führt, gelangt man zu einer Alp, auch hier ein Rustico. Dort rechts der Beschilderung „Dröi Comino" folgend am Waldrand entlanggehen, dann um eine zweite Alp – durch eine Steinmauer von der ersten getrennt – herum wieder in den Wald hinein. Bei einer kaum wahrnehmbaren Gabelung links gehen und stets durch den Wald hinunter bis *Calascio* **8**. Der Weiler besteht aus mehreren Gehöf-ten und einer Kapelle. Auf alten Wanderkarten ist er noch mit dem Symbol Messer und Gabel versehen, doch ist das Gasthaus im oberen Ortsteil längst geschlossen, und die Wanderer begnügen sich mit einem Picknick in der Vorhalle der Kapelle.

Gleich nach Calascio führt rechts ein ehemaliger Maultierpfad in den Wald hinein, und nach ungefähr einer halben Stunde hat man den Weiler *Cremaso* **9** erreicht. Hier stehen die Ferienhäuser eng beieinander, man nähert sich der Zivilisation. Bei einem Wegstock gelangt man rechts hinunter, an der Bergstation einer Seilbahn für Gütertransport vorbei, zu einer *Weggabelung* **10**, dort dem Schild „Costa" folgen – die angegebenen 20 Min. stimmen in etwa. Der Weg, meist Treppen, führt steil hinunter zur *Brücke über den Ri di Mulitt* **11**. Etwas unterhalb Brücke lädt ein kleines Becken, allerdings nicht leicht zugänglich, zum Erfrischungsbad ein. Nach der Brücke – man ist nach dem etwas mühsamen Abstieg schon fast dankbar – geht es problemlos hinauf nach *Costa*, das man bei der *Bergstation der Gondelbahn* **12** erreicht. Letzte Talfahrt 18.10 Uhr.

GPS-Wanderung 4

Von Spruga auf die Alpe Saléi

Charakter: Abgesehen vom anfänglichen Aufstieg eine wenig mühsame Tour, unterwegs bietet sich ein Abstecher zu einem idyllischen Bergsee an. **Route:** Spruga bis Bergstation der Gondelbahn Alpe Saléi-Zott. **Dauer:** knapp 3 Std.

Wegbeschreibung: Ausgangspunkt ist die *Bar Onsernonese* am Dorfplatz von Spruga **1**. Im oberen Teil des Weilers an einer Handweberei vorbeigehen, dann beginnt der relativ steile Anstieg, zum Glück größtenteils im Wald. An einem *Wegstock* **2** vorbei gelangt man zu einem renovierten *Rustico* **3**, einem netten Feriendomizil, und weiter zu einer *Weggabelung* **4** im Wald. Links ginge es nach Fenei und Mondada (auf letzteres treffen wir später), aber wir schlagen den rechten Weg ein, Richtung Cima al Corte und Alpe Saléi. Bald stehen wir auf einer Alp mit einer *Rustico-Ruine* **5** und ein paar halbwegs sanierten Rustici etwas weiter oben. Die Siedlung heißt *Pian Secco* **6**, und von hier führt ein kurzer Weg nach *Mondada* **7**, einem ehemaligen Berggasthof.

Vom Ex-Berggasthaus führt ein alter markierter Weg (auf den meisten Karten nicht verzeichnet) durch den Wald bis zu einem *Wegweiser* **8**, dort weiter hoch – jetzt etwas weniger steil – in Richtung Alpe Saléi. Das Laubholz wird allmählich von Nadelholz abgelöst, und irgendwann sieht man ein kleines Teilstück vom Lago Maggiore. An einer größeren *Kreuzung* **9** treffen sich mehrere Wege, einfach weiter in Richtung Alpe Saléi halten, nach knapp 10 Min. überquert man ein ausgetrocknetes Bachbett und steht vor der *Capanna Saléi* **11**, einer Berghütte, die von Wanderern genutzt wird. Noch vor ihr führt links ein schlecht markierter, aber klar erkennbarer Weg hoch, teils ziemlich steil, zum *Laghetto dei Saléi* **10**, einem wunderschönen Bergsee in einer karg mit Nadelholz bewachsenen Landschaft, den man in einer Viertelstunde erreicht. Der kleine See ist glasklar und ziemlich kalt, die Ufer sind bei Picknickern sehr beliebt. Der Blick reicht bis zum Lago Maggiore hinunter, von dem man allerdings nur ein kleines Teilstück sieht.

Vom See wieder auf demselben Weg zurück zur *Capanna Saléi* **11**. Von hier sind es nur noch 5 Min. auf einem bequemen Feldweg zur *Alpe Saléi* **12**, die den Wanderer mit Getränken, Salami und Käse zur Rast einlädt. Gleich daneben fährt die Gondelbahn hinunter ins Vergelettotal nach Zott.

Wer die letzte Talfahrt (18 Uhr) verpasst hat, setzt die Wanderung – teils ziemlich steil – fort, bis er unten im Tal ankommt, dann auf der Straße rechts zur Talstation der Gondelbahn, die Endstation der Postautolinie ins Valle di Vergeletto ist.

Wanderparadies Onsernone

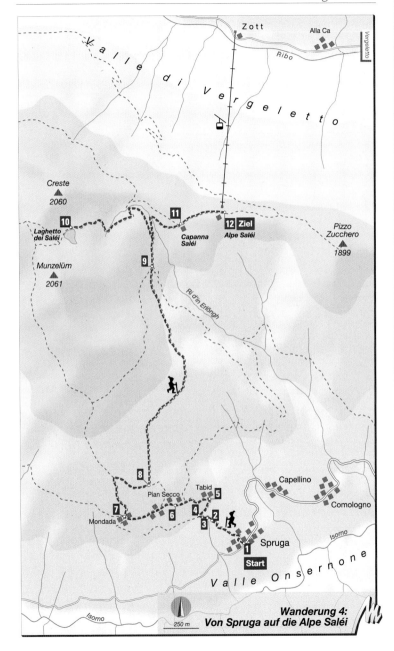

Wanderung 4:
Von Spruga auf die Alpe Saléi

250 m

Von Maccagno zum Lago d'Elio

Charakter: Markierter Wanderweg mit steilen Abschnitten, teils über Stufen, durch mehrere Dörfer und Mischwald zum Stausee, immer wieder öffnen sich schöne Panoramen vom tief unterhalb liegenden Lago Maggiore. Oben angelangt, findet man ein Picknickgelände vor, man kann aber auch im Albergo/Ristorante „Diana" oder im Ristoro „Lago Delio" einkehren (→ S. 114).
Dauer: Von Maccagno bis zum See ca. 3 Std., zurück ca. 2:30 Std.

Wegbeschreibung: Im Ortskern starten wir am Beginn der Straße ins Val Veddasca (Indemini) an der steilen, mit Rundkieseln gepflasterten *Treppe Via Francesco Baroggi/Ecke Via Angelo Baroggi* **1** und folgen der rot-weißen Markierung zunächst an den Stationen eines Kreuzwegs entlang, der seit etwa 1950 von verschiedenen Künstlern ausgestaltet wird. Am Ende der Treppe geht es rechts ein Stück den Kreuzweg weiter, dann der rot-weißen Markierung nach links folgen. Eine Fahrstraße kreuzt **2**, es bietet sich ein Blick auf

Luino, danach führt eine grasbewachsene Treppe rechts hinauf. Am Parkplatz neben der Villa Bianchi links ein kleines Stück Fahrstraße hinauf **3**.

Wir kommen an der malerisch verwitterten *Cappella di Entilio* aus dem 16. Jh. vorbei **4** und nehmen kurz darauf den Waldweg nach rechts hinauf. An der Gabelung **5** geht es schräg rechts, links schöner Blick auf das Valle Cannobina. Nach ca. 15 Min. wird ein Wildbach erreicht **6**, kurz danach eine Kreuzung, dort geradeaus weiter (rechts geht es nach Campagnagno).

Im historischen Ortskern von Maccagno

Schließlich erreichen wir das Dorf *Sarangio* 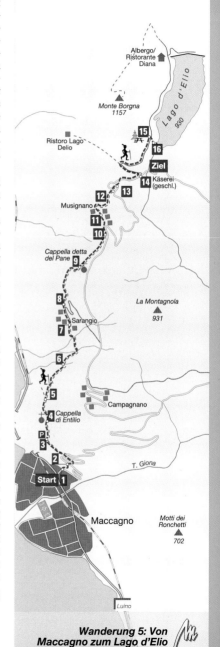, wenden uns auf der Fahrstraße nach links und kommen an einer alten Bruchsteinkapelle vorbei. Eine Infotafel über eine geschützte Katzenkolonie fällt ins Auge, tatsächlich gibt es hier auffallend viele wohlgenährte Katzen. Bald darauf schöner Blick über den Lago von Cannobio bis Stresa. Am Ortsende von Saragno die Rechtskurve nehmen, kurz danach links den Bergpfad hoch Richtung Musignano, beschildert mit „Cornice del Verbano Musignano" 8.

Nach relativ steilem Aufstieg wird die *Cappella detta del Pane* aus dem 16. Jh. erreicht 9, hier gibt es auch einen Rastplatz. Bald darauf kommen wir ins Dorf *Musignano* 10, gehen geradeaus bis zum Dorfplatz und biegen dort links in eine schmale Gasse mit der Beschilderung „Lago Delio" ab. Etwas später Abzweig nach rechts 11, Blick auf den See bis Stresa. Die Fahrstraße ein kleines Stück nach links 12, dann den Weg rechts hinauf nehmen 13.

Das geschlossene Albergo/Rifugio „Monte Borgna" mit Sonnenblumen im Vorgarten wird erreicht, kurz danach die ebenfalls geschlossene Käserei „Caseificio Lago d'Elio" 14. Der Weg zum Ristoro „Lago Delio" mit herrlichem Seeblick ist ausgeschildert. Ab jetzt führt der markierte Weg die Fahrstraße ein kleines Stück entlang, dann als Pfad mit weiß-roter Markierung steil aufwärts bis zum Parkplatz am Südufer des Lago d'Elio. Dort gibt es ein viel genutztes *Picknickgelände* 15 mit Tischen und Bänken und sogar eine Bademöglichkeit, sanfter Abstieg zu einer feinkiesigen Bucht. Der Weg über die *Staumauer* 16 am Südufer ist meist geschlossen, man kann den See aber trotzdem umrunden. Grandios ist der Blick über die Staumauer am Nordufer auf die Schweizer Alpen, ebenso von der Terrasse des Albergo/Ristorante „Diana".

Wanderung 5: Von Maccagno zum Lago d'Elio

GPS-Wanderung 6

Vom Monte Tamaro zum Monte Lema

Charakter: Panoramareiche Höhenwanderung zwischen zwei Aussichtsgipfeln – die Tessiner Königsroute. Die Tamaro-Lema-Traversata (man kann sie natürlich auch in umgekehrter Richtung gehen) führt am Kamm des Gebirges zwischen Luganer See und Lago Maggiore entlang und gibt den Blick mal auf den einen, mal auf den anderen, mal auf beide Seen frei. Man braucht dafür etwas Puste und vor allem eine Kopfbedeckung: kein Schatten! Ein bisschen Proviant und vor allem genügend Wasser sind ebenfalls obligatorisch. **Route:** Alpe Foppa – Capanna Tamaro – Monte Tamaro – Bassa di Montoia –Passo d'Agario – Monte Lema. **Dauer:** 4:30–5 Std. **Anfahrt/Verbindungen:** Eine Gondelbahn führt von Rivera zum Start hinauf, eine andere vom Ziel hinunter nach Miglieglia. Zwischen beiden Talstationen, 22 km voneinander entfernt, verkehrt ein spezieller Bus für Wanderer, so dass man problemlos zum geparkten Auto zurückkommt. **Luftseilbahnen/Verbindungsbus: Rivera–Monte Tamaro** und **Monte Lema–Miglieglia:** Betrieb April bis Okt., erste Bergfahrt in Rivera um 8.30 Uhr, dann im Halbstundentakt, letzte Talfahrt vom Monte Lema nach Miglieglia um 17 Uhr. Um 17.15 Uhr fährt der Bus von Miglieglia nach Rivera zurück. Das Busticket bezahlt man gleich in Rivera (damit ist ein Platz reserviert!); das Ticket für die Talfahrt nach Miglieglia kann erst auf dem Monte Lema gelöst werden. Alles in allem kosten Gondeln und Bus zusammen 51 CHF.

Wegbeschreibung: Die Bergstation der Gondelbahn befindet sich nicht auf dem Monte Tamaro, wie die Aufschrift der Bahn verspricht, sondern auf der *Alpe Foppa* **1**, wo neben der berühmten Botta-Kapelle auch ein Restaurant den Start der Wanderung um ein paar Minuten verzögern kann. Im Rücken das Vedeggiotal mit der Autobahn – Bergstation und Kapelle werden rasch kleiner – nimmt man den ersten Anstieg, der am Schluss etwas anstrengend in Kurven hochführt, und steht nach rund einer Stunde vor der *Capanna Tamaro* **2**. Hier ist noch eine letzte Einkehrmöglichkeit: Polenta, Käse und Salami, oder man füllt nur die bereits geleerte Wasserflasche auf. Dann öffnet sich das Alpenpanorama langsam, nach 10 Min. gelangt man zu einer *Gabelung* **3**, links könnte man nach Mezzovico ins Vedeggiotal absteigen, aber wir gehen weiter am Talhang entlang, bald

mit Blick auf den Luganer See und den markanten Monte San Salvatore. Der Weg steigt erst etwas an, führt unterhalb eines Gebäudes vorbei, wird dann wieder eben. Ab und zu erfreuen Alpenrosen das Auge, und bald sieht man auf der anderen Seite ein Stück des Lago Maggiore mit Ascona und Locarno. Bei einer Weggabelung **4** beginnt der steile 20-minütige Aufstieg zum Gipfel des Monte Tamaro. Falls dieser sich im Nebel zeigt, kann man sich die Kraxelei sparen und ihn auf dem Weg links umgehen. Bei schönem Wetter aber lohnt die Mühe, der Ausblick vom 1961 m hohen *Gipfelkreuz* **5** auf den Lago Maggiore und die Magadino-Ebene ist einmalig.

Der Abstieg vom Gipfel ist weniger steil als der Aufstieg, weit unten liegt rechts das einstige Schmugglerdörfchen Indemini. Nach 25 Min. trifft man in der *Bassa di Indemini* **6** wieder auf die Hauptroute. Von hier weg führt die

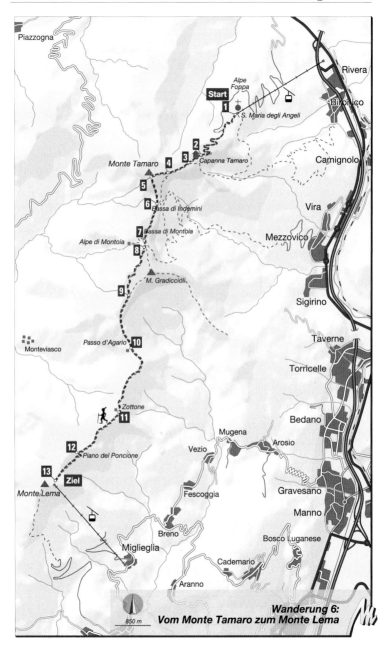

Wanderung 6:
Vom Monte Tamaro zum Monte Lema

Wanderung in leichtem Auf und Ab sehr angenehm auf dem Grat, stets den Lago Maggiore im Blick, zur *Bassa di Montoia* **7**. Bei einer ersten Gabelung führt rechts ein Weg über die Alpe di Montoia nach Indemini, das man in einiger Entfernung sieht, wir gehen aber ein paar Schritte weiter zur nächsten *Gabelung* **8**, die etwas verwirrend ist: links „Monte Lema, 3 Std.", rechts „Monte Lema" (ohne Zeitangabe). Ein Blick auf die Karte hilft bei der Entscheidung. Der linke Weg führt steil zum Monte Gradiccioli hoch und erreicht später wieder den Hauptweg. Wir wählen die bequemere Variante, eine Hangwanderung durch die Alpenflora mit Blick hinunter auf ein Stück des Lago Maggiore, auf Indemini und die Dörfer des Val Veddasca. Beim *Wegweiser Pianoni* **9** mündet links die Gradiccioli-Route wieder in den Hauptweg. Bald führt dieser als Wiesenweg auf dem Grat leicht abwärts, links gerät Lugano ins Blickfeld, vorne zeigt sich bereits der Gipfel des Monte Lema, später kommt man in den Genuss, beide Seen gleichzeitig zu sehen. Ein paar Schritte

nach einer Gabelung (rechts Abstieg zur Alpe Merigetto) erreicht man den Passo d'Agario mit einem ehemaligen *Wachhäuschen* **10**, wo ein freundliches Schild „Self-service" den Wanderer einlädt, sich selbst zu bedienen und das entsprechende Geld zu hinterlegen (leider war keine Ware da, es soll sich aber um Getränke handeln). Die Zeitangabe „Monte Lema, 1h25" ist eindeutig untertrieben, rechnen Sie mit einer Viertelstunde mehr.

Vom „Selbstbedienungshäuschen" aus zeigt sich der Weg als angenehme Wiesenwanderung ohne größere Steigungen auf dem Grat durch eine reiche Alpenflora – erst mit Blick auf Lugano und Teile seines Sees, später auf beide Seen. Bei einem weiteren Häuschen im Sattel *Zottone* **11** führt links ein Weg ins Malcantone-Dörfchen Breno hinunter. Das Ziel Monte Lema vor Augen, bleiben wir aber auf dem Hauptweg, der bis unterhalb des Poncione di Breno steil ansteigt: Steintreppen, teils unterstützendes Geländer. Hat man den *Piano del Poncione* **12** erreicht, so sieht man vor sich auf ungefähr gleicher Höhe die

Erst meditieren, dann wandern – ein Kapellenbesuch zum Anfang

Noch bevor man die Traversata in Angriff nimmt, bietet sich ein Besuch der *Kapelle Santa Maria degli Angeli* direkt neben der Bergstation der Gondelbahn an. Die in den 1990er-Jahren errichtete Kapelle gehört zu den spektakulärsten Werken des Tessiner Stararchitekten Mario Botta – ein ebenso kühner wie raffinierter Bau. Auf einem 65 m langen Steg (oder Viadukt oder Rampe) gelangt der Besucher auf einen Felssporn mit einer einmaligen Aussichtsplattform, die gleichzeitig das Dach der Kapelle ist – oder er nimmt den Weg innerhalb des Viadukts und findet sich vor dem Eingang der Kapelle. Der Rundbau mit einem Durchmesser von rund 15 m zeigt an der Außenmauer eine lichte Eisenkonstruktion für die Glocke, im Innern ist er ausgestattet mit 22 Bildern (Marienmotive) von Enzo Cucchi, der mal als Transavantgardist, mal als Postminimalist charakterisiert wird. Der davon unbeleckte Betrachter sieht in der großartigen Zusammenarbeit von Botta und Cucchi in erster Linie eine Einladung zur Meditation in der Bergwelt. Der Auftrag, an dieser ungewöhnlichen Stelle eine Kapelle zu errichten, erging übrigens von Egidio Cattaneo, dem damaligen (mittlerweile verstorbenen) Besitzer der Gondelbahn, der so seiner verstorbenen Frau ein Denkmal setzen wollte.

Bergstation der Lema-Gondelbahn. Doch zwischen hier und dort liegt noch ein Tal, erst also hinunter und dann wieder hinauf. Im allerletzten Stück hat man die Wahl zwischen einem mühsamen, langen Schlaufenweg und einem ebenso mühsamen, kurzen, steilen Treppenweg, der direkt durch den Wald zur *Bergstation der Gondelbahn* 🔟 führt. Von hier sind es noch 5 Min. auf den Gipfel, der mit seinem Panorama selbst den Monte Tamaro übertrumpft: Lago Maggiore und Luganer See liegen dem Wanderer zu Füßen, der Blick reicht in die Poebene bis nach Mailand – und im Hintergrund türmt sich eine imposante Alpenkette auf.

Rückkehr Wer den **Bus zurück nach Rivera** erreichen will, muss um 17 Uhr die Talfahrt nach Miglieglia antreten. In der Regel fährt auch um 17.30 Uhr noch eine Gondel, dann ist aber unten der Bus abgefahren; in diesem Fall: mit dem Postauto (letzte Abfahrt 18.16 Uhr) bis Lamone fahren, dort in den Zug nach Rivera umsteigen.

Essen & Trinken Wer möglichst lange auf dem Lema bleiben will, kann sich im **Ostello-Ristorante Vetta Monte Lema** (Selbstbedienung) an die Sonne setzen. Wer dort zu lange bleibt und die letzte Gondel verpasst, kann im Haus nächtigen: DZ 100 CHF, EZ 80 CHF, Schlafplatz im Mehrbettzimmer 35 CHF/Pers., Frühstück jeweils inklusive. ☎ 091-9671353, www.montelema.ch.

GPS-Wanderung 7

Von Caldè zum Wasserfall Cascata della Froda → Karte S. 350

Charakter: Mäßig anstrengende Wanderung zum Wasserfall im Kastanienwald, teils geht man allerdings auf schmalen, zeitweise rutschigen Waldpfaden. Im letzten Stück wird es für eine kurze Etappe etwas schwieriger. **Dauer:** ca. 3 Std.

Wegbeschreibung: Wir starten am *Bahnhof von Caldè*, wo man auf wenigen Parkplätzen das Auto stehen lassen kann 🔟. Auf der *Via alla Fermata* steigen wir wenige Meter zur Hauptstraße hinauf, überqueren sie und folgen der *Via Cesare Battisti*. Diese geht in die *Via Mulino* über und führt uns aus Caldè hinaus ins Grüne. Wir wandern am begradigten Lauf des *Torrente Froda* entlang, passieren einige große Anwesen (bellende Hunde) und queren schließlich auf einer *Furt* bei einer alten Bogenbrücke den Bach 🔟.

Gleich nach der Querung führt ein Fahrweg nach links bergauf zur asphaltierten Straße *Via alla Maltra*, die uns ins Dorf *Nasca* bringt. An der ersten Gabelung biegen wir dort scharf rechts in die *Via per Sarigo* ein. Wir folgen ihr etwa 150 m und biegen dann nach rechts in die breite SP 8 zum *Passo Sant'Antonio* ein. Wir folgen der kaum

befahrenen Straße, die kurvig oberhalb des Bachtals durch den Wald verläuft. Eine Kurve nach einer Wegschranke mit Einbahnstraßenschild und der Nr 18 ist die „Cascata della Froda" rechter Hand ausgeschildert 🔟. Hier verlassen wir die Straße auf einem breiten *Waldweg*, der zum Bach hinunterführt.

Unten angekommen, überqueren wir den Bach auf Steinen 🔟. Die feuchte Waldluft tut in der Hitze gut, überall gedeihen üppige Farne. Ein gerölliger, teils enger Pfad führt nun bergauf, wir bleiben auf dem Hauptweg, kleine Wasserläufe und Quellen begleiten uns. Zu guter Letzt überqueren wir auf einer kleinen Brücke den Bach, klettern noch ein Stück auf einer Eisenleiter hinauf und stehen vor dem Auffangbecken der *Cascata della Froda* 🔟, die von einer turmhohen Felswand herunterströmt – im Sommer ein herrlich erfrischender Fleck, allerdings

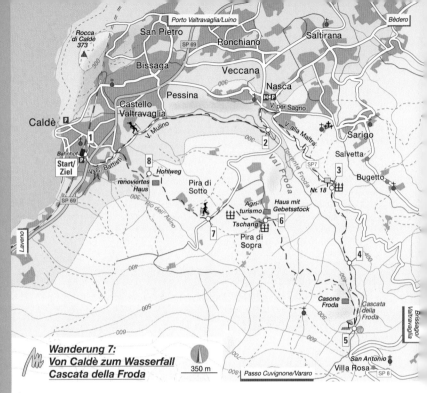

Wanderung 7:
Von Caldè zum Wasserfall
Cascata della Froda

350 m

sind die Wassermengen dann deutlich geringer als im Frühjahr. Etwa 1:15 Std. sind wir bis hierher unterwegs.

Wir machen uns auf den Rückweg, gehen wieder über die Brücke und biegen etwa 50 m weiter links auf einen

An der Cascata della Froda

schmalen Pfad ab, der uns durch dichte Vegetation bergauf führt, vorbei an der verlassenen Hausruine *Casone Froda*. Im Wald kommen wir zu einem Abzweig nach links, wir gehen aber weiter geradeaus. Etwa 2 km ab Wasserfall verlassen wir den Wald und treffen auf ein erstes Haus mit *Gebetsstock*.

Hier nehmen wir den Weg nach links und erreichen nach wenigen Metern den Eingang zum weitläufigen Gelände des *Agriturismo Tschang* (→ S. 130), das wir durchqueren **6**. Beim unteren Tor verlassen wir den Hof und gehen weiter, bis wir eine Querstraße erreichen, auf der wir uns nach links leicht bergauf halten. An der nächsten Abzweigung biegen wir rechts ab **7** und folgen der Straße abwärts, bis sie bei den wenigen Häusern von *Pira di Sotto* endet. Hier gehen wir links über die Wiese und nehmen einen Fahrweg unter Kastanienbäumen nach rechts. Er endet bei einem neu renovierten Haus. Rechts davon führt ein alter, überwucherter Hohlweg nach unten, teils muss man unter umgestürzten Bäumen hindurchkraxeln – ein wenig unangenehm. Diese Passage endet aber schon nach etwa 100 m, dort treffen wir auf einen Weg **8**, der nach links noch ein kurzes Stück bergab durchs Grüne führt, bevor wir auf die ersten Häuser von Caldè treffen. Schnell erreichen wir die *Via Cesare Battisti*, die wir schon vom Hinweg kennen, und gehen nach links in Richtung *Bahnhof*.

Wanderung 8

Von Poggio Sant'Elsa nach Laveno

Charakter: Abstieg von der Bergstation auf dem Monte Sasso del Ferro oberhalb von Laveno Mombello (→ S. 133). Im Prinzip unproblematische Wanderung auf bequemen Wegen, allerdings ziemlich steil und teilweise wegen Schotter und Geröll unangenehm zu gehen, sodass durch die einseitige Belastung bald die Beine schmerzen und eine gewisse Kondition nötig ist. Geeignet nur für trittfeste Wanderer, gutes Schuhwerk ist ein Muss. Vor Beginn der Wanderung kann man sich im Panoramarestaurant am Gipfel stärken, unterwegs Einkehrmöglichkeit in der „Capanna Gigliola". **Dauer:** ca. 1:30 Std. **Anfahrt:** Mit der Kübelbahn Auffahrt von Laveno nach Poggio Sant'Elsa.

Wegbeschreibung: Auf breitem Waldweg geht man zunächst bis zum Weiler *Casere* in 750 m Höhe (der von Cittiglio auf einem 6 km langen Bergsträßchen zu erreichen ist). Er beginnt gleich unterhalb vom Albergo, ist leicht zu verfolgen und gelegentlich mit roten Punkten markiert, störend ist hin und wieder das steinige Geröll. Nach etwa 10–15 Min. hält man sich bei einer Gabelung links, bei weiteren Verzweigungen bleibt man immer auf dem Hauptweg, erreicht den „Sentiero 3V" und bald darauf die Häuser von Casere (ca. 25 Min. ab Start). Rechter Hand ist hier das rustikale Berglokal „Capanna Gigliola" ausgeschildert, ein wunderschöner Platz mit herrlichem Blick über den Lago und Monte Rosa, dazu mit wirklich leckerer Küche (→ S. 133).

An einem Wegweiser treffen wir auf den Weg nach Laveno, eine ehemalige „Mulattiera", deren Pflasterung noch teilweise erhalten ist. Durch Waldstücke mit Lichtungen und üppig grüne Wiesen wandert man in Richtung Laveno, passiert nach 20 Min. die blumengeschmückte Wegkapelle „La Cappelletta" und erreicht am Ortsbeginn von *Monteggia* Asphalt (ca. 30 Min. ab Casere). Laveno und der See sind nun bereits in Sicht. Auf der Teerstraße geht es weiter steil hinunter, vorbei an der „Baita della Salute" und in etwa 20 Min. durchs Dorf bis zur Fähranlegestelle von Laveno.

Wanderung 8: Von Poggio Sant'Elsa nach Laveno

300 m

Wanderung 9

Zu den Wasserfällen von Cittiglio

Charakter: Wenige Kilometer östlich von Laveno liegen am Hang des Sasso del Ferro nördlich von Cittiglio mitten im Wald drei Wasserfälle, genannt „Parco delle Cascate". Zum ersten kann man eine kleine Wanderung unternehmen, danach wird es allerdings steil und unwegsam, wir raten deshalb vom Weitergehen ab. **Dauer:** Der Aufstieg dauert ca. 40 Min, zurück geht es etwas schneller.

Wegbeschreibung: Mit dem Auto fahren wir von Laveno die Hauptstraße Richtung Varese und folgen nach ca. 4 km in Cittiglio links dem Wegweiser „Cascate", biegen an einer T-Kreuzung links ab und erreichen sofort danach die *Piazza degli Alpina*, wo wir parken können.

Vom Parkplatz gehen wir links über eine Brücke, dann rechts in die Via Pianella (Wegweiser „Alle Cascate"). Ab jetzt führt der Weg entlang der letzten Häuser von Cittiglio am Bach *Torrente San Giulio* entlang. Nach etwa 300 m beginnt der *Parco delle Cascate* mit einer Schranke und Infotafeln auf Italienisch. Wir folgen dem schönen, breiten Waldweg, überqueren nach etwa 200 m den Bach auf einer Holzbrücke und treffen auf einen großen *Picknickplatz*, der leider zeitweise, vor allem nach Veranstaltungen, ziemlich vermüllt sein kann.

Danach wird der Weg zum schmalen, teils steinigen Pfad. Über zwei Holzbrücken geht es am Bach entlang, 30 m nach der ersten Brücke zweigt der Pfad zum zweiten und dritten Wasserfall rechts ab, ein Schild warnt jedoch vor dem „Sentiero franato" (zerstörter Weg). Das Rauschen des *ersten Wasserfalls* nimmt nun allmählich zu und bald kommt er in Sicht. Seine Fallhöhe beträgt etwa 43 m, er ergießt sich in ein Flussbett voller riesiger, glatt gewaschener Felsblöcke mit kleinen, höchstens hüfthohen Wasserbecken, in dessen Mitte sommers allerdings nur ein Bächlein plätschert – in der Hitze dennoch eine Wohltat.

Bad bei den Wasserfällen

Wanderung 9: Zu den Wasserfällen von Cittiglio

Wanderung 10: Von Cannero Riviera über Carmine Superiore nach Cannobio → Karte S. 354

Charakter: Bis Carmine Superiore leichte Waldwanderung auf den Resten einer einstigen römischen Straße, danach wird es steil und streckenweise anstrengend. Mit Kindern und Senioren ist nur der Streckenabschnitt bis Carmine Superiore zu empfehlen, von dort geht man besser wieder zurück.
Route/Dauer: Cannero Riviera – Carmine Superiore (1:15 Std.), Carmine Superiore – Cannobio (1:45 Std.), Gesamtzeit ca. 3 Std.

Wegbeschreibung: In Cannero Riviera gehen wir hinunter zum pittoresken *alten Hafenbecken* am Nordende der Uferpromenade **1**. Von dort führt ein Fußweg zwischen Mauern hinauf zur Durchgangsstraße SS 34, ein Wegweiser steht gleich oberhalb des Hafens (Markierung rot-weiß). Wir erreichen die Straße bei einem *Zebrastreifen* **2**, überqueren sie und gehen wenige Meter weiter nördlich einen alten *Stufenweg* hinauf. Zwischen Bananen und Fächerpalmen steigen wir bergan, ein Hinweisschild zeigt 50 Min. für den Weg nach Carmine Superiore an. Bei einem *Abzweig* **3** gehen wir geradeaus weiter, vorbei den wenigen Häusern von *Cheggio* oberhalb der Uferstraße.

Etwa 30 Min. ab Beginn der Wanderung beginnt eine *Wegpflasterung*, die in ihren Ursprüngen bis in römische Zeit zurückreicht **4**, lange bevor die Uferstraße gebaut wurde. Wir gehen auf teils breitem Weg durch den Wald und erreichen eine *Gabelung* **5**, von hier sind es noch 15 Min. bis Carmine Superiore.

Im hübschen, kleinen Örtchen mit seinen alten Natursteinhäusern angekommen, wenden wir uns an der zentralen Gabelung rechts **6** und gehen zur *Chiesa di San Gottardo* aus dem 14. Jh., die malerisch auf einem Vorsprung über dem See thront. Ihr Vorplatz ist ideal zum Ausruhen, die Außenwände sind mit Fresken bemalt, u. a. sieht man Maria mit dem Gottes-

kind, den heiligen Gotthard (Abgesandter des Papstes) und andere Heilige. Wer hier die Wanderung abbrechen möchte, kann auf einem Fußweg schnell hinunter nach Carmine Inferiore gelangen (→ S. 179), allerdings halten die Busse zwischen Cannero und Cannobio dort nicht.

Gut ausgeruht wandern wir nun weiter in Richtung Cannobio und Viggiona. Nach 15 Min. erreichen wir eine Gabelung, wo der Weg nach *Viggiona* abzweigt **7**. Wir gehen weiter in Richtung Cannobio und nun wird es steil –

Aufstieg von Cannero Riviera

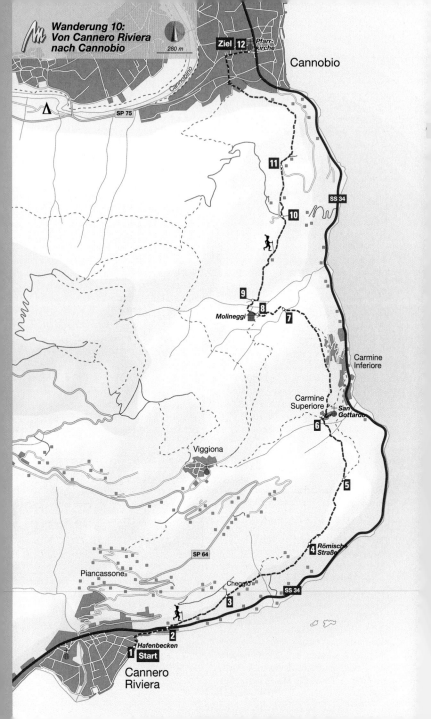

Die einstige Mühle Molineggi

Holzbohlen erleichtern immer wieder den kräftezehrenden Aufstieg durch den Wald, der Kondition verlangt. Es geht an einem Wasserfall vorbei, ab und zu müssen umgestürzte Bäume überstiegen werden. Das Ende dieser anstregenden Passage kommt etwa 50 Min. ab Carmine Superiore mit Erreichen der ehemaligen Mühle *Molineggi* **8** – ein idyllisches Örtchen am rauschenden Bach, wo sich der Wald lichtet und man einen herrlichen Blick auf den See hat.

Nun geht es auf einem mit Naturstein gepflasterten Weg bergab. An einer *Gabelung* **9** halten wir uns rechts und treffen auf eine *Straße* **10**, die wir nach rechts weiterwandern. Der Weg senkt sich immer weiter auf Cannobio zu, das bereits sichtbar ist. Wir treffen auf Asphalt **11** und steigen allmählich hinunter nach Cannobio. Nach Querung der SP 75 gehen wir auf der *Via Giuseppe Giovanola* bis zur Hauptstraße, die nach rechts zur *Pfarrkirche* von Cannobio führt, dem Endpunkt der Wanderung **12**.

GPS-Wanderung 11

Von Cicogna über die Alpe Prà nach Pogallo → Karte S. 357

Charakter: Mittelschwere Wanderung mit anstrengenden Abschnitten. Man kann aber auch nur bis zur Alpe Prà und zurück wandern, dieser Saumpfad ist zwar steil, aber bequem zu laufen. Der Höhenweg ab Pogallo zurück nach Cicogna ist zwar solide ausgebaut, aber teilweise schadhaft: nicht geeignet für kleine Kinder und Senioren und auch mit Höhenangst nicht zu empfehlen.
Route/Dauer: Cicogna – Alpe Prà (2:30 Std.), Alpe Prà – Pogallo (2 Std.), Pogallo – Cicogna (2 Std.). Gesamtzeit ca. 6:30 Std.

Wegbeschreibung: In *Cicogna* beginnt der Aufstieg ab Treppe am Wegeplan bei der Kirche **1**, Markierung rot-weiß. Man folgt dem Naturlehrpfad „La civiltà della fatica", der als gleichmäßig gewundener Saumpfad durch

Laubwälder mit jahrhundertealten Kastanienbäumen und über einstige Terrassen führt, wo im 19. Jh. Roggen angebaut wurde. An einer *Kreuzung* **2** dann die Markierung nach rechts nehmen, wenig später findet man bei *Viehhütten* **3** eine Infotafel zur Umgebung, auch eine Grabtafel aus Granit steht am Wegesrand **4**: „Der Berg hat mir meine Energie genommen, pass auf deine auf." Hier Hauptweg links hinauf nehmen. Etwa 20 Min. später hat man den ersten Blick auf den Lago Maggiore **5**. Kurz darauf beginnt ein alter, ausgebauter *Maultierweg* **6**. Je höher man kommt, desto schöner die Aussicht **7** – Blick auf den Lago Maggiore mit den Borromäischen Inseln, den Lago d'Orta und die Lombardei, bei klarem Wetter sogar bis zu den Höhenzügen bei Verona. Bei einem großen Baum kann man einen unbeschilderten Abzweig zu einem Stein mit prähistorischen Gravuren nehmen. Dieser so genannte *Schalenstein* **8** liegt auf einem Felssporn unterhalb der Alpe Prà. Von dort erblickt man auch die Gletscher des majestätischen Monte Rosa. Nun entweder direkter Aufstieg durch verwilderte Weiden zur Alpe Prà oder erst zurück zum Hauptweg.

Das „Rifugio Casa dell'Alpino" auf der *Alpe Prà* **9** wurde um 1900 als Jagdhütte und Liebesnest von einem Textilindustriellen aus Verbania gebaut und nach seinem Tod 1939 von seiner Witwe den italienischen Gebirgstruppen zur Verfügung gestellt. Im Juni 1944 wurde die Alpe von deutschen Truppen und italienischen Faschisten im Rahmen einer gegen Partisanen gerichteten Säuberungsaktion zerstört. 1953 wurde sie durch die Alpinisten wieder aufgebaut (Inschrift im Gasthaus: „Dieses Haus durch Hass zerstört aufgrund trauriger Erlebnisse Italiens. Durch die Liebe starker Bergerfahrener wieder aufgebaut mit brüderlichem Band..."). Das Rifugio eignet sich als Basisstation für verschiedene Wanderrouten und Bergbesteigungen (→ Übernachten). Die von einer Mauer begrenzte Aussichtsplattform vor dem Rifugio bietet ein atemberaubendes Panorama.

Von hier führt der Weg zum verlassenen Bergdorf Pogallo durch ein *Gatter* **10**

Aufstieg zur Alpe Prà

in nördlicher Richtung entlang der einstigen Weiden der *Alpe Leciuri* hinauf, dabei weiterhin der rot-weißen Markierung folgen. Bis zum Eintritt ins Val Pogallo (1285 m, höchster Punkt der Wanderung) mit Aussicht auf den Talkessel und das Dorf Pogallo **11** braucht man ca. 10 Min. Von jetzt ab etwa 1 Std. stetiger Abstieg, dabei kommt man an Bildtafeln über das Dorfleben **12** und an der *Cappeletta di Cima Selva* **13** vorbei, taucht dann in Birken- und Buchenwald ein. Immer wieder begegnet man Spuren vergangenen Lebens in Form von Mauerresten und Ruinen **14**. Nach Überquerung von drei Bergbächen **15**–**17** führt der Weg an offensichtlich künstlich geformten Abgrenzungen aus Pflanzen vorbei.

Kurz darauf erreicht man *Pogallo* **18**. Hier gab es früher eine Schule, einen Arzt und sogar eine Polizeistation mit Gefängniszelle, allerdings sucht man vergeblich nach einer Kirche. Seit 1890 wurde von hier aus intensive Holzwirtschaft betrieben, initiiert vom Schweizer Carlo Sutermeister, der eine Baumwollspinnerei in Intra geerbt hatte. Nach wirtschaftlich erfolgreichen Jahren verkaufte er 1917 sein Unternehmen, dessen Relikte noch heute zu sehen sind: Loren für den Holztransport, Teile einer elektrisch betriebenen Seilbahn und das villenähnliche Verwaltungsgebäude oberhalb des Ortes. Heute ist Pogallo eigentlich verlassen, viele Häuser wurden jedoch von den „Amici di Pogallo", einer Art Heimatverein, instand gesetzt und verfügen über Solaranlagen zur Stromgewinnung. Am 18. Juni 1944 wurden hier 18 junge Widerstandskämpfer von den Deutschen erschossen. Ein Denkmal neben dem ehemaligen Direktionsgebäude erinnert daran.

Wer mag, macht jetzt noch den etwa zehnminütigen Abstecher oberhalb des Flusses nach links (Norden) zur Brücke mit fantastischem Blick auf den tief zwischen Felsen eingeschnittenen *Wasser-*

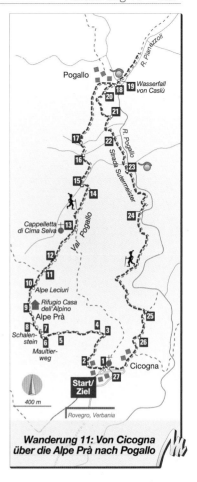

Wanderung 11: Von Cicogna über die Alpe Prà nach Pogallo

fall von Caslù **19**. Wenn man von hier noch weitergeht, findet man Bademöglichkeiten im wilden *Riu Pianezzoli*.

Der Abstieg nach Cicogna beginnt Richtung Süden bei Partisanengedenktafeln auf einem solide gebauten Höhenweg mit Steinplatten, der *Strada Sutermeister*, die in 50–60 m Höhe über dem Rio Pogallo verläuft **20**. Man geht hier etwa 90 Min. und hat unterwegs schöne Blicke auf Wasserfälle. Vorsicht ist jedoch angebracht, am Wegrand findet man neben Infotafeln **21** auch

Gedenksteine für verunglückte Bergsteiger **22**. Man hat einen schönen Blick auf einen *Wasserfall* **23** und überquert einen weiteren Wasserfall auf einer neuen, breiten *Brücke* **24**, dabei sieht man die alte Brücke über den Rio Pogallo.

Am Ende der Wanderung gelangt man zu einer *Weggabelung* **25**, dort nicht den Weg ins Tal nehmen, sondern geradeaus weitergehen. Etwas später nimmt man bei einer *Wegteilung* **26** den unteren Weg und gelangt schließlich wieder nach *Cicogna* **27**.

GPS-Wanderung 12

Zum Golfplatz am Monte Croce

Charakter: Eine meist schattige Wanderung um den bis zu 700 m hohen Bergzug zwischen Stresa und Lesa. Ziel ist der schön im Wald gelegene Golfplatz „Golf des Iles Borromees" mit Aussichtspunkt über den See. Der Weg ist auch für Spaziergänger machbar, am besten mit Rückkehr auf gleichem Weg ab dem Aussichtspunkt am Golfplatz. Einkehrmöglichkeiten gibt es in Calogna und Stropino. **Route:** Magognino – Calogna – Santa Maria Ausiliatrice – Stropino – Magognino. **Dauer:** ca. 3 Std. **Anfahrt:** Von Stresa nach Vedasco hinauf, dann links nach Magognino, dem Startort der Wanderung (ca. 6 km ab Stresa), oder direkte Anfahrt von Belgirate nach Magognino, etwa 4 km auf sehr schmaler Straße. Busse fahren von Stresa nach Magognino.

Wegbeschreibung: Startpunkt ist der Parkplatz vor der Kirche in *Magognino* **1**. Mit Blick auf die Kirchenfassade nehmen wir rechter Hand die Straße Via A. Falchetti nach Belgirate mit Wegweiser „Sentiero Stresa – Belgirate" unter Fächerpalmen. Wir folgen ihr etwa 200 m und biegen dann rechts in einen breiten Asphaltweg ein, beschildert mit „Strada Comunale Magognino – Calogna" **2**. Er verengt sich bald in einen Maultierpfad und führt bergauf zu einem Panoramapunkt, wo man Cerro, Reno und das Kloster Santa Caterina del Sasso am Ostufer des Lago erblickt. Danach geht es durch einen schattigen Kastanienwald weiter, wo wir bald auf das *Gebetshäuschen Santa Maria Mater Gratiae* treffen. Auf dem felsigen Boden daneben sehen wir viele kleine, regelmäßige Eingravierungen, die sog. „Cuppelle": Spuren frühzeitlicher Eingravierungen, vielleicht eine vorchristliche Kultstätte. Ihre Funktion ist rätselhaft, eine Theorie behauptet etwa, dass Opferblut hineingegossen wurde, andere sagen, es sei Wachs gewesen, um nächtliche Riten zu beleuchten.

Wenige Minuten weiter passieren wir erneut ein Gebetshäuschen, daneben steht ein Haus mit einer eingefassten Quelle **3**. Etwa 10 Min. später kommen wir an eine *Gabelung* **4**. Hier müssen wir rechts nach Calogna abbiegen (verblasster Pfeil an der Mauer rechts). Kurz darauf bietet sich ein kleiner Abstecher zur romanischen Kapelle *San Paolo* an, die 1713 umgestaltet wurde und noch einige schöne Fresken besitzt. Zurück am Weg nach Calogna geht es auf einer Brücke über einen Bach. Etwa 300 m weiter erreichen wir ein *Haus* **5**, ab hier ist der Weg asphaltiert und führt bergauf ins Dorf *Calogna*, das wir etwa 45 Min. nach Beginn der Wanderung erreichen.

Gleich am Ortsbeginn kommen wir an der erhöht stehenden *Chiesa di San Bartolomeo* vorbei, dort hat man einen schönen Ausblick auf den Lago. Schräg

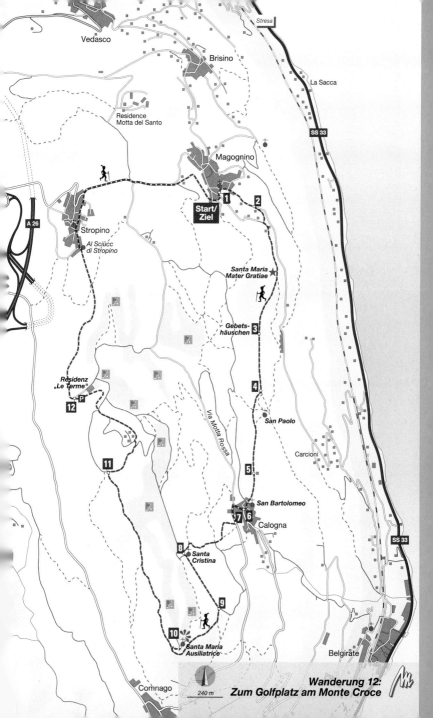

Wanderung 12:
Zum Golfplatz am Monte Croce

Die Wanderung um den Monte Croce führt am Golfplatz vorbei

gegenüber liegt die einfache Bar „Prazzut" mit Bocciabahn (unregelmäßig geöffnet). 50 m weiter geht es nun an einer Kreuzung rechts und gleich wieder rechts bis zur Landstraße *Via Motta Rossa* **6**. Wir folgen ihr nach links in Richtung Comnago und erblicken nach etwa 150 m rechts einen *Maultierpfad*, der zur Kapelle Santa Cristina hinaufführt **7**, beschildert mit „Santa Cristina, Motta Rossa". Nach etwa 15 Min. Anstieg durch den Wald treffen wir auf die Kapelle *Santa Cristina*, die auf einen Plateau am Rand des Golfplatzes steht **8**.

Nun geht es auf einem breiten Fahrweg nach links weiter am Golfplatz entlang, der hier malerisch im Wald liegt. Nach etwa 10 Min. führt rechts ein Weg den Hang des Monte Croce hinauf, beschildert mit „C.I.P.S" **9**. Nach etwa 15 Min. Aufstieg erreichen wir das Ziel der Wanderung, einen von Buchen beschatteten Picknickplatz neben der Kirche *Santa Maria Ausiliatrice* mit weitem Panoramablick auf den Süden des Lago Maggiore und den angrenzenden Lago di Varese **10**.

Nach einer ausgiebigen Pause gehen wir von der Kirche etwa 50 m zurück und nehmen hier den Weg nach rechts, der durch den Wald nach Norden führt. Wir folgen ihm längere Zeit parallel zum ab und zu sichtbaren Golfplatz, bis wir auf eine quer verlaufende *Fahrpiste* stoßen, die neu angelegt wurde **11**. Hier wenden wir uns bergauf nach rechts. Durch ein Rodungsgebiet mit einigen neu gebauten Ferienhäusern und einer eingefassten Quelle erreichen wir eine *Gabelung*, wo wir uns rechts halten (der Weg geradeaus ist ebenfalls richtig, beide treffen kurz darauf wieder zusammen). Wir folgen dem Weg abwärts, der uns zum Eingang des *Golfplatzes* mit der großen *Residenz „Le Terme"* führt **12**.

Auf der asphaltierten Zufahrtsstraße gehen wir weiter bergab und erreichen nach etwa 1,5 km das hübsche, aber recht verschlafene Bergdorf *Stropino*. Etwa 2:40 Std. sind wir nun ab Beginn unserer Wanderung unterwegs. Wenn man zur richtigen Zeit hier ist, kann man am Ortseingang im Restaurant „Al Sciücc di Stropino" einkehren, die Schweizer Wirtin spricht gut Deutsch (Mi geschl., ☎ 329-5996880). An der Kirche vorbei gehen wir nun auf der Via Liberazione geradeaus bis zum Stoppschild und biegen nach rechts in die Landstraße nach Magognino ein. Nach ca. 10 Min. folgen wir an einer Straßengabelung der Beschilderung in Richtung Magognino und gehen zu unserem Ausgangspunkt zurück **1**.

Etwas Italienisch

Mit ein paar Worten Italienisch kommt man erstaunlich weit – es ist nicht mal schwer, und die Italiener freuen sich auch über gut gemeinte Versuche. Oft genügen schon ein paar Floskeln, um an wichtige Informationen zu kommen. Der Übersichtlichkeit halber verzichten wir auf wohlgeformte Sätze und stellen die wichtigsten Ausdrücke nach dem Baukastensystem zusammen. Ein bisschen Mühe und guter Wille lohnen sich wirklich – besonders in abgelegeneren Gegenden, in denen die Italiener nicht auf den internationalen Tourismus eingestellt sind.

Aussprache

Hier nur die Abweichungen von der deutschen Aussprache:

c vor e und i immer *„tsch"* wie in *rutschen*, z. B. *centro* (Zentrum) = *„tschentro"*. Sonst wie *„k"*, z. B. *cannelloni* = *„kannelloni"*.

cc gleiche Ausspracheregeln wie beim einfachen **c**, nur betonter *faccio* (ich mache) = *„fatscho"; boccone* (Imbiss) = *„bokkone"*.

ch wie *„k"*, *chiuso* (geschl.) = *„kiuso"*.

cch immer wie ein hartes *„k"*, *spicchio* (Scheibe) = *„spikkio"*.

g vor e und i *„dsch"* wie in *Django*, vor a, o, u als *„g"* wie in *gehen;* wenn es trotz eines nachfolgenden dunklen Vokals als *„dsch"* gesprochen werden soll, wird ein i eingefügt, das nicht mitgesprochen wird, z. B. in *Giacomo* = *„Dschakomo"*.

gh immer als *„g"* gesprochen.

gi wie in *giorno* (Tag) = *„dschorno"*, immer weich gesprochen.

gl wird zu einem Laut, der wie *„lj"* klingt, z. B. in *moglie* (Ehefrau) = *„mollje"*.

gn ein Laut, der hinten in der Kehle produziert wird, z. B. in *bagno* (Bad) = *„bannjo"*.

h wird am Wortanfang nicht mitgesprochen, z. B. *hanno* (sie haben) = *„anno"*. Sonst nur als Hilfszeichen verwendet, um c und g vor den Konsonanten i und e hart auszusprechen.

qu im Gegensatz zum Deutschen ist das u mitzusprechen, z. B. *acqua* (Wasser) = *„akua"* oder *quando* (wann) = *„kuando"*.

r wird kräftig gerollt!

rr wird noch kräftiger gerollt!

sp, gut norddeutsch zu sprechen, z. B.
st *specchio* (Spiegel) = *„s-pekkio"* (nicht *schpekkio), stella* (Stern) = *„s-tella"* (nicht *„schtella")*.

v wie *„w"*.

z wie *„z"* in Zug, z.B. *polizia* (Polizei) oder aber weich wie *„ds"*, z. B. *zero* (Null).

Die Betonung liegt meistens auf der vorletzten Silbe eines Wortes. Im Schriftbild wird sie bei der großen Mehrzahl der Wörter nicht markiert. Es gibt allerdings Fälle, bei denen die italienischen Rechtschreibregeln Akzente als Betonungszeichen vorsehen, z. B. bei mehrsilbigen Wörtern mit Endbetonung wie *perché* (= weil, warum).

Der Plural lässt sich bei vielen Wörtern sehr einfach bilden; die meisten auf „a" endenden Wörter sind weiblich, die auf „o" oder „e" endenden männlich; bei den weiblichen wird der Plural mit „e" gebildet, bei den männlichen mit „i", also: una ragazza (ein Mädchen), due ragazze (zwei M.); un ragazzo (ein Junge), due ragazzi (zwei J.). Daneben gibt es natürlich diverse Ausnahmen, die wir bei Bedarf im Folgenden zusätzlich erwähnen.

Elementares

Frau ...	*Signora*
Herr ...	*Signor(e)*
Guten Tag, Morgen	*Buon giorno*
Guten Abend (ab nachmittags!)	*Buona sera*
Guten Abend/gute Nacht (ab Einbruch der Dunkelheit)	*Buona notte*
Auf Wiedersehen	*Arrivederci*
Hallo/Tschüss	*Ciao*
Wie geht es Ihnen?	*Come sta?/Come va?*
Wie geht es dir?	*Come stai?*
Danke, gut.	*Molto bene, grazie/ Benissimo, grazie*
Danke!	*Grazie/Mille grazie/ Grazie tanto*
Entschuldigen Sie	*(Mi) scusi*
Entschuldige	*Scusami/Scusa*
Entschuldigung, können Sie mir sagen ...?	*Scusi, sa dirmi ...?*
Entschuldigung, könnten Sie mich durchlassen/ mir erlauben ...	*Permesso ...*
ja	*si*
nein	*no*
Ich bedaure, tut mir leid	*Mi dispiace*
Macht nichts	*Non fa niente*
Bitte! (im Sinne von „gern geschehen")	*Prego!*
Bitte (als Einleitung zu einer Frage oder Bestellung)	*Per favore ...*
Sprechen Sie Englisch?	*Parla inglese*
... Deutsch?	*... tedesco?*
... Französisch?	*... francese?*
Ich spreche kein Italienisch	*Non parlo l'italiano*
Ich verstehe nichts	*Non capisco niente*
Könnten Sie etwas langsamer sprechen?	*Puo parlare un po` più lentamente?*
Ich suche nach ...	*Cerco ...*
Okay, geht in Ordnung	*va bene*
Ich möchte/Ich hätte gern	*Vorrei*
Warte/Warten Sie!	*Aspetta/Aspetti!*

groß/klein	*grande/piccolo*
Es ist heiß	*Fa caldo*
Es ist kalt	*Fa freddo*
Geld	*i soldi*
Ich brauche ...	*Ho bisogno ...*
Ich muss ...	*Devo ...*
in Ordnung	*d'accordo*
Ist es möglich, dass ...	*È possibile ...*
mit/ohne	*con/senza*
offen/geschlossen	*aperto/chiuso*
Toilette	*gabinetto*
verboten	*vietato*
Was bedeutet das?	*Che cosa significa? (sprich sinjifika)*
Wie heißt das?	*Come si dice?/ cosa significa?*
zahlen	*pagare*

Equivoco!

Eine Art Allheilmittel: „Es liegt ein Missverständnis vor". Wenn etwas schief gelaufen ist, ist dies das Friedensangebot. Ein Versprechen wurde nicht eingehalten? – Nein, nur „è un equivoco"!

Fragen

Gibt es/Haben Sie ...? (auszusprechen als tsche)	*C'è ...?*
Was kostet das?	*Quanto costa?*
Gibt es (mehrere)	*Ci sono?*
Wann?	*Quando?*
Wo? Wo ist?	*Dove?/Dov'è?*
Wie?/Wie bitte?	*Come?*
Wieviel?	*Quanto?*
Warum?	*Perché?*

Smalltalk/Orientierung

Ich heiße ...	*Mi chiamo ...*
Wie heißt du?	*Come ti chiami?*
Wie alt bist du?	*Quanti anni hai?*
Das ist aber schön hier	*Meraviglioso!/Che bello!/ Bellissimo!*

Von woher kommst du?	*Di dove sei tu?*
Ich bin aus München/Hamburg	*Sono di Monaco, Baviera/di Amburgo*
Bis später	*A più tardi!*
Wo ist bitte …?	*Per favore, dov'è ..?*
… die Bushaltestelle	*… la fermata*
… der Bahnhof	*… la stazione*
Stadtplan	*la pianta della città*
rechts	*a destra*
links	*a sinistra*
immer geradeaus	*sempre diritto*
Können Sie mir den Weg nach … zeigen?	*Sa indicarmi la direzione per ..?*
Ist es weit?	*È lontano?*
Nein, es ist nah	*No, è vicino*

> **Ecco!**
> Hat unendlich viele Bedeutungen. Es ist eine Bestärkung am Ende des Satzes: Also! Na bitte! Voilà … Zweifel sind dann ausgeschlossen.

Bus/Zug/Fähre

Fahrkarte	*un biglietto*
Stadtbus	*il bus*
Überlandbus	*il pullman*
Zug	*il treno*
hin und zurück	*andata e ritorno*
Ein Ticket von X nach Y	*un biglietto da X a Y*
Wann fährt der nächste?	*Quando parte il prossimo?*
… der letzte?	*… l'ultimo?*
Abfahrt	*partenza*
Ankunft	*arrivo*
Gleis	*binario*
Verspätung	*ritardo*
aussteigen	*scendere*
Ausgang	*uscita*
Eingang	*entrata*
Wochentag	*giorno feriale*
Feiertag	*giorno festivo*

Fähre	*traghetto*
Tragflügelboot	*aliscafo*
Deck-Platz	*posto ponte*
Kabine	*cabina*

Auto/Motorrad

Auto	*macchina*
Motorrad	*la moto*
Tankstelle	*distributore*
Volltanken	*il pieno, per favore*
Bleifrei	*benzina senza piombo*
Diesel	*gasolio*
Panne	*guasto*
Unfall	*un incidente*
Bremsen	*i freni*
Reifen	*le gomme*
Kupplung	*la frizione*
Lichtmaschine	*la dinamo*
Zündung	*l'accensione*
Vergaser	*il carburatore*
Mechaniker	*il meccanico*
Werkstatt	*l'officina*
funktioniert nicht	*non funziona*

Bank/Post/Telefon

Geldwechsel	*il cambio*
Wo ist eine Bank?	*Dove c' è una banca*
Ich möchte wechseln	*Vorrei cambiare*
Ich möchte Reiseschecks einlösen	*Vorrei cambiare dei traveller cheques*
Wie ist der Wechselkurs	*Qual è il cambio?*
Geld	*i soldi*
Postamt	*posta/ufficio postale*
ein Telegramm aufgeben	*spedire un telegramma*
Postkarte	*cartolina*
Brief	*lettera*
Briefpapier	*carta da lettere*
Briefkasten	*la buca (delle lettere)*
Briefmarke(n)	*il francobollo/i francobolli*

Wo ist das Telefon?	*Dov' è il telefono?*
Ferngespräch	*comunicazione interurbana*

Camping/Hotel

Haben Sie ein Einzel-/Doppelzimmer?	*C'è una camera singola/doppia?*
Können Sie mir ein Zimmer zeigen?	*Può mostrarmi una camera?*
Ich nehme es/ wir nehmen es	*La prendo/ la prendiamo*
Zelt	*tenda*
kleines Zelt	*canadese*
Schatten	*ombra*
Schlafsack	*sacco a pelo*
warme Duschen	*docce calde*
Gibt es warmes Wasser?	*C'è l'acqua calda?*
mit Dusche/Bad	*con doccia/bagno*
ein ruhiges Zimmer una	*camera tranquilla*
Wir haben reserviert	*Abbiamo prenotato*
Schlüssel	*la chiave*
Vollpension	*pensione (completa)*
Halbpension	*mezza pensione*
Frühstück	*prima colazione*

Hochsaison	*alta stagione*
Nebensaison	*bassa stagione*
Haben Sie nichts Billigeres?	*Non ha niente che costa di meno?*

Arzt/Krankenhaus

Ich brauche einen Arzt	*Ho bisogno di un medico*
Hilfe!	*Aiuto!*
Erste Hilfe	*pronto soccorso*
Krankenhaus	*ospedale*
Schmerzen	*dolori*
Ich bin krank	*Sono malato*
Biss/Stich	*puntura*
Fieber	*febbre*
Durchfall	*diarrea*
Erkältung	*raffreddore*
Halsschmerzen	*mal di gola*
Magenschmerzen	*mal di stomaco*
Zahnweh	*mal di denti*
Zahnarzt	*dentista*
verstaucht	*slogato*

Zahlen

der Erste	*il primo*	6	*sei*	21	*ventuno*
Zweite	*il secondo*	7	*sette*	22	*ventidue*
Dritte	*il terzo*	8	*otto*	30	*trenta*
einmal	*una volta*	9	*nove*	40	*quaranta*
zweimal	*due volte*	10	*dieci*	50	*cinquanta*
halb	*mezzo*	11	*undici*	60	*sessanta*
ein Viertel	*un quarto di*	12	*dodici*	70	*settanta*
ein Paar	*un paio di*	13	*tredici*	80	*ottanta*
einige	*alcuni*	14	*quattordici*	90	*novanta*
0	*zero*	15	*quindici*	100	*cento*
1	*uno*	16	*sedici*	101	*centuno*
2	*due*	17	*diciassette*	102	*centodue*
3	*tre*	18	*diciotto*	200	*duecento*
4	*quattro*	19	*diciannove*	1.000	*mille*
5	*cinque*	20	*venti*	2.000	*duemila*

Im Restaurant

Haben Sie einen Tisch für x Personen?	*C'è uno tavolo per x persone?*
Die Speisekarte, bitte	*Il menu/la lista, per favore*
Was kostet das Tagesmenü?	*Quanto costa il piatto del giorno?*
Ich möchte gern zahlen	*Il conto, per favore*
Ich habe Hunger	*Ho fame*
Ich habe Durst	*Ho sete*
Gabel	*forchetta*
Messer	*coltello*
Löffel	*cucchiao*
Aschenbecher	*portacenere*
Mittagessen	*pranzo*
Abendessen	*cena*
Eine Quittung, bitte	*Vorrei la ricevuta, per favore*
Es war sehr gut	*Era buonissimo*
Trinkgeld (lässt man aber ohne große Erklärungen am Tisch liegen)	*mancia*

Speisekarte

Extra-Zahlung für Gedeck, Service und Brot	*coperto/pane e servizio*
Vorspeise	*antipasto*
erster Gang	*primo piatto*
zweiter Gang	*secondo piatto*
Beilagen zum zweiten Gang	*contorni*
Nachspeise (Süßes)	*dessert*

Obst	*frutta*
Käse	*formaggio*

Getränke

Wasser	*acqua*
Mineralwasser	*acqua minerale*
mit Kohlensäure	*con gaz (frizzante)*
ohne Kohlensäure	*senza gaz*
Wein	*vino*
weiß	*bianco*
rosé	*rosato*
rot	*rosso*
Bier	*birra*
hell/dunkel	*chiara/scura*
vom Fass	*alla spina*
Saft	*succo di ...*
Milch	*latte*
heiß	*caldo*
kalt	*freddo*
Kaffee (das bedeutet espresso)	*un caffè*
Cappuccino (mit aufgeschäumter Milch, niemals mit Sahne!)	*un cappuccino*
Kaffee mit wenig Milch	*un caffè macchiato*
Milchkaffee	*un caffelatte*
Kalter Kaffee	*un caffè freddo*
Tee	*un tè*
mit Zitrone	*con limone*
Cola	*una coca*
Milkshake	*frappè*
ein Glas	*un bicchiere di ...*
eine Flasche	*una bottiglia*

Kartenverzeichnis

Zeichenerklärung für die Karten und Pläne

- Autobahn
- Hauptverkehrsstraße
- Landstraße
- Nebenstraße
- Piste
- Fußweg
- Eisenbahn
- Wanderroute
- Fährlinie
- Grünanlage
- Fußgängerzone

- ▲ Berggipfel
- Aussicht
- Δ Campingplatz
- Badestrand
- Turm
- ★ Allgemeine Sehenswürdigkeit
- Burg/Schloss
- Kirche/Kloster
- Schutzhütte
- Ⓤ Missori Haltestelle
- Hafen

- BUS Bushaltestelle
- ℹ Information
- Post
- Ⓜ Museum
- Ⓟ Ⓟ Parkplatz/-haus
- Schiffsanlegestelle
- ✚ Ärztliche Versorgung
- Wasserfall
- Quelle
- Rastplatz
- Seilbahn

Alles im Kasten

Fotonachweis

Alle Fotos Eberhard Fohrer außer: 995645/Pixabay: S. 286 | Jacques Bétant: S. 2 (re) | ENIT: S. 156, 194 | Steffen Fietze: 27 | Florian Fritz: S. 212, 216 | JacLou DL/Pixabay: S. 284 | Kristjane Maurenbrecher: 199, 352, 356, 360 | Marcus X. Schmid: S. 22, 25, 26, 29, 31, 38, 39 (1. v. o.), 40, 45, 46, 50, 52, 53, 56, 58, 59, 61, 62 (1. v. o.), 64, 65, 66, 69, 71, 72, 74 (2. v. o.), 75, 77, 78, 80, 82, 83, 85, 86, 87, 88, 89, 90, 91, 92, 93, 97, 98, 101, 103, 104, 105, 125, 336, 342 | Alexander Schrehardt: S. 2 (li)

Was haben Sie entdeckt?

Haben Sie eine gemütliche Trattoria, eine schöne Wanderung oder ein nettes Hotel entdeckt? Wenn Sie Ergänzungen, Verbesserungen oder neue Tipps zum Buch haben, lassen Sie es uns bitte wissen!

Schreiben Sie an: Eberhard Fohrer, Marcus X. Schmid, Stichwort „Lago Maggiore"
c/o Michael Müller Verlag GmbH | Gerberei 19, D – 91054 Erlangen
eberhard.fohrer@michael-mueller-verlag.de, mxs@michael-mueller-verlag.de

Vielen Dank!

Kristjane, Manfred und Max Maurenbrecher für Wanderungen am Lago Maggiore (S. 321 ff.), Diether Dehm für seinen Beitrag zur Resistenza (S. 233 ff.), Sabine Becht und Florian Fritz für Recherchen in Val d'Ossola, Domodossola und Val Formazza (S. 243 ff.), Ulrich Magin für seine Forschungen zum „Ungeheuer von Lago Maggiore" (S. 22), Elisabeth Gerster für ihre Hinweise zum Sentiero d'ARTE (S. 217) sowie an alle Leser, die mit ihren Briefen und E-Mails zu dieser Auflage beigetragen haben.

Impressum

Text und Recherche: Eberhard Fohrer (ital. Teil), Marcus X. Schmid (Tessiner Teil) **Lektorat:** D&M Services GmbH: Sabine Senftleben; Überarbeitung: Sabine Senftleben, Horst Christoph (Tessiner Teil) **Redaktion:** Johanna Prediger **Layout:** D&M Services GmbH: Susanne Beigott, Jana Dillner, Heike Wurthmann **Karten:** Hans-Joachim Bode, Theresa Flenger, Valerie Heyne, Inger Holndonner, Judit Ladik, Gábor Sztrecska **GIS-Consulting:** Rolf Kastner **Fotos:** siehe S. 367 **Covergestaltung:** Karl Serwotka **Innentitel:** Santa Caterina del Sasso **Covermotiv:** The idyllic Isola dei Pescatori & Isola Bella © mauritius images / Manfred Mehlig

ISBN 978-3-95654-727-0

© Copyright Michael Müller Verlag GmbH, Erlangen 2008-2020. Alle Rechte vorbehalten. Alle Angaben ohne Gewähr. Druck: hofmann infocom GmbH, Nürnberg.

Haftungsausschluss

Die in diesem Reisebuch enthaltenen Informationen wurden von den Autoren nach bestem Wissen erstellt und von ihm und dem Verlag mit größtmöglicher Sorgfalt überprüft. Dennoch sind, wie wir im Sinne des Produkthaftungsrechts betonen müssen, inhaltliche Fehler nicht mit letzter Gewissheit auszuschließen. Daher erfolgen die Angaben ohne jegliche Verpflichtung oder Garantie der Autoren bzw. des Verlags. Autoren und Verlag übernehmen keinerlei Verantwortung bzw. Haftung für mögliche Unstimmigkeiten. Wir bitten um Verständnis und sind jederzeit für Anregungen und Verbesserungsvorschläge dankbar.

Aktuelle Infos zu unseren Titeln, Hintergrundgeschichten zu unseren Reisezielen sowie brandneue Tipps erhalten Sie in unserem regelmäßig erscheinenden Newsletter, den Sie im Internet unter **www.michael-mueller-verlag.de** kostenlos abonnieren können.

Register

Die spannendsten Seiten des Lago Maggiore – Matteo Basso ermittelt